군중의 광기

군중의 광기

젠더,
인종,
정체성
그 뜨거운 논쟁의
중심에서

더글러스 머리 지음 유강은 옮김

그린비

일러두기
• 옮긴이 주는 각주로 표시하였습니다.

머리말

이 책에서 우리는 거대한 군중의 정신 착란을 살펴볼 것이다. 공적인 자리와 사적인 자리에서, 온라인과 오프라인에서 사람들은 점점 비합리적이고, 열광적이고, 개떼 같고, 불쾌하기 짝이 없는 방식으로 행동하고 있다. 하루가 멀다 하고 되풀이되는 뉴스에 그 결과들이 가득하다. 하나 어디에서나 증상이 보이지만 원인은 눈에 들어오지 않는다.

이제까지 여러 가지 설명이 나왔다. 대개 광기가 존재한다면 그것은 대통령 선거나 국민 투표가 낳은 결과라는 설명이다. 하지만 이런 설명 가운데 어느 것도 지금 일어나고 있는 일들의 뿌리를 건드리지 않는다. 매일같이 벌어지는 사태의 밑바닥에는 훨씬 더 큰 움직임과 한층 더 거대한 사태가 도사리고 있기 때문이다. 오늘날 잘못되고 있는 일들의 진정한 원인을 이제 직시할 때다.

사람들은 이런 상황의 기원조차도 거의 인정하지 않는다. 우리가 사반세기 넘는 기간 동안 우리의 모든 거대 서사가 붕괴한 가운데 살아왔다는 단순한 사실이 그것이다. 우리가 의지했던 서사들은 하나하나 반박되거나 인기가 없어져서 옹호할 필요가 없거나 지탱할 수가 없었다. 19세기부터 종교가 제공해 준 우리 존재에 대한 설명이 먼저 무너져서 줄곧 사라지고 있다. 다음으로 지난 세기 내내 온갖 정치 이데올로기가 약속한 세속적 희망이 종교의 뒤를 따라 내리막길을 걷기 시작했다. 20세기 후반에 포스트모던 시대에 접어들었다. 모든 거대 서사에 대한 의심으로 스스로를 정의하고 그렇게 정의되는 시대다.[1] 하지만 초등학교에서 배우는 것처럼 자연은 진공을 싫어하며, 포스트모던의 진공 속으로 새로운 사상들이 슬며시 들어오면서 나름의 설명과 의미를 제공하려 한다.

버려진 지반을 놓고 몇 가지 주장이 나온 것은 불가피한 일이다. 오늘날 부유한 서구 민주주의 사회에 사는 사람들은 지금 우리가 하는 일에 대한 설명이 전혀 없고 삶에 목적을 부여하는 어떤 이야기도 갖지 못한 역사상 최초의 사람들로 계속 살 수가 없다. 다른 무엇이 부족했든 간에, 과거의 거대 서사는 적어도 삶에 의미를 주었다. 우리가 — 최대한 부자가 되고 재미있는 일을 즐기는 것 말고 — 지금 정확히 무엇을 해야 하는가 하는 질문은 무언가에 의해 답을 얻어야 했다.

최근에 나타나고 있는 답은 새로운 싸움, 즉 훨씬 더 격렬한 캠페인과 한층 더 틈새를 파고드는 요구에 참여하는 것이다. 이제 막 재구성되어 방금 전에 답이 바뀐 질문에서 그릇된 편에 서 있다고 여겨지는 사람들을 상대로 끊임없는 전쟁을 벌임으로써 의미를 찾는 것이다. 이 과정은 눈이 돌아갈 정도로 빠르다. 주된 이유를 찾자면, 오늘날 실리콘 밸리의 소수 기업 — 특히 구글, 트위터, 페이스북 — 이 세계 대다수 사람이 무엇을 알고 생각하고 말하는지를 지휘할 권한을 갖고 있을 뿐만 아니라, 〈다른 사람의 행동을 수정하기 위해 기꺼이 돈을 치를 만한 고객〉을 찾는 데 의존하는 사업 모델을 갖고 있기 때문이다.[2] 우리가 미처 두 다리로 따라가지 못할 정도로 빠른 속도로 내달리는 첨단 기술 세계 때문에 짜증이 나기는 해도, 이 전쟁이 아무 목적 없이 벌어지는 것은 아니다. 전쟁은 일관되게 특정한 방향으로 벌어지고 있다. 그리고 그 방향에는 거대한 목표가 담겨 있다. 그 목표는 ─ 어떤 사람들은 알지 못하고, 다른 사람들은 의도적인데 ─ 우리 사회에 새로운 형이상학을 주입하는 것이다. 새로운 종교라고 해도 좋다.

그 토대는 몇십 년 전부터 닦였지만, 과거에 오로지 학계의 어두컴컴한 변두리에서만 알려져 있던 사고들이 주류로 밀려든 것은 2008년 금융 폭락 이후의 일이다. 이 새로운 신념 체계가 매력을 풍긴다는 것은 명백하다. 그런데 자본을 축적할 수 없는 한 세대가 도대체 왜 자본주의를 그렇게 사랑해야 하는지는 분명하지 않다. 또한 절대 자기 집을 갖지 못할 것이라고 믿는 한 세대가 왜 자신들의 삶의 불공정만이 아니라 지구상의 모든 불공정까지 해결해 준다고 약속하는 이데올로기적 세계관에 끌리는지에 대해 이해하기는 어렵지 않다. 〈사회 정의〉, 〈정체성 집단 정치〉, 〈교차성〉 등의 렌즈를 통해 세계를 해석하는 것은 아마 냉전 종식 이래 새로운 이데올로기를 창조하려는 가장 대담하고 종합적인 시도일 것이다.

지금까지는 〈사회 정의〉가 가장 앞서 나가고 있다. 매력적으로 보이기 ─ 그리고 몇 가지 방식은 실제로 매력적이기 ─ 때문이다. 애당초 이 용어 자체가 반대를 막기 위해 만들어진 것이다. 〈사회 정의에 반대한다고? 그렇다면 사회 **불의**를 원하는 것

인가?〉

한편 〈정체성 정치〉는 사회 정의의 각종 이익 단체가 모여드는 장소가 되었다. 정체성 정치는 사회를 성별(또는 젠더), 인종, 성적 성향 등에 따라 각기 다른 이익 집단으로 원자화한다. 여기에는 이런 특징이 각 특징의 보유자에게 주요하게, 또는 유일하게 의미 있는 속성이며, 이 특징에는 또 다른 보너스가 따라온다는 가정이 존재한다. 예를 들어 ― 미국 작가 콜먼 휴스Coleman Hughes가 말한 것처럼 ― 흑인이나 여성이나 동성애자는 그들의 특징 때문에 〈더 고귀한 도덕적 지식〉을 갖게 된다고 가정된다.[3] 사람들이 습관적으로 〈ㅁㅁ로서 말하자면〉이라는 말로 질문이나 발언을 시작하는 것도 이 때문이다. 그리고 산 사람이든 죽은 사람이든 바른 편에 서려면 그 특징이 필요하다. 그릇된 편에 있다고 여겨지는 역사적 인물의 동상을 끌어내리자고 호소하는 것도 이 때문이고, 누군가를 구하기 위해 과거를 다시 쓸 필요가 있는 것도 이 때문이다. 신페인당 상원 의원이 1981년에 아일랜드 공화군이 벌인 단식 투쟁이 동성애자 권리를 위한 투쟁이었다고 주장한 일이 극히 정상적으로 여겨진 것도 이 때문이다.[4] 정체성 정치는 소수 집단에게 원자화되는 동시에 조직되고 의견을 표명할 것을 부추기는 장이다.

이 삼위일체에서 가장 매력이 떨어지는 것은 〈교차성〉 개념이다. 교차성은 자기 자신과 타인들의 모든 정체성과 취약성에 대한 주장을 이해하고, 더 나아가 우리가 끊임없이 움직이는 위계로부터 생겨나는 모든 정의의 체계에 따라 조직하려고 노력하면서 우리 삶의 나머지를 쏟아부어야 한다는 권유다. 정의의 체계는 실행이 불가능할 뿐만 아니라 달성할 수 없는 목표를 향한 불가능한 요구를 만들어 사람을 미치게 만든다. 오늘날 교차성은 그것이 원래 생겨난 자유 교양 대학의 사회 과학부에서 떨어져 나오고 있다. 한 세대의 젊은이들에게 진지하게 받아들여지고 있는 교차성은 — 앞으로 살펴볼 것처럼 — 고용법을 통해, 특히 〈다양성을 보장한다는 약속〉을 통해 주요 대기업과 각국 정부에 탄탄히 자리를 잡았다.

사람들이 새로운 추정을 집어삼키게 만들려면 새로운 휴리스틱이 필요했다. 이 추정들이 주류화되는 속도는 아찔할 정도로 빠르다. 수학자이자 작가인 에릭 와인스타인Eric Weinstein이 지적한 것처럼 — 그리고 구글 북스를 검색해 보면 알 수 있는 것처럼 — 〈LGBTQ〉, 〈백인의 특권〉, 〈트랜스 혐오transphobia〉 같은 표현이 전혀 사용되지 않다가 이제는 주류가 되었다. 에릭이 이로 인해 생겨난 그래프에 관해 이렇게 말했다. 밀레니얼 세대를 비롯한 이들이 현재 〈수천 년의 억압 그리고/또는 문명을 갈가리 찢어 버리기 위해〉 사용하고 있는 〈깬시민woke 개념은 전부 대략 20분 전에 만들어진 것이다〉. 계속 그의 말을 들어 보자. 새로운 사고와 문구를 시험해 보는 것은 전혀 문제가 아니지만, 당신네 부모가 채 50년도 되지 않는 기간에 아직 검증되지 않은 분야에서 찾아낸 그렇게 많은 검증되지 않은 휴리스틱에 이토록 심하게 의존하다니, 이 얼마나 무모한 일인가.[5] 마찬가지로 그레그 루키아노프Greg Lukianoff와 조너선 하이트Jonathan Haidt는 — 2018년에 함께 펴낸 『나쁜 교육The Coddling of the American Mind』에서 — 새로운 휴리스틱을 단속하고 강제하는 수단이 얼마나 새로워졌는지를 지적한 바 있다. 〈빡치다triggered〉나 〈안전하지 못하다고 느끼다feeling unsafe〉 같은 표현과 새로운 종교에 들어맞지 않는 단어들은 〈피해〉를 야기한다는 주장은 사실 2013년부터 급증하기 시작했을 뿐이다.[6] 자신이 무엇을 원하는지 파악한 새로운 형이상학이 추종자들을 을러 주류로 몰아넣는 법을 파악하는 데 불과 5년이 걸린 것 같다. 하지만 엄청난 성공을 거두면서 주류에 진입했다.

그 결과는 하루가 멀다 하고 뉴스에서 볼 수 있다. 이런 뉴스의 이면에서 미국 심리학회American Psychological Association는 회원들에게 청소년과 성인 남자들에게서 유해한 〈전통적 남성성〉을 제거하도록 훈련시키는 법을 조언할 필요성을 느꼈다.[7] 완전히 무명이었던 구글 프로그래머 — 제임스 데이모어James Damore — 가 정보 기술 분야의 일부 일자리는 여성보다 남성에게 더 매력이 있다는 내용의 메모를 작성했다는 이유로 해고될 수 있는 것도 이 때문이다. 그리고 인종주의가 〈커다란 문제〉라고 보는 미국인의 수가 2011년에서 2017년 사이에 두 배로 늘어난 것도 이 때문이다.[8]

우리에게 주어진 새로운 렌즈를 통해 바라보기 시작하자 모든 것이 무기화되었고, 결국 제정신이 아닐뿐더러 사람을 미치게 만드는 결과가 나타났다. 그로 인해 『뉴욕 타임스The New York Times』가 다음과 같은 제목으로 흑인 필자가 쓴 글을 싣기로 결정할 수 있었다. 「내 아이들은 백인과 친구가 될 수 있을까?」[9] 그리고 어떤 여자가 쓴 런던의 자전거 사망 사고에 관한 글을 〈남성이 설계한 도로 때문에 여성이 죽고 있다〉고 요약할 수도 있었다.[10] 이런 언어는 기존의 분열 — 그런 것이 있다면 — 을 악화시키고 매번 새로운 분열을 만들어 낸다. 그런데 도대체 무엇을 위해서일까? 지난 10년이 가르쳐 주는 교훈은 어떻게 하면 우리가 모두 더 잘 어울릴 수 있는지를 보여 주기는커녕 사실 우리는 공존의 삶에 능숙하지 않다는 인식을 더욱 부추기는 것처럼 보인다.

대다수의 사람이 이런 새로운 가치 체계를 어느 정도 분명하게 인식하는 이유는 시도를 했기 때문이 아니라 공개적인 실수를 하기 때문이다. 최근 몇 년 사이에 모든 사람이 최소한 인식하기 시작한 한 가지는 문화 전반에 인계 철선이 깔려 있다는 것이다. 개인이나 집단, 어떤 신성한 풍자가가 설치했든 간에 이 인계 철선은 한 사람씩 차례로 발을 들여놓기를 기다리고 있다. 때로는 누군가 자기도 모르게 인계 철선에 살짝 발을 대자마자 폭발물이 터졌다. 또 다른 경우에는 어떤 용감한 미치광이가 어떤 상황인지 알면서도 무인 지대로 곧바로 걸어가는 모습을 사람들이 지켜보았다. 결국 매번 폭발물이 터진 뒤 잠깐 논쟁이 벌어지고 — 이따금 경탄하면서 〈환호〉를 보내고 — 이내 다시 세상은 돌아간다. 우리 시대의 기묘하고 분명 즉흥적인 가치 체계에 또 다른 희생자가 기록되었음을 받아들이면서 말이다.

인계 철선의 윤곽이 분명히 드러나는 데 잠시 시간이 걸렸지만 지금은 뚜렷이 보인다. 그중 첫 번째는 동성애와 관련된 것이다. 20세기 후반에 벌어진 동성애자 평등을 위한 싸움은 엄청난 성과를 거두면서 끔찍한 역사적 불의를 뒤집었다. 그런데 전쟁에서 승리한 뒤 전쟁이 끝나지 않을 것이 분명해졌다. 전쟁의 양상이 바뀌었을 뿐이다. GLB(게이, 레즈비언, 양성애자)는 LGB가 되었다. 레즈비언의 가시성을 두드러지게 만들기 위해서였다. 그리고 T(트랜스)가 추가되었다(익명이 훨씬 많았다). 뒤이어 Q(성적 지향이 분명하지 않은 자), 그리고 별표가 몇 개 추가되었다. 게이(성 소수자) 알파벳이 늘어남에 따라 운동 안에서도 변화가 나타났다. 이제 ― 승리한 ― 운동은 과거 적들처럼 행동하기 시작했다. 입장이 바뀌자 추한 모습이 나타난 것이다. 10년 전에는 거의 동성 결혼을 지지하지 않았다. 스톤월Stonewall 같은 동성애자 권리 단체들도 동성 결혼에 찬성하지 않았다. 그런데 몇 년이 지나자 동성 결혼은 현대 자유주의의 기본 가치가 되었다. 동성 결혼 문제에서 낙제하면 ― 불과 몇 년 전만 해도 (동성애자 권리 단체를 포함해서) 전부 다 낙제했는데 ― 낙오자가 되는 셈이었다. 사람들은 이런 권리 주장에 동의할 수도 있고 동의하지 않을 수도 있지만, 그렇게 신속하게 관습을 바꾸려면 특별한 감수성과 깊은 생각을 가질 필요가 있다. 그런데 둘 다 내팽개친 채 그저 빠르게 바뀌는 데 만족하는 듯하다.

다른 쟁점들도 비슷한 양상을 따랐다. 여성의 권리는 ― 동성애자의 권리와 마찬가지로 ― 20세기 내내 꾸준히 축적되어 왔었다. 여성의 권리 역시 일정한 해결에 다다르는 듯 보였다. 그런데 종착역을 눈앞에 둔 기차가 갑자기 속도를 높이더니 궤도에서 이탈해서 멀리 벗어나 버렸다. 어제만 해도 거의 논란이 없던 일이 오늘 갑자기 한 사람의 인생을 파괴하는 원인이 되었다. 기차가 마구잡이로 달리는 가운데 이제까지 이룬 모든 경력이 산산이 흩어지고 날아가 버렸다.

가령 노벨상 수상자인 72세의 팀 헌트Tim Hunt 교수는 한국에서 열린 학회에서 〈남자와 여자가 연구실에서 사랑에 빠진다〉

는 어설픈 농담을 한 끝에 경력이 무너졌다.[11] 한편 〈유독한 남성성toxic masculinity〉 같은 표현이 흔히 쓰이게 되었다. 인류의 절반인 남성을 발암 물질로 여길 정도로 양성 관계를 그렇게 위험하게 만드는 것에는 어떤 장점이 있었을까? 또 남성은 여성의 섹스에 관해 이야기할 권리가 없다는 사고를 발전시킨 것은 어떠한가? 역사상 그 어느 때보다도 여성이 더 많은 유리 천장을 돌파한 지금, 왜 〈가부장제〉와 〈맨스플레인〉에 관한 이야기가 주변부 페미니즘에서 새어 나와 오스트레일리아 상원 같은 장소의 심장부로 스며드는 것일까?[12]

역사상 가장 끔찍한 악폐를 바로잡기 위해 시작되었던 미국 시민권 운동도 비슷한 방식으로 바라 마지않던 해결을 향해 나아가고 있는 것 같았다. 하지만 이번에도 역시 승리의 순간이 다가오자 모든 것이 변질되었다. 어느 때보다도 상황이 나아진 것처럼 보이던 바로 그 순간에 운동의 언어는 지금보다 더 나쁜 적은 없었다고 말하기 시작했다. 대다수가 인종은 이제 쟁점이 아니게 되기를 바란 끝에, 갑자기 모든 것이 인종에 관한 문제처럼 보이게 되었다. 다른 모든 문제와 마찬가지로 바보나 미치광이만이 이런 급작스러운 반전을 — 논박하는 것은 고사하고 — 추측해 볼 수 있었다.

마침내 우리 모두 전인미답의 영역에 마주쳐 당황하게 되었다. 상당히 많은 사람이 잘못된 몸에 갇혀 살고 있으며, 따라서 우리 사회에 남아 있는 확실성 — 과학과 언어에 뿌리를 둔 확실성까지 — 을 철저하게 재구성할 필요가 있다는 주장이었다. 어떻게 보면 트랜스 문제를 둘러싼 논쟁은 가장 시사하는 바가 많다.

최근에 부상한 트랜스의 권리 문제는 훨씬 더 적은 수의 사람에게 영향을 미치지만, 그럼에도 불구하고 거의 유례가 없을 정도로 격렬하고 열렬한 싸움이 벌어지고 있다. 이 문제에서 눈 밖에 난 여성들은 대개 남성인 사람들에게 토끼몰이식으로 내몰리고 있다. 어제까지 통용된 일반적인 믿음을 말하는 부모들은 부모 자격이 있는지 의심을 받는다. 영국을 비롯한 여러 나라에서 남자가 여자가 될 수 있다(또는 여자가 남자가 될 수 있다)는 것을 인정하지 않는 사람들은 경찰의 방문을 받는다.[13]

이것들의 한 가지 공통점은 정당한 인권 캠페인으로 출발했다는 사실이다. 여기까지 온 것도 이 때문이다. 하지만 어느 시점에 이르러 모두 중앙 분리대를 넘어서 버렸다. 동등한 존재에 만족하지 않고 〈더 우월한〉 것 같은 지속 불가능한 위치를 차지하기 시작했다. 어떤 이들은 단지 역사적 운동장을 평평하게 만들기 위해 〈더 우월한〉 것에 일정한 시간을 쏟아부어야 한다고 항변할 것이다. 미투 운동 직후에 이런 정서를 흔히 접할 수 있었다. CNN의 한 앵커는 이렇게 말했다. 「과잉 교정over-correction이 있을 수 있지만 그래도 괜찮습니다. 교정을 할 예정이니까요.」[14] 지금까지 아무도 과잉 교정이 언제 달성되는지, 또는 누구에게 그 발표를 맡겨야 하는지 말한 바가 없다.

새롭게 깔린 인계 철선에 발이 조금이라도 닿으면 누구든지 딱지가 붙여진다는 것은 누구나 안다. 〈꼴통〉, 〈동성애 혐오자〉, 〈성차별주의자〉, 〈여성 혐오자〉, 〈인종주의자〉, 〈트랜스 혐오자〉 등은 시작에 불과하다. 우리 시대의 권리 투쟁은 이런 유독하고 폭발적인 쟁점에 집중되고 있다. 하지만 그 과정에서 권리 문제는 한 체제의 산물에서 새로운 체제의 토대로 옮겨 가고 있다. 새로운 체제에 속해 있다는 것을 증명하려면 자격증과 헌신성을 입증해야 한다. 그렇다면 어떻게 자신의 가치를 증명할 수 있을까? 〈반인종주의자〉가 되면 된다. LGBT의 〈앨라이ally〉*라면 훌륭하다. 가부장제를 무너뜨리기 위해 — 남자든 여자든 간에 — 얼마나 불타는 욕망을 갖고 있는지 강조하면 된다.

　그리하여 오디션 문제가 생겨난다. 이 체제에 충성한다는 언명이 필요하든 필요하지 않든 간에 입심 좋게 공개적으로 선언해야 한다. 한때 고귀한 싸움을 벌였던 사람들조차 인정하는 자유주의의 유명한 문제가 연장된다고 보면 된다. 작고한 오스트레일리아의 정치 철학자인 케네스 미노그Kenneth Minogue는 이런 경향을 〈은퇴한 성 게오르기우스〉 증후군이라고 규정했다. 용을 무찌른 용감한 전사는 더욱 영광된 싸움을 찾아 땅을 배회하게 된다. 그에게는 용이 필요하다. 훨씬 작은 용이라도 찾으려고 기진맥진한 끝에 마침내 전사는 용이 날아다닌다고 상상하면서 허공에 칼을 휘두르게 될지도 모른다.[15] 실제 성 게오르기우스가 그런 유혹을 느낀다면, 성자가 아니고 말이나 창도 없으며 아무도 알아보지 못하는 사람이라면, 어떻게 할 것인지 상상해 보라. 역사적 기회가 주어지면 자신들 또한 덮어놓고 용을 베었을 것이라고 어떻게 사람들을 설득할 수 있을까?

　이 책에 인용한 주장과 그것을 뒷받침하는 언어를 보면 이런 증거가 숱하다. 오늘날 우리의 공적인 삶은 혁명이 끝난 지도 오

---

* 원래 〈동맹〉이나 〈협력자〉를 뜻하는 단어로, 자신은 성 소수자가 아니지만 성 소수자의 대의와 권리를 지지하는 사람을 가리키는 표현이다.

래되었는데 바리케이드에 인원을 배치하려고 기를 쓰는 사람들로 가득하다. 그들은 바리케이드를 집으로 착각하거나 달리 갈 집이 없기 때문이다. 각각의 경우에 가치를 증명하려면 문제를 과장해야 하고 결국에는 문제를 증폭시킨다.

하지만 이 모든 시도는 더 많은 곤란을 야기하며, 따라서 새로운 형이상학들의 토대를 진지하게, 그리고 하나하나 검토해 보려 한다. 각각의 문제에서 점점 더 많은 사람이 법률을 등에 업고 자신들의 문제, 아니 실제로 모든 문제가 논의를 마치고 합의가 이루어진 것처럼 행세한다. 하지만 사실은 전혀 그렇지 않다. 합의된 것처럼 여겨지는 것의 본질은 실제로 합의될 수 없는 것이다. 각각의 문제는 현재 우리 사회가 기꺼이 받아들이는 것보다 훨씬 더 무한정 복잡하고 불안정하다. 따라서 이 문제들을 새로운 도덕과 형이상학의 주춧돌로 모아 놓으면 광기의 토대가 된다. 사실 이것보다 더 불안정한 사회적 조화의 토대는 상상하기 쉽지 않다.

인종 평등, 소수자 권리, 여성권 등은 자유주의가 낳은 최고의 산물들이지만, 가장 불안정한 토대를 이루고 있다. 이것들을 토대로 삼으려고 하는 것은 등받이가 없고 높은 술집용 의자를 뒤집어 세우고 그 위에 올라가 균형을 잡으려고 애쓰는 것과 같다. 이 체제의 산물들은 자신을 낳은 체제의 안정을 재생산할 수 없다. 게다가 그 밖에 다른 이유 때문에 각각의 문제는 그 자체로 대단히 불안정하다. 우리는 각각에 대해 합의를 이루고 해결을 했다고 말한다. 하지만 각각의 내부에서 끝없는 모순과 조작과 환상이 빤히 보이는데도 그것들을 확인하려고 하면 뜯어말리고 말 그대로 단속한다. 그리하여 우리는 믿지 못하는 것들에 대해 합의하라고 요구받는다.

바로 이것이 온라인과 실생활을 막론하고 모든 논의가 추잡한 주요 원인이다. 왜냐하면 우리가 애당초 할 수도 없는, 어쩌면 무분별한 도약을 하라고 요구받는 것이기 때문이다. 지금 우리는 믿기 어려운 것들을 믿으라고 요구받고, 대다수가 강하게 반감을 느끼는 일들(사춘기를 겪지 않도록 아이들에게 약물을 주라는 등)에 반대하지 말라는 말을 듣는다. 중요한 일들에 대해 입을 다물고 불가능한 도약을 하라는 기대를 받는 데서 오는 고통은 엄청나다. 특히 여러 문제―내적 모순을 비롯해―가 너무도 명백하기 때문이다. 전체주의하에서 살아 본 사람이라면 누구나 증언할 수 있는 것처럼, 자신이 진실이라고 믿지 않고 진실이 될 수 없는 주장에 동조하라고 요구받는 일은 모욕적이고 결국 영혼을 파괴하는 경험이다. 모든 사람이 동등한 가치를 가지며 동등하게 존엄한 존재로 간주되어야 한다고 믿는다면 어쩔 수 없다. 만약 당신이 동성애와 이성애, 남성과 여성, 인종주의와 반인종주의에 전혀 차이가 없다고 믿으라는 요구를 받는다면 결국 시간이 흐르면 정신이 하나도 없게 될 것이다. 우리는 지금 바로 이런 혼란―또는 군중의 광기―에 빠져 있으며 여기서 빠져나오는 길을 찾아야 한다.

여기서 빠져나오지 못한다면 우리가 갈 방향은 분명하다. 우리는 훨씬 더 거대한 원자화와 분노, 폭력의 미래에 직면했을 뿐만 아니라 모든 권리 증진―좋은 방향의 증진을 포함해―에 대한 백래시가 일어날 가능성이 점점 높아지는 미래에 맞닥뜨리고 있다. 인종주의가 또 다른 인종주의의 반발을 받고, 젠더에 근거한 모욕이 또 다른 젠더에 근거한 모욕으로 응수를 당하는 미래이다. 모욕이 일정한 단계에 이르면 다수 집단이 자신들에게 그토록 적중한 게임을 고스란히 되돌려주지 않을 이유가 전혀 없다.

이 책에서 나는 광기에서 빠져나오는 여러 출구를 제시하고자 한다. 가장 좋은 출발점은 지금 당장 벌어지고 있는 일들의 토대를 이해할 뿐만 아니라 그것에 대해 자유롭게 토론하는 것이다. 이 책을 쓰는 동안 나는 영국군이 〈파이선python〉이라는 이름의 지뢰 제거 기구를 보유하고 있다는 것을 알아냈다. 초기 설계 단계에서는 〈자이언트 바이퍼giant viper〉라는 이름으로 알려졌다. 트레일러에 탑재하는 시스템으로 지뢰밭에 로켓을 발사하면 뒤이어 폭발물로 가득 찬 수백 미터 길이의 호스가 깔린다. 지뢰밭을 가로질러 호스가 전부 펼쳐지면 — 그리고 온라인을 통해 동영상으로 볼 수 있는 모든 준비가 완료되면 — 이른바 〈동조 폭발 sympathetic detonation〉이 시작된다. 말 그대로 전체가 다 폭발하면서 로켓과 그 꼬리의 주요 반경 안에 있는 지뢰도 폭발한다. 지뢰밭 전체를 제거할 수는 없지만, 지뢰밭을 가로질러 길을 낼 수 있어서 인력과 트럭, 심지어 탱크까지 전에는 통과할 수 없었던 지역을 안전하게 건널 수 있다.

소박한 바람이지만 나는 이 책이 일종의 바이퍼 시스템이 되길 바란다. 나 혼자 지뢰밭 전체를 정리할 생각도 없고 그럴 능력도 없다. 하지만 이 책이 일부 지역을 정리하는 데 일조해서 이후에 다른 사람들이 더 안전하게 통과할 수 있다면 더 바랄 나위가 없겠다.

차례

동성애자

2018년 2월 어느 쌀쌀한 날, 런던의 피커딜리 서커스에서 조금 벗어난 극장 앞에서 소규모 시위가 벌어지는 중이다. 따뜻한 옷을 챙겨 입은 조용한 시위대는 대문자로 〈침묵당한SILENCED〉이라고 쓰인 포스터를 들고 있다. 버스 정류장이나 길 건너편 소호에 있는 술집으로 향하는 대다수의 런던 사람은 시위가 벌어지는지 알지도 못한다. 지나가는 커플은 시위대가 중년과 노년이 주축을 이룬다는 것을 알아본다. 그중 한 명이 말한다. 「영국 독립당이 시위하나 보네.」 잘못 짚었다. 그 자리에 모인 수십 명은 영화 「침묵당한 이들의 목소리Voices of the Silenced」를 보려고 왔다. 그런데 플래카드에서 알 수 있듯이 「침묵당한 이들의 목소리」는 그 자체가 침묵을 강요당하고 있다.

　　주최 측은 석 달 전에 극장을 대관했는데, 영화를 미리 극장에 보내는 등 영화관의 대관 규정을 준수했다고 한다. 하지만 상영 전날 『핑크 뉴스Pink News』── 영국 동성애 언론의 온라인 유물 ──가 상영 소식을 접하고 즉시 취소할 것을 요구했다. 그 요구는 받아들여졌다. 뷰 극장은 상영작이 극장이 추구하는 〈가치에 직접적으로 위배되는〉 경우에 대관 계약을 지키지 않아도 될 권리

21

가 있다고 신속하게 발표하면서 부정적인 여론을 피해 갔다. 극장
은 또한 장소를 대관한 집단에게 상영을 강행할 경우에 〈공공질
서〉와 심지어 〈안전〉상의 위협이 있을 수 있다고 경고했다.

그리하여 네덜란드에서 온 사람들까지 포함해서 총 126명
이 상영회에 참석하기 위해 모인 중요한 밤에, 주최 측은 그 관객
들이 영화를 볼 수 있는 다른 장소를 찾으려고 분주히 뛰어다니고
있다. 그날 주최 측의 대표는 코어 이슈스 트러스트Core Issues Trust
의 마이클 데이비드슨Michael Davidson 박사다. 데이비드슨은 의학
박사가 아니다. 교육학 박사이지만, 박사 칭호를 사용하는 다른
몇몇 공적 인물과 마찬가지로 누군가 자기가 어떤 학위를 받았는
지 오해를 한다고 해도 불쾌해하지는 않는다.

데이비드슨은 그로부터 6개월 전 피어스 모건Piers Morgan이
공동으로 진행하는 ITV의 「굿모닝 브리튼Good Morning Britain」에
게스트로 출연해 동성애와 이른바 〈전환 치료〉에 관해 이야기하
면서 국민적 관심을 받았다. 그는 자신이 전에 게이였다 — 또는
적어도 〈동성애 경험〉을 했다 — 고 인정한 바 있다. 하지만 어느
순간 동성애가 자신에게 맞지 않는다고 결심했고, 그 후에 부인과
35년 동안 결혼 생활을 하면서 아이를 둘 두었다. 그는 자신이 간
길을 다른 사람들도 따를 수 있다고 믿으며, 단체를 설립해 동성
애자에서 이성애자로 전환하고 싶은 사람들에게 자발적으로 상
담을 제공한다. 그 자신은 지금도 어떤 〈충동〉을 느끼지만 그 충
동을 행동에 옮기지는 않는다고 인정한다.

전국 방송에서 문제 제기를 하자, 데이비드슨은 조용하면서
도 정중하게 자신은 동성애가 〈일탈〉이라고 생각하며 특히 동성

애는 학습된 행동이라고 분명히 밝힌다. 그러면 그 학습을 취소할 수 있느냐고 묻자 그는 〈일부 경우에, 그러니까 동성애를 자기 삶의 궤적으로 삼기를 바라는 사람들의 경우에는 되돌릴 수 없다〉고 주장한다. 데이비드슨 박사는 메인 인터뷰어가 스튜디오에 자리한 다른 사람들 앞에서 자신을 비난하기 전에 이런 이야기를 할 수 있었다. 모건이 질문을 던졌다. 「박사님, 이런 사람들을 뭐라고 부르는지 아십니까? 우리는, 그러니까 현대 세계에서는 이런 사람들을 끔찍한 꼴통이라고 부릅니다. 인기를 얻으려고 쓸데없는 말만 늘어놓는 편견에 사로잡힌 이런 사람들은 제가 볼 때 악의적이고 위험한 집단입니다. 도대체 왜 그러십니까? 어떻게 동성애자로 태어나는 사람은 하나도 없고 전부 타락한 사람들이기 때문에 치료할 수 있다고 보시는 건가요? 그런 쓰레기 같은 말을 늘어놓는 당신 정체가 무엇인가요?」

별로 당황하지 않은 데이비드슨은 모건에게 사람들이 동성애자로 태어난다는 증거를 내놓으라고 하면서 미국 심리학회나 영국 왕립 정신 의학회Royal College of Psychiatrists도 동성애가 타고나는 것이고 바꿀 수 없는 것이라고 보지 않는다고 지적했다. 그 순간 인터뷰어는 〈잠깐 이야기를 멈추고〉, 〈마리화나나 피워 대는 미국 과학자들 이야기는 때려치우〉라고 명령했다. 모건은 계속해서 게스트에게 소리를 질렀다. 「입 닥쳐요. 늙은 꼴통.」 그리하고는 서둘러 인터뷰를 마치면서 정리하는 발언을 했다. 「그걸로 충분합니다. 마이클 박사, 입 다무세요.」¹ 그렇게 끝이 났다.

그날 방송 이후 6개월이 흘렀고, 데이비드슨은 세간의 이목을 끈 난리법석에도 아랑곳하지 않고 여전히 태연하다. 그는 대관이 취소된 극장 앞에서 휴대 전화로 통화를 한 뒤, 마침내 영화를 상영할 장소를 찾았다고 사람들에게 이야기할 수 있게 되어 마음이 놓인다. 그 자리에 모인 사람들은 국회 의사당에서 모퉁이만 돌면 바로 있는 웨스트민스터의 이매뉴얼 센터로 향한다.

이매뉴얼 센터로 들어가는 문은 굳게 닫혀 있지만, 한쪽 옆문에 이름을 대고 명단에서 그 이름이 확인되면 저녁 내내 이용할 수 있다. 실제로 일단 안에 들어가면 흥이 절로 난다. 입장한 사람들은 상영 장소 앞에서 프로세코 와인 한 잔과 팝콘 한 봉지를 받는다. 나이 지긋한 여자가 내게 다가오더니 와주어 고맙다고 말한다. 「당신이 어디 출신인지 알아요.」 여자가 한마디 덧붙이는데, 내 고향 이야기를 하는 것이 아닌 듯싶다. 현자처럼 사족을 단다. 「당신이 자주 이야기하니까요.」 그러면서 이 자리에서 나를 만나서 더 기쁘다고 한다. 사실 동성애자 치료에 대한 영화 상영회에서 외부 인사는 나뿐인 것 같다. 그런데 내가 유일한 게이는 아닌 듯한 느낌이 든다.

「침묵당한 이들의 목소리」는 기대만큼 일관성이 있지는 않다. 주요 논점은 — 데이비드슨이 영화 서두에서 직접 설명하는 것처럼 — 〈고대의 이데올로기와 현대의 이데올로기가 하나로 합쳐지고 있다〉는 것이다. 어떻게 그렇게 되는지는 분명하지 않고, 각기 다른 영화 두 편을 편집 과정의 막바지 단계에서 어색하게 합친 것 같은 느낌이다. 첫 번째 영화는 고대 세계를 다루는 것으로 으스스한 묵시록적 이미지들이 담겨 있다. 두 번째 영화는 의사와 환자들이 동성애자에서 이성애자로 바뀐 이야기를 아주 구체적으로 들려주는 증언으로 이루어져 있다. 데이비드슨만이 아니라 스티븐 배스커빌Stephen Baskerville 박사와 텍사스 출신 전문가인 데이비드 픽업David Pickup (새어 나오는 웃음을 참지 못하겠다)도 등장한다.

영화에서는 매번 서기 70년의 성전 소실과 티투스 개선문이 나오다가 갑자기 동성애자가 등장하는 것으로 장면이 바뀐다. 또는 전(前) 동성애자가 나온다. 〈새로운 국가의 정통 교리는 동성애를 찬양한다〉는 설명이 들린다. 그리고 ― 주로 미국 출신의 ― 다양한 〈전문가들〉을 통해 여러 증언이 이어진다. 티투스 개선문과 무슨 관계인지는 전혀 분명하지 않다. 동성애 때문에 문명이 무너지고 있기 때문일까? 만약 그렇다면 완전한 고발은 아니다. 〈전(前) 레즈비언〉으로 지금은 결혼해서 다섯 명의 자녀를 둔 여자는 자신의 〈취약성〉이 10년 전에 다시 떠올랐지만, 목사들의 도움을 받았다고 말한다. 몇몇 증인은 자살 충동과 알코올 남용, 〈자기중심성〉에 관해 이야기한다. 한 사람 ― 존John ― 은 어머니가 〈유대인 여자Jewess〉였다고 말한다. 요즘은 좀처럼 쓰지 않는 단어다. 마르셀Marcel이라는 29세의 미남 독일인은 길게 증언을 하며 자기가 겪은 고난을 설명한다. 어린 시절 어머니가 누이 앞에서 자기를 때리고 옷을 벗겼는데, 아마 이 일이 과거에 남자에게 끌리게 된 이유 가운데 하나인 것 같다고 한다. 인터뷰 대상자들 중 일부는 이혼 가정 출신이고 다른 이들은 아니다. 몇몇은 어머니와 아주 가까운 사이였던 것 같고 또 그렇지 않은 이들도 있다.

조지프 니콜로시Joseph Nicolosi 박사 ― 영화에 등장하는 스타 중 한 명 ― 는 자기 〈환자들〉 가운데 다수가 실제로 어머니를 증오하며 남자를 대하는 법을 알지 못하고, 따라서 일정한 환상을 키운다는 해석을 내놓는다. 박사는 동성애의 유혹으로 고통받는 사람을 위한 한 가지 치료법은 〈헬스장에 가는 것〉과 같은 건전한 활동이라고 말한다. 박사는 헬스장에 가본 적이 없는 듯하다.

물론 이 모든 것을 보고 킬킬거리며 웃기는 쉬우며 또한 격분하기도 쉽다. 하지만 여기에는 사람들의 이야기가 담겨 있다. 존과 린지Lindsay는 둘 다 SSA*로 고통을 받았지만 극복할 수 있었고 지금은 아주 성공적인 이성애 부부로 함께 일하면서 다섯 명의 자녀를 두었다고 말한다. 「우리만 그런 게 아니에요.」 린지는 관객을 안심시킨다. 「행복하게 결혼해서 사는 몇 사람, 역시 SSA를 겪은 사람을 알고 있어요. 어려운 일이죠.」 린지 옆에 존이 약간 어색하게 앉아 있다. 「겁쟁이는 쉽지 않죠. 그래도 밀어붙여야 한다고 생각해요. 특히 요즘 같은 시대에는 언론이나 문화적 압력이 대단하잖아요.」

이 커플보다 서글픈 이들은 한때 동성애자였지만 지금은 얼굴을 가리고 나오는 인터뷰 대상자들이다. 얼마 전까지만 해도 이렇게 모자이크를 하거나 뒤통수만 찍는 대상이 정반대로 현재 동성애자였다고 생각해 보니 마음이 착잡하다.

영화 막바지에 아일랜드 목사가 등장해서 영화의 주제 일부를 요약한다. 목사는 동성애가 타고나는 것이고 바꿀 수 없다는 견해를 제시하는 사람들은 상관하지 않는다고 설명한다. 단지 자기 견해를 자유롭게 드러낼 수만 있으면 좋겠다고 말한다. 배스커빌 박사가 거듭 말하는 것처럼 학계나 언론에서는 오직 하나의 입

* Same-Sex Attraction의 약자. 〈동성 간 끌림〉이라는 뜻으로 동성애는 존재하지 않는다는 함의가 담긴 표현이다.

장만 가능한 것처럼 보이는데, 동성애 〈장려〉가 그것이다. 마지막 순간에는 〈섹슈얼리티가 정치화되고 있다〉는 대사가 나온다. 그리고 다시 납득이 가지 않는 고대 유대인 이야기가 나온 뒤, 영화는 극적이지만 신중한 대사와 함께 끝난다. 「이제 차이를 받아들일 때입니다.」

당연히 관객들은 영화에 열렬한 박수를 보낸다. 뒤이어 당황스러운 일이 벌어진다. 인터뷰 장면에 나온 몇 사람이 관객석에 있다가 무대로 올라오라는 요청을 받고 박수갈채를 받는 것이다. 그중에는 영화에서 마이클Michael이라는 이름으로 나오는 젊은 영국 남자도 있다. 약간 흥분하고 불안한 데다가 잔뜩 괴로운 듯 보인다. 젊은이치고 이마에 주름이 많이 나 있다. 영화 속에서 이미 자세히 설명한 여러 이유로 그는 이제 게이로 살고 싶지 않기 때문에 이성애자이자—데이비드슨 박사처럼—전 동성애자로 살려고 애쓰는, 내면적으로 괴롭기 짝이 없는 길에 들어섰다. 또한 시간이 흐르면 부인과 아이를 갖는 즐거움도 누리려고 한다. 저녁 행사는 기도와 함께 끝난다.

집으로 오는 길에, 그리고 이후 며칠간 자발적 전환 치료 전문가들과 보낸 그날 저녁에 관해 궁금증이 생겼다. 특히 왜 전환 치료에 별로 신경이 쓰이지 않는지 궁금했다.

우선 말해야 할 점이 있다. 나는 이 사람들을 두려워하지 않는다. 그리고 분명 『핑크 뉴스』가 애초의 취지를 포기하면서까지 수용하기로 결정한 것과 같은 수준으로 분노를 일으키지도 못하겠다. 그런 이유가 있다면, 이제 상황이 그날 밤 이매뉴얼 센터에 모인 사람들이 추구하는 방향으로 가고 있다고 볼 수 없기 때문이다. 오늘날, 그리고 예측 가능한 미래에 그들은 패배하는 쪽에 서 있다.

그들은 방송에 출연하면 경멸적인 대접을 받는다. 어쩌면 지나칠 정도의 멸시를 받는다. 그들은 볼 만한 다큐멘터리를 만들기가 쉽지 않으며 그 다큐멘터리를 상영하기는 훨씬 더 어렵다. 그들은 비공개 장소로 숨어들어야 하고 조만간 어느 곳이든 기습적으로 차지할 가능성도 별로 없어 보인다.

물론 내가 미국이나 영국의 촌구석에서 자라는 어린 게이라면 — 오늘날에도 — 다르게 생각할 것이다. 내가 미국의 바이블 벨트* 지역에서 자랐거나 거기서 이루어지는 — 그리고 오늘날 세계 여러 지역에서 계속되는 — 강제 전환 치료를 겪었다면(또는 그런 위협을 받았다면), 분명 데이비드슨 박사와 그의 친구들을 전혀 다르게 볼 것이다.

하지만 이날 저녁에 그들은 패배자다. 입장이 바뀌면 오싹한 일이 생길 수 있다는 것을 알기 때문에, 나는 다른 상황에서 그들의 몇몇 이데올로기적 동료들을 마주쳤을 때 그들이 나를 대할 법한 태도로 의기양양해서 그들을 대하고 싶지 않다. 사람과 운동이 승리의 순간에 보이는 행동 방식이야말로 그들의 정체를 가장 잘 보여 주는 본질일 수 있다. 당신은 자기에게 유리한 주장을 남들도 유리하게 써먹어도 그냥 내버려두는가? 호혜성과 관용의 원칙인가, 아니면 치부를 가리는 무화과 잎사귀인가? 검열을 받던 이들이 입장이 바뀌면 반대편을 검열하는 것인가? 현재 뷰 극장은 한쪽 편에 서 있다. 몇십 년 전에는 반대쪽 편에 있었을지 모른다.

* 기독교 세력이 강한 미국 남부와 중서부 지대.

『핑크 뉴스』를 비롯해서 2월 어느 날 밤에 「침묵당한 이들의 목소리」를 1마일 아래로 쫓아내는 데 성공해서 의기양양해하는 이들은 사적인 행사에 대해서도 언제든 그런 힘을 행사할 태세가 되어 있는 듯하다. 이로써 그들은 동성애자 평등권을 위한 싸움이 시작될 때부터 동성애자 권리 활동가들이 내세운 주장에 정면으로 모순되는 모습을 보인다. 서로 동의하는 성인이 사적으로 하는 행동에 대해 다른 사람이 관여해서는 안 된다는 주장 말이다. 그런 주장이 동성애자 그룹의 권리에 적용된다면 기독교 근본주의자들이나 다른 그룹들의 권리에도 적용되어야 마땅하다.

해야 할 말이 두 가지 더 있다. 우선 그날 저녁 극장에서 벌어진 사태에 공포를 느끼려면 일단 거기서 추론을 해야 한다. 그러니까 데이비드슨이 자기에게 도움을 구하러 오는 사람들만 상대하고 싶다고 말할 때 거짓 변명일 뿐이라고 의심해야 한다. 사실 겉치레에 불과하다고 믿어야 한다. 자발적인 것을 강제적인 것으로, 일부에게 강제적인 것을 모두에게 강제적인 것으로 바꾸기 위한 원대한 구상의 첫 단계라는 것이다. 결국 정치적 관용의 기반 가운데 하나를 모조리 짓밟는 결과가 될 것이다. 사람들에 대해 자기 나름의 결론에 도달할 뿐만 아니라 눈에 보이지는 않아도 의심이 드는 동기가 있다고 남들을 몰아세우는 권리를 갖게 된다. 그리하여 정말로 다양하고 다원적인 사회에서 모든 사람이 어느 순간 이런 질문을 던져야 한다. 〈다른 사람들을 액면 그대로 보아야 하는가, 아니면 그들의 말과 행동 이면을 읽으려고 노력하고 그들의 마음속을 들여다보면서 그들의 발언과 행동에서 아직 드러나지 않은 참된 동기를 발견할 권리를 주장해야 하는가?〉

이렇게 의심을 하려면 무슨 일을 해야 할까? 상대방이 자신들의 동기가 결백하다는 것을 충분히 만족스럽게 설명하지 못하면 사악한 동기가 있는 것이 분명하다고 주장해야 할까? 아니면 어느 정도 관대한 태도를 배우면서 그대로 믿어야 할까? 이런 질문에 대한 답도 확고하지 않다. 날짜나 장소, 상황이나 운에 따라 달라진다. 과거에 강제 전환 치료를 받은 70대의 사람은 ─ 특히 〈혐오〉 치료*를 받은 사람은 ─ 이후의 운 좋은 세대들보다 의심할 이유가 더 많을 것이다. 이전에, 또는 더 가혹했던 시대에 맞추어진 경고 사이렌은 더 일찍 울린다.

아마 이런 세대 간 차이와 지리적 차이는 시간이 흐르면서 줄어들 테고, 소셜 미디어의 평준화 효과 때문에 모든 사람이 똑같이 낙관적으로 바뀔 것이다. 또는 역효과를 발휘해서 2019년 암스테르담에 사는 게이에게 영원히 1950년대 앨라배마주에 사는 위험에 처해 있다고 설득할지 모른다. 어느 쪽인지 아무도 알지 못한다. 우리가 사는 세계에는 상상 가능한 모든 공포와 위협과 희망이 언제나 가능한 일이니 말이다.

영원한 대결을 피하기 위한 한 가지 전제 조건은 사람들의 말에 귀를 기울이고 어느 정도 신뢰하는 능력이다. 물론 어느 쪽인지 애매한 경우에, 그러니까 무언가 이상한 일이 벌어지고 있다는 느낌이 들면 말의 배후를 파고들어 다른 어떤 일도 벌어지지 않는다는 것을 확인할 필요가 있다. 하지만 그렇게 했는데도 아무것도 발견되지 않으면 그 말을 그대로 믿어야 한다. 그런데 「침묵당한 이들의 목소리」를 침묵시키려고 한 언론들은 하나같이 데이비드

* 혐오감이 생기도록 유도해서 동성애에서 벗어나게 하는 치료 방식.

30

슨이나 그의 동료들이 원치 않는 참가자에게 이성애 전환 치료를 강제했다는 증거를 내놓지 못했다. 어떤 언론도 영화에 구체적으로 어떤 내용이 담겨 있는지, 또는 그의 〈상담〉이 어떤 방식으로 진행되는지 물어보지 않았다. 그리하여 일련의 억측이 만들어졌고 단지 그들이 하는 말이라는 이유로 다른 해석이 덧붙었다. 이 기준에서 보면 〈자발〉은 〈강제〉를, 〈상담〉은 〈괴롭힘〉을 의미했다. 또 데이비드슨을 찾아가는 사람들은 전부 틀림없고 돌이킬 수 없는 동성애자였다.

바로 이런 마지막 억측 때문에 데이비드슨과 동료들은 유일하게 대대적으로 문제 제기를 하고 나선다. 1859년에 처음 출간된 『자유론On Liberty』에서 존 스튜어트 밀John Stuart Mill은 자유로운 사회에서 표현의 자유가 필요 불가결한 네 가지 이유를 제시했다. 첫째와 둘째 이유는 반대 의견이 사실이거나 부분적 사실일 수 있으며, 따라서 당신 자신의 그릇된 견해를 바로잡기 위해 귀를 기울여야 한다는 것이다. 셋째와 넷째 이유는 설령 반대 의견이 틀린 것이라 하더라도 그 의견을 공표하는 것은 사람들에게 사실을 상기시키는 데 도움이 되며, 그것이 무지한 독단으로 전락해서 —만약 도전받지 않는다면— 그 자체가 길을 잃는 것을 막아 준다는 것이다.[2]

오늘날 많은 사람은 밀의 원칙을 고수하는 것이 어렵다고 말한다. 실제로 단순히 독단을 바꾸는 것보다도 더 어렵다. 최근 몇 년 사이에 미국과 영국을 비롯한 서유럽 민주주의 국가들에서 동성애자 권리에 관해 수용되는 의견은 상상도 못 할 정도로 바뀌었다. 그것도 더 나은 쪽으로 바뀌었다. 하지만 너무 빠르게 움직이는 탓에 한 독단을 다른 독단으로 대체하는 것처럼 보였다. 도덕적 오명의 입장에서 빠져나와 새롭게 채택한 입장의 관할 범위에서 조금이라도 벗어나는 사람에 대해 오명을 퍼붓는 입장으로 이동한 것이다. 이런 변화의 문제점은 그릇된 입장을 듣지 못하는 위험에 빠지게 될 뿐만 아니라 부분적으로 사실일 수 있는 주장에 처음부터 귀를 막는다는 것이다.

공교롭게도 데이비드슨과 그의 동료들은 그들이 만든 영화만큼이나 혼란스럽고 또 그들의 세계관이 대부분 불쾌하기는 해도, 성적 매력의 본성에 관해 무언가를 발견할 가능성을 갖고 있다. 여기는 깊고 유독한 바다다. 하지만 이런 바다를 확인하고도 뛰어들지 않는 것은 무의미한 일이다.

섹슈얼리티를 둘러싼 문제들에 관한 한 지금까지 채택된 일련의 억측들은 그것들이 대체한 통념만큼이나 무척 교조적인 것임이 증명되고 있다. 2015년 6월에 당시 보수당 교육 장관은 동성애를 혐오하는 시각이 영국 학생들 사이에 잠재한〈극단주의〉를 보여 주는 증거라고 단언했다. 실제로 BBC에서 보도한 것처럼 니키 모건Nicky Morgan은〈영국의 핵심적 가치를 공격하거나 동성애를 극단적으로 불관용하는 것은 경각심을 불러일으킬 수 있는 행동의 사례〉라고 말했다. 이런 사례는〈극단주의자〉들이 학생을〈길들인다거나〉, 동성애는〈나쁜 것〉이라고 생각한다고 말하는 학생을 경찰에 신고해야 한다는 증거였다.[3] 흥미로운 사실은 2013년 5월에 모건이 영국에서 동성 결혼을 도입하려는 법안에 반대표를 던졌다는 것이다. 그로부터 1년 뒤인 2014년에 모건은 이제 동성 결혼을 지지하며 아직 법제화되지 않았다면 찬성표를 던지겠다고 말했다. 다시 1년 뒤인 2015년에는 자신이 2년 전에 품었던 것과 같은 견해는 〈극단주의〉의 증거일 뿐만 아니라 근본적으로 비영국적인 것이라고 단언했다.

1990년대에 힐러리 클린턴Hillary Clinton은 미국에서 동성 결혼이 가능해지는 것을 막으려고 남편 빌 클린턴Bill Clinton이 추진한 〈결혼 보호법defense of marriage act〉을 지지했다. 또한 동성애자들에게 〈묻지도 말고, 말하지도 말라Don't Ask, Don't Tell〉는 미군의 정책을 빌이 지지하는 것을 지켜보았다. 동성애자 병사가 자신의 섹슈얼리티에 관해 한 사람에게라도 말을 하면 곧바로 군대에서 불명예 제대를 당할 수 있는 정책이었다. 로버트 새뮤얼스Robert Samuels가 『워싱턴 포스트The Washington Post』에 쓴 것처럼 〈힐러리는 동성애자 권리를 역사로 만들 기회가 있었지만 걷어차 버렸다〉.[4] 사회 여론이 뚜렷하게 바뀐 2016년, 그러니까 힐러리가 두 번째로 대통령 선거에 나섰을 때에는 LGBT 공동체(이제 동성애자 공동체의 이름이 바뀌었다)는 그가 특별히 열심히 지지한다고 주장하는 특수 집단 가운데 하나가 되었다. 정치인들이 언제 그랬냐는 듯이 입장을 바꾸는 것은 드문 일이 아니다. 시대가 바뀌는 속도가 워낙 빨라서 정치 엘리트 집단의 입장도 급격하게 바뀐다.

다른 사람들과 다른 나라들은 한층 더 신속하고 요란하게 유턴을 시작하고 있다. 독일에서 동성 결혼이 합법화되자 거의 곧바로 바덴뷔르템베르크주에서는 동성 결혼을 받아들여야만 시민권을 받을 수 있게 되었다. 어제 하나의 독단이 있었다면 지금은 다른 독단이 지배한다.

채찍질을 받아야 했던 대상은 몇몇 정치인만이 아니다. 최근까지만 해도 동성애자들에 대해 단호하게 반감을 나타내던 신문들이 지금은 동성 결혼식을 다른 사회면 뉴스와 똑같이 다룬다. 몇 년 전만 해도 남녀에게 동등하게 적용된 〈성관계 동의 연령〉을 비난하던 칼럼니스트들이 지금은 동성 결혼에 전적으로 동의하지 않는 사람들을 호되게 꾸짖는다. 2018년 MSNBC의 진행자 조이 리드Joy Reid는 10년 전에 동성 결혼에 대해 비판적으로 발언한 내용이 재조명된 뒤 공개적인 망신을 당하고 사과를 해야 했다. 당시만 해도 거의 모든 사람이 동성 결혼을 지지하지 않았다. 순식간에 변화가 일어날 때면, 잃어버린 시간을 벌충해야 하고 또한 뒤에 처진 사람들에 대해 연민을 베풀 여유가 없다.

모든 것을 게이화하다

그리하여 일부 개인과 정부, 기업은 잃어버린 시간을 벌충하는 것이 자신들의 일이라고 믿는 듯하다. 그들은 동성애 문제에 대한 논의를 강요한다. 그것도 좀처럼 받아들이기 힘들게, 그러니까 〈당신에게도 좋은 일이에요〉라고 말하는 식으로 강요한다.

2018년에 이르러 BBC는 특별히 동성애 관련 뉴스는 그냥 보도하는 것이 아니라 주요 헤드라인 뉴스로 다루기로 결심한 듯했다. 그해 9월 BBC 웹사이트에서 화제가 된 주요 뉴스 가운데 하나는 다이빙 선수 톰 데일리Tom Daley가 과거에 자신의 섹슈얼리티에 〈열등감〉을 느꼈지만 오히려 이런 점이 성공을 향해 달리는 동기 부여가 되었다는 것이었다.[5] 이 기사는 데일리가 커밍아웃을 하고 5년 뒤에 나왔다. 그 사이에도 데일리는 자신의 사생활에 관해 침묵을 지키지 않았다. BBC 웹사이트에서 인간적인 관심을 끄는 이런 기사는 8백 명 이상이 사망한 인도네시아 지진과 쓰나미 뉴스 바로 아래에 주요 기사로 게재되었다. 하루 뒤 BBC 웹사이트는 이류 리얼리티 TV 스타인 올리 로크Ollie Locke가 약혼자 — 개러스 로크Gareth Locke — 와 결혼한 뒤에 성을 합쳐서 로크-로크스 부부Locke-Lockes가 된다고 발표한 소식을 주요 뉴스로 다루었다.[6] 다른 헤드라인 뉴스에서는 인도네시아 지진으로 인한 사망자 수가 하룻밤 사이에 크게 늘었다고 보도했다.

누군가 자신이 동성애자라는 사실을 말할 필요가 있겠지만, 이런 〈뉴스〉 보도가 전혀 뉴스 보도처럼 보이지 않는 때가 있다. 오히려 언론이 권력의 지위에 있다고 믿는 사람들이나 대중에게 일정한 유형의 메시지를 발송하는 것처럼 보인다. 이런 보도는 〈당신에게도 좋은 일이에요〉를 넘어서 〈이건 어떠냐, 꼴통〉의 영역에 가까워진다. 동성애 이야기가 점점 온갖 분야의 뉴스에 기어코 비집고 들어오는 것을 보고 이성애자들이 어떻게 생각할지 궁금해지는 때도 있다.

『뉴욕 타임스』의 아주 평균적인 하루를 살펴보자. 2017년 10월 16일에 어떤 인터내셔널판 독자가 의견란을 보다가 잠시 맛깔난 이야기를 보고 싶어 할지 모른다. 경제면을 펼친다. 그런데 〈경제〉면의 주요 기사가 〈일본의 동성애자들이 이제 더는 숨지 않는다〉는 내용이다. 어쩌면 『뉴욕 타임스』 경제면의 일반적인 독자는 일본 동성애자들의 가시성에 대해 별로 생각해 본 적이 없을 것이지만, 이 지면을 통해 전에 알지 못했던 사실에 관해 배울 기회를 가졌다. 특히 최근에 보험사 동료 직원들과 아침 모임 자리에서 게이라고 커밍아웃을 한 나카무라 슌스케(中村俊輔)의 이야기가 인상적이다. 동성애에 대해 보통 ─ 도쿄의 한 대학교수가 한 말처럼 ─〈혐오라기보다는 무관심한〉태도를 보이는 나라의 이야기다. 따라서 『뉴욕 타임스』는 동성애자가 특별한 문제를 겪지 않는 나라에서 한 남자가 회사에서 커밍아웃을 하고도 전혀 부정적인 일이 생기지 않은 이야기를 경제면 특집 기사로 두 면에 걸쳐서 다루기로 정했다. 보통 이런 기사가〈경제면〉에서 가장 중요한 뉴스로 다루어지려면 시장이 이례적으로 조용한 날이어야 한다.

한 면을 넘겨도 기사가 계속 이어지는데, 이번에는 「일본 기업들, 전보다 동성애자 환영해」라는 제목이 붙어 있다. 이쯤 되면 무심한 독자는 일본 회사에서 게이 남성들이 어떤 위치를 차지하는지에 대한 관심이 충족되었을 테고, 가책을 느끼며 반대쪽에 있는〈문화면〉으로 눈길을 돌리기 시작한다. 문화면의 주요 기사의 제목은 무엇일까? 「더 넓은 사랑의 무대」였다.

신문 중간에 실린 사진에는 두 발레리노가 서로 두 팔과 몸을 휘감고 있다. 그 모습에서 기사의 주제를 짐작할 수 있다. 신문은 독자에게〈발레는 대다수의 예술 형식보다 변화가 느리다〉고 알려 준 뒤 계속해서 흥분한 어조로 말한다.〈그런데 최근 불과 2주 사이에 세계 최고 발레단으로 손꼽히는 뉴욕 시립 발레단이 의미심장한 동성 듀엣을 내세운 공연 두 편을 내놓았다.〉

이렇게 대서특필하는 이유는 발레 작품 「경주하는 시대*The Times Are Racing*」때문이다. 이 최신 작품은 ─ 뉴욕 시립 발레단에서 ─ 원래 여자 역으로 만들어진 역할에 남자를 캐스팅했다. 『뉴욕 타임스』는 계속해서 이제까지 이성애가 압도하던 발레 세계가 마침내 〈현대 세계에 대응하면서 발레 무대에 그 세계를 재현하고 있다〉고 설명한다. 연출에 참여한 남성 안무가는 인스타그램 게시 글을 통해 작품에서 〈젠더 중립성을 탐구하겠다〉고 약속했다. 게시 글에는 〈사랑은 사랑〉, 〈젠더 중립적〉, 〈평등〉, 〈다양성〉, 〈아름다움〉, 〈자부심〉, 〈자랑스럽다〉 등의 해시태그가 붙어 있었다. 유일하게 이단적인 외부 안무가 한 명은 〈전통적 발레에는 성별 역할이 있〉고 〈남자와 여자가 똑같이 중요하기는 해도 각자 맡은 임무는 다르다〉는 자신의 신념을 공언했다는 이유로 비판의 표적이 되었다. 뉴욕 시립 발레단의 스타들 ─ 그리고 『뉴욕 타임스』 ─ 은 그의 말에 동의하지 않았다.

별로 놀랍지 않게도 뉴욕 시립 발레단에서 남자 주인공을 맡은 몇 명이 게이였다. 그중 한 명은 『뉴욕 타임스』와 나눈 인터뷰를 통해 리허설 초기에 댄스 파트너가 자기에게 한 말을 설명했다. 〈공주하고 사랑에 빠지는 왕자 흉내를 내는 것과 다르게, 나와 같이 춤추는 상대하고 실제로 사랑에 빠질 수 있다고 느껴지는 역할을 맡게 되어 정말 좋아.〉 왕자가 공주와 사랑에 빠지는 장면을 연기하면서 지루하게 느끼는 사람이라면, 발레가 자기에게 어울리는 표현 수단이 아니라는 것을 깨달을 수도 있지 않을까? 하지만 발레 무대에서 이렇게 다양성이 폭발하는 것으로는 충분하지 않다고 느끼는 사람들을 위해, 기사에는 필수 수준 이상의 도덕적 영양제가 추가된다. 이 작품이 〈동성애 관계만이 아니라 인종 문제도 탐구한다〉는 뉴스가 그것이다. 안무가는 두 남자가 함께 춤추는 행위의 전반적인 효과를 설명하면서 〈사람을 뿅 가게 만든다〉고 단언했다. 기사는 갑자기 〈두 사람은 온전한 자기 자신이 되었다〉고 결론짓는다. 어느 순간 『뉴욕 타임스』의 독자는 〈문화〉에 관한 다른 주요 기사를 읽을 기회를 얻는다. 어떻게 해서 임신과 모성에 관해 농담을 하는 여성 만화가 마침내 성장하게 되었는지에 관한 기사다.[7]

기록의 신문*이 의견란과 지면의 상당 부분만이 아니라 경제면과 문화면까지 동성애에 관한 기사에 할애하기로 결정한 것은 아무 문제가 없다. 하지만 이따금 이 모든 현상에서 다른 어떤 일이 벌어지고 있는 듯한 느낌이 든다. 동성애에 특별한 관심을 기울이는 기사를 실제 뉴스와는 다른 목적으로 사용하는 것이다. 어쩌면 잃어버린 시간을 벌충하거나 아직 시대의 습속이 변화하는 속도를 따라잡지 못하는 사람들을 막 놀려 대는 듯하다. 어느 쪽이든 간에 무언가 막연하게 보복하는 이상한 일이 벌어지고 있다.

물론 사람은 변화하고 배우며 종종 입장을 바꾸게 마련이다. 대부분은 보통 남들이 힘든 일을 다한 다음에 조용하게 바뀐다. 하지만 그렇게 신속하게 사회적 입장을 바꾸게 되면 한 가지 문제가 생긴다. 충분히 탐구되지 않고 아직 폭발하지도 않은 쟁점과 주장이 그 뒤에 남는다는 것이다. 모건이 게스트에게 〈어떻게 동성애자로 태어나는 사람은 하나도 없다〉고 보는 것인지 따져 물을 때, 그는 아직 확실하지 않은 어떤 문제에 대해 너무도 자신만만한 확신을 드러낸다. 하지만 누군가 동성애자로 태어나든 그렇지 않든, 동성애자 모두가 그렇게 태어나는 것이든 아니든 간에, 그렇다고 해서 동성애자가 일방통행로라는 결론이 나오는 것은 아니다.

* newspaper of record. 정확한 사실을 기록한다고 『뉴욕 타임스』에 붙은 별명이다.

일방통행로

우리 문화는 바로 그런 기묘한 사고에 도달하고 있다. 사회 전체에서 사람들이 동성애자로 커밍아웃을 할 때, 그들은 마침내 자연스러운 귀결점에 도달했다고 축하를 받는다. 즉 있는 그대로의 존재여도 아무 문제가 없다고 사회가 친절하게 인정해 주는 것이다. 이제 드디어 자연스러운 자리, 그들에게 당연한 자리에 도달했다고 말이다. 하지만 한 가지 이상한 점이 있다. 바로 동성애자인데 이후에 이성애자가 되기로 결정한 사람은 어느 정도 의심을 받고 도편 추방을 당할 뿐만 아니라 과거에 진정한 자신이었는지에 관해 의심까지 받는다는 사실이다. 이성애자가 동성애자가 되는 것은 자리를 잡는 것이다. 그런데 동성애자가 이성애자가 되면 영원히 의심의 대상이 된다. 오늘날의 문화는 강한 이성애 성향에서 벗어나 온건한 동성애 성향으로 자리를 잡았다.

1990년대 말에 드라마 작가 러셀 T. 데이비스Russell T. Davies는 획기적인 동성애 드라마 「퀴어 애즈 포크Queer as Folk」를 쓰고 난 뒤, 2001년에 또 다른 시리즈물 「보브 앤 로즈Bob and Rose」를 내놓았다. 게이가 여자와 사랑에 빠지는 이야기였다. 데이비스가 당시 언론에 말한 것처럼 이 작품은 게이가 이성애자가 되는 경우에 이성애자가 게이로 커밍아웃을 하는 경우보다 훨씬 많은 분노를 산다는 사실을 인정함으로써 도발로 여겨졌다.[8]

아마 이런 이유 때문에 전체적인 교통의 방향을 언급하는 경우가 드물 것이다. 많은 동성애자 남녀에게 섹슈얼리티가 유동적이며 방향이 바뀔 수 있다는(위로 올라가면 내려오게 마련이다) 사고는 자기 자신에 대한 공격이다. 근거가 없는 공포는 아니다.

동성애자들은 이런 이야기에서 〈그냥 한 단계일 뿐〉이라는 끔찍한 말의 메아리를 듣는다. 동성애자들은 이런 이야기가 굉장히 무례할 뿐만 아니라 부모와 가족, 타인과의 관계를 해친다고 여긴다. 따라서 〈그냥 한 단계일 뿐〉이라는 말은 일부 사람에게 무례하기 때문에 어떤 사람에게는 실제로 사실일 수 있다는 사고는 발설해서는 안 되는 말이 되어 버린다.

밀레니얼 세대와 〈Z 세대〉는 성적 유동성을 강조하는 식으로 문제를 나름대로 피해 가려고 노력한다. 여론 조사를 보면 현재 10대 후반인 이 세대는 섹슈얼리티에 고정점이 존재한다는 사고에서 벗어나는 중이다. 2018년의 한 연구에서는 Z 세대의 3분의 2만이 자신이 〈전적으로 이성애자〉라고 답했다.[9] 여전히 다수이기는 하지만 앞선 세대들의 태도와 비교했을 때 뚜렷한 변화가 있다는 것을 알 수 있다.

밀레니얼 세대보다 나이가 많은 세대들이 보기에 〈유동성〉 문제는 여전히 복잡하고 종종 고통스럽다. 그들은 대부분 이 클럽에 가입했다가 나가는 사람은 처음부터 가입하지 않았던 사람보다 더 욕을 먹어야 한다고 본다. 그들은 대개 여론 조사에 모습을 드러내지 않으며 전국적 대변인이나 〈공동체 지도자〉가 없다. 하지만 많은 동성애자가 동성애자 세계에 잘 어울리지 못한 친구, 이 무대를 싫어하지만 다른 무대를 찾지는 못한 친구, 살짝 몸을 담갔다가 이내 빠져나간 사람, 또는 인생에서 다른 것들을 추구하는 사람, 가령 아이와 안정된 결혼 생활을 원하며 다른 존재가 되기 위해 동성애를 그만두거나 옆으로 밀어 버린 사람들을 알고 있다. 또는 — 이런 사람이 얼마나 많은 비율을 차지하고 있는지 아무도 모르지만 — 인생의 대부분 동안 동성인 사람들과 관계를 맺다가 — 「보브 앤 로즈」의 주인공처럼 — 이성을 만나서 사랑에 빠진 사람들을 알고 있다.

동성애자의 입양은 말할 것도 없고, 동성 커플의 출산 가능성에다 이제 동반자 관계civil partnership 그리고 동성 결혼이 존재하기 때문에 이런 양상이 줄어들까? 이제 사람들은 Z 세대의 느슨한 성 정체성을 점점 받아들이게 될까? 어쩌면 그럴지도 모른다. 또는 그러지 않을지도 모른다. 모두 그렇게 타고나지 않은 사람들을 알기 때문이다. 뜻밖에 동성과 키스나 그 이상의 행위를 한 뒤다시 이성애자로 돌아선 사람들이 있다. 얼마 전까지만 해도 동성 간 키스를 일탈 — 규범에서 벗어나는 행위 — 로 보던 문화에서오늘날에는 동성 간 키스가 진실이 드러나는 순간이라고 말하는 문화로 바뀌었다.

한때 동성애와 관련된 행위를 했던 사람은 거짓된 삶을 산다고 여겨진다. 어쩐 일인지 한때 동성애자인 경우는 자신의 참된 자연 상태에 빠지는 것인 반면, 그 후 영원히 이성애자가 되는 경우는 그런 자연 상태에서 벗어나는 것이라는 인식이 생겨났기 때문이다. 양성애 주장과는 다르다. 섹슈얼리티의 시소 놀이는 평평하게 균형이 잡힌 것이 아니라 사실 동성애 쪽으로 기울어 있다는 억측이다. 이전 시대의 시소가 이성애자 쪽으로 기울었던 반면지금은 반대 방향으로 기울기로 결정한 것 같다. 아마 잘못을 바로잡기 위한 일일 것이다(어느 순간 시소가 평평한 균형에 도달할 것이라고 기대하면서 말이다). 하지만 시소가 언제 올바른 위치에 도달하는지를 어떻게 알아낼 수 있는지 분간하기는 어렵다. 세상사가 그렇듯이, 진행하면서 만들어 나가는 것이기 때문이다.

지금으로서는 밀레니얼 이전 세대들 — 그리고 밀레니얼 세대의 다수 — 은 성 정체성에 최소한 일정한 고정점이 있다는 생각이 있다. 특히 다른 사람들이 어디에 있는지 알아야 관계나 잠재적 관계가 어느 정도 분명해지기 때문이다. 하지만 이 모든 것이 하나의 고정된 정체성에서 다른 정체성으로, 그곳에서 유동성으로 바뀔 수 있다는 사실은 한 독단에서 다른 독단으로 건너뛰는 것 이상을 의미한다. 근원적인 것이라 거의 언급되지도 않는 한 가지 사실에 관해 깊은 불확실성이 존재한다. 지금도 우리는 어떤 사람들이 왜 동성애자인지에 관해 별로 알지 못한다는 사실이 그것이다. 수십 년 동안 연구가 진행되었는데도 이 커다란 질문 — 그리고 잠재적으로 불안한 질문 — 은 아직 해결되지 않았다. 우리가 추구한다고 생각하는 가치의 최전선에 도달한 정체성 문제는 여전히 미해결 상태다.

이것에 관해 민감한 부분이 존재하는 것은 당연히 이해할 만한 일이다. 어쨌든 1973년에야 미국 정신 의학회American Psychiatric Association는 동성애를 질환으로 여길 만한 과학적 증거가 없다는 결론에 다다랐다. 그해에 미국 정신 의학회는 동성애를 학회에서 펴내는 정신 질환 용어집에서 제외했다(계속 두툼해지는 용어집에서 항목이 빠진 것은 보기 드문 일이었다). 세계 보건 기구World Health Organization도 1992년에 같은 조치를 취했다. 둘 다 아주 오래전이 아니며, 동성애를 둘러싼 논의에 치료나 정신 의학의 언어와 실행이 들어가는 것에 대해 아직도 의심의 여지가 남은 데는 타당한 이유가 있다.

하지만 동성애는 정신 질환이 아니라는 것을 수용한다고 해도, 동성애는 완전히 타고난 것이며 그래서 움직일 수 없는 상태라고 결론지을 수는 없다. 2014년에 영국 왕립 정신 의학회는 〈성적 지향에 관한 성명〉이라는 매혹적인 글을 발표했다. 학회는 동성애자를 자처하는 사람들에게 낙인을 찍으려는 시도를 단호하게 비난했다. 그러면서 어쨌든 학회는 성적 지향을 바꾸기 위한 치료가 어느 쪽으로든 효과를 낼 수 없다고 본다고 설명했다. 동성애자를 이성애자로 바꿀 수 없는 것처럼 이성애자를 동성애자로 바꿀 수 없다는 것이었다. 그렇지만 꽤 중요한 사실을 인정했다. 〈왕립 정신 의학회는 성적 지향은 생물학적 환경 요인과 출생 후의 환경 요인이 결합되어 결정된다고 본다.〉학회는 성명을 뒷받침하기 위해 일련의 출처를 인용하며,[10] 다음과 같은 주장을 덧붙인다. 〈이런 자료를 넘어서 어떤 식의 선택을 성적 지향의 기원으로 돌리는 증거는 전혀 없다.〉[11]

〈편견과 차별이 기승을 부리는〉환경을 야기하는 이른바 〈전환 치료〉는 〈완전히 비윤리적〉이며 〈질환이 아닌〉상태를 다루려 한다고 우려를 밝히는 한편, 왕립 정신 의학회는 다음과 같이 말한다.

성적 지향은 변경 불가능하거나 개인의 삶에서 어느 정도 바뀌지 않는 것이 아니다. 그렇다 하더라도 대다수 사람에게 성적 지향은 대개 이성애자나 동성애자 중 한 지점을 중심으로 정해지는 듯 보인다. 양성애자는 성적 표현의 측면에서 어느 정도 선택권을 갖기 때문에 이성애나 동성애 어느 한

쪽에 초점을 맞출 수 있다.

또한 자신의 성적 지향—이성애든, 동성애나 양성애든—에 만족하지 못하는 사람의 경우에 더 편안하게 살도록 돕기 위해 치료라는 선택지를 탐색할 근거가 있을 수 있다. 고통을 줄이고 자신의 성적 지향을 수용하는 정도를 확대하기 위해서다.[12]

미국 심리학회도 여기에 동의한다. 미국 심리학회의 최신 조언은 다음과 같다.

한 개인이 이성애나 양성애, 게이나 레즈비언의 지향을 갖게 되는 정확한 이유에 관해서 과학자들 사이에 합의된 바는 없다. 많은 연구에서 유전자, 호르몬, 발달 과정, 사회, 문화 등이 성적 지향에 영향을 미칠 수 있음을 검토하고 있지만, 과학자들이 성적 지향이 어떤 특정한 요인이나 여러 요인에 의해 결정된다고 결론을 내릴 만한 연구 결과는 아직 나오지 않았다. 많은 이가 자연(천성)과 양육이 모두 복합적인 역할을 한다고 생각하며, 대다수가 자신의 성적 지향과 관련한 선택을 거의, 또는 전혀 인식해 본 적이 없다.[13]

〈사람들을 바로잡아 주기〉 위해 태도나 차별을 줄이려는 시도의 관점에서 보면 아주 경탄할 만한 논의다. 하지만 무엇이 어떤 사람을 동성애자로 만드는가에 대한 문제는 여전히 답을 찾지 못했다는 사실이 부각된다. 법률은 바뀌었을지 모른다. 하지만 어떤 사람이 그냥 동성애자인 것인지 아니면 동성애자를 선택하는 것인지 어느 쪽이든 간에 그 이유에 관해 우리가 예전보다 더 많이 아는 내용은 거의 없다.

쓸모 있는 발견이 없었던 것은 아니다. 1940년대에 성과학자 앨프리드 킨제이Alfred Kinsey는 인간의 성적 선호에 관해 그 이전까지 유례가 없을 만큼 정교하고 광범위한 현지 조사를 수행했다. 방법론상 허점이 많기는 하지만 그의 연구 결과는 오랫동안 대체로 정확하다고 간주되었다. 그 연구의 결과물로 내놓은 저작 —『인간 남성의 성 행동Sexual Behaviour in the Human Male』(1948)과 『인간 여성의 성 행동Sexual Behaviour in the Human Female』(1953)[14] — 에서 킨제이와 동료들은 남성의 13퍼센트가 16~55세 사이에 적어도 3년간은 〈주로 동성애자〉이고, 여성은 약 20퍼센트가 일정한 동성애 경험을 한 적이 있다고 단언했다. 킨제이의 유명한 인간 성 경험 〈척도scale〉는 전체 인구의 약 10퍼센트가 동성애자라는 주장으로 이어질 법하다. 이 수치들은 오랫동안 — 이 분야의 다른 모든 것과 마찬가지로 — 치열한 전장이 되었다. 종교 단체들은 동성애자의 수가 그보다 적다고 이야기하고 있다면 어떤 조사든 환영했다. 예를 들어 종교 단체들은 1991년에 미국의 국가 남성 조사National Survey of Men가 남성의 1.1퍼센트만이 〈전적으로 동성애자〉라고 주장한 내용과 20년 뒤 똑같은 수치에 도달한 영국 통계청Office for National Statistics의 조사에 달려들었다. 1993년에 미국의 앨런 구트마커 연구소Alan Guttmacher Institute가 대면 면담을 바탕으로 수행한 조사에서는 전체 인구의 1퍼센트만이 동성애자라는 표제 수치가 나왔다. 종교 단체들은 이 수치 — 지금까지 나온 수치 가운데 최저치 ─ 를 환영했다. 그리하여 전통 가치 동맹 Traditional Values Coalition 의장은 〈마침내 진실이 드러났다〉고 환호했다. 한 우파 라디오 진행자는 〈우리의 말이 진실로 입증되었다〉고 선언했다.[15]

전체 인구에서 동성애자가 차지하는 숫자를 최소로 추산하는 모든 통계를 환영하는 사람들이 있는 것처럼 이 숫자가 최대이기를 바라는 사람들도 분명 존재한다. 스톤월은 전체 인구의 5~7퍼센트가 동성애자라는 통계가 〈합리적인 추정치〉라고 설명했지만, 이것은 킨제이의 결론과는 상당히 거리가 멀다. 새로운 기술 덕분에 숫자를 둘러싼 논쟁을 어느 정도 결론짓거나 적어도 분명하게 밝힐 수 있다. 영국 통계청이 활용한 가구 설문 방식의 경우처럼 신기술 역시 방법론상의 문제가 있다(영국 통계청의 경우에 정체를 숨기는 동성애자를 어떻게 감안할지 등의 곤란한 문제가 있다). 하지만 검색 엔진을 사용하면서 체계적으로 거짓말을 하는 사람은 거의 없기 때문에 빅 데이터에서 동성애에 관해 취합한 정보는 상당히 많다. 구글의 전 데이터 과학자 세스 스티븐스다비도위츠Seth Stephens-Davidowitz는 페이스북 남성 이용자의 약 2.5퍼센트가 동성 이용자에게 관심을 보인다고 밝혔다.

스티븐스다비도위츠는 인터넷 포르노 검색 결과를 통해 자신의 섹슈얼리티를 별로 드러내지 않는 사람들을 포함한 수치에 가까이 접근한다. 이때 인상적인 점은 미국 전역에서 그 수치가 상당히 일정하다는 것이다. 예를 들어 로드아일랜드주에는 미시시피주보다 동성애자 페이스북 이용자가 두 배 많지만(주거지를 옮긴 동성애자가 많다는 사실을 어느 정도 설명할 수 있다), 인터넷 포르노 검색 결과에서는 뚜렷한 일관성을 보인다. 따라서 동성애 포르노를 검색하는 비율이 미시시피주에서는 약 4.8퍼센트이고, 로드아일랜드주에서는 약 5.2퍼센트다. 스티븐스다비도위츠는 필요한 모든 단서(가령 호기심에서 찾아보는 것)를 달면서, 미국 동성애자 인구가 공정하게 추산하면 약 5퍼센트라는 결론에 다다른다.[16]

하지만 통계가 대개 그렇듯이, 이 통계도 계속해서 일종의 축구공처럼 사용된다. 2017년에 영국 통계청은 영국에서 게이, 레즈비언, 양성애자, 트랜스젠더의 숫자가 처음으로 1백만 명을 기록했다고 말했다. 『핑크 뉴스』는 이를 두고 〈성 소수자 공동체에게 기록적인 수치〉라고 설명하면서 〈높지만 충분히 높은 것은 아닌 수치〉라고 덧붙였다.[17] 여기에서 질문을 안 할 수가 없다. 그러면 얼마나 높아야 흡족하겠는가?

이 모든 사실에도 불구하고 최근 수십 년간 대중은 자기 나름의 견해에 도달하고 있다. 그리고 그들의 견해는 무척 뚜렷하게 바뀌고 있다. 1977년에 동성애자는 타고나는 것이라고 생각하는 미국인의 비율은 10퍼센트를 약간 넘었다. 2015년에 이르자 미국 인구의 절반가량이 그렇게 생각했다. 한편 동성애자가 〈양육과 환경 때문에 생겨난다〉는 데 동의하는 미국인의 수는 1977년에 60퍼센트에서 2015년에 30퍼센트로 줄었다. 우연의 일치가 아닌데, 그 이유는 미국인이 동성애에 대해 갖는 도덕적 태도 역시 같은 시기에 엄청나게 바뀌었기 때문이다. 2001년에서 2015년 사이에 이루어진 갤럽Gallup 여론 조사를 보면, 2001년에는 미국인의 40퍼센트가 게이와 레즈비언의 관계를 〈도덕적으로 수용 가능하다〉고 여겼고 2015년에는 그 수치가 63퍼센트였다. 같은 기간에 동성애 관계가 〈도덕적으로 잘못되었다〉고 생각하는 비율은 53퍼센트에서 34퍼센트로 떨어졌다.[18] 동성애에 관한 여론을 변화시킨 한 가지 요인은 사람들의 주변에 아는 동성애자 — 가족 성원, 친구, 직장 동료 — 가 있다는 사실이라는 것이 여론 조사에서 밝혀졌다. 이 요인은 다른 권리 운동에 의미심장한 함의를 갖는다. 동성애에 대한 태도를 변화시킨 또 다른 명백한 요인은 동성애자들이 공공의 삶에서 점차 가시화되고 있다는 것이다.

하지만 동성애에 대한 태도를 가장 분명하게 변화시킨 도덕적 요인은 동성애가 학습된 행동이라는 사고에서 타고난 특징이라는 믿음으로 이동한 것이다. 동성애자들의 사례에서 이런 이동이 얼마나 중요했는지를 인식하는 것은 다른 모든 권리 캠페인에 중요한 함의를 갖는다. 여기서 우리는 현대 도덕의 가장 중요한 구성 요소 가운데 하나를 감지할 수 있기 때문이다. 그것은 바로 자신이 통제하지 못하는 특징을 이유로 삼아 사람을 처벌하거나 비하하거나 업신여기는 것은 잘못이라는 기본적인 인식이다. 이런 인식은 도덕의 명백한 구성 요소처럼 보일지 모르지만, 인류 역사의 대부분 시기 동안 그렇지 않았다. 과거에는 자신이 바꿀 수 없는 특징 때문에 불리한 대우를 받는 일이 무척 잦았다.

하드웨어 대 소프트웨어, 그리고 이렇게 태어날 필요성

그렇다 하더라도 현대 세계는 이런 논쟁에 뿌리를 두는 도덕에 합의하기 시작했다. 이 도덕은 하드웨어 대 소프트웨어의 문제라고 볼 수 있다.

하드웨어는 사람들이 바꿀 수 없는 것이며 따라서 — 논리를 따라가면 — 하드웨어 때문에 사람을 판단해서는 안 된다. 반면 소프트웨어는 사람들이 바꿀 수 있으며 — 도덕적 판단을 포함해서 — 판단을 필요로 할 수 있다. 이런 시스템에서는 불가피하게 잠재적인 소프트웨어 문제를 하드웨어 문제로 만들려는 노력이 나타날 것이다. 특히 실제로는 하드웨어 문제가 아니라 소프트웨어 문제를 가진 사람들에게 더 공감하기 위한 시도를 할 수 있다.

예를 들어 어떤 사람이 알코올이나 마약 중독자라면 사람들은 스스로 어느 정도 통제할 수 있어야 하는 일에서 실패한 것이라고 여길 수 있다. 이렇게 실패한 것이라면 그것은 의지박약이나 잘못된 결정, 그 밖에 다른 도덕적 느슨함의 결과가 된다. 반면 어쩔 수 없이 그렇게 행동하는 것이라면 그를 비난할 수 없고 환경의 피해자로 이해해야 한다. 항상 술에 취해 있는 사람은 주변의 모든 사람에게 고통이 되지만, 그가 알코올 중독 성향을 갖고 태어났다 — 또는 〈알코올 유전자〉를 갖고 있다 — 고 하면 아주 다르게 보일 수 있다. 어떤 식으로든 비판을 받는 대신 어느 정도 공감을 받게 마련이다. 만약 그의 알코올 중독이 학습된 행동이라면 그는 유약하거나 심지어 나쁜 사람으로 판단되기도 한다. 대체로 우리 현대인은 바꿀 수 없는 행동에 좀 더 공감하지만, 선택의 문제라고 치부되는 생활 방식에 대해서는 비판하거나 의문을 나타낸다. 특히 그 행동이 다른 사람에게 불편한 경우에는 더더욱 그렇다. 동성애는 — 무엇보다도 재생산의 시각에서 보면 — 사회에 불편을 끼친다고 말할 수 있으며, 따라서 〈동성애가 실제로 무엇인가〉하는 질문은 해당 사회에 완전히 정당한 문제를 제기한다.

서구에서 동성애에 관한 여론을 바꾸는 데 가장 분명하게 도움이 된 요인 하나를 꼽자면, 동성애가 사실〈소프트웨어〉가 아니라〈하드웨어〉문제라는 결정이었다. 어떤 사람들 ── 주로 종교적 보수주의자들 ── 은 정반대의 견해를 들여오려고 계속 노력한다. 가령 그들 중 일부는 여전히 동성애를〈생활 방식의 선택〉으로 설명하고자 한다. 동성애자들이 자신의 프로그래밍을 선택했음을 암시하는 표현이다.

이런 태도가 지배적인 나라와 시대는 동성애 행위를 금지하는 억압적 법률의 시기와 일치하는 경향이 있다. 따라서〈생활 방식의 선택〉주장을 거부하고, 동성애가 하드웨어 문제라거나 레이디 가가Lady Gaga의 말처럼〈이렇게 태어난Born this way〉사실을 인정하라고 밀어붙이는 것은 이해가 된다.

실제로 동성애는 너무 적은 곳에서 너무 순식간에 도덕적으로 수용된 탓에 동성애에 관한 도덕적 이론의 토대를 마련하는 것은 고사하고 여러 가지 장기적인 결론을 내리기도 쉽지 않다. 확실한 것은 동성애가 타고난 것인가 선택인가 ── 하드웨어인가 소프트웨어인가 ── 의 문제가 사람들이 이 쟁점에 대해 얼마나 공감을 나타내는지에 심대한 영향을 미친다는 사실이다. 만약 자기가〈선택〉해서 동성애자가 되는 것이라면 ── 또는 동성애가〈학습된 행동〉이라면 ── 어느 정도 학습을 취소하거나 심지어 아무도 동성애를 선택하고 싶지 않을 법한 방식으로 소개하는 것도 가능해야 한다.

생활 방식을 선택한 것이 아니라 사람들이 이렇게 태어난다는 사고는 확실히 최근 들어 과학과 무관하게 장려받고 있다. 모든 사람의 삶에서 동성애자들이 점점 더 가시화되면서 동성애를 〈숨기는〉 선택지는 언제나 실행 불가능해진다. 한편 유명한 동성애자의 이야기 ─ 그리고 특히 사람들이 겪고 있는 공포와 왕따와 차별의 이야기 ─ 때문에 많은 사람이 누구도 자발적으로 동성애를 선택할 리 없다고 믿게 된다. 어떤 아이가 동성애자가 되어 왕따의 표적이 되려고 하겠는가? 어떤 성인이 그렇지 않아도 복잡한 삶을 한층 더 복잡하게 만들려고 하겠는가?

그리하여 오늘날의 시대정신은 〈이렇게 태어났다〉는 이론으로 정리된 듯하다. 가가의 이론을 뒷받침하는 데 아직 과학이 크게 유용하지 않다는 불안한 사실에는 애써 눈길을 주지 않는다.

후성 유전학 분야에서 동성애를 야기하는 유전자 변이의 정확한 위치를 찾기 위한 매혹적인 연구가 이루어지는 중이다. 최신 연구는 유전자 분자에 추가되는 메틸기에 초점을 맞추고 있다. 2015년에 UCLA 과학자들이 동성애자와 이성애자 형제 사이에 다른 게놈 부위에서 DNA 변형 형태를 발견한 바 있다. 하지만 소규모 표본에 의지한 연구였기 때문에, 희망 섞인 헤드라인에도 불구하고 강한 반박을 받았다. 비슷한 연구가 여러 차례 진행되었지만 모두 뚜렷한 결론을 내리지 못했다.

당분간 〈동성애 유전자(게이 유전자)〉는 정체불명으로 남아 있을 것이다. 언제든 발견되지 않을 것이라는 이야기는 아니다. 다만 그것을 둘러싸고 벌어지는 전쟁이 인상적이라고 말할 수 있을 뿐이다. 근본주의 기독교도를 비롯한 이들은 대체로 〈동성애 유전자〉가 발견되지 않기를 바란다. 이런 유전자가 발견되면 자신들의 세계관을 떠받치는 토대 하나가 심각하게 손상되고(〈하느님이 동성애자를 만드신다고?〉), 이 문제에 관한 자신들의 입장이 영향을 받을 것이 분명하기 때문이다. 다른 한편 동성애자들은 분명 동성애 유전자가 발견되기를 기대한다. 소프트웨어를 운운하는 온갖 비난에서 영원히 벗어날 수 있기 때문이다. 그리하여 일란성 쌍둥이 형제가 흥미롭게도 섹슈얼리티 역시 동일한 사례를 중심으로 이루어지는 연구는 계속된다.*

어쩌면 〈동성애 유전자〉를 발견하려고 안달이 난 사람들이 정말 성공을 거두면 무슨 일이 벌어질지에 대해 더 많은 관심을 기울여야 한다. 모든 징후가 좋은 것은 아니다. 몇 년 전 오리건 보건 과학 대학교의 신경 과학 연구자 척 로셀리Chuck Roselli가 암컷보다 다른 수컷과 교미하는 것을 더 좋아하는 듯 보이는 수컷 양에 관한 연구를 내놓았다. 그의 연구가 널리 알려지자(공교롭게도 동성애 활동가들에게 동물권에 대한 관심을 환기시키려 한 동물권 단체 덕분이었다), 로셀리의 연구가 인간이 동성애자로 태어나는 것을 저지하려는 우생학적 시도를 위한 근거로 활용될 것이라는 주장이 제기되었다. 로셀리의 고용주에게 그의 해임을 요구하는 이메일과 항의 메시지가 수만 통 쏟아졌다. 또한 테니스 스타 마르티나 나브라틸로바Martina Navrátilová를 비롯한 유명한 게이와 레즈비언이 언론에 나와 로셀리와 그의 고용주를 공격했다. 양 연구는 그런 의도가 전혀 없었다.[19] 양의 동성애를 연구하는 사람이 이

* 같은 유전자를 공유하는 일란성 쌍둥이 형제가 이란성 쌍둥이 형제에 비해 둘 다 동성애자인 경우가 월등히 많다면 동성애 유전자가 존재한다고 가정할 수 있다.

런 반응에 부딪힌다면, 인간에게서 동성애 유전자가 발견되면 어떤 반응이 나올까? 만약 〈동성애 유전자〉가 발견되면, 부모가 늦지 않게 자녀의 DNA 유형을 편집해서 처리하는 일이 허용될까? 부모가 그렇게 하는 것을 막으려면 어떤 근거를 대야 할까?

이 문제에 관한 유전학의 모든 측면을 둘러싸고 열띤 논쟁이 벌어진다는 사실이 동성애의 다른 측면들에 관한 연구가 그토록 빈약한 이유 중 하나다. 예를 들어 동성애가 진화의 측면에서 어떤 역할을 하는지, 아니 과연 역할을 하기는 하는지에 관해서 거의 연구가 이루어지지 않았다. 1995년부터 1996년까지 미국과 영국의 연구자 두 명이 이 주제에 관해 의견을 교환했다.[20] 올버니 뉴욕 주립 대학교의 고든 G. 갤럽Gordon G. Gallup과 센트럴 랭커셔 대학교의 존 아처John Archer는 자신들의 토론 결과를 학술 저널에 발표했다. 논문은 동성애자에 대한 부정적 태도가 자연 선택의 일부로 유전된 것인지, 아니면 문화를 통해 전해지는 편견의 일부인지에 초점을 맞추었다. 〈가장 단순한 형태로 보면, 자녀의 성적 지향에 관심을 보이는 부모가 무관심한 부모보다 더 많은 후손을 남겼을 수 있다〉는 갤럽의 의견을 중심으로 매혹적인 논쟁이 벌어졌다. 갤럽은 또한 이른바 〈동성애 혐오〉는 자녀에게서 생겨나는 섹슈얼리티가 외부의 영향에 쉽게 좌우된다는 부모의 우려에 따른 결과일 수 있다고 주장한다. 이를 뒷받침하는 증거는 다음과 같다. 첫째, 어린이와 정기적으로 접촉하는 일을 하는 동성애자에 대한 관심이 더 높다. 둘째, 일단 자녀가 성인이 되면 자녀 주변에 동성애자가 있어도 부모가 별로 신경을 쓰지 않는다.

전부, 또는 일부 사실일 수 있고 전혀 사실이 아닐 수도 있는 주장이다. 갤럽이 연구의 근거로 삼은 여론 데이터는 수십 년 전에 수집된 것이다. 당시만 해도 — 앞서 살펴본 것처럼 — 동성애에 대한 태도가 지금과 사뭇 달랐다. 흥미로운 점은 훌륭한 생물학 논쟁에서 동성애가 진화에서 어떤 역할을 하거나 혹은 하지 않는지, 동성애에 진화론적으로 정당한 근거가 있는지, 따라서 동성애를 의심할 만한 어떤 진화론적 근거가 있는지에 관한 연구가 사라져 버렸다는 사실이다. 일부 생물학자는 개인적으로 이것이 생물학의 실패임을 기꺼이 인정한다. 하지만 이 주제 전체를 둘러싼 오늘날의 바다는 너무 깊고 위험해서, 정년을 보장받으려는 교수들은 논쟁에 개입하지 않는다. 우리가 어떤 대답을 할 수 없는지 — 또는 우리가 어떤 대답에 대처할 수 없는지 — 를 결정하고 나면, 진실을 좋아하는지와 상관없이 질문을 던지는 것 자체가 무의미해진다.

철학적 혼란

만약 과학자들이 동성애의 기원을 둘러싼 질문에 답할 능력이나 의지가 없다면, 이 문제에 관한 토론의 책임은 다른 쪽에서 맡아야 한다. 보통은 철학의 몫이 된다. 하지만 철학에서도 오랫동안 이 문제에 관해 거의 진전이 이루어지지 않았다. 기껏해야 2천 년 동안 말이다.

아리스토텔레스Aristoteles는 『니코마코스 윤리학*Nicomachean Ethics*』에서 잠깐 동성애를 언급할 뿐이다. 그는 오늘날 많은 사람이 마음에 들어 하지 않을 목록에 동성애를 포함시킨다. 『니코마코스 윤리학』 7권에서 〈병적〉이고 〈병에 걸린〉 상태에 관한 논의를 보면, 임신한 여자의 배를 갈라서 태아를 먹는 여자, 자기 어머니를 죽여서 먹는 남자, 다른 노예의 간을 먹은 노예 등의 공통된 상황에 관한 이야기가 나온다. 아리스토텔레스는 이런 사례를 〈광기〉를 비롯한 〈질병〉의 소산으로 본다. 그런데 머리카락을 쥐어뜯거나 손톱을 물어뜯는 것, 동성애 등 다른 상태는 〈습관〉이나 〈관습〉에서 생겨난다고 본다. 남색sodomy도 그렇고 계간pederasty도 그렇다. 아리스토텔레스가 정확히 어떤 문제를 거론하고 있는지에 관해서는 견해차가 존재한다(동성애 관계의 본성에 관해 서로 다른 견해를 나타내기 때문에 혼란이 생겨난다). 하지만 아리스토텔레스가 동성애라는 주제를 다루고 있다고 받아들인다면, 그가 기원전 3세기에 이미 21세기의 미국 심리학회와 영국 왕립 정신의학회와 본질적으로 똑같은 입장을 취하고 있다는 사실이 인상적이다. 아리스토텔레스는 동성애가 일부 남성에게는 천성적인 특징이고 다른 남성에게는 〈습관〉의 결과라고 말한다. 유일한 차이점이 있다면, 21세기의 훌륭한 연구 자료는 아리스토텔레스처럼 그런 〈습관〉을 야기하는 원인에 대한 사례를 제시하지 않는다는 것이다. 그에 반해 아리스토텔레스는 다음과 같은 사례를 제시한다. 〈어린 시절에 학대를 당한 경우에 나타난다.〉[21]

아리스토텔레스보다 최근의 철학자들이 이 문제의 근원에 다다르는 데 훨씬 더 도움이 되는 것도 아니다. 오늘날 미셸 푸코 Michel Foucault는 서구 사회 과학에서 가장 많이 인용되는 학자로 손꼽힌다.[22] 푸코가 확실하고 신성한 연구자로 인정받고 있긴 하지만, 그의 저작 가운데 가장 유명하고 큰 영향력을 가졌다고 평가받는 책 ─ 『성의 역사History of Sexuality』 ─ 에서 밝힌 동성애에 관한 그의 견해는 대단히 혼란스럽다. 푸코는 동성애자들이 뚜렷하게 정의된 집단인 양 말하는 것은 무엇보다도 역사에 무지한 설명이라고 지적한다. 과거에 동성애 행위를 한다고 비난받은 사람들은 19세기의 남녀가 생각하기 시작한 것처럼 뚜렷한 범주의 개인들이 아니었다. 푸코는 19세기 말에 벌어진 변화를 이렇게 설명한다. 〈예전의 남색자는 일시적인 일탈이었지만, 오늘날 동성애자는 하나의 부류다.〉[23]

권력과 성에 관한 이론을 계속 밀어붙일 기회를 활용하는 것을 제외하면, 동성애에 관한 푸코의 사고는 대단히 논쟁적이다. 때로 그는 동성애를 정체성의 절대적 핵심으로 여기는 듯하다. 또 어떤 때는 ─ 심지어 같은 책 안에서도 ─ 동성애가 그렇게 중요한 것이 아니라고 본다. 푸코의 뒤를 이어 그를 인용하고 그의 제자가 된 이들은 섹슈얼리티를 ─ 다른 모든 것과 마찬가지로 ─ 이성애 규범에 대항해서 집단 정체성을 확보하는 방편으로 활용하고 있다. 특히 MIT의 데이비드 핼퍼린David Halperin은 〈이데올로기 없는 오르가슴은 없다〉고 말한 것으로 유명하다.[24] 그의 말은 침대 위의 지루함을 시사할 뿐만 아니라 이런 프리즘을 통해 동성애를 이해하고자 하는 사람들이 불안정한 토대 위에 또 불안정한 토대를 쌓고 있다는 사실을 가리킨다.

푸코의 저작에서 분명해 보이는 몇 안 되는 것들 중 하나는 그 자신조차 성 정체성이 그 위에 어떤 공식적 정체성을 쌓을 수 있는 현명한 토대가 아닐지 모른다는 사실을 인정하는 듯 보인다는 점이다. 실제로『성의 역사』1권의 막바지로 가면서 푸코는 수백 년 동안 일종의 〈광기〉로 여겨졌던 무언가가 어떻게 우리 자신의 〈이해 가능성〉의 중심축이 되고, 과거에는 〈모호하고 이름 없는 충동으로 여겨진 것〉의 원천이 오늘날에는 어떻게 우리의 〈정체성〉이 되었는지 호기심을 보인다. 그는 성은 〈우리의 영혼보다 더 중요하고 거의 우리의 생명보다 더 중요한 것〉이 되었다고 주장한다. 〈우리 안에 유혹으로 새겨진〉 파우스트의 계약은 〈성 자체를 얻기 위해, 성의 진실과 성의 주권을 얻기 위해 삶 전체를 내주는 것〉이(라고 그는 주장한)다. 〈이제 우리는 성을 위해 목숨까지 바칠 수 있다.〉[25] 푸코의 제자들은 다른 결론에 도달한 것 같지만 — 그리고 푸코도 깊이 파고들지 않았지만 — 푸코조차 성이나 심지어 섹슈얼리티도 정체성의 기반으로 삼기에는 불안정한 토대임을 간파한 것으로 보인다.

동성애자 대 퀴어

이 모든 것에도 불구하고 오늘날 동성애자라는 사실은 정체성, 정치, 〈정체성 정치〉의 절대적인 핵심 구성 요소 중 하나가 되었다. LGBT는 주류 정치인들이 마치 인종 공동체나 종교 공동체처럼 실제로 존재하는 듯이 일상적으로 거론하는 — 그리고 말을 거는 — 집단 가운데 하나다. 황당한 일이 아닐 수 없다. 그 자체의 설명으로 보더라도 이 구성은 대단히 지속 불가능하고 모순적이기 때문이다. 게이와 레즈비언은 공통점이 거의 없다. 이렇게 말하는 것도 진부하지만, 게이와 레즈비언이 언제나 가장 따뜻한 관계를 이루는 것은 아니다. 게이는 종종 레즈비언이 촌스럽고 지루하다고 규정한다. 레즈비언은 흔히 게이가 어리석고 어른이 되지 못한 모습을 보여 준다고 규정한다. 서로 상대방에 큰 도움이 되지 못하며 〈공동체적〉 공간에서 거의 만나지 않는다. 게이가 상대를 꼬시는 장소가 있고 레즈비언이 상대를 꼬시는 장소가 있지만, 동성애자가 해방되고 수십 년간 게이와 레즈비언이 일상적으로 가까이 모여서 회합을 하는 장소는 거의 없었다.

한편 게이와 레즈비언은 자신이 〈양성애자〉라고 주장하는 사람들을 수상쩍게 보는 것으로 유명하다. LGBT의 〈B〉는 동성애 언론에서 이따금 불안이 생겨나는 원천이다. 하지만 양성애자들은 여전히 동성애자와 같은 〈공동체〉의 일원이라기보다는 그 한가운데에서 생겨난 일종의 배신자로 여겨진다. 게이 남성은 자신이 〈바이Bi〉라고 주장하는 남자가 실은 일종의 부정하는 게이라고 믿는 경향이 있다(〈지금은 바이, 게이는 나중에〉). 그리고 가끔 여자하고 자는 여자는 남성 이성애자에게 종종 해명할 기회를 얻지만, 다른 남자하고 자는 남자에게 긍정적인 반응을 보이는 여자는 거의 없다. 이 사람들 — 게이, 레즈비언, 또는 양성애자 — 이 성별을 바꾸려고 하는 사람들과 어떤 관계가 있는지에 대한 문제는 나중에 다룰 것이다.

사람들이 LGBT 공동체에 관해 이야기하거나 어떤 정치적 목적을 위해서 이 공동체를 흡수하려고 할 때는 이런 내적 알력과 모순을 염두에 둘 필요가 있다. LGBT 공동체는 그 구성요소의 각 글자 안에서도 거의 존재하지 않는다. 게다가 서로 공통점이 별로 없다. 1960년대에 동성애가 비범죄화되기 전에는 분명상황이 약간 달랐다. 하지만 지금은 레즈비언이 게이를 필요로 하지 않고, 게이는 레즈비언에 별로 신경 쓰지 않으며, 거의 모두 똘똘 뭉쳐 양성애자에 수상쩍은 눈길을 보낸다. 또 트랜스젠더가 다른 모든 사람과 같은 존재인지 아니면 그들을 모욕하는 존재인지를 놓고 엄청난 논란이 벌어진다. 그런데 그 어느 것 혹은 전부가 어디서 생겨났는지에 관해서는 아무도 제대로 알지 못한다. 하지만 성 정체성은 여전히 사람들이 인구의 광범위한 일부의 정체를 확인하고, 또 자유로운 사회를 규정하는 여러 정당성과 근거 가운데 하나를 만들어 내는 수단이 된다.

모순적 위치와 기원을 가진 사람들의 집합체가 벌이는 운동의 모든 요소 내부에 심각한 긴장이 존재하는 것도 놀랄 일은 아니다. 동성애 운동의 기원에서부터 현재에 이르기까지 요구 내용을 둘러싸고 우리가 상상할 수 있는 모든 긴장이 여전히 존재한다. 결국 여기에서 핵심은 동성애자가 한 가지 특징만 제외하고는 모든 일반인과 완전히 똑같은지에 관한 질문이다. 또 그 한 가지 특징 때문에 동성애자는 사회의 나머지 모든 사람과 전혀 다른지에 관한 질문으로도 이어진다. 이 차이점을 놓고 광범위한 두 진영으로 갈린다.

첫 번째 진영은 동성애자가 다른 모든 사람과 똑같다 — 똑같아야 한다 — 고 믿는다. 또한 동성애자 역시 이성애자 친구나 이웃과 전혀 다르지 않다는 것을 보임으로써 모든 권리 투쟁에서 승리할 것이라고 본다. 이성애자들과 마찬가지로 동성애자도 근사한 말뚝 울타리로 둘러싸인 집에 살고, 결혼을 하고, 일부일처 관계를 맺고, 마침내 아이를 낳고 기를 수 있다. 사실 동성애자들도 훌륭할 수 있다. 이것은 적어도 헌터 매드슨Hunter Madsen과 마셜 커크Marshall Kirk가 1989년에 출간한 『무도회가 끝난 뒤: 미국은 90년대 동성애자에 대한 공포와 혐오를 어떻게 극복할까After *the Ball: How America Will Conquer its Fear and Hatred of Gays in the '90s*』 같은 텍스트에서 펼쳐 보이는 한 가지 선택지다.[26] 하지만 일반 사회에서 정상화되는 것을 통해 동성애자가 수용되는 길을 설파하는 이런 저작들은 언제나 똑같은 동성애자 〈공동체〉 안에서 다른 집단의 반박을 받았다.

이쪽은 〈게이〉가 아니라 〈퀴어〉라고 규정할 수 있다(자신들도 그렇게 규정한다). 동성에게 끌리는 것은 단순히 동성에게 끌리는 것 이상을 의미한다고 믿는 사람들의 집단이(었)다. 그들은 동성에게 끌리는 것은 더 거친 여정의 첫 단계에 불과하다고 믿는다. 단지 삶에 만족하는 것이 아니라 정상적인 삶의 방식을 위반하는 첫 단계다. 게이(동성애자)는 단지 일반 사람들과 똑같이 수용되기를 바라는 반면, 퀴어는 근본적으로 다른 존재로 인정받고 그 차이를 이용해서 게이가 진입하려고 하는 질서를 해체하기를 원한다. 이제까지 거의 인정받지 못한 차이점이지만, 〈동성애자〉가 하나의 정체성으로 수용되는 한 줄곧 존재해 온 핵심적인 구분선이다.

동성애자 혁명이 시작될 때 〈동성애자 해방 전선〉을 다른 여러 운동과 나란히 놓을 수 있는 〈통일 해방 전선〉을 추구한 사람들이 있었다. 짐 포라트Jim Fouratt를 비롯한 활동가들의 영향 아래에 이런 동맹이 블랙 팬서Black Panther 등의 국내 운동과 베트콩, 중국의 마오쩌둥 정권, 쿠바의 카스트로 정권 등 해외 운동으로까지 확대되었다(그리고 여기에 국한되지 않았다). 그 정도는 달라도 동성애자에 대해 공공연하게 반대한다는 사실(가령 마오의 중국은 〈성적으로 타락한 이들〉을 공개적으로 거세하는 것을 서슴지 않았다)은 극복해야 하는 여러 모순 중 하나에 불과했다.[27] 동성애자 권리 운동은 혁명적일 뿐만 아니라 그 운동이 받아들여지길 바라는 사회에 반대하는 운동으로 계속해서 정체를 규정했다. 그런 구분이 1960년대 이래 줄곧 동성애자 세계에서 똑같이 되풀이되었다.

1980년대 에이즈 사태 당시 유럽과 미국에서 동성애자들이 상당히 급진화되었다(이해할 만한 일이다). 액트 업Act Up 같은 단체들은 자신들이 뽑은 대표가 〈역병〉의 폭발과 함께 벌어지는 믿을 수 없는 고난을 인정하기 위해 충분히 노력을 기울이지 않는다고 말했다. 단체들은 직접 행동을 벌였지만, 다른 〈동성애자〉들은 직접 행동은 대의 전반을 희생시킨다고 느꼈다. 미국의 저술가 브루스 보워Bruce Bawer는 1990년대 초에 펴낸 중요한 책에서 게이 권리 투쟁을 〈퀴어〉가 장악하는 것에 맞선 액트 업 같은 단체들의 〈비타협적인〉 태도를 회고했다. 그는 『자리를 차지하다A Place at the Table』에서 지금은 폐간된 동성애자 주간지 『QW』에 실린 액트 업을 비판하는 편지에 대한 답장을 회고했다. 〈자기혐오적이고 위선적이며 그릇된 내용을 담은 헛소리〉가 담긴 전형적인 답장은 다음과 같이 말한다. 〈당신은 퀴어 네이션queer nation의 수치예요.〉[28] 〈퀴어 네이션〉이란 무엇이었을까? 그것은 하나의 목소리와 일련의 한 가지 목표만을 추구했을까? 동떨어진 다른 삶을 추구했을까, 아니면 다른 사람들과 같은 삶을 추구했을까? 지금처럼 그때도 이 질문은 다루어지지 않았고 답도 찾지 못했다. 동성애자는 일반 사람들과 똑같았는가, 또는 독자적인 동성애 국가가 아니라면 일종의 도시 국가로 의식적, 의도적으로 분리하기를 바라는 다른 사람들의 집단이었는가?

〈게이〉와 〈퀴어〉는 1990년대 내내 계속 충돌했다. 영국에서 장기적으로 수용과 존중을 추구한 이들은 종종 〈아웃레이지 Outrage〉 같은 단체들이 벌이는 행동을 보고 소스라치게 놀랐다. 1998년 부활절에 피터 태첼Peter Tatchell을 비롯한 아웃레이지 성원들은 캔터베리 대성당의 설교단을 습격해서 캔터베리 대주교의 부활절 설교를 중단시키고 영국 국교회가 동성애자 권리에 부정적 태도를 보인다고 규탄하는 플래카드를 흔들었다. 이 행동은 동성애자 권리를 전면에 내세우는 합리적인 방식이었을까, 아니면 동성애자들의 명백한 〈근본주의〉를 보고 겁에 질리는 사람들을 소외시키는 위험천만한 방식이었을까? 다른 곳에서도 똑같은 논쟁이 벌어졌다(정도는 덜해도 지금까지 이어진다). 뉴욕주에서는 동성애자 차별 금지법이 21년 동안 통과되지 않았다. 법안과 관련된 한 인물은 1992년에 〈성난 충돌이 벌어지는 와중에 많은 의원이 동성애자 단체와 접촉〉한 사실을 설명했다. 급진 단체 퀴어 네이션Queer Nation이 〈상원 여당의 원내 대표 랠프 J. 머리노Ralph J. Marino의 인형을 앞세우고 행진을 한〉 뒤 화형식을 치른 일도 있었다. 다른 단체들은 좀 더 효과적으로 로비를 하면서 이른바 〈정중한〉 대접을 받았다.[29]

하지만 급진적 태도는 계속 이어졌다. 평등을 원하는 동성애자와 동성애자라는 사실을 단순히 다른 질서를 해체하거나 새로운 사회를 구성하기 위한 첫 단계로 활용하기를 바란 이들 사이의 분열도 계속 이어졌다. 1993년 4월 25일에 열린 〈워싱턴 행진〉은 이런 분열을 가장 극명하게 드러냈다. 원래는 30년 전 마틴 루서 킹Martin Luther King이 주도한 행진이 시민권 운동에 기여한 것처럼 동성애자 권리에 기여하기 위해 기획된 행진이었다. 하지만 1993년에 이루어진 행진은 〈외설적인 코미디언〉과 〈동성애자 인구의 일부 소수 집단만을 대변하는 위협적인 급진주의자〉가 난무하는 등 야단법석이었다. 보위가 말한 것처럼 〈주최 측은 동성애자에 관한 고정 관념을 속속들이 확인해 주려는 것 같았다〉.

나는 이 행사를 1963년 흑인 시민권을 위해 벌인 워싱턴 행진과 계속 비교했다. 그때 마틴 루서 킹은 일생일대의 연설을 하면서 자신의 추종자들만이 아니라 주저하는 일반 국민들에게도 자신이 얼마나 진지한 사명을 추구하고 그 대의가 얼마나 정당한지를 각인했다. 그는 혁명을 호소하거나 미국 민주주의를 비난하거나 스탠드 업 코미디언과 연단을 공유하지 않았다. (……) 1963년 그날에 그는 미국의 양심을 두드리는 인종 평등의 전망을 제시하면서 추종자들의 장점을 이끌어 내고 반대자들의 고결한 본능에 말을 걸었다.[30]

이런 측면은 동성애자 권리 운동에서 계속 곪아 터지고 있다. 또 다른 동성애자 작가 앤드루 설리번Andrew Sullivan은 1990년대에 이렇게 말했다. 〈동성애자 권리를 위한 아무 행진에나 가보면 이런 행진을 응집력 있는 로비로 조직하는 일이 불가능하다는 것을 알게 된다. 아이러니나 노출증, 무책임한 태도 등이 언제나 시도를 훼손한다.〉[31]

오늘날 동성애자 권리를 주장하는 시위 — 특히 세계 각지에서 벌어지는 〈게이 프라이드gay pride〉 행진 — 에 가보면, 거의 어디에서나 법적 평등(이제 대다수 서구 나라에서는 이루어졌다)에 대한 요구와 나란히 이성애자만이 아니라 동성애자도 얼굴이 붉어지는 일들이 뒤섞여 있는 모습이 눈에 띈다. 사람들이 남들 눈에 보이지 않는 자기 집에서 어떤 괴상망측한 일을 즐기든 전혀 문제가 되지 않는다. 하지만 시위에 페티시 의상이나 가죽 바지 등을 입은 사람들이 대열을 이루면, 그들이 어떤 대의를 내세우려고 해도 그 의미가 퇴색된다고 보아도 무리는 아니다. 흑인 시민권 운동에 그런 페티시 집단이 들어 있었다면 그 운동의 도덕적 힘을 무시하기가 한결 쉬웠을 것이다.

하지만 동성애자들을 울타리 안으로 몰아넣기는 쉽지 않다. 그들 스스로 그렇게 모이지도 않고, 남들이 그렇게 모으기는 더더욱 어렵다. 평등을 요구하는 사람들 중에는 노출증을 행동주의로 착각하는 부류가 있다. 자신들이 일반 대로에서 강아지 옷을 차려입고 〈주인〉을 따라 네 발로 기어갈 권리를 누리기 전까지는 누구도 자유롭거나 평등하지 않다고 믿기 때문이다. 자유주의 사상가 폴 버먼Paul Berman은 1990년대까지 이어진 스톤월 기념 〈축일〉을 기억한다. 〈뚱한 게이 운동권〉들이 시민권을 요구하면서 행진을 하고 그 뒤에서는 〈가슴을 드러낸 젊은 남자들〉이 에로틱한 춤을 춘다. 그리고 상의를 벗은 여자, 가죽옷을 차려입은 페티시스트, 거리에서 서로 채찍질을 하는 사도마조키스트 들에 이어 〈항문 프라이드〉, 〈버자이너 프라이드〉 같은 구호가 등장한다. 이런 행진은 — 교차성 사회학자 알린 스타인Arlene Stein이 말한 대로 — 만약 동성애자들이 일반인처럼 보인다면 그들의 존재가 사라진다는 이유로 계속되었다. 노골적으로 드러내야만 존재가 사라지지 않는다는 것이었다. 스타인은 자신을 무엇보다도 〈섹스 전문가sexpert〉로 소개했다. 버먼이 지적한 것처럼 〈누구나 되고 싶지만 하루 24시간 내내 되고 싶지는 않은〉 직함이다.[32] 동성애에 대한 〈퀴어〉 시각을 밀어붙이는 사람들은 동성애자를 풀타임 직업으로 소개하는 경향이 있다. 동성애자들은 그들을 싫어하는 경향이 있다.

동등한가, 우월한가?

동성애자 권리 운동의 좀 더 보수적인 요구들 중에 아직 다루어지지 않은 데다 위험으로 가득한 문제들이 있다. 예를 들어 만약 동성애자들이 일반인과 똑같은 권리를 획득했다면, 그들도 일반인과 똑같은 기준에 맞추어야 하는가? 아니면 동성애자 평등에는 특별 조항으로 모종의 예외 선택권이 있는가? 그러니까 이제 동성 결혼이 존재하기 때문에 동성애자 커플은 이성애자 커플과 마찬가지로 일부일처제를 따를 것으로 기대해야 하는가? 동성애자 커플이 아이를 갖지 않는다면, 두 남자나 두 여자가 20대 초반에 만나 결혼을 하고 난 후 60여 년 동안 둘이서만 섹스를 하기를 바라는 것이 말이 되는가? 두 사람이 그리하고 싶을까? 만약 그렇지 않다면 어떤 사회적 결과가 나타날까? 어떤 결과이든 나타나지 않을까? 미국에서 처음으로 결혼한 동성 커플들 가운데 인터뷰어에게 곧바로 자신들은 〈개방적 관계〉*라고 인정한 사람들도 있었다. 다른 사람들 — 이성애자를 포함해 — 은 그런 동성 결혼을 어

* 서로 다른 사람과의 연애를 허용하는 관계.

떻게 생각해야 할까? 질문은 계속 시끄럽게 이어지지만 대답은 전혀 들리지 않는다. 영국의 어느 유명 동성 커플은 결혼을 하고도 서로 개방적 관계로 지낸다는 사실을 감추기 위해 엄청난 노력을 기울였다. 아마 주목받는 동성 부부가 〈부정〉을 저지른다는 것을 이성애자들이 알게 되면, 피해가 생길 수 있다고 생각했기 때문일 것이다.

〈평등〉에 관한 이야기가 난무하는 가운데 대다수 동성애자가 완전히 평등해지기를 바라지 않는다는 것만큼 확실한 사실은 없다. 많은 사람은 정확히 평등하면서도 약간의 동성애 보너스를 받기를 원하는 것 같다. 1997년에 미국의 TV 스타 엘런 디제너러스Ellen DeGeneres가 레즈비언으로 커밍아웃을 했을 때 그는 상당한 위험을 무릅썼다. 결국 성공을 거두어 레즈비언의 가시성을 크게 높였다는 사실 때문에 디제너러스는 존경의 대상이 되었다. 하지만 디제너러스가 이성애자 남성은 꿈도 꾸지 못할 만큼 거침없이 떠들 수 있는 이유는 그런 행동으로 쌓은 사회적 자본 때문인가, 아니면 일종의 레즈비언의 이점 때문인가? 디제너러스가 토크 쇼에 나오는 게스트들(남성과 여성)에게 유명인 두 명의 사진을 보고 〈누가 더 나은지〉 빨리 대답하라고 재촉하는 〈누가 더 나은지 Who'd you rather〉 게임이 대표적인 예다.

2017년 〈미투〉 파문이 시작될 때, 여성을 상대로 부적절한 신체 접촉을 한 적이 없더라도 여성을 대상화한 적이 있는 남자라면 누구나 곤경에 빠졌다. 하지만 디제너러스는 동일한 규칙을 적용받지 않았다. 하비 와인스타인Harvey Weinstein이 구렁텅이로 추락한 10월 말에 디제너러스는 소셜 미디어에 케이티 페리Katy Perry

와 찍은 사진을 올렸다. 몸매가 훤히 드러나는 드레스를 입은 팝스타의 가슴이 두드러지게 보였다. 사진 속 디제너러스는 한쪽 팔을 페리에게 두른 채 페리의 가슴에 눈높이를 맞추고 입을 벌린 채 추파를 던지고 있었다. 디제너러스의 공식 트위터 계정에 올라온 사진에는 〈생일 축하해요, 케이티 페리!〉라는 문구가 붙어 있었다. 〈커다란 풍선을 꺼낼 시간이야!〉[33] 그때쯤이면 남성이 여성을 대상화해서는 안 된다는 합의가 상당한 수준에 도달해 있었지만, 유명한 레즈비언에게는 예외 조항이 적용되는 것처럼 보였다.

동성애자가 부모가 되는 것

동성애자 권리 운동의 성공은 서구의 모든 자유 민주주의 나라에서 당연히 대대적으로 홍보되고 있다. 하지만 이런 찬양에는 이면이 존재한다. 다른 문제들에 대해 도덕적 협박이 가해지는 것이다. 오늘날 동성애자 범죄화를 되돌아볼 때 느끼는 것처럼, 미래에 지금을 돌이키면서 부끄럽게 여길 만한 문제가 무엇일까? 수많은 후보가 그 자리를 채울 수 있다. 하지만 다른 동성애자 권리에 연쇄 반응이 생겨난다. 범죄화에 관해 크게 오해한 까닭에 다른 모든 것도 별로 논쟁을 거치지 않은 채 우리 눈앞을 그냥 지나칠 수 있기 때문이다.

미국과 영국에서 동성 결혼이 출현했고 그 결과로 다른 권리 요구도 급증했다. 동성애자의 부모 될 권리가 그것이다. 동성애자들은 자녀를 입양할 권리만이 아니라 자기 자녀를 낳을 권리도 요구하고 있다. 엘턴 존Elton John과 데이비드 퍼니시David Furnish, 데일리와 더스틴 랜스 블랙Dustin Lance Black 같은 유명 게이 커플들은 종종 이런 요구가 지극히 단순한 것인 양 설명한다. 「우리는 가족을 만들기로 결심했습니다.」 2018년 2월에 데일리와 블랙은 두 사람이 초음파 사진을 손에 들고 있는 사진을 공개했다. 신문 헤드라인은 다음과 같았다. 「톰 데일리, 남편과 아이를 낳을 예정이라고 발표하다.」[34] 오래된 게이 농담이 있다. 〈우리는 아직 아이를 낳지 않았지만 그렇다고 시도를 할 수 없는 것은 아니다.〉 게이들에게 돌파구가 열렸다는 것을 알리는 기사가 나왔다. 그리고 얼마 지나지 않아 누군가 〈남자 둘이 아이를 낳을 수 있다고?〉라고 의문을 던지면, 〈안 될 게 뭐야? 꼴통 같으니라고〉 같은 대답을 들을 것이었다.

당연히 『데일리 메일Daily Mail』의 칼럼니스트가 희생양을 기다리는 지뢰를 밟았다. 하지만 〈정확히 어떻게?〉라는 질문은 타당한 근거가 없지 않았다. 우선 이미 그전부터 여성을 배제하는 것은 심각한 실수라는 데 합의가 이루어진 바 있었다. 하지만 여기 두 게이 남성은 최소한 여자 하나(이 과정 어디인가에서 관련이 있었을 것이다)를 완전히 배제하고 있었다. 실제로 누가 관련되든 가장 중요할 수밖에 없는 이야기에서 여자가 배제되었다. 잠깐 멈추어서 생각해 보아야 할 그다음 이유는 꼼꼼하게 정리된 데일리와 블랙의 이야기는 젊은 세대의 게이들에게 거짓을 말하고 있다는 점이다. 왜냐하면 사실 레즈비언 커플이 아기를 낳는 것은 꽤 쉽겠지만, 게이 둘이 생물학적으로 아이를 낳는 것은 대단히 어렵기 때문이다. 설령 아이를 낳는다 해도 그 아이는 둘 중 한 명의 생물학적 자국만 물려받는다. 그리 멀지 않은 미래에 여러 질문과 잠재적인 긴장을 낳을 수밖에 없는 형국이다. 훨씬 더 명백한 거짓은 이런 상황 — 게이 커플이 한 명의 DNA를 가진 아이를 낳는 상황 — 조차도 대다수 게이에게는 언감생심이라는 것이다. 이것은 아주 부자인 게이들에게나 가능한 일이다. 난자를 기증받고 대리모를 구하는 과정은 비용이 많이 든다. 하지만 두 사람이 임신을 구상하는 데 극히 온건한 반발이 일어나기 전까지 이런 문제들이 전혀 논의되지 않았다. 〈혐오에 돈 대기를 중단하라 Stop Funding Hate〉라는 단체는 『데일리 메일』에 광고를 싣는 기업의 명단을 작성해 자신들이 〈영국 주류 사회의 견해와 점점 동떨어진다〉고 평가한 신문에 광고 게재를 중단하도록 압력을 가하려고 했다.[35] 남자 둘이 아이를 낳을 수 있다는 주장에 대해 〈잠깐만〉이라고 말한 대가로 벌어진 일이다.

다른 많은 분야와 마찬가지로 동성애 논쟁에서도 〈평등할 뿐만 아니라 약간 우월하다〉는 태도가 계속된다. 2014년에 멜버른 대학교 연구자들은 동성 커플의 자녀가 이성애자 커플이 키우는 아이보다 더 건강하고 행복하다는 것을 증명하려는 연구를 수행했다. 사이먼 크라우치Simon Crouch 박사는 프로젝트의 연구 책임자로서, 그들이 더 행복한 원인 중 하나는 동성 커플이 전통적인 〈젠더 고정 관념〉에 빠지지 않아서 〈더 조화로운 가족 단위〉를 만드는 것이라고 주장했다.[36] 그렇게 보기 드문 주장은 아니다. 2010년에 BBC는 샤론 퍼거슨Sharon Ferguson 신부 — 레즈비언 게이 기독교인 운동Lesbian and Gay Christian Movement의 최고 경영자 — 가 만든 단편 영화를 방송했다. 영화에서 신부는 자기 같은 레즈비언이 이성애자 커플만큼 좋은 부모에 그치는 것이 아니라고 주장했다. 그 신부에 따르면 레즈비언은 실제로 이성애자 커플보다 더 좋은 부모가 될 수 있다.[37] 이때에도 분석이라기보다는 언제나 선전 선동에 가깝게 들리는 똑같이 수상쩍은 통계를 기반으로 하는 비슷한 주장이 걸핏하면 튀어나온다.

예를 들어 UCLA 로스쿨의 윌리엄스 연구소Williams Institute 연구자들은 버몬트주의 커플 515쌍을 12년간 연구한 뒤 2018년 3월에 그 결과물을 발표했다. 그들의 연구에 따르면 게이 커플이 레즈비언 커플이나 이성애자 커플에 비해 더 오래 함께 살았다.[38] 동성애 언론을 비롯한 여러 곳에서 곧바로 이 연구를 기사로 다루었다. 「동성 결혼이 이성 결혼보다 깨질 확률이 낮다는 연구 결과가 나오다.」[39]

동성애자가 부모가 되는 것은 동성애(게이)와 퀴어의 분열에서 동성애 쪽에만 해당될 것 같지만, 일부 보도의 이면에서는 퀴어 권리 운동의 주변부에 항상 존재했던 추하기 짝이 없는 소음의 메아리가 울려 퍼진다. 평등으로는 충분하지 않다는 주장이 그것이다. 동성애자는 어떤 의미에서 이성애자보다 〈우월〉하기 때문이다. 미국의 급진적 동성애 활동가 로버트 래프스키Robert Rafsky는 시위 중에 동료 동성애 활동가들 앞에서 이성애자에 관해 〈우리가 저들보다 중요하다〉며 고함을 지르는 장면이 카메라에 찍힌 적이 있다. 보위가 말한 것처럼 〈이성애자가 자신이 동성애자보다 중요하다는 것을 당연시하는 것 못지않게 추한〉 태도다.[40] 하지만 다른 많은 것과 마찬가지로 이 태도에 관해서도 혼란이 존재한다.

마지막으로 다룰 두 가지 혼란은 커다란 쟁점에 속한다. 동성애자라는 의미가 동성인 사람들에게 끌린다는 것인지, 아니면 커다란 정치적 기획의 일부라는 것인지에 대한 문제가 그것이다.

동성애자는 정치적인가?

2016년 영국의 브렉시트 국민 투표에 앞서 영화배우 이언 매켈런Ian McKellen은 인터뷰에서 어느 쪽에 투표할 생각인지에 관해 질문을 받았다. 그 이후 기사에 인용된 말은 〈동성애자에게 브렉시트는 말이 안 되는 것이다〉였다. 기사에서 이언 경(수십 년에 걸쳐 동성애자의 기본권을 향상시키는 데 막대한 공헌을 했다)은 동성애자의 관점에서 투표를 바라보면서 이렇게 밝혔다. 〈선택지는 유럽 연합에 남는 것 하나밖에 없습니다. 만약 당신이 동성애자라면 당연히 국제주의자이니까요.〉[41] 아마 스스로 동성애자라고 여기면서 〈탈퇴〉에 표를 던지겠다고 생각한 사람들은 오랜 세월 동안 착각을 한 것일지 모른다. 흔히 그렇듯이 미국에서는 같은 영토 위에서 훨씬 나쁜 전쟁이 벌어지고 있다.

　2016년 7월 21일은 미국의 동성애자 권리 지지자들에게 위대한 순간이 되었어야 했다. 그날 피터 틸Peter Thiel은 오하이오주 클리블랜드에서 열린 공화당 전당 대회 무대에 올라 연설을 했다. 그전에도 게이가 공화당 연단에 선 적이 있었지만 혼자서, 그것도 공공연하게 정체성을 드러내며 연단에 선 적은 없었다. 이와 대조적으로 페이팔 공동 창립자이자 페이스북 초기 투자자인 틸은 자신의 섹슈얼리티를 분명하게 언급하면서 도널드 트럼프Donald Trump를 공화당 대통령 후보로 지지한다는 입장을 밝혔다. 연설 중에 틸은 이렇게 말했다. 「나는 게이인 것이 자랑스럽습니다. 공화당의 당원이라는 것도 자랑스럽고요. 하지만 무엇보다도 미국인이라는 사실이 자랑스럽습니다.」한마디씩 할 때마다 강당에 우레와 같은 박수 소리가 울려 퍼졌다. 불과 몇 차례 앞선 선거에 서는 상상할 수 없었던 상황이었다. NBC를 포함한 여러 주류 언론이 모든 발언을 긍정적으로 보도했다.「피터 틸, 공화당 전당 대회에서 역사를 만들다.」

하지만 동성애 언론은 그렇게 긍정적이지 않았다. 미국에서 으뜸가는 동성애 잡지『애드버킷*Advocate*』은 동성애자 교회에서 파문하는 내용으로 이루어진 장문의 흥미로운 기사에서 틸을 공격했다.「피터 틸은 동성애와 동성애자가 다르다는 것을 보여 준다.」코네티컷 대학의 역사학 부교수 짐 다운스Jim Downs는 1천 3백 개의 단어로 쓰인 기사에서 질문을 던졌다. 〈퀴어 정체성의 여러 측면을 숱하게 포기하고도 LGBT라고 할 수 있는가?〉

다운스는 틸이 〈다른 남자와 섹스를 하는 남자〉라는 것은 인 정하면서도 그가 다른 면에서도 실제로 〈게이〉인지 질문을 던졌 다. 〈이런 질문은 편협해 보인다〉고 필자는 인정했다. 하지만 이 질문은 — 원문 그대로 말하자면 — 실제로 섹슈얼리티와 정체 성, 공동체에 관한 우리의 관념에서 구분해야만 하는 중요하고 폭 넓은 문제를 제기한다. 틸의 연설이 —〈진보〉는 말할 것도 없고 — 분수령이 된 순간이라고 찬양한 사람들에게 콧방귀를 뀐 뒤, 다운스는 저주를 퍼부었다. 〈틸은 남자와 섹스를 하지만 게이는 아닌 남성의 사례다. 그는 게이만의 독특한 정체성을 끌어안기 위 해 사람들이 치른 투쟁을 받아들이지 않기 때문이다.〉

이 동성애자 이단 색출자가 발견한 증거물 1호는 공화당 전 당 대회 연설에서 틸이 끝없이 세간의 이목을 끄는 트랜스 화장실

72

논쟁, 즉 누가 어떤 화장실을 사용해야 하고 어떤 시설이 어디에 있어야 하는지를 언급하지 않았다는 것이었다. 틸은 자신이 〈우리 당 강령의 모든 조항〉에 동의하는 것은 아니라고 말한 바 있었지만, 〈가짜 문화 전쟁은 우리의 경제가 쇠퇴하는 현실로부터 눈을 돌릴 뿐〉이라고 분명히 언급했다. 그는 계속해서 말했다. 「내가 어렸을 때는 소련을 어떻게 물리칠 것인지를 놓고 일대 논쟁이 벌어졌습니다. 그리고 우리가 승리했죠. 지금 우리는 누가 어떤 화장실을 사용해야 하는지를 놓고 일대 논쟁이 벌어지는 중이라는 이야기를 듣습니다. 이것은 진짜 문제를 방해하는 논쟁일 뿐입니다. 누가 신경이나 쓸니까?」 클리블랜드에서는 잘 통하는 발언이었다. 만약 여론 조사만 놓고 본다면, 미국 전체에서 아주 잘 통하는 발언일 것이다. 분명 화장실 접근성을 걱정하는 사람보다는 경제를 걱정하는 사람이 많기 때문이다. 하지만 『애드버킷』이 볼 때 이것은 지나치게 엇나간 발언이었다.

틸은 자신의 〈성적 선택〉을 재확인하는 한편 〈자신을 동성애자 정체성에서 분리하는 죄를 저질렀다〉. 트랜스 화장실 문제가 전반적인 문화에 비해 덧없는 쟁점이라는 그의 견해는 〈정치 투쟁으로 지켜 내야 하는 문화적 정체성으로서의 LGBT 개념을 사실상 거부하는 셈이다〉. 틸은 1970년대 이래 〈선조들의 수준만큼 문화적 정체성을 창출하는 데 투자하지〉 않은 운동의 일원으로 여겨졌다. 동성애자 해방이 성공을 거두면서 〈문화적 작업〉이 중단된 것이 분명했다. 하지만 이런 현실은 위험하다. 최근 게이 나이트클럽에서 벌어진 총기 난사 사건은 뚜렷하게 연관된 방식은 아니더라도 그 위험성을 보여 주었다. 필자는 독자들에게 다음과 같은 사실을 뚜렷하게 상기시키고자 한다. 〈동성애자 해방 운동은 우리에게 강력한 유산을 남겨 주었는데, 그 유산을 지키려면 《동성애자》라는 단어의 의미를 이해해야 할 뿐만 아니라 그것을 단순히 동성애적 욕망과 친밀성의 동의어로 사용해서는 안 된다.〉[42]

사실 2016년 6월 펄스 나이트클럽에서 벌어진 올랜도 총기 난사 사건은 이슬람 국가(ISIS)에 충성을 맹세한 무슬림 젊은이의 소행이었다. 하지만 『애드버킷』이나 그달에 뉴욕에서 열린 게이 프라이드 행진은 이런 사실 관계에 얽매이지 않았다. 행진 대열은 〈공화당의 혐오가 죽음을 부른다!〉라는 문구가 적힌 거대한 무지개색 플래카드를 앞세웠다. 오마르 마틴Omar Mateen이 공화당 당원이 아니었다는 것을 간단히 잊어버린 것이다.

〈동성애자 공동체〉의 조직가를 자임하는 사람들은 독특한 정치관을 갖고 있을 뿐만 아니라 동성애자라는 이유만으로 지니게 된다는 책임에 대해서도 독특한 관점을 갖고 있다. 2013년 소설가 브렛 이스턴 엘리스Bret Easton Ellis는 동성애자 단체 글래드 GLAAD로부터 비난을 받으며 글래드가 매년 주최하는 언론상 만찬에 참석을 거부당했다. 텔레비전에 나오는 동성애자 캐릭터의 바보 같은 성격에 관해 그가 트윗을 올렸는데, 글래드가 보기에 〈동성애자 공동체가 부정적 반응을 보였다〉는 이유였다.[43] 2018년 『핑크 뉴스』가 정색을 하고 〈게이 바에서 어떻게 행동해야 하는가〉에 관해 이성애자들이 〈따라야 할 수칙〉 열 가지를 발표할 때도 검열관 같은 어조 — 아니면 초등학교 교장의 어조 — 가 여지없이 등장했다.[44] 이 모든 사례에서 사람들은 대체로 본능

적으로 〈도대체 당신이 어떤 존재라고 생각하느냐〉는 말이 튀어
나온다. 하지만 엘리스는 그릇된 사고에 대해 질책을 받은 뒤 새
로운 동성애자 문제의 전반적인 부분을 간명하게 요약할 수 있었
다. 그의 말에 따르면 이제 우리는 〈마법의 요정인 게이가 다스리
는 세상〉에서 살게 되었다. 우리 앞에 정체를 드러낼 때면 언제나
일종의 성스러운 외계인으로 나타나는 이 요정의 유일한 목표는
우리에게 **오로지** 관용과 우리 자신의 편견에 대해 상기시키고, 우
리 자신을 편안히 느끼면서 **하나의 상징**이 되는 것이다.

　마법의 게이 요정의 통치는 실제로 당분간 자리를 잡았다.
사회가 동성애와 평화를 이루는 수용 가능한 방식 중 하나였기 때
문이다. 동성애자들은 이제 일반인처럼 결혼할 수 있고 일반인
과 똑같은 방식으로 아이를 가질 수 있는 척하며, 대체로 — 블랙
과 데일리가 유튜브 채널에서 보여 주는 것처럼 — 귀여운 모습으
로 컵케이크나 만들며 사람들을 위협하지 않는다고 강조한다. 엘
리스가 말하듯 〈상냥하고 성적으로 위협적이지 않으며 큰 성공을
거둔 동성애자는 이성애자를 동성애자를 사랑하는 고귀한 보호
자로 변모시킬 운명이라고 여겨진다. 그 동성애자가 꾀죄죄하거
나 관능적이거나 까다롭지만 않다면 말이다〉.[45] 미국 소설의 앙팡
테리블이었던 인물이 이제 무언가를 분명히 지적하고 있었다.

〈동성애 혐오〉의 그럴듯한 원인은 무엇인가?

그렇다고 해도 집단 전체는 말할 것도 없고, 개인에 대한 혐오나
폭력이 정당화되지는 않는다. 하지만 사람들 사이에서 태연자약
하고 편안히 여기는 마음과 폭력적으로 공격하려는 욕망 사이에

는 수많은 단계가 존재한다. 사실 일부 이성애자는 정말로 동성애자를 보면 불안해한다. 어쩌면 대다수 또는 모든 이성애자가 이렇게, 그러니까 혐오와는 거리가 멀지만 불안을 느낀다. 지금까지 이른바 〈동성애 혐오〉 현상에 관한 저술과 연구는 그것의 그릇된 정당화에 초점을 맞추었지만, 동성애 혐오와 비슷한 현상의 그럴듯한 이유는 무시되었다. 레즈비어니즘보다는 남성 동성애의 경우가 더욱 그렇다. 온갖 역사적, 사회적 이유에서 레즈비어니즘은 남성 동성애처럼 사회 질서에 대한 근본적인 공격으로 여겨진 적이 거의 없다. 아마 남성 동성애의 본질에는 일부 사람의 섹슈얼리티가 아니라 모든 사람의 섹슈얼리티의 가장 중요한 측면 하나를 곧바로 무너뜨리는 무엇이 존재하기 때문일 것이다.

거의 모든 여성과 남성이 이성에게 끌리는 현상의 밑바탕에는 아직 답을 찾지 못한, 아니 아마 앞으로도 답을 찾지 못할 온갖 질문이 자리한다. 데이트 의식dating ritual 차원에서 여러 가지 수수께끼와 혼란이 벌어진다. 이런 수수께끼와 혼란은 가장 먼 과거부터 현재에 이르기까지 거의 모든 희극과 비극의 주된 요소였다. 하지만 가장 오래 이어져 온 커다란 질문들은 구애와 데이트 의식의 밑바닥에 존재하며 흔히 짝짓기 의식mating ritual의 단계에서 완전히 나타난다. 여자는 남자가 추구하는 것이 무엇인지, 남자가 무엇을 원하며, 남자가 섹스를 하면서 — 어느 것이든 간에 — 무엇을 느끼는지 알고 싶어 한다. 이런 질문들은 친구들끼리 나누는 대화의 주요 요소이며, 사춘기부터 줄곧 대다수의 삶에서 일정한 단계 — 때로는 모든 단계 — 에서 개인적인 걱정과 고뇌의 원천이 된다.

사회에서 여자가 남자에 대해 느끼는 혼란이나 고뇌와 맞먹는 것이 하나라도 있다면, 그것은 물론 남자가 여자에 관해 갖는 의문의 목록이다. 거의 모든 희극이 다루는 주제는 여자를 이해하지 못하는 남자의 문제다. 여자들은 무슨 생각을 할까? 무엇을 바라는 것일까? 여자들의 행동을 이해하는 일은 왜 그렇게 어려울까? 남자나 여자는 왜 상대가 자기의 말과 행동, 침묵의 의미를 해독할 줄 알기를 기대할까? 남자나 여자나 이성의 암호를 해독하는 매뉴얼을 받은 적이 없는데도 말이다.

　이성애자 남성이 느끼는 걱정과 의문의 밑바탕에는 여자가 남자에 관해 갖는 것과 똑같은 의문이 도사리고 있다. 사랑을 나누는 행위는 어떤 것일까? 상대방은 어떻게 느낄까? 상대는 사랑을 나누면서 무엇을 얻을까? 그리고 두 성의 몸이 어떻게 딱 맞을까? 고대인들도 물론 이런 의문들을 심사숙고했다. 고대인들은 플라톤Platon 근처를 떠나지 못한다. 『향연Symposium』에 나오는 아리스토파네스Aristophanes의 유명한 이야기에도 이런 모습이 등장하지만 어떤 답도 구하지 못한다. 수수께끼는 계속되고 앞으로도 계속될 것이 분명하다.

　바로 이 지점에서 특히 남성 동성애자의 존재가 불안하게 끼어든다. 자신이 잘못된 몸을 갖고 태어났다고 믿는 사람들을 위한 그럴듯한 수술이 등장하기 전까지 — 그리고 나중까지도 — 두 성을 오가는 가장 불온한 존재는 남성 동성애자였다. 그들의 일부 본성이 대단히 여성적이기 때문이 아니라, 여성이 섹스에서 간직하고 있는 비밀을 알았기 때문이다. 그것은 수천 년 동안 존재한 의문 — 그리고 걱정 — 이다.

『변신 이야기*Metamorphoses*』에 나오는 티레시아스의 전설을 생각해 보라. 오비디우스는 어느 날 빈둥거리며 사랑에 관해 농담을 하는 주피터와 주노의 이야기를 들려준다. 주피터가 주노에게 말한다. 「사랑을 나눌 때 당신네 여자들이 남자들보다 더 재미를 볼 거요. 그건 확실하지.」 주노가 그의 말에 동의하지 않자, 두 사람은 티레시아스의 의견을 들어 보기로 한다. 「남자와 여자 둘 다 경험해 본 사람이니까.」 티레시아스의 이야기는 복잡하다. 오비디우스는 티레시아스가 언젠가 길을 가다가 거대한 뱀 한 쌍이 초록 숲에서 짝짓기를 하는 모습을 목격했다고 말한다. 지팡이로 뱀을 때린 티레시아스는 곧바로 남자에서 여자로 바뀌었다. 여자로 7년을 산 뒤 8년째가 되었을 때 티레시아스는 다시 두 뱀을 마주쳤다. 이번에도 지팡이로 때렸다. 「너희들을 때리는 것에 마법적 힘이 있어서 때린 사람의 성별이 바뀌니 이번에도 다시 때려야겠다.」 그러자 그는 다시 남자로 돌아온다.

주피터와 주노가 티레시아스를 부른 것은 남자와 여자 중에 사랑을 나누면서 누가 더 즐거움을 얻는지에 관해 판단을 내려 달라고 요청하기 위해서였다. 두 성을 오간 사람은 주피터의 말이 맞다고 단언한다. 여자가 더 즐거움을 얻는다는 것이다. 이 주장에 화가 난 주노는 티레시아스를 장님으로 만들어 버리는데, 주피터가 눈이 먼 티레시아스에게 보상으로 주는 것(어떤 신도 다른 신이 한 행동을 취소할 수 없기 때문이다)은 예언 능력이다. 나중에 티레시아스는 나르키소스의 운명을 예측하게 된다.[46] 신들과 뱀, 지팡이는 제쳐 두고, 티레시아스의 전설은 무척 심오한 질문을 던진다. 그리고 그 답을 제시한다. 동성애자 남성들 역시 일정한 역할을 하는 질문이다.

이 질문을 이어받은 사람은 거의 없다. 최근에 이 질문을 붙잡고 씨름한 몇 안 되는 사람 중 한 명은 1999년에 『다다르기 힘든 포옹: 욕망과 정체성의 수수께끼*The Elusive Embrace: Desire and the Riddle of Identity*』를 내놓은 작가이자 — 우연의 일치가 아니라 — 고전학자인 대니얼 멘델슨Daniel Mendelsohn이다. 가족사 겸 회고록인 저작에서 멘델슨은 두 남자의 섹스는 어떤 것인지 물으면서, 다음과 같이 말한다.

> 어떻게 보면 그것은 티레시아스의 경험과 비슷하다. 게이들이 으스스하게 느껴지는 이유, 게이 생각만 해도 불안하고 불편한 진짜 이유도 이것이다. 육체적 사랑 행위를 해본 이성애자 남자는 관계 중에 파트너의 몸에 삽입하는 것, 타인의 몸 **안**에 들어가는 것이 어떤지 안다. 관계 경험이 있는 여자 역시 삽입되는 것, 타인이 자기 몸 안에 들어오는 것이 어떤지 안다. 하지만 게이는 설령 그 자신이 정확히 반대의 보완적인 행위를 한 경험이 있더라도, 파트너에게 삽입하거나 파트너가 삽입하는 바로 그 순간에 파트너가 무엇을 느끼고 경험하는지를 정확히 안다. 남성 간의 섹스는 완벽한 유예 속에서 타자성을 동일성으로, 남성을 **부정**으로 용해시킨다. 어느 쪽도 상대에 관해 알지 못하는 것은 아무것도 없다. 성관계의 정서적 목적이 상대를 완전히 **아는 것**이라면, 게이 섹스는 그 나름으로 완벽할 것이다. 거기서는 상대방의 경험에 관한 완전한 지식이, 마침내, 가능하기 때문이다. 하지만

그 지식의 대상이 이미 당사자들 각각에게 완전히 알려져 있기 때문에 이 행위는 또한 어떻게 보면 과잉이다. 우리 가운데 그토록 많은 사람이 깊이에 도달할 수 없는 것처럼 계속 반복을 추구하는 것은 아마 이런 이유 때문일 것이다.

멘덜슨은 계속해서 젊은 게이가 조용히 질투하면서 욕망하는 남자들이 축구하는 모습을 구경하는 것에 관해 어느 친구가 쓴 시를 설명한다. 시는 선수들이 여자 친구와 섹스를 하는 장면과 〈여자 친구를 통해 자신의 정념으로 빠져드는〉 한 남자에 대한 욕정과 상상력으로 가득한 묘사로 끝난다. 멘덜슨은 예전 자신의 이성애 경험을 묘사하는데, 그 경험도 전혀 불쾌하지는 않았다고 인정하면서도 〈자기 몸과 맞지 않는 운동 경기에 참여하는 것〉 같았다고 말한다. 하지만 다음과 같은 말을 덧붙인다.

그런 무관심한 결합에서 이것 하나는 분명 기억이 난다. 남자는 여자와 섹스를 할 때 그 여자에 빠져든다. 여자는 그가 욕망하거나 때로는 두려워하는 존재이지만, 어쨌든 여자는 종점, 즉 남자가 향해 **가는** 장소다. 여자는 종착지다. 섹스 중에 몇 번이고 계속해서 파트너를 통해 자기 자신으로 물러나는 것은 다름 아닌 게이다.

계속 그의 말을 들어 보자.

나는 많은 남자와 섹스를 했다. 그들 대부분은 일정한

외모를 갖고 있다. 키가 중간이고 대부분 예쁘장하다. 아마 눈동자가 파랄 것이다. 거리에서나 방 건너편에서 보면 약간 근엄해 보인다. 안고 있으면 반사를 통해 내 욕망 속으로, 나를 규정하는 것, 나의 자아로 물러나는 것 같다.[47]

이것은 놀라운 통찰이며 또한 불온한 통찰이다. 동성애자, 그중에서도 특히 게이에게는 언제나 무언가 이상하고 잠재적으로 위협적인 것이 있다는 뜻이기 때문이다. 동성애는 개인의 정체성의 기반이 되기에는 불안정한 요소이고 어떤 형태의 집단 정체성을 기반으로 하기에는 끔찍하게 불안정할 뿐만 아니라, 동성애자는 언제나 사회의 다수를 구성하는 집단에 내재되어 있는 고유한 어떤 것에 도전하기 때문이다.

모든 여성에게는 이성애자 남성이 원하는 것이 있다. 여성은 일종의 마법을 소유하고 그것을 휘두른다. 하지만 문제가 하나 있다. 어째서인지 게이는 비밀을 알고 있는 듯하다. 어떤 이들에게는 그것이 해방을 줄지 모른다. 일부 여자는 언제나 남자들의 문제 ― 성적 문제를 포함해 ― 에 관해 게이들과 이야기하기를 즐긴다. 일부 이성애자 남성이 이 모호한 이중 언어 사용자 친구가 다른 언어를 배우는 데 도움이 될 수 있다는 생각으로 자신의 곁에 두는 것처럼 말이다. 하지만 언제나 불안해하는 다른 사람들이 존재한다. 그들에게 동성애자는 언제나 너무 많은 것을 아는 사람 ― 특히 남자 ― 들이기 때문이다.

간주곡:
마르크스주의적 토대

그것은 말이 안 되기 때문에 믿는다.

— 테르툴리아누스Tertullianus(의 말로 추정)

1911년 〈세계 산업 노동자 연맹Industrial Workers of the World〉이라는 제목으로 등장한 유명한 포스터는 이른바 〈자본주의 체제의 피라미드〉를 묘사했다. 피라미드 밑바닥에는 노동 계급의 용감한 남자와 여자, 아이들이 있다. 자랑스럽고 건장하지만 고투하는 어깨로 그들은 피라미드 전체를 떠받치고 있다. 체제의 밑바닥이지만 가장 근본적인 이 부분에 〈우리는 모두를 위해 일한다〉, 〈우리가 모두를 먹여 살린다〉라는 문구가 붙어 있다. 한 층 위에서 검은색 타이와 이브닝드레스 차림으로 와인과 정찬을 즐기는 이들은 부유한 자본가 계급이다. 노동자들의 지원을 받는 그들은 오로지 다른 사람들의 노동 덕분에 즐길 수 있다. 여기에는 〈우리가 당신들 대신 먹어 주지〉라는 문구가 붙어 있다. 그 위에는 군대가 있고(〈우리가 당신들을 쏘아 주지〉), 그 위에는 성직자가 있으며(〈우리가 당신들을 속여 먹지〉), 그 위에는 군주가 있다(〈우리가 당신들을 통치한다〉). 마지막으로 군주의 위에서 피라미드 맨 꼭대기를 차지하고 있는 것은 달러 표시가 붙어 있는 커다란 돈주머니다. 국가에서 가장 높은 곳에 〈자본주의〉라는 꼬리표가 나부낀다.

오늘날 이와 비슷한 낡은 이미지가 사회 정의 이데올로기의 중심으로 나아가고 있다. 이 새로운 구조물이 마르크스주의적 토대 위에 서 있다는 것을 보여 주는 한 가지 특징만 꼽자면, 자본주의가 여전히 억압과 착취의 피라미드에서 꼭대기를 차지하고 있다는 사실이다. 하지만 이 위계 피라미드의 나머지 상층부에는 다른 유형의 사람들이 살고 있다. 그 꼭대기에는 백인 남성 이성애자가 있다. 반드시 부자는 아니지만 만약 부자라면 문제가 더 나빠진다. 폭군 같은 남성 군주들 아래에 온갖 소수자가 있다. 가장 눈에 띄는 사람들은 백인이 아닌 동성애자, 여성, 그리고 트랜스이다. 그들은 백인 가부장제 이성애자 〈시스cis〉 체제에 의해 굴종하고 억압받고 밀려나고 부차적인 존재가 된다. 마르크스주의가 노동자를 해방시키고 부를 공유하고자 한 것처럼 이 낡은 주장의 새로운 버전에서는 가부장적 백인 남성의 권력을 빼앗아서 나머지 소수자 집단이 공정하게 공유해야 한다.

처음에는 새로운 이데올로기의 적수들을 특별히 심각하게 받아들이지 않았다. 일부 주장하는 내용이 터무니없고 고유한 모순이 분명하게 드러난 탓에 일관된 비판이 거의 없었다. 하지만 실수였다. 그것은 매우 뚜렷한 이데올로기적 선구자들을 가진 하나의 이데올로기인 동시에 또한 — 무엇보다도 — 세계를 이해하기 위한 렌즈와 그 세계 안에서 개인의 행동과 삶에 목적을 제공하는 이데올로기다.

이처럼 교차하는 특수 이익 집단들의 이론으로 발전한 사고를 오랫동안 만지작거린 학자들이 하나같이 똑같은 역사적 관심을 공유하는 것도 전혀 놀랄 일이 아니다. 정체성 정치와 교차성을 밀어붙이는 데 가담한 학자 가운데 보수 우파 출신은 한 명도 없다. 그런 사실이 전혀 놀랍지 않은 몇 가지 이유가 있다. 하나는 학계에 존재하는 이데올로기적 편향이다. 2006년 미국 대학들을 연구한 논문에 따르면, 사회 과학 교수의 18퍼센트가 기꺼이 〈마르크스주의자〉를 자처했다. 비록 다른 학과들에는 마르크스주의자가 상대적으로 적지만, 어떤 분야이든 간에 전체 교수의 5분의 1이 — 조금도 과장하지 않고 — 대단히 논쟁적인 교조를 신봉한다는 사실은 여러 질문을 제기한다. 같은 조사에서 사회 과학 교수의 21퍼센트가 기꺼이 〈활동가〉를 자처했으며 급진주의자는 24퍼센트였다.[1] 어떤 분야이든 간에 기꺼이 〈공화당 당원〉을 자처한 교수의 숫자보다 상당히 높은 수치다.

정체를 드러내지 않는다 할지라도, 정치적 좌파의 마르크스주의와 포스트 마르크스주의 경향은 그들이 인용하고 숭배하는 일군의 사상가들, 그리고 모든 학문과 계급에 적용하려고 노력하는 그 사상가들의 이론을 통해 항상 확인할 수 있다. 그들은 푸코에게서 사회를 시간의 흐름 속에서 발전한 무한정으로 복잡한 신뢰와 전통의 체계로 보는 것이 아니라, 모든 것을 〈권력〉의 프리즘으로만 바라보는 무자비한 관점을 흡수했다. 인간의 모든 상호 작용을 이런 시각에서 바라보면 현실을 명료하게 밝히기보다 왜곡하며, 우리 삶에 대한 부정직한 해석을 내놓게 된다. 물론 권력은 세계 속에 하나의 힘으로 존재하지만 자선과 용서와 사랑도 마찬가지로 존재한다. 수많은 사람에게 자기 삶에서 무엇이 중요한

지 물어보라. 〈권력〉이라고 답하는 사람은 거의 없을 것이다. 그 사람들이 푸코를 흡수하지 않았기 때문이 아니다. 인생의 모든 것을 그런 편집증적 렌즈를 통해 바라보는 것은 잘못이기 때문이다.

세상에서 용서보다는 비난을 찾으려는 사람들이 보기에, 푸코는 모든 것을 설명하는 데 도움이 된다. 푸코와 그의 찬미자들은 인간관계에서 설명하려고 하는 것을 또한 거대한 정치적 차원에서도 설명하려고 한다. 그들이 보기에 인생의 모든 것은 정치적 선택이고 정치적 행위다.

우리를 둘러싼 세계를 설명하고자 하는 포스트 마르크스주의자들은 오늘날 푸코와 마르크스의 왜곡된 프리즘만 받아들인 것이 아니다. 안토니오 그람시Antonio Gramsci에게서는 〈헤게모니적 힘〉이라는 문화 개념을 흡수했다. 이 힘을 장악하는 것이 최소한 노동 계급만큼 중요하다. 푸코와 동시대의 인물인 질 들뢰즈Gilles Deleuze에게서는 개인의 역할은 자신이 태어난 문화가 자기 주위에 감아 놓은 그물망을 꿰뚫어 보고 그것을 풀어 헤치는 것이라는 사고를 흡수했다. 그리고 언제 어디에서나 추구할 목표는 — 프랑스 문학 이론에서 가져온 대로 — 모든 것을 〈해체〉하는 것이다. 어떤 것을 〈해체〉하는 것은 일반 사회에서 사물을 〈구성〉하는 것만큼 학계에서 중요한 일이다. 실제로 최근 수십 년간 학계가 자기 자신을 제외하고 해체할 만한 것을 발견하지 못했다는 사실이야말로 진기한 현상이다.

이런 분해 과정은 수많은 분야에서 벌어졌지만, 끊임없이 전이(轉移)하는 사회 과학의 분파만큼 빠른 속도로 그리고 종합적으로 일어나는 곳은 없다. 〈퀴어학〉, 〈여성학〉, 〈흑인학〉 등의 과목은 각자의 분야에서 언제 어디에서나 똑같은 목표를 달성하려고 했다. 절대적으로 중요한 사상가들이 항상 똑같이 거론된다. 최근 수십 년간 이 학계 집단의 우선 과제 — 첫 번째로 〈풀어내야 하는〉 것 — 는 생물학적 확실성을 비롯해서 그전까지 고정된 확실성처럼 보였던 모든 것을 공격해, 토대를 침식하고 마침내 무너뜨리는 것이었다. 따라서 각기 다른 두 성이 존재한다는 인정은 상이한 두 젠더가 존재한다는 제안으로 바뀌었다. 그리고 여기서 더 나아가 — 적어도 대학에서는 — 결국 대단히 인기를 얻은 결론으로 서서히 이어졌다. 젠더 같은 것은 사실 존재하지 않았다는 결론이다. 젠더는 실재가 아니라 〈사회적 구성물〉에 불과했다. 버클리 대학교에서 진행된 주디스 버틀러Judith Butler의 연구는 이런 점에서 특히 인기가 있었다. 버틀러의 견해에 따르면 — 특히 『젠더 트러블: 페미니즘과 정체성의 전복Gender Trouble: Feminism and the Subversion of Identity』(1990)[2]에서 언급했듯이 — 페미니즘은 남성과 여성이라는 범주가 존재한다고 생각하는 오류를 범했다. 남성적인 것과 여성적인 것은 모두 〈문화적으로 추정된〉 것이다. 실제로 젠더 자체는 〈반복되는 사회적 수행〉에 불과하며 〈앞서 존재하는 실재〉의 결과물이 전혀 아니다. 동시에 흑인학에서도 똑같은 일이 벌어졌다. 흑인학에서는 — 일군의 동일한 사상가들을 참조해서 — 젠더와 마찬가지로 인종 역시 실은 문화적 구성물이라고 주장하기 위해 똑같은 연구가 수행되고 있었다. 인종도 〈문화적으로 추정된〉 것이며 〈반복되는 사회적 수행〉과 관계될 뿐이다.

이런 〈풀어 헤치기〉가 이루어지고 나서야 새로운 〈짜기〉가 벌어지기 시작했다. 사회 정의와 교차성의 기본 문서들이 개입한 것은 바로 이 지점이다. 공간을 깨끗이 정리한 뒤, 이제 자기들의 사고로 그것을 채우기 위해 정리한 것이다.

1988년에 웰즐리 대학의 페기 매킨토시Peggy McIntosh(연구 분야는 〈여성학〉이다)는 『백인의 특권: 보이지 않는 배낭 풀기White Privilege: Unpacking the Invisible Knapsack』를 출간했다. 책 자체는 에세이라 기보다는 몇 페이지에 달하는 주장들의 목록이다. 여기서 매킨토 시는 〈백인의 특권이 일상적으로 미치는 영향〉이라고 주장하는 50가지를 열거한다. 〈나는 보통 나와 같은 인종의 사람들과 같이 있고 싶으면 그렇게 할 수 있다〉라든가 〈나는 보통 혼자서 쇼핑을 갈 수 있는데, 누가 따라오거나 치근덕거리는 일이 없을 것이라고 안심하기 때문이다〉 같은 주장이 여기에 포함된다.[3] 매킨토시가 펼치는 주장 가운데 많은 것이 지금은 황당하고 케케묵은 것처럼 보인다. 대부분 백인에게만 적용되는 것이 아니며 매킨토시가 제 기한 체계적인 논점을 입증하는 것도 없다. 하지만 대단히 명료하 게 쓴 책으로 분명한 주장을 내놓는다. 자기 삶에서 확인할 수 있 는 특권을 인정해야 한다는 것이다. 매킨토시는 기존의 권력 구조 에서 혜택을 받는 사람들은 그 혜택이 자신의 노력으로 〈얻은〉 것 이 아니라고 말한다. 그리고 무엇보다도 다양한 집단 — 성적 지 향과 인종이 상이한 사람들을 포함해 — 이 〈서로 맞물리는 억압 들〉로 고통을 받는다고 주장한다. 마치 모든 고충 제기 학과들을 거대한 세미나에 모아 놓은 듯하다.

매킨토시와 킴벌리 크렌쇼Kimberlé Crenshaw, 그리고 비슷한 주 장을 펴는 다른 사람들이 보기에, 서로 맞물리는 억압들의 본성을 파악할 필요가 있다. 그 억압들을 풀어내기만 하면 놀라운 일이 벌어질 것이라는 인식이 언제나 존재한다. 다만 유토피아주의자들이 흔히 그렇듯이 유토피아 지도는 그 계획에 포함되어 있지 않다. 그렇지만 매킨토시는 특권의 본성에 관한 〈우리의 일상적 의식을 끌어올리고〉 〈우리가 임의로 부여받은 권력을 이용해서 권력 체제를 더 광범위한 기반 위에 재구성〉하기 위해 노력할 것을 촉구한다. 이런 점에서 매킨토시는 권력에 반대하는 것이 아니라 단지 다른 선을 따라 권력을 일부 재분배하는 데 찬성한다. 그들의 주장은 워낙 뚜렷하지가 않아서 일반적 시대라면 웰즐리의 담장 바깥으로 퍼져 나오지 않았을 것이다. 그리고 오랫동안 확실히 학계 일반의 담장을 넘어서지 못했다. 하지만 『백인의 특권: 보이지 않는 배낭 풀기』는 아주 이례적인 시대까지 살아남았다. 사람들은 다시 여러 문제를 설명하느라 허둥지둥했다. 비록 극도로 단순하기는 해도, 자기 인식과 재분배라는 단순한 호소는 실제로 지적 혼란의 시대에 매우 효과적이었다.

다른 사람들도 약간 다른 각도에서 똑같은 작업을 하고 있었다. 포스트 마르크스주의의 대표자로 손꼽히는 아르헨티나 태생의 에르네스토 라클라우Ernesto Laclau(2014년에 세상을 떠났다)는 1980년대 내내 새롭게 등장하고 있다고 본 몇 가지 문제를 해결하려고 노력했다. 파트너이자 공저자인 샹탈 무페Chantal Mouffe와 나란히 그는 이후 정체성 정치가 되는 정치 이론의 초기 토대를 제공했다. 1985년에 펴낸 『헤게모니와 사회주의 전략Hegemony and Socialist Strategy』에서 두 사람은 사회주의가 〈새로운 모순들의 등장〉으로 도전받고 있다고 씩씩하게 인정했다. 〈전통적 마르크스주의의 담론은 계급 투쟁과 자본주의의 모순을 중심에 두었다.〉 하지만 이제 〈계급 투쟁〉이라는 개념 자체를 수정할 필요가 있다. 두 사람은 질문을 던진다.

> 분명히 반자본주의적 성격을 띠면서도 특정한 〈계급적 이해〉를 중심으로 정체성이 구성되지 않는 새로운 정치적 주체들—여성, 민족·인종·성 소수자, 반핵 운동·반제도권 운동 등—을 다룰 수 있으려면 **계급** 투쟁 개념을 어느 정도까지 수정해야 하는가?[4]

잘 알려지지 않은 연구가 아니라 걸핏하면 인용되고 있는 주장이다. 실제로 구글 스칼러를 검색해 보면 지금까지 1만 6천 회 이상 인용되었다. 『헤게모니와 사회주의 전략』뿐만 아니라 〈사회주의 전략: 그 다음은?Socialist Strategy: Where Next?〉 같은 다른 연구에서도 라클라우와 무페는 무엇을 어떻게 달성할 수 있다고 생각하는지를 아주 솔직하게 털어놓는다.

자본주의 체제가 아직 붕괴하지 않았다는 사실은 앞으로도 절대 붕괴하지 않을 것이라는 증거가 아니다. 라클라우와 무페가 보기에 지금까지 이 기획이 실패한 것은 단지 더 많은 모순을 극복해야 한다는 증거일 뿐이다. 그중에는 〈성숙한 자본주의에서 정치 투쟁이 벌어지는 조건은 점차 19세기의 모델로부터 멀어진다〉는 사실이 있다.[5] 우리 시대의 정치 투쟁에는 다른 집단들이 참여해야 한다.

당연히 두 사람은 새로운 운동들에 고유한 모순이 있다는 것을 인정한다. 예를 들어 두 사람은 〈백인 노동자들의 계급 정치적 주체성〉은 〈이민 노동자들의 투쟁에서 뚜렷하게 중요한 인종주의적, 또는 반인종주의적 태도에 의해 과잉 결정〉될 수 있다고 말한다.[6] 두 사람 모두 복잡한 현실을 어떻게 헤치고 나갈 수 있는지에 관해서는 장황하게 말만 늘어놓으면서 분명하게 제시하지는 못한다. 그러면서 〈일정한 활동〉, 〈조직 형태〉, 그리고 때로는 말끝마다 〈부분적으로〉가 붙는 단어들에 관해 끊임없이 이야기한다.[7] 라클라우와 무페는 전반적인 결론에 관해 대단히 모호하지만 한 가지는 분명하게 말하고 있다. 바로 여성 운동 같은 〈새로운 사회 운동〉의 사회주의적 투쟁이 유용하다는 점이다.

이런 집단들의 유용성은 분명하다. 〈대단히 다양한 투쟁, 즉 도시, 생태, 반권위주의, 반제도권, 페미니즘, 반인종주의, 종족·지역·성 소수자 등의 투쟁〉은 새로운 에너지를 필요로 하는 사회주의 운동에 목표와 추진력을 제공하기 때문이다. 더 나아가 만약 투쟁들이 하나로 뭉쳐지지 않는다면, 이 집단들은 단지 각자의 의제와 요구만을 추구할 수 있다. 모든 운동을 사회주의 투쟁이라는 하나의 우산 아래로 끌어모으는 일이 필요하다. 라클라우와 무페는 〈우리가 새로운 사회 운동들에 보이는 관심〉에 관해 이야기하는 한편, 이런 관심이 어떻게 〈민주주의 혁명이 완전히 새로운 일련의 사회적 관계들로 확장되는 것으로 사회 운동들을 파악하게 되었는지〉를 설명한다. 〈이 운동들이 새로운 이유는 새로운 형태의 종속들을 문제 삼고 있기 때문이다.〉[8]

라클라우와 무페는 단행본의 준비 단계로 쓴 논문 「오늘날의 마르크스주의Marxism Today」에서 이 운동들의 유용성에 관해 한층 더 분명하게 말했다. 〈새로운 정치적 주체들(여성, 학생, 청년, 인

종·성·지역 소수자, 그리고 다양한 반제도권 투쟁과 생태 투쟁》)
은 사회주의자들과 똑같은 것에 대항할지 모르지만, 그래도 그들
은 명백한 직접적 이점을 누린다. 주요한 이점은 다음과 같다.

그들이 싸우는 적은 착취 기능이 아니라 일정한 권력 행
사에 의해 정의된다. 그리고 이 권력은 또한 생산관계에서
차지하는 위치에서 생겨나는 것이 아니라 현 사회에 특징적
인 사회 조직의 형태가 낳은 결과다. 이 사회는 사실 자본주
의 사회이지만 이것이 유일한 특징은 아니다. 인종주의적 사
회임은 말할 것도 없고 성차별적이고 가부장적인 사회다.[9]

라클라우와 무페는 분명 〈착취당하는〉 새로운 계급을 찾아
내거나 만들어 내려고 나서고 있었다. 노동 계급은 착취당하고 있
었지만 그런 사실을 인식할 수 없었고, 노동 계급 이론가들의 기
대를 저버렸으며, 대체로 자신들을 위해 펼쳐진 진보의 길을 따
르는 데 실패한 상태였다. 라클라우와 무페가 보기에 이런 진보
는 비록 제2인터내셔널, 레닌주의 세력의 분리, 코민테른, 그람시,
팔미로 톨리아티Palmiro Togliatti, 그리고 복잡다단한 유러코뮤니즘
등을 관통하는 구불구불한 길이었지만 분명한 진보의 길이었다.
하지만 모든 이들이 그 진보의 길을 따른 것은 아니다. 어쨌든 이
제 실망스러운 노동자들을 대체할 수는 없을지라도 최소한 다른
집단들을 추가할 수는 있었다.
이 글을 쓰던 무렵 라클라우와 무페는 좌파 대다수에게 충격
을 준 혼란을 알고 있었다. 부다페스트와 프라하, 베트남과 캄보

디아(몇 가지 사례만 든 것이다)가 남긴 유산은 많은 사회주의자를 비틀거리게 만들었다. 하지만 〈일련의 긍정적인 새로운 현상들〉에서 새로운 에너지를 활용할 수 있었다. 라클라우와 무페가 보기에 먼저 시급하게 〈이론적 재검토〉가 필요한 것은 분명했다. 하지만 요점은 새로운 집단들을 활용할 수 있다는 것이다.

새로운 페미니즘의 부상부터 종족·민족·성 소수자들의 저항 운동, 주변화된 인구 집단이 전개하는 반제도권 생태 투쟁, 반핵 운동, 주변부 자본주의 국가에서 이전과는 다른 형태로 벌어지는 사회적 투쟁에 이르기까지 이 모든 것은 사회적 갈등성이 광범위한 영역으로 확장되고 있다는 것을 의미한다. 그리고 이는 좀 더 자유롭고 민주적이며 평등한 사회를 향한 진전을 가능하게 만드는 잠재력을 창출한다. 그러나 어디까지나 그것은 아직 잠재력일 뿐이다.[10]

물론 조언을 받아들여 모든 집단을 하나로 모으려는 사람들은 모든 과정에서 숱한 문제를 발견했다. 노동 계급이 품고 있다고 여겨지는 인종주의를 제쳐 두고라도, 1980년대와 1990년대에 해체를 실행한 사람들은 자기들 나름의 새로운 긴장을 만들어 냈다. 예를 들어 비판적 인종 이론과 젠더 연구가 한바탕 휩쓸고 간 뒤에 고정된 것처럼 보이는 어떤 것들—특히 성과 인종—은 실제로는 사회적 구성물인 반면 유동적인 것처럼 보이는 다른 것들—특히 섹슈얼리티—은 완전히 고정된 것처럼 보이게 된 이유를 설명하기가 어렵지 않았을까?

어떤 사람들은 이런 질문들에 붙잡혀 있었던 반면, 다른 사람들은 오래 붙잡혀 있지 않았다. 마르크스주의 사상가들의 전형적인 특징 가운데 하나는 진리를 추구하는 사람이라면 누구나 그래야 하는 것과 달리, 모순에 직면해서 비틀거리거나 자기 성찰을 하지 않는다는 것이다. 마르크스주의자들은 언제나 모순을 향해 돌진했다. G. W. F. 헤겔Georg Wilhelm Friedrich Hegel의 변증법은 모순이 있어야만 앞으로 나아가기 때문에 이 과정에서 부딪히는 모든 복잡한 문제(누군가는 불합리한 문제라고 말할지 모른다)가 환영받으며, 마치 대의를 어지럽히는 것이 아니라 그것에 도움이 되는 것처럼 거의 전적으로 받아들여진다. 교차성이 그 자체에 내재한 모순들 때문에 용해되어 버리기를 기대하는 사람이라면, 마르크스주의자가 자기 머릿속에 한꺼번에 품을 수 있는 많은 모순을 보지 못했을 리가 없다.

정체성 정치와 교차성을 추구하는 마르크스주의의 이데올로기적 후예들은 모순과 불합리성, 위선이 흩뿌려진 이데올로기적 공간에 거주하는 데 만족하는 듯하다. 예를 들어 여성학과 페미니즘 연구의 토대를 이루는 통념 중 하나는 성폭력 피해자의 말을 믿어야 한다는 것이었다. 모든 여성학과 페미니즘 연구의 밑바탕에는 강간, 학대, 가정 폭력, 부적절하게 행사되는 권력관계 등에 관한 논의가 깔려 있었다. 하지만 뉴욕 대학교 아비탈 로넬 Avital Ronell 교수의 한 학생이 2017년 로넬에게 성추행을 당했다고 주장하면서 법률 9호* 소송을 제기했을 때, 가해자로 지목된 로넬

* Title IX. 1972년 교육법 수정안의 일부로 통과된 법률로 연방 예산이 사용되는 교육 기관에서 성차별을 금지하는 내용이다.

의 학계 동료들은 그녀를 지지하고 나섰다. 슬라보이 지제크Slavoj Žižek를 비롯해 버틀러도 로넬에 대한 조사를 비난하는 서한에 서명하면서 그녀의 인성(〈우아함과 예리한 분별력〉)을 증언하는 동시에, 갱단이 차를 몰며 총격을 가하는 것처럼 고발자인 남자의 평판을 깎아내리려 했다. 특히 그들은 로넬처럼 〈국제적 지위와 명성이 있는 사람은 마땅히 존중을 받아야 한다〉고 주장했다.[11] 모든 주장은 피해자가 남성이거나 고발당한 사람이 페미니즘 문학 이론 교수가 아닌 경우에만 성폭력 혐의를 진지하게 받아들인다는 것을 의미했다. 어떤 경우이든 간에 이런 모순은 극복해야만 한다.

이와 대조적으로 이런 방향에 방해가 되는 사람은 누구나 무지막지하게 학살을 당했다. 온갖 무기 — 인종주의, 성차별주의, 동성애 혐오, 그리고 마지막으로 트랜스 혐오라는 고발 — 가 널려 있어서 쉽게 휘두를 수 있었다. 불공정하거나 정당하지 않게, 아니 경솔하게 무기들을 휘둘러 대도 전혀 대가를 치를 필요가 없었다. 과학자를 비롯해 새롭게 등장하는 정통 교리를 비판하는 사람들은 비열하기 짝이 없는 동기 때문에 끼어드는 것이라고 비난을 받았다. 2002년에 스티븐 핑커Steven Pinker가 말한 것처럼 〈많은 저자가 인간의 타고난 기질을 조금이라도 암시하는 것이라면 기를 쓰고 그 신뢰성을 떨어뜨리려고 하면서 논리와 예의를 창밖으로 던져 버렸다. (……) 개념 분석이 흔히 정치적 비방과 인신공격으로 대체된다. (……) 인간 본성을 부정하는 사고가 학계를 넘어 확대되고 결국 지적인 삶과 상식의 연계가 끊어지고 있다〉.[12]

물론 실제로 그러했다. 여러 학계가 추구하는 목표가 이제 진리의 탐구나 발견, 확산과는 거리가 멀어졌기 때문이다. 이제 학문의 목표는 특정하고 독특한 브랜드의 정치를 창조하고 길러 내서 선전 선동을 하는 것이 되었다. 학문이 아니라 운동이 목표가 되었다.

이런 사실은 여러 면에서 드러난다. 우선 이런 학계의 정치적 주장이 실제로 과학과 다름없는 것인 양 행세하는 데서 드러난다. 사회 과학이 교차성의 토대를 만들어 낸 수십 년 동안 학자들은 〈사회〉는 자신들의 직함에 들어 있지 않고 〈과학〉이 진짜인 듯이 자신들의 주장을 내세웠다. 이 점에서 그들은 니콜라이 부하린Nikolai Bukharin, 게오르기 플레하노프Georgii Plekhanov, 제2인터내셔널을 거쳐 마르크스까지 곧바로 거슬러 올라가는 계통을 따르고 있었다. 모든 사례에서 그들은 사실 정치도 아니고 마법에 가까운 것을 주장하면서 그 주장이 과학적인 것인 양 행세했다. 사실인 것처럼 주장하기, 과학으로 변장하기였다.

교차성 운동에서 흥미로운 또 하나의 사실은 위장 전술을 구사한다는 것이다. 가장 인기 있는 매킨토시의 문서를 제쳐 두면, 사회 정의와 교차성 이데올로기의 도매상들이 지닌 공통점은 그들이 내놓는 연구를 도무지 읽을 수가 없다는 것이다. 그들의 글쓰기는 할 말이 전혀 없거나 말하는 내용이 사실이 아니라는 것을 감출 필요가 있을 때 흔히 구사하는 방식, 그러니까 의도적으로 읽기 힘든 문체로 되어 있다. 여기 버틀러의 장광설에서 한 문장을 읽어 보자.

자본이 비교적 상응하는 방식으로 사회적 관계를 구조

화한다고 이해되는 구조주의적 설명에서 벗어나 권력관계가 반복과 수렴과 재절합rearticulation에 종속되는 헤게모니에 대한 견해로 이동하면서 시간성 문제가 구조에 관한 사유로 들어왔고, 이런 이동은 구조적 조성structural tonalities을 이론적 대상으로 간주하는 일종의 루이 알튀세르Louis Althusser의 이론으로부터, 구조의 우발적 가능성에 대한 통찰이 권력 재절합의 우발적 장소 및 전략과 밀접하게 관련되는 것으로 갱신된 헤게모니 개념을 개시하는 이론으로 넘어가는 변화를 특징지었다.[13]

이렇게 고약한 문장은 저자가 무언가를 숨기려 할 때나 나올 수 있다. 셸던 리 글래쇼Sheldon Lee Glashow 같은 이론 물리학자들은 독해가 불가능한 사회 과학의 문장으로 글을 쓸 수 없다. 글래쇼는 대단히 복잡한 사실들을 최대한 단순하고 명확한 언어로 소통할 필요가 있다. 끈 이론의 최신 주장을 저울질하면서 그는 이 주장이 〈우리가 던지는 질문들을 전혀 다루지 않고 아무 예측도 하지 않아서 오류임을 입증할 수 없다〉고 결론짓는다. 피터 보이트Peter Woit는 다소 거칠게 표현했다. 〈누군가의 이론이 아무것도 예측할 수 없다면, 그건 그냥 잘못된 것이고 다른 이론을 시도해야 한다.〉[14] 명료성과 정직성이 여전히 과학에는 존재한다. 하지만 사회 과학에서는 그런 것이 — 과거에는 존재했다 할지라도 — 말라 죽었다. 만약 여성학, 퀴어학, 인종학 종사자들이 자신들의 이론이 아무것도 예측하지 못하거나 오류임이 증명될 때마다 다른 시도를 한다면, 그 학과들이 있는 건물은 텅 비어 버릴 것이다.

하지만 사회 정의 이론의 도매상들은 한 가지 일을 했다. 정치적 입장을 채택하고 정치화된 주장을 제기하는 기반으로 삼을 수 있는 지적 틀을 제공하는 — 독해가 불가능할지라도 — 장서 목록을 만들어 준 것이다. 젠더나 인종은 사회적 구성물이라고 주장하는 것이 유용하다고 보는 사람들은 이 방대한 자료를 인용하면서 자기주장을 뒷받침할 수 있으며 주장을 〈입증〉할 수 있는 정교수들을 끝도 없이 인용할 수도 있다. 어떤 신이 X로 만들어지는데 X는 Y의 연구 주제가 되고 오래지 않아 Z가 등장해서 그들의 연구를 알튀세르와 비교하면서 시간성의 재절합에 관해 글을 쓴다. 어떤 학생이 세계가 정말로 이렇게 작동하는지 궁금해하면, 곧바로 그가 난해한 개념을 이해하지 못하는 것은 그의 잘못이지 그런 개념을 구사하는 저자의 잘못이 아니라는 것을 입증하는 위협적인 증거를 산더미로 내놓을 수 있다.

물론 이따금 도대체 무슨 말을 하는 것인지 거의 이해하기가 불가능할 때는 어떤 말이든 할 수 있고 대단히 정직하지 못한 주장도 복잡성이라는 가면 아래에 은근슬쩍 끼워 넣을 수 있다. 버틀러를 비롯한 사람들이 그렇게 극악한 글을 쓰는 이유는 바로 이런 것이다. 만약 그들이 명료하게 글을 쓴다면 더 많은 분노와 비웃음을 살 것이다. 이는 무엇이 진심이고 무엇이 풍자인지 분간하기가 그토록 어려운 이유이기도 하다. 최근에 사회 과학에서 나온 주장들은 현실과 워낙 동떨어져 있기 때문에, 진짜 훼방꾼들이 그들의 담장을 공격하면 그런 공격을 간파하거나 물리칠 방어 수단이 전혀 없다는 것이 밝혀졌다.

최근에 벌어진 가장 멋진 공격 가운데 하나가 「사회적 구성물로서의 개념적 남근The Conceptual Penis as a Social Construct」이다. 2017년에 발표한 이 학술 논문의 저자는 다음과 같이 제안했다.

> 남자임maleness과 비교해서 남근은 일관성이 없는 구성물이다. 우리는 개념적 남근을 해부학적 기관이 아니라 젠더 수행적인, 대단히 유동적인 사회적 구성물로 볼 때 더 잘 이해할 수 있다고 주장한다.[15]

학술 저널 『설득력 있는 사회 과학Cogent Social Sciences』에 동료 심사를 거쳐 발표된 주장이었다. 하지만 이 글은 우리 시대의 학술 문헌 연구에 몰두한 두 학자 — 피터 보고시안Peter Boghossian과 제임스 린지James Lindsay — 가 자작극으로 작성한 가짜 논문이었다. 두 저자가 가짜 논문을 쓴 사실을 인정하자 해당 저널은 그들의 논문을 취소했다. 하지만 두 범인은 그 후 몇 년간 다른 학술 저널들을 상대로 똑같은 자작극을 잇따라 벌였다.

2018년에 헬렌 플럭로즈Helen Pluckrose가 가세한 가운데 두 학자는 어느 〈페미니스트 지리학〉 저널에 「오리건주 포틀랜드의 도시 반려견 공원에서 강간 문화와 퀴어 수행성에 대해 인간이 보이는 반응Human Reactions to Rape Culture and Queer Performativity at Urban Dog Parks in Portland, Oregon」이라는 논문을 게재할 수 있었다. 그 논문에서 저자들은 포틀랜드 공원에서 개들이 마운팅을 하는 것은 많은 교수와 학생이 우리 사회를 들여다보는 가장 투명한 렌즈라고 주장하기 시작한 〈강간 문화〉를 입증하는 또 다른 증거라고 주장했다. 〈페미니스트 사회 복지학〉 저널에 게재된 또 다른 논문의 제목은 「우리의 투쟁은 나의 투쟁이다Our Struggle is My Struggle」였다. 교란 작전의 수행자들은 아돌프 히틀러Adolf Hitler의 『나의 투쟁Mein Kampf』에서 가져온 구절들을 페미니즘 사회 정의 이론의 용어로 짜깁기한 글과 뒤섞어서 학술 연구로 포장하는 데 성공했다. 〈성 역할〉 저널에 발표한 세 번째 논문에서 저자들은 〈식사 자리의 대화 주제 분석〉을 활용해서 이성애자 남자들이 후터스 레스토랑에서 식사를 하고 싶어 하는 이유에 관한 2년짜리 연구를 수행했다고 주장했다.[16] 성공적인 침투 사실이 드러나자 곧바로 게재가 취소되었다. 동료 연구자들은 저자들을 공격하면서 보고시안을 교수직에서 쫓아내려고 했다.

보고시안과 그의 동료들이 수행한 교란 작전은 대단히 중대한 사실들을 입증했다. 이 학술 연구 분야들은 사기가 판치는 놀이터가 되었을 뿐만 아니라, 기존 이론과 가정에 들어맞고 재앙적 언어를 활용하기만 하면 어떤 것이든 말하고 연구하고 주장할 수 있었다. 우리가 가부장제 사회와 〈강간 문화〉, 〈동성애 혐오〉, 〈트랜스 혐오〉, 인종 차별 문화 속에 살고 있다고 주장하기만 하면 된다. 자기가 속한 사회를 고발하고 다른 어떤 사회이든 간에 수박 겉핥기식 칭찬을 늘어놓기만 하면, 어떤 말이든 할 수 있다. 억압의 피라미드를 신봉하고 다른 사람들에게 퍼뜨리기만 하면, 독해가 불가능하고 대부분 인용도 되지 않는 학술 연구의 정전에 진입할 수 있다.

가장 커다란 실수는 공공 자금으로 운영되는 기관들에서 수십 년간 이런 일이 계속되도록 내버려둔 것이 아니다. 진짜 잘못은 언젠가 그 결실이 일반 사회로까지 확산될 것이라고 깨닫지 못한 것이다. 2018년에 미국 심리학회는 소년과 남성들에게 존재하는 〈전통적 남성성〉을 어떻게 다루어야 하는지에 관한 지침에서 다음과 같이 말했다.

가부장적 권력을 지탱하는 신념과 행동이 미치는 해로운 영향과 특권에 대한 인식이 남성들의 성차별적 태도를 줄인다는 사실이 입증된 한편, 사회 정의 활동 참여와 연결되었다.[17]

정말이다. 만약 남자아이들이 자신의 젠더가 타고난 것이 아니라 〈수행적〉인 것이라고 깨닫기만 한다면, 사회 정의 활동에서 더 큰 역할을 하도록 자라날 수 있다. 라클라우와 무페를 비롯한 한 세대의 급진주의자들이 언제나 꿈꾼 목표를 위해서 말이다.

여성

핑커는 2002년에 저서 『빈 서판*The Blank Slate*』에서 젠더가 이미 이 시대의 〈뜨거운 쟁점〉이 되었다고 지적했다. 그렇다 하더라도 그는 결국 과학적 견해가 승리할 것이라고 확신하는 듯 보였다. 몇 페이지에 걸쳐서 그는 남성과 여성의 생물학적 차이 가운데 몇 가지만 열거했다. 남자가 〈(신체 크기에 따라 조정하더라도) 뇌가 더 크고 신경 세포가 더 많은〉 반면 여자는 〈회백질 비율이 더 높다〉. 그리고 양성의 심리학적 차이는 대부분 진화 생물학자가 예측할 수 있는 그대로와 같은 사실이었다(남자가 여자보다 평균적으로 더 큰 이유는 격렬한 짝짓기 경쟁으로 가득한 진화의 역사 때문이다).[1] 그는 금세 다른 모든 쟁점으로 비화하는 문제에 다가서면서 남자아이와 여자아이의 뇌 발달상의 차이와 테스토스테론과 안드로겐이 뇌에 미치는 영향도 지적했다. 이것은 남녀 사이에 생물학적 차이가 존재하지 않는다고 주장하는 사람들에 대한 고무적인 과학적 반론이다. 핑커가 말한 것처럼 〈여러 사실을 살펴볼 때 남자아이와 여자아이가 생식기를 제외하고 똑같이 태어나며 다른 모든 차이는 사회가 아이들을 대하는 방식에서 생겨난다는 이론에 불리해 보인다〉.[2]

그런데 20년도 지나지 않아 오히려 유리해 보인다. 과학적 사실들은 분명 핑커의 편이지만, 더 시끄러워진 목소리는 반대편에 있다. 그 결과 핑커가 『빈 서판』을 쓴 이래 우리 사회는 생물학적 차이 — 적성의 차이를 포함해서 — 를 치워 버리거나 부정하거나 무시할 수 있다는 망상에 더욱 집착하고 있다. 사회적 차이에서도 비슷한 과정이 벌어지고 있다. 자식이 있는 부모라면 누구든 아들과 딸의 차이를 알아챌 수 있지만, 문화는 부모들에게 그런 차이는 존재하지 않는다거나 차이가 존재한다고 해도 그것은 순전히 〈수행적인〉 문제라고 말한다.

숱하게 목격되는 이런 현상은 유독한 부수적 효과를 낳는다. 대다수는 동성애자가 아니다. 남성과 여성은 사이좋게 지내는 방도를 찾아야 한다. 그렇지만 생물학적 현실에 대한 사회적 자기 망상은 우리 사회가 몰두하기로 마음먹은 일련의 자기 망상 중 하나에 불과하다. 설상가상으로 과학을 통해 배우는 사실들에 맞추는 것이 아니라 활동가들이 사회 과학에서 밀어붙이는 정치적 오류에 근거해서 사회를 재조직하려고 시도하고 있다. 사회에 혼란을 야기하는 모든 것 가운데 남성과 여성 — 특히 양성 간 관계 — 과 관련 있는 것이 가장 큰 혼란을 낳는 듯하다. 과학적 사실은 언제나 우리 눈앞에 존재하기 때문이다. 단지 우리가 그 사실들을 알아채지 못하거나 알아채더라도 침묵을 요구받을 뿐이다.

할리우드의 기준

2011년에 샌타모니카에서 독립 영화 시상식인 인디펜던트 스피릿 어워즈가 열리는 순간이다. 저녁 내내 기나긴 자축이 이어지는 가운데 폴 러드Paul Rudd와 에바 멘데스Eva Mendes가 각본상을 시상하러 무대에 오른다. 멘데스(당시 36세)가 러드(41세)와 함께 무대에서 재미있는 것을 준비했다고 설명하는데, 시상식 진행이 예정보다 늦어지고 있다. 멘데스가 관객에게 설명한다. 「폴이 내 젖꼭지를 움켜쥐기로 했었어요. 그럼 여러분은 깜짝 놀라서 충격을 받고 히스테릭하게 웃을 거잖아요. 그런데 지금 시간이 없어서 할 수가 없네요. 그래서……」

러드가 멘데스의 가슴에 의미심장한 눈길을 보내고 그녀의 오른쪽 가슴으로 손을 내밀어서 세게 잡고는 무표정하게 말한다. 「각본상 후보는…….」 관객이 웃다가 숨이 넘어가고 와하는 함성과 박수를 보낸다. 멘데스는 깜짝 놀란 듯한 가짜 표정을 짓는다. 러드가 한쪽 손으로 멘데스의 가슴을 쥐고 있는 동안 멘데스는 손으로 머리를 넘긴다. 어쨌든 예뻐 보이는 것이 중요하다.

이런 상황이 한동안 이어지는데 다른 여자가 무대로 올라온다. 여배우 로사리오 도슨Rosario Dawson(31세)이 단 위로 뛰어올라 러드의 사타구니를 세게 움켜쥔다. 관객은 함성과 박수를 보내며 더 크게 웃는다. 이 광경이 믿기 어렵다는 듯 당혹스러워하며 멘데스가 몇 번이고 말한다. 「아이고 세상에, 이게 무슨 일이죠.」 그리고 봉투를 연다. 그동안 도슨은 러드의 사타구니를 힘차게 움켜쥔 채 다른 손을 허공에 흔들며 권력이나 승리의 제스처를 보인다. 러드는 이제 멘데스의 가슴을 잡고 있지 않지만, 도슨은 러드의 사타구니를 놓아주지 않는다. 관객은 즐거운 듯 계속 웃으며 소리를 지른다. 바야흐로 2011년이고 성적 괴롭힘은 여전히 즐겁기 때문이다.

후에 무대 뒤에서 이루어진 인터뷰에서 도슨은 동등한 기회로 더듬게 된 이유를 설명했다.

난 폴을 사랑해요. 일찍이 「클루리스Clueless」 시절부터 폴의 광팬이었죠. 폴이 에바 가슴을 움켜쥐자 잠깐 동안 이런 마음이 들었죠. 〈좋아 재밌는데, 하하 좋아.〉 시상식이 계속 진행되면서 조명이 어두워지고 영화 장면이 나오는데도 폴이 계속 가슴을 움켜쥐고 있는 거예요. (……) 난 이런 마음이 들었죠. 〈까짓것, 나는 폴 거시기를 움켜쥐어야지.〉 뭐 어때요? 괜찮았어요. 나쁘지 않았죠. 거시기가 꽤 근사하더라고요. 10대 시절에 「클루리스」를 볼 때부터 좀 궁금했거든요. 그러니까 폴이 멈추더라고요. (……) 나는 여권 운동가일 뿐이고 폴이 무대 위에서 30분이나 에바 가슴을 쥐고 있으니까 참을 수 없었죠. 기분 나쁜 일은 없었고 재밌었어요.

남자인 인터뷰어가 도슨을 안심시켰다. 「그러니까…… 반응이 끝내주던데요.」 도슨이 대답했다. 「네, 좋았어요.」

무대 위에서 폴 거시기를 움켜쥐었으니까요. 정말 대단했죠. 왜 맨날 남자들만 더듬죠. 여자들도 더듬는다고요. 무슨 말인지 아시죠? 그냥 이런 말이에요. 동등한 기회를 누려야 한다고요.[3]

그때는 그랬다. 인디펜던트 스피릿 어워즈에서 벌어진 더듬기 축제는 이례적인 일도 아니고 특별히 언급할 만한 일도 아니었다. 이성 앞에서 자기 몸을 더듬고 움켜쥐고 노출한다는 생각은 오랫동안 일반 사회에서 떳떳하지 못한 시선을 받았을 것이다. 하지만 할리우드에서는 엔터테인먼트의 일부였다. 일상적으로 옷을 벗고 몸을 드러내고 〈캐스팅 카우치〉*라는 신조어가 생겨나는 직종에서는 경계선을 식별하기가 결코 쉽지 않았다. 할리우드가 바람직한 도덕 윤리나 연예 산업을 넘어서, 특별히 상징적인 것으로 여겨져야 하는 도덕 윤리의 근간이 될 만한 장소가 못 되는 데는 다 이유가 있다.

할리우드에서는 언제나 다른 기준이 작동했다. 21세기에 미성년자 강간 혐의로 여전히 도망을 다니는 사람이 박수갈채와 존경을 받고 심지어 동료들에게 피해자 비슷한 대우를 받을 수 있는 유일한 산업이었다. 40대의 회계사나 사회 복지사, 심지어 사제가 13세 소녀를 상대로 항문 강간을 했더라도, 로만 폴란스키 Roman Polanski처럼 무사하거나 혹은 친구들 덕분에 죄를 감추었을 수는 있다. 하지만 여전히 법의 처벌을 피해 도망 다니면서도 자기 직종에서 최고 자리를 지키고 황금 시간대 방송에서 박수갈채를 받는다는 것은 — 가톨릭교회 안에서도 — 상상조차 할 수 없다. 할리우드 그리고 특히 2003년 아카데미상에 참석한 동료 배우 관객들은 그런 자제심을 전혀 느끼지 않았다.

할리우드는 언제나 — 예술과 연예의 중심지가 항상 그러하듯 — 약간 동떨어진 세상이자 워낙 극악한 곳이라, 이곳을 기준

* casting couch. 캐스팅 담당자 사무실의 소파. 배역을 따내는 대가로 성관계가 이루어지는 것을 가리키는 표현이다.

으로 사회 규범을 정하는 것은 불가능하다. 특히 이성 간 관계처럼 복잡한 사회 규범은 더군다나 어렵다. 우디 앨런Woody Allen처럼 유명한 영화감독이 부인이 입양한 딸과의 관계가 들통나서 부인과 갈라서는 일은 오직 할리우드에서만 일어난다. 하지만 할리우드는 1940년대에 글로리아 그레이엄Gloria Grahame을 배출한 도시이자 산업이다. 그레이엄의 네 남편 중 네 번째 남편(토니 레이Tony Ray)은 두 번째 남편(니컬러스 레이Nicholas Ray)과 그의 첫 번째 부인 사이에서 나온 아들이었다. 그레이엄과 토니의 관계는 둘이 침대에 있다가 발각되면서 처음 드러났다(당시 그레이엄은 20대 후반이었고 토니는 겨우 13세였다).

따라서 할리우드나 영화계 인사들을 도덕적 본보기로 삼는 것은 어떤 시대에든 잘못된 일일 것이다. 하지만 2017년에 터진 〈하비 스캔들〉은 바로 그런 시도였다. 그런데 엔터테인먼트 산업의 특이한 모습은 그 나름대로 언제나 거울 역할을 한다. 할리우드가 어떻게 처신해야 하는지를 보여 주는 본보기가 아니라 할지라도 시대의 혼란을 극적으로 비추는 거울인 것은 분명하다. 무엇보다도 특히 균형을 전혀 찾지 못한 채 방탕과 내숭 사이를 오락가락하는 듯 보이는 시대에 여성이 어떤 역할을 할 수 있는지 — 그리고 모든 사람이 여성이 어떤 역할을 할 수 있다는 것을 아는지 — 를 둘러싼 혼란이다.

1995년 4월 「데이비드 레터맨 쇼David Letterman Show」에 출연한 여배우 드루 배리모어Drew Barrymore의 모습을 되돌아보는 것을 사람들이 얼마나 좋아하는지 생각해 보라. 배리모어가 출연한 4월 12일은 데이비드 레터맨David Letterman의 생일이었다. 배리모

어는 ── 다른 무엇보다도 ── 최근에 누드 댄싱을 좋아하게 되었
다고 이야기했다. 당시 배리모어는 겨우 스무 살이었지만, 자신만
만한 관능적 여자와 장난꾸러기 여학생 역할을 넘나들면서 인터
뷰를 했다.

　마침내 배리모어는 스튜디오에 가득 찬 관객(계속해서 함성
과 웃음을 지르고 소리를 질러 댔다) 바로 앞에서 일종의 생일 선
물이라면서 레터맨에게 춤을 추겠느냐고 물었다. 그리하고는 대
답을 기다리지도 않은 채 스튜디오 밴드에게 연주를 요청했고, 진
행자의 데스크 위로 올라가서 레터맨을 위해 테이블 댄싱을 선보
였다. 나이가 두 배 많은 기혼 남자 앞에서 손을 머리 위로 올려 몸
통을 드러낸 채 몸을 살랑살랑 흔드는 배리모어의 춤은 마침내 짧
은 상의를 걷어 올려 깜짝 놀란 레터맨에게 젖가슴을 보여 주는
것으로 정점에 달했다. 관객들은 가슴을 볼 수 없었지만, 카메라
한 대가 그 장면을 포착해서 『메일 온라인Mail Online』의 〈사이드바
오브 셰임side-bar of shame〉*에서 흔히 말하는 사이드붐side-boob 장면
을 남겼다. 하지만 관객들은 만족하지 못했다. 관객들은 내내 폭
소를 터뜨리고 환호하면서 배리모어가 진행자에게 자기 몸을 보
여 줄 때 커다란 함성을 보내는 등 흡족해했다.

　가슴을 보여 준 뒤 곧바로 배리모어는 뒤를 돌아 두 팔을 뻗
으며 관객들의 환호를 온몸으로 흡수하고는 다시 데스크 위를 기
어서 레터맨에게 엉금엉금 다가갔다. 그의 뺨에 입을 맞추며 뒤통
수를 살짝 잡았다. 자리로 돌아온 배리모어는 여장부 같은 행동을

---

* 메일 온라인은 『데일리 메일』의 웹사이트이며, 〈사이드바 오브 셰임〉은 이 웹사
이트에서 독자의 눈길을 끌기 위해 여자의 노출 사진을 주로 싣는 기사란이다.

그만두고 다시 어린 여자로 돌아왔다. 다리를 의자 위로 끌어 올려 머리 밑으로 무릎을 모으고는 좀 전에 정말 나쁜 짓을 저지른 소녀처럼 부끄러워했다.

물론 1995년은 시대가 달랐다고 주장할 수도 있다. 하지만 사실 그렇게 다르지 않았다. 2018년 3월에 배리모어는 당시 일화를 애정 어린 눈길로 돌아보았다. 이번에는 스티븐 콜베어Stephen Colbert가 진행하는 「레이트 쇼Late Show」였다. 더 지혜로워졌는지는 몰라도 나이 든 배리모어는 그 시절에 자기가 〈정말 웃기는 사람〉이었다고 회고했다.

특히 레터맨과의 일화를 떠올렸다. 「바로 이 극장에서 레터맨 씨하고 특별한 일을 벌였죠.」 그곳의 관객들도 그때의 추억에 애정 어린 향수를 느끼며 웃었다. 불과 몇 달 전 시작되어 여전히 진행 중이던 〈미투〉 폭로 와중에 엄격하게 선을 지켜 온 콜베어가 배리모어에게 그때 일을 이야기해 달라고 재촉했다. 「그분 생일이었어요. 생일이요.」 콜베어가 다시 재촉했다. 「그럼요. 유명하죠.」

배리모어는 기억이라는 주제를 골라잡았다. 「말 그대로 〈뭐 어때?〉 하는 식이었죠.」 그녀는 말을 계속했다.

가끔 이런 생각이 들어요. 나 같지 않다는 느낌이죠. 그냥 나 같아 보이지 않는 옛날 기억 같아요. 그래도 그건 나죠. 뭐, 쿨한 거예요. 난 지금도 괜찮아요. 지금은 두 아이 엄마예요. 정말 그래요. 나도 모르겠어요. 지금은 전혀 다른 사람이라 그게 나 같지 않은데, 그래도 마음에 들어요.

이야기 내내 관객은 웃음과 박수로 화답하고 콜베어는 격려의 눈길을 보냈다. 곧이어 콜베어는 배리모어가 할리우드의 유명 여성 가운데 거의 최초로 자신의 프로덕션을 설립한 사실을 강조했다. 그러면서 그런 경험을 통해 할리우드에서 여성의 역량 증진과 〈지금 이 순간〉에 관해 무엇을 배울 수 있는지 물었다.[4] 1995년에 벌어진 일을 애정 어린 시선이 아닌 다른 눈길로 보는 경우는 전혀 없다.

왜 그럴까? 여자가 남자에게 자기 몸을 노출하거나 남자를 불편하게 만들거나 남자를 더듬거나 추행하면서, 특별히 〈페미니스트〉 행세를 한다는 사고는 오랫동안 아무 거리낌 없이 행해진 일종의 비유였다. 콜베어는 자신의 경험을 통해 알고 있었다.

2007년 5월에 제인 폰다Jane Fonda를 인터뷰했을 때 그는 방송계의 신인 스타에 불과했다. 폰다가 히트작「퍼펙트 웨딩 Monster-In-Law」에서 제니퍼 로페즈Jennifer Lopez의 시어머니 역을 맡으면서 연기 경력을 재개한 지 몇 년 뒤에 이루어진 인터뷰였다. 하지만 폰다가 콜베어의 프로그램에 나온 이유는 신작 영화「조지아 룰Georgia Rule」을 홍보하기 위해서였다(영화는 금세 실패작이 되었다). 69세의 폰다는 관객에게 자신이 아직 〈살아 있음〉을 보여 주려고 열심이었다. 그리하여 인터뷰 중에 진행자에게 성적으로 추근대는 모습을 과시했다. 폰다가 홍보하는 영화는 성폭력을 다루고 있었다. 따라서 지금은 이런 행동을 할 때가 **아니라는** 것을 그녀는 알지 못했다.

인터뷰가 시작되자마자 폰다는 콜베어의 무릎 위에 걸터앉았다. 계속 그 자세로 앉아 있었다. 어느 순간 진짜로 입맞춤을 하면서 그가 자기에 대해 환상을 품고 있는 것을 다 안다고 말했다. 진행자가 대답했다. 「인터뷰가 이런 식으로 진행될 줄은 몰랐는데요.」 콜베어는 몇 번이고 반전 시위 같은 화제로 바꾸려고 했다. 하지만 〈하노이 제인〉*의 관심을 다른 데로 돌릴 수가 없었다. 폰다는 계속 콜베어를 쓰다듬으면서 뺨에 키스를 하고 장난을 쳤다. 금방 사정하면 안 된다고도 이야기했다. 이런 행동이 지루하게 이어졌다.

언론은 어쨌든 꼴사납거나 불편하다고 여기지 않은 듯했다. 사실 정말로 좋아했다. 『허핑턴 포스트 The Huffington Post』는 다음과 같은 헤드라인을 내보냈다. 「여전히 매력 있는 제인 폰다.」 수요일에 방송된 「콜베어 리포트 The Colbert Report」도 이 신나는 — 그리고 감히 말하건대 관능적인 — 장면을 크게 다루었다. 폰다는 콜베어의 관능적인 부분을 사로잡으려고 하는 것 같았다(〈당신 주머니 안에 거기가 관능적인 부분이에요? 아니면 그냥 나를 보아서 좋은 거예요?〉). 『허핑턴 포스트』는 다음과 같은 구절을 늘어놓으면서 역시 〈성공작〉이라고 평하며 『살롱 Salon』에 게재된 기사도 링크해 두었다. 〈폰다가 끝내주게 매력이 있다는 것을 잘 보여 주었다.〉[5] 2007년에는 원치 않는 성적 유혹이 신나고 관능적일 뿐만 아니라 끝내주게 매력적이기도 했기 때문이다.

그로부터 몇 년 뒤인 2014년에 콜베어는 모든 상황이 〈너무도 불편했다〉고 이야기하게 된다. 당시 인터뷰에 대해 아내가 몹시 못마땅하게 여긴다고 시시콜콜 이야기하면서, 강당에 가득한

* 1970년대에 폰다가 베트남전 반대 시위에 앞장서고 직접 북베트남을 방문하기까지 하면서 붙은 별명.

청중에게 그때 상황을 중계했다. 청중은 웃음을 터뜨리며 박수를 쳤다.[6] 2014년에도 여전히 원치 않는 성적 유혹이 사랑스러운 것이었기 때문이다.

물론 2017년에 하비를 겨냥한 첫 번째 〈미투〉 주장이 제기되면서 모든 것이 바뀌었다. 이때가 되자 다른 사람에 대한 성적 유혹은 어떤 것이든 용인될 수 없으며 어떤 변명도 통하지 않는다는 데 신속하게 합의가 이루어진 것 같았다. 뉴스 기사마다 신속하게, 그리고 속속들이 파헤치고 있었다. 그래도 아주 최근까지 벌어진 수많은 불쾌한 일은 그대로 남았다. 하비 사건 이후 언론은 할리우드와 일반 세상에서 남녀 간 접촉과 관련된 모든 것을 너무도 쉽고 명백한 일로 다루었다. 하지만 할리우드이든 다른 곳이든 간에 분명 그렇게 쉽고 명백한 것이 아니었다.

엔터테인먼트 산업 종사자 가운데 그런 식의 파헤치기가 벌어지는 정확한 형세에 약간이나마 반대한 사람은 여배우 마임 비알릭Mayim Bialik이다. 2017년 10월에 〈미투〉가 벌어졌을 때 비알릭은 『뉴욕 타임스』에 쓴 칼럼 때문에 어느 정도 반발을 받았다. 그녀는 〈숫기가 없는 범생이에 코만 큰 열한 살짜리 유대인〉 시절에 처음 발을 들여놓은 엔터테인먼트 업계에 관해 솔직하게 털어놓았다. 〈여성을 대상화하면서 수익을 올리는 산업에 고용된다는 불편한 관계〉에서 벗어날 수 없었다고 말이다. 그리고 젊은 여배우로서 어떻게 〈보수적인〉 선택을 했는지, 이민 1세대인 부모의 가르침대로 연예계에서 활동하면서 사람들 앞에서 얼마나 조심했는지를 설명했다. 종교 생활을 엄격히 하는 것과 이런 자신의 태도 때문에 비알릭은 할리우드 여자들 사이에서 보기 드문 존재였다(본인의 설명이다).

비알릭이 걸어온 길은 확실히 보기 드문 사례였다. 실제로 몇 년간 연기를 그만두고 신경 과학 박사 과정을 밟았다. 이윽고 연예계로 복귀한 뒤 시트콤 「빅뱅 이론The Big Bang Theory」에서 주연을 맡았다. 2017년에 비알릭은 이렇게 말했다. 「마흔한 살 여배우인 지금도 나를 지키면서 현명한 길이 무엇인지 매일 선택해요. 내 관능적 자아는 사적인 상황에서 가장 친밀한 사람들에게만 보여 주기로 마음먹었죠. 옷도 수수하게 입어요. 남자들하고 가볍게 끈적거리는 장난은 치지 않죠.」[7]

비알릭은 그녀가 〈피해자 탓을 한다〉고 주장하는 할리우드의 다른 여자들하고 어느 정도 문제가 생겼다. 특히 여자들의 옷차림 때문에 남자들이 그런 행동을 한다고 말했기 때문이다. 비알릭은 칼럼을 둘러싼 몇 가지 해석에 대해 사과를 하고 유감을 표할 수밖에 없었다. 하지만 더 이상한 것은 비알릭이 칼럼에서 말한 내용이 대부분 그녀가 불과 1년 전에 한 행동과 직접적으로 모순된다는 사실이다.

2016년 2월 비알릭은 제임스 코든James Corden이 진행하는 「레이트 레이트 쇼The Late Late Show」에 출연했다. 프로그램에 나온 다른 게스트들 가운데는 모건도 있었다. 어느 순간 코든이 같은 영국인에게 최근에 유행하는 〈가슴골 게이트Cleavagegate〉 해시태그에 관해 설명해 달라고 했다. 모건은 얼마 전에 자기가 쓴 트윗을 놓고 수전 서랜던Susan Sarandon과 설전을 벌였다고 말했다. 최근 열린 미국 배우 조합상Screen Actors Guild Awards에서 69세의 서랜던이 앞부분이 깊이 파여서 가슴골이 드러나는 상의를 입고 〈추모〉 행사를 진행했다. 모건은 그렇게 노출이 심한 옷차림으로 고인이 된 친구와 동료들을 기리는 행위는 부적절하다고 소셜 미디어에 불만을 표했다. 그 후 반발이 일어나는 가운데(모건은 이런 일을 예상하지도 못했지만 관심이 집중되면서 큰 고통을 받은 것이 분명하다) 서랜던은 브라 차림으로 미켈란젤로Michelangelo 작품인 「다비드David」의 작은 고추를 가리키는 사진을 모건에게 트윗으로 보냈다. 모건은 「레이트 레이트 쇼」 스튜디오에 모인 관객들에게 수많은 자칭 〈페미니스트〉가 항의의 뜻으로 자기 가슴골 사진을 보내 왔다고 설명했다.

모건이 해명하는 내내 비알릭은 가슴이 깊게 파인 초록색 드레스 차림으로 코든과 모건 사이에 앉아 있었다. 그러다 모건의 팔에 손을 올리면서 그의 말을 끊는다. 「그거 아세요? 나도 페미니스트예요. 나는 이런 식으로 할게요.」 그녀는 자리에서 일어나 관객을 등지고 서더니 드레스를 잡아당겨 모건에게 가슴을 드러낸다. 관객들이 폭소를 터뜨리며 박수갈채를 보낸다. 진행자와 동료 게스트 둘 다 박수를 치며 떠나갈 듯이 웃는다. 모건의 얼굴이 붉어지고 거의 당황했다는 사실에서 모종의 일이 벌어진다. 그가 자기도 가슴골을 좋아하지만 고인인 동료들에게 헌사를 바칠 때는 가슴골을 드러내지 말아야 한다고 강조하고, 다시 자기도 가슴골을 좋아한다고 말한다. 그때 비알릭이 다시 일어선다. 「한 번 더 보시겠어요?」 그녀는 다시 ─ 이번에는 좀 짧게 ─ 드레스 상의를 잡아 젖힌다.[8]

이 모든 일이 별다른 소동 없이 일어났다. 스튜디오의 관객과 가정의 시청자 모두 그냥 즐겁게 보았다. 2016년에는 가슴을 노출하는 것이 〈페미니스트적〉 행동이었다. 보여 달라고 하지 않은 남자에게 가슴을 드러내는 것은 특히 〈페미니스트적〉 행동이었다. 종교적, 사회적 이유에서 〈정숙하다〉고 주장하는 여자도 — 누가 청하지도 않았는데 — 기꺼이 나서서 남자에게 가슴을 슬쩍 보여 주면서 스튜디오의 관객들에게 즐거움을 줄 수 있었다.

여성이 자기 몸을 가지고 마음대로 행동해서는 안 된다는 말이 아니다. 또한 유명인이 웃음이나 관심을 얻기 위해 사람들에게 가슴을 보여 주어서는 안 된다거나 여자가 남자에게 가슴을 보여 주는 일이 남자가 여자에게 성기를 보여 주는 일과 똑같다는 말도 아니다. 하지만 여자들 — 특히 유명한 연예인들 — 이 아주 혼란스러운 메시지를 내보내고 있다고 말하는 것이 공정하다. 〈엇갈리는〉이라는 단어로도 설명이 되지 않는다. 설상가상으로 다른 면에서는 대혼란 와중에도 전혀 흔들리지 않는 듯 보이는 비알릭 같은 사람에게서도 이렇게 엇갈리는 수준을 넘는 여러 메시지가 존재한다.

사랑해요

세계 곳곳의 연예 산업에서 쏟아 내는 메시지들이 사람들에게 혼란을 주는 한 가지 이유는 도대체 무슨 일이 벌어지고 있는지 연예 산업 스스로도 혼란스러워하기 때문이다. 몇십 년 전만 해도 남성과 여성의 관계가 단순하지 않다는 사실에 대한 인식이 어느 정도 있었다. 1989년 개봉한 「인디애나 존스 최후의 성전Indiana Jones and the Last Crusade」에 유명한 장면이 하나 있다. 영화 초반에 인디애나 존스(해리슨 포드Harrison Ford)는 젊은 여자들로 가득한 강의실에서 고고학 개론을 가르친다. 대다수가 꿈같은 표정으로 존스를 바라보는데, 학생 하나 때문에 존스 교수의 말문이 막힌다. 펜으로 한쪽 눈꺼풀에 〈Love〉, 반대쪽 눈꺼풀에 〈You〉라고 썼기 때문이다. 그 학생은 계속 천천히 의미심장하게 눈을 깜박거렸고 교수는 아마 그 안에 담긴 의도를 파악할 것이다.

최근까지 우리가 모른 척했지만 아주 익숙한 두 가지 밈이 존재하는 장면이다. 첫째는 교육 현장에서 교사와 학생의 관계에 겉으로 드러나지 않는 성적인 교감을 할 수 있다는 것이다. 고대 그리스인들은 이런 점을 알았지만, 지금과 마찬가지로 그때에도 어떤 성적 교감에도 저항해야 한다는 인식이 있었다. 하지만 그런 교감이 있을 수는 있다. 둘째는 — 우리의 논의상 더 중요한데 — 포식자 같은, 심지어 흡혈귀 같은 젊은 여자가 상대적으로 나이가 많고 취약하고 어쩌면 무기력하기까지 한 남자를 먹잇감으로 삼는다는 것이다. 이런 주제는 역사를 통틀어, 최소한 1989년까지 널리 인식되었다. 남자가 여자를 괴롭힐 수 있을 뿐만 아니라 여자에게 괴롭힘을 당할 수도 있다는 인식이다. 대부분의 남자가 어느 순간 이런 경험을 하며, 설령 그런 경험이 없다 할지라도 알고는 있다. 배리모어가 장난꾸러기 소녀 같은 모습으로 순간적으로 변신한 일화는 일종의 소프트한 버전이다. 〈내가 바보 같았어요. 아니, 장난을 친 거예요〉라는 메시지가 담긴 행동인 것이다. 하지만 하드한 버전도 있다. 여자가 남자를 적극적으로 쫓아다니면서 원하는 것을 얻어 내려는 경우이다.

여자들이 이런 행동에 익숙하지 않다고 생각된다면, 여자가 남자에게 훨씬 성적으로 보이도록 만들어진 여성 의류와 액세서리 시장을 떠올리면 된다. 부착형 가짜 유두가 유행하는 것이 그 예가 될 것이다. 〈저스트 닙스Just Nips〉 같은 기업들은 웹사이트에서 주로 유방 절제술을 받은 여성들을 위해 만든 상품으로 제품을 선전한다. 하지만 광범위한 마케팅과 많은 사람이 오늘날의 추세를 알고 있다는 점을 고려해 보면, 〈노브라〉 룩이 남자들의 성적 흥미를 크게 자극한다는 것은 유명한 사실이다. 1990년대에 방영한 드라마 「섹스 앤 더 시티Sex and the City」에서 미란다는 부착형 유두를 붙이고 파티에 참석해 그녀가 바라던 대로 남자들의 관심을 한 몸에 받는다. 남자들은 파티 드레스를 뚫고 나올 기세로 한껏 도드라진 유두를 보려고 허리까지 숙인다. 유명 연예인들이 〈노브라〉 룩을 한껏 매력적으로 만들자, 제조업체들은 한층 저렴한 부착형 유두를 생산하기 시작했다. 2017년 〈저스트 닙스 포 올 Just Nips for All〉은 〈기분이 가라앉은〉 유두에 〈안성맞춤〉인 〈초소형〉과 〈소형〉 제품들을 광고했다. 웹사이트의 문구는 다음과 같다. 〈차림새에 특별한 포인트를 더하고 싶으면, 이 제품으로 마무리하세요. 초소형은 가짜 유두로부터 바랄 수 있는 모든 것을 제공합니다. (……) 또 다른 것도 있죠. 무엇이냐고요? 미묘하고 섹시하죠. 미친 듯이 귀엽고요!〉

물론 여성을 공략하는 방식으로도 소개할 수 있다. 여자에게 자신감을 준다는 것이다. 이때 남자하고는 아무 관계가 없다. 남자가 없어도 여자는 얼음처럼 차가운 부착형 가짜 유두를 붙이고 다닌다. 하지만 마케팅은 공략 대상이 무엇 — 그리고 누구 — 인지를 아주 분명하게 밝힌다. 제조업체는 〈얼음장〉 옵션에 대해 자랑을 늘어놓는다.

임플란트보다 저렴합니다. 장담하죠! (……) 얼음장 유두는 유두 발기물의 대량 살상 무기입니다. 강력하죠. 치명적이고요. 유리, 철, 테플론, 하여간 뭐든지 탁월한 방식으로 뚫어 버립니다. 파티에 모인 모든 사람이 당신 뒤에서 쑥덕거리게 만듭니다. 분명히요(다들 질투하는 겁니다). 손쉽게 섹시한 분위기를 풍기는 이 제품에 제일 아끼는 화려한 티셔츠를 걸치면 효과 만점이고, 타이트한 스웨터를 착용하면 그 차가움으로 제일 핫한 사람이 될 수 있죠.[9]

정말이다. 전반적인 자신감을 높이는 것 말고 여자들이 유두 발기물이라는 대량 살상 무기를 원하는 다른 이유가 있을까? 이런 제품들은 남자들에게 많은 관심을 받지 못하고 애당초 남자들의 관심을 노리지도 않지만, 시장에는 가득 있다. 가슴을 올려 주는 브라 같은 제품은 더 흔하다. 이 시장의 잠재력에는 어떤 한계도 없다. 여자들이 원하기만 하면 한계선이 없기 때문이다. 최근에는 〈낙타 발굽〉 속옷 시장이 성장하는 중이다. 어느 여성 언론인이 설명한 것처럼 실제로 2017년에 〈가랑이를 위한 뽕 브라〉가 개발된 것이다.

여자라면 누구나 겪는 패션에 대한 커다란 걱정거리 가운데 하나는 자기 성기가 불룩하지 않다는 공포다. 사람들의 시선에 충분히 보이지 않는 것이다. 엉덩이나 가슴은 괜찮고 (……) 두뇌도 좋지만 사타구니가 두툼하지 않다면 무슨 소용이람? 음순이 납작한 자매들에게 좋은 소식이 있다. 반바

지나 요가 바지를 입어도 가랑이가 납작해서 걱정되었다면 이제 걱정은 내려놓으시라.

여러 가지 피부 톤으로 나오는 보정 팬티를 입으면 〈바지 위로 대음순이 불룩 튀어나온다〉.[10] 이번에도 역시 남자하고 아무 관계가 없고, 그냥 여자가 집에서 걸치는 가운이나 일터에서 입는 펑퍼짐한 바지나 치마 속에 입고 싶어 하는 속옷일 뿐이라는 주장도 가능하다. 여자가 스스로를 어떻게 느끼는지에 대한 문제일 뿐이다. 하지만 일부 여성이 가랑이 부분이 두툼해 보이기를 원하는 다른 이유들도 존재한다.

최근에는 이런 사실을 극히 조심스럽게 지적해도 그 사람의 경력 전체가 무너질 수 있다. 2018년 2월에 캐나다의 교수이자 작가, 정신 의학자인 조던 피터슨Jordan Peterson 박사가 〈바이스 뉴스Vice news〉에서 제이 캐스피언 강Jay Caspian Kang과 인터뷰를 했다. 인터뷰 도중 강이 몇 가지 주장을 펴자, 피터슨이 어려운 질문들이 제기되지 않고 있다는 말로 응수했다.

예를 들면 이런 식이었다. 피터슨이 인터뷰어에게 질문을 던졌다. 「남성과 여성이 직장에서 함께 일할 수 있을까요?」 인터뷰어는 질문 자체에 놀란 듯했는데, 그에 대한 답을 알고 있다는 듯이 당연히 〈예스〉라고 대꾸했다. 「저도 많은 여자와 일하고 있으니까요.」 하지만 피터슨은 그렇게 된 지 불과 40년 정도이며 따라서 우리는 새로운 상황에 맞는 규칙을 만들어 내고 있다고 지적했다. 「직장에 성추행이 존재하나요? 그렇죠. 성추행을 없애야 하나요? 그러면 좋겠죠. 그런데 없어질까요? 음, 지금 당장은 없어지지 않을 겁니다. 우리는 규칙이 무엇인지 모르니까요.」 바로 여기서 피터슨은 대단히 위험한 지형으로 성큼성큼 걸어 들어가게 되었다.

「여기 규칙이 하나 있습니다. 직장에서 화장하는 것을 금지하면 어떨까요?」 강이 웃음을 터뜨리며 대답했다. 「왜 그런 규칙이 있어야 하죠?」 피터슨이 물었다. 「직장에서 왜 화장을 하고 있어야 합니까? 성적으로 도발하는 거 아닙니까?」 강은 동의할 수 없었다. 피터슨이 되물었다. 「그렇다면 화장하는 목적이 무엇이죠?」 「그게, 그냥 어떤 사람들은 화장하는 것을 좋아하죠. 저도 이유는 모르겠습니다.」 그 순간 피터슨은 립스틱과 블러셔를 바르는 목적은 성적 자극을 일깨우기 위한 것이라고 설명했다. 설상가상으로 하이힐도 성적 매력을 부풀리기 위한 도구라고 지적했다. 피터슨은 여자들이 직장에서 하이힐을 신거나 화장을 하지 말아야 한다는 말은 절대 아니라고 말했다. 그는 여자들이 어떤 반응을 얻으려고 하는지에 관해 환상에 빠져서는 안 된다는 이야기를 하고 있었다. 이것은 화장을 하고 하이힐을 신는 여자들이 벌이는 게임이다.[11] 인터뷰 내내 강은 이따금 당황하고 때로는 지루해했다. 피터슨이 던지는 질문들이 아주 쉽게 대답할 수 있는 명백한 것들이라고 여기는 태도였다. 그러면서도 게스트가 열어젖힌 무시무시한 판도라의 상자를 놓고 입씨름하려고 하지는 않았다.

아마 인터뷰어로서는 슬쩍 피하는 편이 현명할 것이다. 결국 이 인터뷰에 대한 반응은 — 피터슨의 인터뷰가 으레 받는 반응과 견주어서도 — 극도의 흥분 상태를 불러일으켰다. 온라인 채팅방마다 피터슨이 화장을 하고 하이힐을 신고 직장에 오는 여자들은 성추행을 해달라는 셈이라고 말했다고 주장하는 사람들로 넘쳐났다. 일부 언론들도 가세했다.

이런 상황은 흥미롭다. 왜냐하면 이런 논의를 개시한다고 해서 여자들이 자기들 마음대로 옷을 입어서는 안 된다는 이야기는 아니지만, 그래도 많은 사람이 피터슨이 바로 이런 말을 하는 것이라고 듣고 — 또는 듣는다고 주장하고 — 그가 성폭력에 변명을 제공한다고 말한다면 무언가 분명 크게 잘못된 것이기 때문이다. 잘못 듣거나 오해한다는 문제가 아니다. 사람들이 의도적으로 게으르게 다른 사람의 이야기를 단순화해서 그릇되게 설명하는 사례에 가깝다. 쉽지 않더라도 논의가 가능할 수 있는데 일부러 회피하려는 것이다.

이 주제를 놓고 논의를 하자면 끝이 없다. 만약 어떤 문화가 성폭력만이 아니라 원치 않는 성적 구애의 상황에서도 언제나 여자들의 말을 믿어야 한다는 사고에 도달하면, 사회에 어느 정도 혼란이 생길 수밖에 없다. 여자들이 그런 여성적 행동을 하는 것을 경험하는 경우에 사람들은 어떻게 생각하고 어떤 반응을 보여야 할까? 여자들의 말을 언제나 믿어야 한다는 정보와 여자가 남자를 우롱하는 것을 돕기 위해, 또는 — 가장 긍정적으로 해석하자면 — 남자들을 유혹하기 위해 만들어진 산업들 전체가 존재한다는 사실을 어떻게 일치시켜야 할까? 어쨌든 여자들에게 〈이번 여름에 사람들의 시선을 사로잡으라〉고 권하는 수많은 광고는 전부 무엇이라는 말인가? 도대체 누구의 시선을 사로잡으라는 것인가? 모든 여자가 말하자면 똑같은 드레스나 비키니를 구입하기를 기대하는 것인가, 아니면 남자들이?

남자가 군침을 흘리게 하세요

마케팅이 여자들에게 말을 거는 방식을 보면, 남자들이 보지 않는다고 생각할 때 여자들이 실제로 어떤 동기에서 움직이는지에 관해 알 수 있다. 여성 잡지에 하루가 멀다 하고 실리는 〈남자가 군침을 흘리게 하세요Make him drool〉 같은 주제의 광고와 기사들이 있다. 만약 남자를 겨냥하는 자동차나 면도기 광고에서 해당 제품을 손에 넣으면 여자가 군침을 흘리게 만들 수 있다고 내세운다면, 남자에게 호소력을 발휘하는 데 실패할 것이 빤하다. 구글을 통해서도 알 수 있다. 〈남자가 군침을 흘리게 하세요〉라고 입력하면 기사와 광고, 온라인 대화가 줄줄이 나온다. 이와 대조적으로 〈여자가 군침을 흘리게 하세요〉라고 입력하면 잠잘 때 침 흘리지 않는 법에서부터 고양이가 침을 질질 흘리는 이유에 이르기까지 기사 몇 개가 뜰 뿐이다.

이 모든 것은 우리 사회가 산업의 힘을 부정하는 단계에 이르렀다는 사실을 시사한다. 우리는 그저께까지 유효하다고 인식되던 것들을 잊어버리거나 완전히 지워 버리기로 마음먹었다. 그리고 여성과 남성 사이만이 아니라 남성들 내부와 여성들 내부에서 실제로 존재하는 개인적 복잡성을 모두 극복했다고 가정하면서 한쪽으로 밀어낼 수 있다고 결정한 것 같다.

어쩌면 실은 거대한 지뢰 위에서 가식을 부리고 있는 중인지 모른다. 어쨌든 지금 여자가 무엇을 원하는지 알아내려고 애쓰는 남자는 혼란에 시달려도 용서받을 수 있다. 이제 막 이성을 이해하려는 시도에 나서는 젊은 남자가 현재 직면하는 세상은 학교와 대학에서 〈동의 수업consent class〉을 들어야 한다. 부적절한 행동이 무엇인지에 관해 극도로 정확한 규칙을 알려 주는 수업이다. 그렇다 하더라도 그는 온라인에 접속하거나 동네 서점에 가서 최근에 여자들 — 자기 어머니 연령대의 여자들을 포함해 — 이 가장 많이 산 책이 여성의 강간 판타지를 주제로 삼은 시리즈라는 것을 발견할 수 있다. 이 판타지는 논의될 수 없고 이해받으려고 할 수도 없지만, 워낙 대중적이어서 영화로도 상영되며 약 5억 달러에 달하는 수익을 올렸다. 크리스천 그레이가 여자 친구를 묶어 놓고 섹스를 하고 여자 친구에게 구원을 받는 장면을 보러 극장에 가는 관객들은 남자들일까, 아니면 여자들이 더 많을까?

오늘날의 깊은 혼란을 무심코 극명하게 보여 주는 니키 미나즈Nicki Minaj의 노래 「아나콘다Anaconda」는 2014년에 발표되었다. 아직 뮤직비디오를 보지 않은 사람이라면 온라인으로 뮤직비디오를 본 수억 명의 대열에 합류하길 바란다. 미나즈의 뮤직비디오가 관능적이라고 말하는 것은 마치 그녀의 가사가 진부하다고 말하는 것과 같다. 가사는 이렇게 시작한다. 〈나의 아나콘다, 나의 아나콘다. 나의 아나콘다는 엉덩이가 아니면 원하지 않아, 허니.〉 어떤 〈엉덩이〉를 이야기하는 것인지 의문이 든다면 뮤직비디오의 초반 3분이 정글을 무대로 비키니 차림의 미나즈가 엉덩이를 흔드는 장면으로만 거의 이루어져 있다는 사실을 보면 이해가 될 것이다. 시청자를 위해 이따금 비슷한 차림의 여자들도 미나즈와 나란히 엉덩이를 흔든다. 끝도 없이 계속 카메라에 대고 엉덩이를 흔든다.

도대체 무슨 내용인지 파악이 안 된다면 합창 부분을 보면 알게 될 것이다.

맙소사, 저 여자 엉덩일 봐.

맙소사, 저 여자 엉덩일 봐.

맙소사, 저 여자 엉덩일 봐.

(저 여자 엉덩일 봐.)

봐, 봐, 봐.

봐, 저 여자 엉덩일.

뮤직비디오의 초반 3분 동안 엉덩이를 흔드는 여자 친구들과 미나즈가 엉덩이를 흔들면서 가끔 서로의 엉덩이로 장난을 치는 것 말고 다른 일이 있다면 미나즈가 도발적으로 바나나를 먹는 것뿐이다. 바나나를 먹은 미나즈는 크림을 가슴골에 뿌린 뒤 손가락을 가슴에 문질러 닦으면서 크림을 먹는다. 분명 해석이 불가능한 장면이다.

하지만 이것은 뮤직비디오에서 가장 중요한 부분이 아니다. 여성 스타들이 스트리퍼처럼 차려입고 춤을 추는 팝 뮤직비디오 세계에서 지극히 평범하고 진부한 이미지다. 마지막 1분 30초가 가장 중요한데, 미나즈가 섹시하고 어두운 조명이 켜진 방에서 네 발로 기어가면서 시작된다. 미나즈는 의자에 앉아 있는 건장한 젊은 남자에게 기어간다. 가사는 이렇게 시작한다. 〈이건 클럽에 있는 엉덩이가 빵빵한 년들을 위한 노래야. 내가 말했지, 이 클럽에 엉덩이가 빵빵한 년들은 어디 있어?〉 미나즈는 위에는 브라만 입고 아래에는 레이스처럼 구멍 난 레깅스 차림으로 남자 주변을 움직이며 빙빙 돈다. 남자에게 다가가서는 한쪽 다리를 남자의 어깨에 올린다. 그리고 남자 앞에서 몸을 기울여 그 유명한 엉덩이를 남자 얼굴에 들이대고 아래위로 흔들어 댄다. 폴 댄서 같은 자세로 남자 앞에서 위아래로 미끄러진다. 미나즈가 움직이는 내내 남자는 랩 댄스 클럽에서 쇼를 즐기는 점잖은 손님처럼 가만히 앉아 있다. 마침내 몇 번인지 셀 수도 없을 만큼 얼굴 바로 앞에서 엉덩이를 흔들자, 남자는 성적으로 욕구 불만에 빠진 것이 분명하다. 결국 남자는 손으로 얼굴을 쓸어내린 뒤 한 손을 엉덩이에 점잖게 올리려고 하다가 다시 주저한다. 그 순간 게임이 끝난다. 보컬들이 〈헤이〉라고 외치고 미나즈는 남자의 손을 뿌리친 뒤 걸어 나간다. 멀어지는 미나즈의 머리카락이 찰랑인다. 미나즈가 퇴장하는 가운데 남자는 의자에서 몸을 숙이고 얼굴을 두 손에 파묻는다. 변명의 여지가 없는 자신의 행동에 굴욕감을 느끼는 모습이다.

미나즈가 뮤직비디오에서 연출하는 혼란은 우리 문화의 수많은 현상을 대표적으로 보여 준다. 여기에는 해결할 수 없는 도전과 불가능한 요구가 담겨 있다. 그 요구는 여자가 자기 마음에 드는 남자 앞에서 랩 댄스를 추고 팔다리를 늘어뜨리면서 엉덩이를 흔들 수 있어야 한다는 것이다. 여자는 남자가 군침을 흘리게 할 수 있다. 하지만 남자가 한 손이라도 여자 몸에 얹는다면 여자는 게임을 완전히 바꿀 수 있다. 스트리퍼에서 수녀원장으로 순식간에 변신할 수 있는 것이다. 〈내 엉덩일 봐, 네 얼굴 앞에서 흔드는〉에서 〈네 얼굴 앞에서 계속 흔들어 댄 엉덩이를 어떻게 감히 만질 수 있다고 생각해〉로 바뀔 수 있다. 그리고 자신이 잘못했다고 배워야 하는 대상은 다름 아닌 남자다. 무슨 요구를 하는 것일까? 그것은 충족시킬 수 없지만 현대의 관습에 새겨진 불가능한 요구일까? 여자는 마음 내키는 대로 섹시하고 관능적일 수 있지만 그렇다고 해서 성적 대상이 될 수 있는 것은 아니다. 섹시하지만 성적 대상은 아니다.

그것은 불가능한 요구다. 그리고 불합리할 뿐만 아니라 남자를 미치게 하는 요구다. 하지만 아무도 그 요구를 탐구하려 하지 않는다. 그 요구를 탐구하려면 치유와 해결이 불가능한 복잡한 세계 전체를 밝혀야 하기 때문이다.

동등한가, 더 나은가?

성적 대상이 되지 않으면서 섹시할 수 있다는 믿음은 우리가 다다른 여러 모순적 타협 가운데 하나일 뿐이다. 하지만 아직 정해지지 않은 것도 많다. 예를 들어 여성이 모든 유의미한 면에서 남성과 정확히 똑같다, 즉 특성과 능력이 똑같고 언제든 동일한 영역에서 남성에게 도전할 수 있다고 주장하는 믿음이 존재한다. 하지만 동시에 마술을 부리듯 여성이 남성보다 낫다 또는 특정한 방식으로 낫다고 주장한다. 이 모든 주장을 한곳에 완벽하게 담을 수 있는 것 같다. 전부 모순적인데도 말이다. 따라서 오늘날 받아들여지는 여성에 관한 사고방식은 다음과 같다. 여성은 남성과 똑같지만, 유용하거나 좋아 보이는 경우에는 다르다.

최근 10년 가까이 국제 통화 기금International Monetary Fund 총재를 지낸 크리스틴 라가르드Christine Lagarde는 이런 역설의 사례를 종종 보여 준다. 2018년 금융 위기로부터 10년이 지난 해에 라가르드는 국제 통화 기금의 웹사이트에 금융 위기에서 배운 교훈에 관해 글을 썼다. 그 후 10년간 고쳐진 — 그리고 고쳐지지 않은 — 문제들에 관한 고찰이었다. 라가르드는 금융 기관을 감독하는 기구와 은행의 이사회에서 여성의 비율을 높여야 한다고 이야기 했다. 또한 이 기회를 빌려 앞선 10년간 거듭 외운 주문을 되풀이 했다. 〈여러 차례 말한 것처럼 리먼 브라더스가 아니라 리먼 시스 터스였다면, 오늘날 세계의 모습은 크게 달라졌을 것이다.〉[12] 단 순히 금융 위기에 크게 기여한 집단 사고groupthink 문제를 다시 거 론하는 이야기가 아니었다. 라가르드는 더 커다란 주장을 펼치고 있었다. 단지 금융 기관에 여성이 필요하다는 말이 아니었다. 이 를 의심하는 사람은 거의 아무도 없었다. 하지만 더 나아가 만약 여성이 금융 기관에서 더 두드러진다면 — 또는 금융 기관을 이끈 다면 — 결과와 성과가 달라졌을 것이라는 말이었다. 라가르드만 이런 주장을 편 것이 아니다. 실제로 금융 위기 이후 10년간 여러 형태의 비슷한 주장이 곳곳에서 나왔다. 공공 생활의 다른 영역과 마찬가지로 이런 목소리는 금융에 집중되었다.

금융 위기 직후에 낮 시간대 방송 진행자 펀 브리턴Fern Britton 이 BBC의 주요 정치 토론 프로그램 「퀘스천 타임Question Time」에 출연해 위기에 관해 논평하면서 다음과 같은 발언으로 관객들에 게 한차례 박수갈채를 받았다. 「엄청나게 많은 남성이 금융 산업 에 종사하면서 정말 서투른 짓을 한 것 같습니다. 여자들이 어쨌 든 전통적으로 능숙한 구식의 살림살이를 해보면 어떨까요. 그 러니까 안에 있는 돈으로 전기 요금과 가스 요금을 내고 확실하 게 전화 요금과 식료품비를 채우잖아요. 우리 여자들은 돈을 약탈 하거나 강도질하지도 않고 다음 주에 돈이 들어온다고 경주마 하 나에 몽땅 베팅하지도 않죠.」[13] 2010년부터 2015년까지 영국 연 립 정부에서 평등부 장관을 맡은 자유 민주당의 린 페더스톤Lynne

Featherstone도 똑같은 이론의 대표자였다. 2011년 자유 민주당 대회에서 페더스톤은 세계 경제에서 남성들이 여러 번 〈끔찍한 결정〉을 내렸다고 비난하면서 남성 전체가 〈오늘날의 세계를 엉망으로 만든〉 주범이라고 말했다.

우리 사회에서 여성과 남성의 위치가 대립된다는 현재의 가정에 대한 첫 번째 수수께끼가 여기에 있다. 여성은 남성과 정확히 똑같다는 것, 그러니까 똑같이 역량과 능력이 있고 똑같이 수많은 업무에 적합하고 또한 더 낫다. 하지만 어떻게 이럴 수 있는지는 정확하게 정의되지 않는다. 제대로 따져 보지 않기 때문이다. 그런데도 우리는 바로 이런 허술한 사고를 사회 깊숙이 새겨 넣기로 결정했다.

여성은 비즈니스를 의미한다

런던 시티의 어느 화창한 날 템스강 바로 남쪽에 있는 고급 호텔에 4백 명이 넘는 스마트한 여성들이 모였다. 〈스마트〉라는 단어에서 연상되는 모든 의미에서 스마트한 사람들이다. 참석자들은 모두 각자가 속한 분야에서 선두를 달리는 비즈니스 지도자들이지만, 한 사람씩 도착해서 문이 열릴 때마다 패션 촬영장을 방불케 한다. 하이힐과 휘날리는 스카프가 바로 국제 비즈니스 엘리트들의 옷차림이다. 누구도 — 정말 단 한 명도 — 기대를 저버리지 않는다. 애초부터 어떤 사람들인지 분명히 정해져 있다.

〈여성은 비즈니스를 의미한다Women Mean Business〉 회의는『데일리 텔레그래프The Daily Telegraph』가 조직한 행사다. 주요 스폰서 중에는 냇웨스트NatWest(내셔널 웨스트민스터 은행)와 BT(브리티시 텔레커뮤니케이션)가 있다. 행사의 시작을 알리는 주인공은 여성 평등부 장관이다. 그 후 〈어떻게 하면 일이 여성을 위해 작동할 수 있을까〉라는 주제로 토론이 이어진다. 재계에서 가장 성공한 여성들이 모여 있고 영국에서 가장 유명한 여성 방송인들도 어깨를 나란히 한다. 냇웨스트의 〈단장〉과 하원 최초의 여성 경위가 〈난롯가 대화〉를 나눈다. 그 밖에도 〈여성의 성공을 가로막는 진짜 방해물은 무엇인가?〉, 〈젠더 격차 줄이기〉, 〈남성이 지배하는 투자자 세계에서 여성은 불이익을 받는가?〉 등 여러 토론회가 열린다. 인구의 절반인 남성을 다루는 토론회는 〈미투, 여성의 동맹자로서 남성의 결정적 역할〉이라는 제목으로 열렸다.

여성을 겨냥한 행사이고 행사장 안에는 몇 사람을 제외하면 전부 여성이기 때문에 여성에 초점을 맞추는 것은 불가피하다. 또한 토론이 대부분 육아 문제와 같이 직장 내 여성들과 관계된 쟁점을 중심으로 진행되는 것도 당연하다. 그 안에는 뚜렷한 연합의 분위기가 풍긴다. 바로 혹사당하는 사람들의 연합이다. 청중으로부터 따뜻한 동의나 잔잔한 박수를 받고 싶을 때마다 〈자신감 있는 여자〉가 얼마나 많이 필요한지를 강조한다. 청중이 쯧쯧 소리를 크게 내게 만드는 가장 확실한 방법은 〈알파 메일alpha male〉을 아무나 골라서 그가 나쁜 행동을 저지른 이야기를 들려주는 것이다. 〈알파 메일〉 행동의 사례 중에는 남자들이 말을 너무 많이 하면서 분위기를 지배한다는 이야기도 있다. 〈자신감 있는 여자들〉이 절실히 필요한 반면 〈자신감 없는 남자들〉도 필요하다는 데 뚜렷한 합의가 이루어지는 것 같다. 이런 식으로 언젠가 남성과 여성이 중간 어딘가에서 만나게 되리라는 것이다.

사람들을 자기편으로 끌어당기는 다른 확실한 방법도 있다. 무대 위에 선 여자가 〈가면 증후군〉에 대한 우려나 불안감, 의식을 표현하는 것이다. 스타트업 사업에 관여하는 인상적이고 스마트하고 멋진 젊은 여자가 이에 관한 이야기로 발언을 시작한다. 그 여자는 불안해하며 자기는 이곳에 있어서는 안 되는 사람 같다고 말한다. 이곳에 모인 멋진 여자들은 커다란 성취를 이룬 사람들이라는 것이다. 청중은 진심을 담아 환호를 보내면서 그런 말을 털어놓는 용기를 격려한다. 여성은 자신감을 가질 필요가 있다. 하지만 다른 여자들을 자기편으로 만드는 좋은 방법 중 하나는 자신감이 전혀 없는 듯한 모습을 보여 주는 것이다. 특히 다른 여자들로부터 거부당하는 일이 두려운 것처럼 말이다. 질의응답 시간이 되자, 참석자 한 명이 이 자리에 있는 다른 사람들도 다른 여자들이 직장에서 제일 큰 문젯거리가 아니라고 생각하는지 질문한다. 이 여자는 이름을 밝히지 않는다.

나는 〈여성 장려에 초점을 맞추면 남성을 억제하게 되는가?〉라는 주제를 다루는 토론회에 몇 안 되는 남자 패널로서 참석하게 된다. 사회자는 『데일리 텔레그래프』에 소속된 언론인이다. 토론자들은 여성을 지원하는 원내 그룹을 이끄는 하원 의원 크레이그 트레이시Craig Tracey, 『데일리 텔레그래프』의 여성 〈최고 인력 관리 책임자〉, JP 모건의 〈영국 여성 고객 전략 책임자〉 등이다. 회의실에서 전반적으로 합의된 분위기는 최근에 거의 모든 공적 토론에서 나타나는 합의와 똑같아서 분명 교란을 일으킬 필요가 있다.

가장 인상적인 것은 〈권력〉 문제를 중심으로 일련의 혼란이 존재하는 듯하다는 사실이다. 지금까지 모든 논의의 내용은 직장을 비롯한 다른 곳에서 거의 모든 관계가 권력의 행사를 중심으로 만들어져 있다는 가정에 초점을 맞춘다. 알고 그러는 것인지 아닌지, 그들은 푸코적 세계관을 빨아들였다. 권력이 인간관계를 이해하기 위한 가장 중요한 프리즘이 되는 세계관이다. 모든 사람이 이 세계관에 말로만 경의를 표할 뿐만 아니라, 한 종류의 권력에만 초점을 맞춘다는 점이 특히 인상적이다. 이것은 역사적으로 주로 나이 들고 주로 부유하며 언제나 백인인 남성들만 지녀 온 — 그렇게 여겨지는 — 종류의 권력이다. 〈알파 메일〉에 관한 농담과 비난이 그렇게 잘 통하는 것은 이 때문이다. 어떤 거대한 사회 정의 믹서기로 그들에게서 알파 위치와 남자라는 지위를 짜낼 수 있다면, 그들에게서 짜낸 권력을 오늘 모인 사람들과 같은 여자들도 단숨에 마실 수 있다는 가정이 존재한다. 더 많은 권력을 누릴 자격이 있는 사람들에게 양분을 주어 성장시키는 데 사용할 수 있다는 것이다.

바로 여기에 위험이 있다. 나는 토론회에서 우리의 대화가 이런 오해 때문에 제한을 받는다고 말한다. 설령 우리가 그 권력 — 이를테면 사랑이 아니라 — 이 인간사를 이끄는 가장 중요한 요인이라는 것을 인정한다 해도 — 그러면 안 되지만 — 도대체 왜 한 가지 유형의 권력에만 초점을 맞추는 것일까? 분명 남성이 이따금 여성에 대해 가질 수 있는 유형의 권력들 — 강간 등 — 이 존재한다. 그리고 일부 나이 들고 대부분 백인인 남성이 성공하지 못한 여성을 포함해서 상대적으로 성공하지 못한 사람들에 대해 가질 수 있는 유형의 권력이 있다. 하지만 이 세상에는 다른 유형의 권력들도 존재한다. 나이 든 백인 남성의 권력이 유일한 원천이 아니다. 어쨌든 오직 여자만 휘두를 수 있는 권력이 몇 가지 있지 않은가? 누군가 〈어떤 것〉인지 묻는다. 이 순간 여기까지 힘들게 온 이상 몇 걸음 더 나아가야 한다.

거의 배타적으로 여성만 휘두르는 유형의 권력 가운데 가장 명백한 것은 이것이다. 여자들 ─ 모든 여자는 아니지만 많은 여자 ─ 은 남자들에게 없는 능력이 있다. 이성을 미치게 만드는 능력이 그것이다. 남자를 교란시키는 능력, 남자를 파괴할 뿐만 아니라 남자가 스스로를 파괴하게 만드는 능력이다. 이런 권력 덕분에 10대 후반이나 20대의 젊은 여자는 세상 모든 것을 가진 남자, 혹은 성공의 정점에 달한 남자를 붙잡아서 고문을 하거나 바보처럼 행동하게 만들거나 순전히 아무것도 아닌 몇몇 순간을 위해 그의 인생을 무너뜨릴 수 있다.

앞서 스타트업을 이끄는 젊고 매력적인 여자에게서 자본을 투자받으려고 노력하는 과정에서 잠재적 투자자인 남자들에게 부적절한 구애를 받은 적이 몇 번 있다는 이야기를 들었다. 청중은 당연히 쯧쯧거리며 개탄했다. 그런 짓이야말로 정말 권력 남용이었기 때문이다. 하지만 개탄의 이면에는 아무도 말하지 않는 지식이 존재한다. 말하지 않는 위선도 있다. 회의장에 있는 모든 사람 ─ 개탄하는 사람들을 포함해 ─ 은 그 여자 역시 어떤 권력을 휘두르지 않는다고 절대적으로 확신했을까? 그 자리에 모인 사람들은 만약 그녀가 국제적 모델처럼 인상적인 외모가 아니라 「스타워즈Star Wars」에 나오는 외계인 자바 더 헛과 비슷하게 생겼다 하더라도(물론 영리하고 박식하기는 하다), 그만큼 큰 액수를 모을 수 있었으리라고 확신하는 것일까? 꾀죄죄하게 생긴 늙은 백인 남자라면 어떨까? 그런 사람과 장래에 가까워질 수 있다는 전망도 그녀에게 완전히 불리하게 작용하지는 않을 것이라고 말한다고 해서, 그 여자의 능력을 무시하는 것은 결코 아니다(그리고 나쁜 행동을 하는 남자들을 보아주는 것도 아니다). 여러 연구에서 거듭 보여 주는 것처럼 — 다른 모든 조건이 동일하면 — 어떤 직업을 선택하든 매력적인 사람들이 덜 매력적인 동료들보다 더 높이 올라간다. 신체적 매력에 젊음과 여자라는 사실이 더해지면 그렇게 무시해도 될 정도의 카드일까? 그 여자에게 투자한 사람들 가운데 한 명 이상은 어느 순간 둘 사이에 아무 일도 생길 수 없거나 생기지 않거나 생기지 않아야 한다고 할지라도, 적어도 투자자 면담에서 나이 든 백인 남성과 만나는 경우와는 약간 다른 기대를 품지 않았을까? 이건 — 인정하기 불쾌하다고 해도 — 일종의 권력이 아닌가? 오늘날 말할 수 있는 범위를 넘어서 활용되거나 아예 그런 것은 없다고 잡아뗄지 몰라도, 그렇다 하더라도 세상에 존재하는 권력 아닌가?

이런 주장은 회의장에서 열렬한 환영을 받지 못했다. 참석자들이 듣고 싶어 하는 이야기가 분명 아니었기 때문이다. 또 다른 인기 없는 주장을 내놓기 전에 『데일리 텔레그래프』의 최고 인력 관리 책임자가 직접 우리를 인도하기로 결심했다. 직장에서 부적절한 행동을 하는 것은 강조해야 하는 문제였다. 많은 여자가 이런 끔찍한 경험을 겪었다. 회의장에 있는 많은 여자가 의심의 여지없이 각자 털어놓을 이야기가 있었다. 남녀 관계라는 문제 자체를 아주 간단하게 정리할 수 있는 것으로 취급했다. 특히 미투 운동 직후에 모든 것이 분명해진 상태였다. 남자들은 적절한 행동과 부적절한 행동을 구분해야 했다. 두 행동의 범주가 극히 최근에야 다시 바뀌었다는 사실을 인정하면서도, 관습은 어떤 의미에서 시간을 초월할 뿐만 아니라 언제나 명백하다고 여겨졌다.

직장에서 일해 본 적이 있는 사람이라면 누구나 알고 있듯이 관습이 그렇게 간단하지 않다. 나는 큰 소리로 의문을 표했다. 「동료에게 나가서 커피나 한잔하자고 하는 것은 가능합니까?」 경계선에 걸친 문제처럼 보였다. 커피를 마시자고 한 번 이상 청하면 명백한 문제가 되었다. 〈남자들은《거절》을《거절》로 받아들이는 법을 배워야 한다〉는 것이었다. 〈자기 어머니 앞에서 하지 않을 일은 어디에서도 하지 마라〉는 것이 도덕규범의 토대로 제시되었다. 성인이라면 자기 어머니 앞에서는 하지 않겠지만, 그래도 완벽하게 합법적이고 용인 가능하며 아주 즐거운 수많은 행동을 한다는 사실을 무시하는 말이었다. 별것 아닌 행동까지 트집을 잡는 것 같았다. 최고 인력 관리 책임자는 거듭 말했다. 「그게 그렇게 어려운 일이 아니에요.」

그런데 사실 어려운 일 아닌가? 회의장에 있는 모든 여자는 ― 밖에 있는 절대 다수의 여자와 마찬가지로 ― 사실 그렇다는 것을 안다. 예를 들어 그들은 상당수의 남녀가 직장에서 미래의 인생 동반자를 만난다는 것을 안다. 인터넷 덕분에 데이트에 많은 변화가 일어났다 할지라도, 최근에 이루어진 연구들에 따르면 약 10~20퍼센트의 사람들이 여전히 일터에서 파트너를 찾는다. 회의장에 모인 성공한 사람들이 일과 생활의 균형에서 일에 압도적으로 치중한다는 점을 감안하면, 대부분 사교 모임보다는 직장 동료들과 더 많은 시간을 보낼 것이다. 그렇다면 인생 동반자 후보들이 넘쳐 나는 이 강물을 차단하는 것이 과연 현명한 일일까? 최고 인력 관리 책임자가 허용하는 미미한 가능성까지만 제한하는 것은 현명한 일일까? 그렇게 하려면 다음과 같은 요구에 따라야 한다. 〈모든 남자는 직장 생활에서 한 여자만 쫓아다녀야 한다. 그 여자에게 커피나 술을 한잔하자고 청하는 일은 딱 한 번만 가능하다. 그 한 번의 기회도 100퍼센트 정확한 순간에 써먹어야 한다.〉 이런 것이 남녀 관계를 조정하는 합리적이고 질서 정연하고 정말로 인간적인 방식일까? 물론 회의장에 있는 대다수는 그런 이야기에 웃음을 터뜨린다. 웃음을 부르는 말이기 때문이다. 웃기는 이야기이기도 하다. 그런데 바로 이것이 오늘날 직장의 법률이다.

2018년 12월에 발표된 『블룸버그Bloomberg』의 조사는 보조 인력을 제외한 각 주요 영역에서 남성이 다수를 차지해 이론의 여지없이 남성이 지배하는 부문이라고 할 수 있는 금융계 고위직 인사들의 태도를 살펴보았다.[14] 고위직 남성들의 태도는 인상적이었다. 서른 명이 넘는 금융계 중역을 대상으로 한 인터뷰에서 남성들은 이제 여성 동료들과 저녁 식사를 할 생각이 없다고 인정했다. 그들은 또한 비행기에서 여성 동료와 나란히 앉는 일도 거부했다. 호텔방을 잡을 때에도 여성 동료와 다른 층을 예약할 것을 고집하고 여성 동료와 일대일로 회동하는 일도 피했다.[15]

만약 직장에서 남성들이 갖는 태도가 이런 식이라면, 사무실을 둘러싼 온갖 에티켓이 대부분 솔직하거나 명백하지 않다는 뜻이다. 확립되어야 한다고 여겨지는 규칙이 그냥 들어왔을 뿐이다. 보편적이라고 여겨지는 규범은 불과 어제 생겨난 것이다. 그렇다면 모든 규칙과 규범의 이면에는 『블룸버그』 보고서에서 수집된 인식이 도사리고 있다. 사람들이 자기 자신을 믿지 못하는 것이 아니라(믿지 못할지도 모르지만), 다른 사람들의 주장 — 남성 동료와 둘만 있을 때 여성들이 제기하는 주장을 포함해 — 이 정직한지를 믿지 못하는 것이다. 일터의 에티켓을 파악하는 것이 너무도 쉽다면 그것이 그토록 복잡하다는 것은 놀랍다.

다시 런던의 회의장으로 돌아가 보자. 이날 행사에서 인상적인 사실 한 가지가 있었는데, 토론이 결국 극히 최근까지만 해도 자유 교양 대학 캠퍼스에 국한되던 식으로 끝난다는 것이다. 〈여성은 비즈니스를 의미한다〉 회의에서 우리는 불가피하게 〈특권〉에 관한 토론으로 마무리를 한다. 누가 특권을 누리고, 누가 누려야 하며, 어떻게 하면 특권을 좀 더 공정하게 배분할 수 있는가?

특히 이런 토론이 벌어질 때마다 드러나는 기이한 사실은 — 오늘날 아주 흔한 일인데 — 특권을 정의하기가 도무지 믿을 수 없을 만큼 어렵다는 것이다. 특권을 수량화하기는 거의 불가능하다. 어떤 사람이 돈을 물려받아서 〈특권〉을 가질 수 있다. 다른 사람에게는 바로 이 특권이 저주일 수 있다. 너무 이른 나이에 지나치게 많은 돈이 생겨서 세상을 헤쳐 나가려는 의욕을 잃을 수 있기 때문이다. 재산을 물려받았지만 선천성 장애가 있는 사람은 물려받은 재산은 없지만 신체가 건강한 사람보다 특권이 더 많은가 아니면 더 적은가? 누가 그 답을 내놓을 수 있을까? 누구를 믿고 답을 구해야 할까? 이런 다양한 층위를 얼마나 유연하게 만들어야 모든 사람을 아우를 뿐만 아니라 모든 인간의 삶에서 벌어지게 마련인 상승이나 하강의 상대적 변화를 고려할 수 있을까?

특권과 연결된 또 다른 문제는 우리가 남들이 누리는 특권을 볼 수 있을지 몰라도 우리 자신이 가진 특권은 인식하지 못하거나 인식하려 하지 않는다는 것이다. 한껏 상상력을 발휘해 보아도 회의장에 모인 여자들은 역사적으로나 현재 자기가 사는 나라나 도시, 동네에서도 최상위 집단에 속한다. 고액의 연봉과 상당한 인맥이 있으며, 대다수 백인 남성이 평생 누리는 것보다 더 많은 기회를 한 달 동안 누릴 것이다. 그렇지만 거듭해서 특권이라는 쟁점이 제기된다. 다른 누군가가 갖고 있다고 여겨지기 때문이다.

무의식적 선입견 훈련과 교차성

그리하여 불가피하게 — 마침 때맞추어 — 항구적 계층화와 연역적 추론이라는 불가능한 과정에서 궁극적인 종착점으로 이어진다. 〈교차성〉의 중요성이 그것이다. 『데일리 텔레그래프』의 최고 인력 관리 책임자가 나보다 먼저 이 문제를 제기한다. 그녀는 모든 곳에 교차성이 중첩된다는 사실을 고려하는 것이 중요하다고 강조한다. 권한을 부여받고 위계질서에서 위로 올라가도록 지원을 받아야 하는 대상은 여성만이 아니라는 사실을 기억해야 하기 때문이다. 역시 도움을 받아야 하는, 주변으로 밀려난 다른 집단들도 존재한다. 청중 가운데 한 명은 세상에 난민이 존재하며 모든 논의에서 그들의 목소리가 사라지지 않도록 하는 것이 중요하다고 토론자들에게 말한다. 장애를 가진 사람들이 있다, 빈곤에 허덕이는 사람들이 있다, 모든 사람이 예쁜 것은 아니다, 동성애자인 사람들이 있다 등등 끝없이 제기할 수 있는 논점들이다.

　JP 모건에서 일하는 여자는 바로 이런 이유 때문에 자기 회사에서 의무적인 〈무의식적 선입견 훈련〉을 도입했다고 말한다.

이런 훈련을 광범위하게 도입해야 한다는 데 전반적인 동의가 이루어진다. 우리의 뇌는 구석진 곳에 잠재해 있는 선입견과 편견을 이따금 의식하지 못하게끔 구조화되어 있다. 깊이 스며든 편견 때문에 우리는 여자보다 남자를 선호하고(또는 어쩌면 그 반대이고) 어떤 피부색을 다른 피부색보다 좋아한다. 어떤 사람들은 종교나 섹슈얼리티 때문에 그 사람을 채용하는 것을 꺼린다. 그리하여 〈무의식적 선입견 훈련〉이 JP 모건에서 시행되고, 점점 많은 수의 은행과 금융 기관, 기타 공기업과 사기업에서도 비슷한 교육이 진행된다. 태도를 바로잡고 또 자연스러운 편견을 바꾸고 없애고 정정하게 만들기 위해서다.

지금 진행되는 토론에서 믿기 어려울 정도로 이상한 점 하나는 『데일리 텔레그래프』 독자들이 이 모든 것을 정말로 싫어한다는 확신이다. 영국에서 『데일리 텔레그래프』는 보수 우파 신문으로 여겨지고 있으며 그 독자들은 대체로 변화보다는 현상 유지를 더 좋아한다고 해도 과언이 아니다. 무의식적 선입견 훈련은 현상 유지를 방해하는 목록을 만들면 최상위를 차지할 것이 분명하다. 그것이 문제의 핵심이다. 무의식적 선입견 훈련은 모든 것을 바꾸고자 한다. 그런데 보수 신문들과 월 스트리트와 런던 시티의 주요 기업들만이 아니라 정부의 중핵에서도 중심적인 지위를 차지하게 되었다. 2016년에 미국 정부의 인사 관리처는 모든 공무원에게 무의식적 선입견 훈련을 시행할 계획이라고 발표했다. 280만 명에 해당하는 인원이다.[16] 영국 정부도 모든 공무원을 대상으로 선입견 및 〈다양성 훈련〉을 시행하겠다고 약속했다.

구체적인 설계는 약간씩 다르지만, 전부 하버드 대학교에서 암묵적 연상 테스트Implicit Association Test라는 이름으로 개발된 방식으로 진행된다. 1998년에 인터넷에 공개된 이래 3천만 명 이상이 하버드 대학교의 웹사이트에서 자신에게 무의식적 선입견이 있는지를 알아보기 위해 테스트를 받았다.[17] 암묵적 연상 테스트에서 파악하고자 하는 내용은 각 개인이 누구를 〈내집단in group〉 성원으로 여기고, 누구를 〈외집단out group〉 성원으로 간주하는가 하는 것이다. 학술 논문에서 수천 번 인용된 이 테스트는 〈무의식적 선입견〉을 측정하는 가장 영향력 있는 도구가 된 것이 분명하다.

이 테스트는 또한 하나의 산업 전체를 낳았다. 2015년 런던에 있는 왕립 예술 학회Royal Society of Arts는 선발과 임명 위원들의 무의식적 선입견에 관한 훈련을 시행할 계획이라고 발표했다. 학회는 훈련 과정을 해설하는 동영상을 공개하면서, 네 가지 주요 조치를 주창했다. 의사 결정 속도를 의도적으로 늦추고, 결정을 내리는 이유를 재고하고, 문화적 고정 관념에 의문을 던지고, 무의식적 선입견에 대해 서로를 모니터한다는 것이었다. 이 모든 조치에는 일련의 성과가 나올 것이라는 가정이 깔려 있다. 예를 들어 문화적 고정 관념에 대한 질문을 던지면, 사람들이 그 고정 관념을 쉽게 고수할 수 있을까? 아마 그러지 못할 것이다. 사람들이 무의식적 선입견에 대해 서로를 모니터하면서 그런 선입견을 전혀 발견하지 못하면, 그것은 실패인가 성공인가? 상상도 할 수 없는 미덕의 신호일까, 사람들이 그런 신호를 발견하지 못한다는 신호일까, 아니면 모두가 속이고 있다는 신호일까? 사람들이 무의식적 선입견 훈련을 통해 〈질문 던지기〉에 관해 이야기할 때, 그것은 사람들에게 〈질문 던지기〉를 의미하는 것이 아니다. 사람들을 〈바꾸는〉 것을 의미한다.

어떤 직종이든 간에 다수의 사람을 면접한 경험이 있는 사람이라면 이 과정의 중요한 부분이 〈첫인상〉이라는 사실을 알 것이다. 〈첫인상을 줄 수 있는 두 번째 기회는 없다〉 같은 묵직한 모토가 숱한 이유는 대부분 그것이 사실이라고 인정하기 때문이다. 사람의 외모나 옷차림, 악수할 때 단단히 쥐는 손만이 문제가 아니다. 한 사람이 뿜어내는 여러 가지 신호와 인상의 문제다. 그리고 이런 신호와 인상에 대한 반응에는 실제로 편견과 신속한 결정이 담겨 있다. 그렇다고 해서 전부 나쁜 것은 아니다.

가령 대다수는 눈알을 빠르게 움직이거나 시선을 휙 돌리는 사람에 대해 자연스러운 편견을 가지고 있다. 이런 추측은 〈선입견〉일까, 아니면 진화적 본능으로 새겨진 것이라 극복하는 편이 오히려 좋지 않을 수도 있다고 정당화될 수 있는 것일까? 더 적절한 예를 들자면, 중소기업 사장이 30대 후반의 여성 지원자와 면접을 할 때 몇 년 안에 임신을 할 것 같다는 의심이 들면 어떻게 생각해야 할까? 분명 고용법에는 면접관이 이런 질문을 꼬치꼬치 캐묻는 행위가 금지되어 있다. 이때 고용주가 지원자에 대해 본능적 선입견이 있다고 말할 수 있다. 법률은 이런 선입견을 바꾸고 싶어 한다. 하지만 고용주가 잠깐 일하다가 육아 휴직을 신청하고 결국 복직하지 않아서 육아 휴직 급여의 비용을 회사에 떠안길 수 있는 여자를 채용하는 것에 대해 선입견을 지니는 것은 완전히 비합리적인 일이 아니다.

기존의 편견들에 대해 스스로 테스트를 해보면, 일정한 출신

배경을 가진 사람들이나 유력한 여성, 그 밖에 여러 사람에 대해 뿌리 깊이 불신하고 있다는 것이 드러날지 모른다. 또한 당신 스스로 자신의 모든 본능을 불신하게 될지도 모른다. 하지만 각 개인이 본능 때문에 그릇된 방향으로 나아갈 수 있는 것처럼 오로지 본능 덕분에 제대로 행동하는 경우도 숱하다.

게다가 느낌은 날마다 달라진다. 암묵적 연상 테스트를 받아 본 사람들이 바로 그런 사실을 깨닫고 있다. 실제로 암묵적 선입견이라는 개념 자체에 대한 비판이 워낙 많다. 일종의 벤치마크가 된 이 테스트를 만드는 데 참여한 사람들 가운데 일부는 자신들의 작업이 활용되는 방식에 대해 우려를 표명한 바도 있다. 기업계와 정부, 대학, 그 밖에 점점 많은 곳에서 활용된 이후에, 이 테스트를 만든 세 명 중 두 명이 애초의 취지대로 정확한 효과를 낼 수 없다고 공개적으로 인정했다. 그중 한 명인 버지니아 대학교의 브라이언 노섹Brian Nosek은 유의미한 어떤 것이든 측정할 수 있는 정도에 대해 오해가 있다고 공개적으로 발언했다. 그러면서 자신의 작업에 〈부정확하게 해석〉한 부분이 있다고 지적했다. 그는 개인의 선입견을 입증하려는 시도들 가운데 〈어느 정도 일관성이 있지만 높은 일관성은 아니며, 우리 생각은 그렇게 안정적이지 않다〉고 말했다.[18] 게다가 어느 것도 실제로 효과를 발휘하지 않는다는 것을 보여 주는 증거가 속속 나오고 있다. 가령 선발 위원회에서 여성의 수를 늘린다고 여성이 일자리를 얻을 가능성이 높아지지는 않는다.[19]

이 분야 전체에 대한 연구가 불충분한데도 이미 정부와 기업 전체에서 도입하고 있다. 그 결과가 나쁘지 않은 대신 전문성이 없는 분야에서 사람들을 인도하기 위해 전문가를 채용하며 높은 비용만 발생하게 될까? 아니면 공무원과 기업 임직원의 두뇌 회로를 재구성하려는 시도가 누구도 상상조차 하지 못한 반향을 낳게 될까? 아무도 모른다.

암묵적 선입견 훈련이 반만 계산된 이론을 바탕으로 사업 계획을 완전히 설계한 것처럼 보인다면, 그 배후에 도사린 독단적 믿음은 그보다 한 단계 더 나아간다. 〈여성은 비즈니스를 의미한다〉 회의장에서 『데일리 텔레그래프』의 최고 인력 관리 책임자는 기업뿐만 아니라 사회 전반에서도 교차성의 중요성을 밀어붙이느라 분주하다. 소수 종족과 난민, 난민 신청자를 권력자들에게서 짜낼 수 있는 보상을 받을 자격이 있는 집단의 목록에 포함시켜야 하는지 궁금해하는 여성 청중에게 내놓는 대답이다.

우선 이것부터 밝혀 두어야 한다. 〈선입견 훈련〉처럼 과학 행세를 한다고 해도 사실 교차성은 그런 것과는 거리가 멀다. 페미니스트 저술가이자 연구자인 벨 훅스bell hooks*(본명은 글로리아 진 왓킨스Gloria Jean Watkins이다)나 매킨토시 같은 교차성 개념의 창시자들은 서구 민주주의에는 〈억압의 모체〉에서 구조적으로 억압을 받는 광범위한 집단들 — 여성, 소수 종족, 성 소수자 등 — 이 포함된다고 단순히 주장한다. 여기서부터 그들이 주장하는 것은 학문 분야라기보다는 하나의 정치적 기획이 된다. 그들은 집단들 중 하나의 이해가 곧 다른 모든 피억압 집단의 이해와 관심이라고 설명한다. 권력을 장악하고 있다고 여겨지는 피라미드 꼭대

---

* 벨 훅스는 필명을 소문자로 쓰는데, 지은이는 이를 비꼬기 위해 따옴표를 붙이고 본명을 밝히고 있다.

기의 공동의 적에 맞서 집단들이 단결하면 좋은 일이 생기게 마련이다. 교차성이 철저히 탐구된 개념이 아니라고 말하는 것은 오히려 절제된 표현이다. 다른 결함도 여럿 있지만, 무엇보다도 교차성은 어디서도 충분한 시간 동안 유의미한 방식으로 검증된 적이 없다. 철학적 토대가 허약하기 짝이 없고 이 개념만을 다루는 주요한 사상 서적도 없다. 이런 지적에 대해 어떤 이들은 아직 시도되지 않은 것이 많고, 그것들 이면에 있는 사고 구조가 완전히 만들어지지 않았다고 대답할지 모른다. 하지만 이런 경우에 전체 사회 — 모든 교육 기관과 수익성 있는 온갖 경제 공간을 포함해 — 에 걸쳐 그 개념을 적용하려는 것은 현명하지 못한 일은 아니더라도 보통 주제넘는 시도로 여겨질 것이다.

두둑한 보수를 받는 중요한 지위에 있는 사람들이 현재 주장하고 있다 할지라도 〈교차성〉은 어디에서 작동한다고 말할 수 있을까? 그리고 어떻게 작동할 수 있을까? 〈여성은 비즈니스를 의미한다〉 회의가 열리는 공간에서 교차성이 야기한 해결 불가능한 일련의 질문들을 생각해 보라. 여기 모인 여자들은 전부 승진의 혜택을 받았다. 많은 사람이 최고의 혜택을 누린다. 피부색이나 성적 지향, 계급적 지위가 다른 사람들에게 그 자리를 기꺼이 내줄 사람이 누가 있으며, 언제 어떻게 내주어야 할까? 한 걸음 물러나서 자기보다 우선시되어야 할 사람을 밀어주어야 한다면, 그 사람이 실제로 자기보다 훨씬 힘든 인생을 살았다는 것을 어떻게 식별할 수 있을까?

최근에 교차성이 인기를 얻기 시작하면서 이 개념을 시행하려고 하는 일터마다 점점 이상한 수수께끼가 생겨나고 있다. 수수께끼를 발견하는 순서는 이따금 다르지만 언제든 발견이 된다. 주요 도시의 기업에서 여성이나 유색인을 승진시키려는 일사불란한 움직임이 벌어질 것이다. 하지만 점점 더 많은 기업과 정부 부처가 남녀와 인종적 배경이 상이한 사람들 사이의 임금 차별을 해명해야 했고 여기서 매혹적인 새로운 문제가 발생했다. 영국에서는 직원이 250명 이상으로 구성된 모든 조직이 남녀 간 평균 임금의 차이를 공표해야 한다. 2018년에 하원 의원들은 직원이 50명 이상으로 구성된 모든 기업이 이런 정보를 제공해야 한다고 제안했다.[20] 무엇보다도 결국 일련의 새로운 문제들을 자세히 검토하는 관료 기구를 완전히 새로 만들어야 할 것이다.

나는 이제 등장하는 사람의 정체성을 비밀에 부치겠지만 인상적인 사례가 있다. 영국에 사는 내 지인은 최근에 대기업에 취직했다. 아주 좋은 연봉으로 회사에 입사했다. 취직하고 얼마 뒤에 상사들이 당혹스러운 요청을 했다. 회사는 회계 연도 막바지에 다다르면서 조직 내에 인종과 성별 할당제에 관한 무수한 그래프와 명세서를 충족시키는 중이었다. 회사로서는 당혹스럽게도 다수 종족과 소수 인종의 급여 〈격차〉가 충분히 근소하지 않다는 사실을 발견한 것이다. 그렇다면 이 사람은 임금 격차 문제를 더 잘 충족시키기 위해 자신의 연봉이 크게 인상되는 것을 언짢아할까? 이 사람은 극히 현명하고 제정신이기 때문에 고용주가 곤란한 상황에서 벗어나도록 돕기 위해 연봉 인상을 감사히 받아들였다.

할당제 강박에 사로잡히면 어떤 지경에 이르는지를 보여 주는 특히 우스꽝스러운 사례일지 모른다. 하지만 잇따라 천편일률적인 사례가 나타난다. 예를 들어 유색인이나 여성, 성 소수자를 승진시키기 위해 일사불란하게 노력하는 모든 기업은 어느 순간에 이르러 다음과 같은 사실을 깨닫는다. 회사가 승진시킨 사람들 자체가 상대적인 특권층인 경우가 많다는 것이다. 전부는 아니라도 많은 사례에서 그들은 이미 체제로부터 잘 대접받았다. 부유한 집안에서 자라 사교육을 받고 최고 명문대에 진학한 여성일 수 있다. 이런 사람들을 지원해야 할까? 어쩌면 그럴지도 모른다. 그런데 그 비용은 누가 대야 할까?

마찬가지로 업무 환경의 〈다양성〉을 보장하기 위한 〈적극적 우대 조치positive discrimination〉의 혜택을 입는 성 소수자와 소수 종족의 첫 번째 물결에서, 정작 해당 남성과 여성들이 사회에서 가장 학대를 받는 집단 출신이 아니라는 사실도 밝혀졌다. 정당에서도 비슷한 현상이 발생한다. 영국 보수당은 소수 종족 출신의 하원 의원 수를 늘리는 과정에서 특출한 재능을 가진 인사를 몇 명 발탁할 수 있었다. 여기에는 이튼 출신의 흑인 하원 의원과 나이지리아 부통령의 조카인 하원 의원이 포함되었다. 노동당의 경우에는 방글라데시 총리의 조카인 여자를 의원 후보로 선택했다.

사기업과 공기업에서도 비슷하다. 신속하게 이루어지는 다양성은 이미 종착지에 가장 가까이 있는 사람들을 승진시키기 쉽다. 그리고 이 사람들은 어떤 집단에서든 최상의 특권을 가진 경우가 대부분이다. 이런 채용 방식을 채택한 유럽과 미국의 기업들에서는 귓속말로 퍼질 뿐이지 비슷한 이야기가 나타나고 있다. 사람들은 점점 이 모든 방식에 비용이 든다는 사실을 깨닫는 중이다. 즉 기업은 여성의 이동성과 소수 종족의 이동성을 높이는 데 성공하고 있지만, 계급의 이동성에 대한 수준은 어느 때보다도 더 낮다. 그들이 하는 일이라곤 새로운 위계를 만드는 것뿐이다.

위계는 고정되어 있지 않다. 과거에도 항상 일정하지 않았고 미래에도 똑같이 유지되지 않을 것이다. 교차성 주창자들로서는 선입견 훈련 같은 것들이 대단히 신속하게 침투하고 있다. 이런 사고가 기업 세계에 곧바로 흘러드는 것은 새로운 유형의 위계가 만들어지고 있다는 증거다. 이 위계에도 — 모든 위계가 그렇듯이 — 억압 계급과 피억압 계급이 존재한다. 고결하고자 하는 사람들과 아직 계몽되지 못한 이들을 계몽하는 지위에 있는 사람들 (〈최고 인력 관리 책임자〉)이 존재한다. 당분간은 새로운 사제 계급이 세계가 움직이는 모습에 관한 자신들의 생각을 설명하는 데서 꽤나 성공을 거둘 것이다.

충분한 사유나 성공 기록 없이 제도에 기입되고 있다는 것이 유일한 문제는 아니다. 압도적인 문제는 이 새로운 시스템이 우리가 아직 전혀 이해하지 못하는 집단 정체성 위에서 계속 만들어지고 있다는 것이다. 전혀 합의되지 못한 토대 위에 세워지고 있다. 양성의 관계라는 쟁점 전체, 그리고 한때 우리가 〈페미니즘〉이라고 불렀던 쟁점도 마찬가지다.

페미니즘의 물결

혼란이 생겨난 이유 하나를 꼽자면, 제1물결과 제2물결 페미니즘이 엄청난 성공을 거두고, 이후 이어진 물결들이 〈은퇴한 성 게오르기우스 증후군〉 증상을 심각하게 겪고 있다는 사실이다.

어떤 물결의 페미니즘이 언제 일어났는지를 정확하게 가리키기가 어려운 이유는 이 물결들이 장소마다 다른 시기에 일어났다고 인식되기 때문이다. 하지만 일반적인 시기 구분에 따르면, 제1물결 페미니즘은 18세기에 시작되었고 어떤 이들은 참정권 확립까지 다른 이들은 1960년대까지 계속되었다고 본다. 정확한 목표를 야심 차게 겨냥하고 심층적인 주장을 펼친 물결이었다. 메리 울스턴크래프트Mary Wollstonecraft부터 여성 참정권 캠페인Campaign for Women's Suffrage까지 제1물결 페미니즘은 동등한 법적 권리에 대한 요구로 정의되었다. 다른 권리가 아니라 동등한 권리였다. 물론 투표할 권리였다. 또한 이혼을 청구할 권리, 자녀의 동등한 보호자가 될 권리, 동등한 재산 상속의 권리도 요구했다. 권리를 위한 싸움은 오래 이어졌지만 결국 승리했다.

1960년대에 시작된 페미니즘 물결은 기본권의 이면에서 여전히 해결되지 않은 우선 과제들을 다루었다. 여성이 원하는 경력을 추구하고 이런 목표를 달성하는 데 지원을 받을 권리 같은 문제였다. 미국에서 베티 프리단Betty Friedan을 필두로 한 사람들은 여성이 교육을 받을 권리만이 아니라 출산 휴가와 직장에 다니는 여성을 위한 육아 지원의 권리까지 주창했다. 이 페미니스트들은 피임과 낙태를 둘러싼 재생산 권리, 혼인 관계 안팎에서 여성이 안전할 수 있는 권리를 주장했다. 그들이 추구한 목표는 여성이 생활과 경력에서 남성과 맞먹는 동등한 기회를 누리는 지위를 얻도록 조력하는 것이었다.

2백~3백 년에 걸쳐 두세 차례의 물결을 넘은 끝에 1980년대에 이르러 페미니즘 운동은 페미니스트가 포르노에 대해 어떤 태도를 취해야 하는가 같은 틈새 쟁점을 둘러싸면서 분열되고 사이가 틀어졌다. 흔히 제3물결 페미니스트라고 규정되는 사람들이 등장했고, 바로 뒤를 이어 2010년대에 나타난 제4물결 페미니스트는 인상적인 언어와 문체를 구사했다. 평등을 위한 대규모 투쟁이 벌어지는 가운데 페미니스트들은 남아 있는 쟁점들을 마무리 짓는 한편, 어느 때보다 좋아졌기 때문에 현실에 발맞추어 어조를 바꿀 것으로 기대되었다.

하지만 그런 일은 일어나지 않았다. 기차역에 들어서자마자 곧바로 다시 속도를 내면서 궤도를 따라 제멋대로 달려간 집단이 있다면, 그것은 바로 최근 수십 년간의 페미니즘이다. 1970년대부터 줄곧 페미니즘 진영 내부에서 각기 다른 테마로 무장한 새로운 주장이 등장했다. 첫 번째는 승리를 눈앞에 두고 패배했다는 주장이었다.

1991년에 수전 팔루디Susan Faludi는 『백래시: 여성을 겨냥한 선전 포고 없는 전쟁Backlash: The Undeclared War Against Women』을 출간했다. 1년 뒤 매릴린 프렌치Marilyn French(1977년 베스트셀러 『여자들의 방The Women's Room』의 저자)는 『여성을 겨냥한 전쟁The War Against Women』으로 이런 술수를 되풀이했다. 이 책들이 엄청난 성공을 거둔 이유는 비록 권리가 달성되긴 했지만 그런 진보를 퇴보시키기 위한 일사불란한 캠페인이 진행 중이라는 통념에 호소했기 때문이다. 팔루디와 프렌치의 주장에 따르면, 평등이 아직 달성되지 않았는데 그런 가능성만으로도 불가피하게 남성들의 분노를 불러일으켜서 이미 달성된 권리까지 다시 빼앗기는 결과가 생겨났다. 사반세기가 지난 지금 그들의 저작을 다시 살펴보면 깊은 인상을 받는다. 어조는 지극히 정상인 동시에 그들의 주장은 분명 제정신이 아니기 때문이다.

국제적 베스트셀러가 된 책에서 팔루디는 서구 사회의 거의 모든 삶의 요소에서 〈여성을 겨냥한 선전 포고 없는 전쟁〉을 확인했다. 언론과 영화에서 전쟁을 보았다. 텔레비전과 의복, 대학과 정치, 경제학과 대중 심리학에서도 전쟁을 목격했다. 모든 것이 합쳐져서 〈평등〉을 향한 추구를 〈중단시키고 심지어 역전시키려는 압력이 커졌다〉고 주장했다. 이런 백래시에는 뚜렷한 모순들이 있었다. 그것은 조직화된 동시에 〈조직화되지 않은 운동〉이었다. 실제로 〈지휘가 부재〉한 탓에 〈두 눈으로 보기가 더 어려웠고 더욱 효과적〉이었다. 영국 같은 나라들에서 정부 지출의 삭감(물론 여성 총리가 부추긴 것이다)을 목도한 앞선 10년 동안, 〈백래시가 문화의 비밀 경로를 통해 움직이면서 아첨과 공포의 통로를 따라 이동했다〉.[21] 이와 비슷한 수단을 통해 여성을 겨냥한 전쟁이 모든 사람의 얼굴을 응시하는 동시에 미묘하게 벌어져서 팔루디가 그 정체를 밝혀야 했다.

프렌치는 책의 서두에서부터 약 350만 년 동안 인류가 남성과 여성이 평등한 상황에서 살았다는 〈증거가 있다〉고 선언했다. 실제로는 평등한 것 이상이었다. 왜냐하면 그 시절에 여성은 남성보다 분명히 더 높은 지위를 누렸기 때문이다. 뒤이어 지난 1만여 년 동안 인류는 〈평등한 조화와 물질적 안녕〉 속에 살면서 양성이 아주 잘 지냈다고 한다. 그러다 프렌치가 독자들에게 알려 주는 바에 따르면 기원전 4000년 이래 남성이 〈가부장제〉를 만들기 시작했다. 〈남성의 우월성을 무력으로 뒷받침하는〉 체제였다. 여성은 〈그 후로 내리막길을 걸었다〉. 여성은 〈아마〉 최초의 노예이며 〈점점 힘을 잃고 비하당하고 예속되었다〉. 지난 4세기 동안 상황은 걷잡을 수 없이 심해졌다. 남성이 〈주로 서구에서〉 〈자연 및 자연과 연결된 이들 — 유색인과 여성 — 에 대한 통제를 강화〉하려고 했기 때문이다.[22]

페미니즘을 〈여성의 연대와 여성의 관점을 통해 모든 여성 집단의 운명을 개선하려는 일체의 시도〉라고 정의한 프렌치는 남성은 〈하나의 카스트로서 계속해서 페미니즘을 물리치려는 방도를 찾는다〉고 주장한다. 남성은 페미니즘의 승리를 앗아 가려고 한다(프렌치는 〈합법적 낙태〉를 사례로 들었다). 또한 전문직 여성에게 〈유리 천장〉을 맞닥뜨리게 하고, 여성을 〈완전히 종속된 지위〉로 되돌리려는 목표를 띤 운동을 만들어 내려고 한다. 이런 시도들은 〈여성을 겨냥한 전 지구적 전쟁〉에 이른다.[23]

프렌치는 정반대의 증거가 상당히 많아도 무시한 채 인류의 절반인 남성의 본질을 일반화하는 데 전혀 양심의 가책을 보이지 않으면서, 〈남성 연대의 유일한 토대는 여성에 대한 반대뿐〉이라고 선언한다.[24] 그리고 페미니스트들이 내놓는 요구 또한 마찬가지로 간단한 것이라고 본다. 페미니스트들이 〈가부장제〉에 요구하는 것은 〈남성이 거리낌 없이 여성을 구타하고 강간하고 불구로 만들고 살해하지 않는〉 것을 포함해서 단지 〈여성도 권리를 가진 인간으로 대우해 달라〉는 것이다.[25] 어떤 짐승이 이런 요구에 반대할까? 그리고 거리낌 없이 여성을 구타하고 강간하고 불구로 만들고 살해하는 가부장제의 구성원은 누구일까?

프렌치의 주장에 따르면 어느 모로 보나 문제는 남자들이다. 여자들이 진전을 이룰 때마다 남자들은 〈온 힘을 모아 이 도전을 물리치려고〉 한다. 여성을 겨냥한 남성의 폭력은 우발적인 사건이나 다른 어떤 요인의 부산물이 아니다. 많은 잠재적 요인을 제쳐 두고라도 말이다. 그보다는 〈남성이 여성에게 행사하는 모든 폭력은 구타, 투옥, 사지 절단, 고문, 기아, 강간, 살인〉을 포함한 〈일사불란한 캠페인의 일부다〉.[26]

여성을 물리치기 위해 진행되는 광범위한 캠페인의 일환에 의해 남성이 이런 행동을 하는 것도 나쁜 일이지만, 설상가상으로 남성은 〈여성이 삶의 모든 영역에서 불이익을 받게〉 만들기 위해 다른 방식으로도 조직적으로 단결한다. 남성은 교육, 노동, 의료, 법률, 섹스, 과학, 심지어 〈어머니인 여성을 겨냥한 전쟁〉에 이르기까지 상상 가능한 모든 분야에서 여성을 상대로 일사불란한 전쟁을 벌이며 분명하게 어떤 체계를 만들어 낸다.[27]

프렌치가 설명하는 바에 따르면, 최종적인 모욕은 여성이 걱정해야 하는 것이 여성을 겨냥한 전쟁만이 아니라 전쟁 그 자체라는 점이다. 비유가 아닌 말 그대로 실제 벌어지는 전쟁 또한 문제인데, 전쟁은 그 자체가 본질적으로 반여성적이다.[28] 전쟁은 그 언어에서부터 실행에 이르기까지 남성적 행위이며, 따라서 여성에 적대하도록 고안되었다. 여성은 — 프렌치의 책을 덮는 순간 분명해지는 것처럼 — 평화의 구현체다. 남성은 전쟁을 벌이는 반면 여성은 1980년에 펜타곤을 에워싸고 〈군사주의는 성차별주의다〉라고 선언한 〈여성 펜타곤 행동Women's Pentagon Action〉이나 영국의 그린햄 커먼Greenham Common 운동 같은 일련의 운동을 벌인다. 프렌치는 감동을 자아내는 책의 마지막 부분에서 좋은 소식을 알린다. 〈여성이 모든 전선에서 반격을 벌이고 있다.〉[29]

프렌치의 책에 나오는 많은 주장이 편향적이고 몰역사적이다. 일단 자신의 패러다임을 만들어 놓으면, 거의 모든 것을 그 안에 끼워 맞출 수 있다. 가장 인상적인 것은 책 전체에 걸쳐 이분법을 내세운다는 사실이다. 좋은 것은 모조리 여성적인 것이고 나쁜 것은 죄다 남성적인 것이다.

프렌치와 팔루디를 비롯한 페미니스트들은 이런 사고를 깊숙이 끼워 넣는 데 엄청난 성공을 거두었다. 그들은 또한 하나의 패턴을 만들었는데, 페미니스트들이 왜곡과 과장을 통해 자신들의 주장을 관철시키기 시작하면서 성공을 거두었다는 것이다. 점차 가장 극단적인 주장이 규범으로 통하게 되었다. 남성에 관해서만이 아니라 여성에 관해서도 극단적인 주장이 난무했다. 급기야 새로운 물결의 페미니스트들이 제기하는 주장의 모든 측면에 이런 주장이 주입되었다. 예를 들어 나오미 울프Naomi Wolf는 엄청난 성공을 거둔 저서 『아름다움의 신화The Beauty Myth』[30]에서 페미니즘의 업적과 분석 덕분에 여성들이 과거보다 더 잘 사는 혜택을 누리는 것은 맞지만, 다른 면에서 보면 여성들이 말 그대로 죽어 가고 있다고 주장했다. 울프는 이 책에서 미국에서만 1년에 약 15만 명의 여성이 거식증과 연관된 섭식 장애로 죽어 가고 있다고 설명했다. 크리스티나 호프 소머스Christina Hoff Sommers를 비롯한 수많은 학자가 이후에 보여 준 것처럼 울프는 실제 수치를 수백 배 과장했다.[31] 과장과 파국주의*는 페미니스트들이 자랑스럽게 거래하는 정식 통화가 되었다.

이 단계의 페미니즘에 일종의 남성 혐오misandry도 끼워지게 되었다. 앞선 물결의 페미니즘에서도 다양한 개인이 남성 혐오를

* catastrophism. 현실이 파국에 가깝다고 부정적으로 과장하는 경향.

나타냈지만, 승승장구하기는커녕 그렇게 지배적이었던 적도 없었다. 2010년대의 어느 시점에서 제3물결 페미니즘이 소셜 미디어가 등장한 덕분에 제4물결 페미니즘으로 진보했다고 여겨졌다. 제4물결 페미니즘은 대체로 앱으로 무장한 제3물결 페미니즘이다. 모든 물결이 무심코 입증한 사실은 소셜 미디어가 논쟁만이 아니라 운동에도 정신 착란 효과를 일으킨다는 것이다.

자칭 〈페미니스트〉들이 다시 한번 트위터에서 새로운 애창 구호를 외쳐 대는 광경을 생각해 보라. 〈남자는 쓰레기다Men are trash〉는 그들이 더 많은 사람을 자기편으로 끌어당기기 위해 만들어 낸 최신 조어다. 제4물결 페미니스트들은 〈남자는 전부 쓰레기다〉나 〈남자는 쓰레기다〉라는 구호를 소셜 미디어에서 널리 퍼뜨리려 하고 있다. 영국의 제4물결 페미니스트 작가 로리 페니Laurie Penny는 『잡년 신조Bitch Doctrine』라는 매력적인 제목의 책을 비롯해 블로그에 쓴 글을 모은 책을 여러 권 냈다. 2018년 2월에 페니는 트위터에 이런 말을 올렸다. 《《남자는 쓰레기다》라는 구절에는 낭비라는 뜻이 담겨 있어서 정말 좋아한다.》[32] 페니는 계속해서 이 구절이 아름다운 이유는 〈유독한 남성성이 인간의 수많은 잠재력을 낭비한다〉는 사실과 관련이 있다고 설명했다. 〈바야흐로 우리가 거대한 재활용 프로그램의 문턱에 섰다는 기대가 든다.〉 그 뒤에는 〈미투〉라는 해시태그와 허공에 두 손을 치켜드는 이모티콘이 붙었다.

흔히 그렇듯이 대중 가운데 한 명이 페니가 아버지와 문제가 있어서 그런 표현을 구사하게 된 것이 아닌지 물었다. 그 순간 역시 흔히 그렇듯이 페니는 갑자기 돌변했다. 「사실 우리 아버지는 멋진 사람이고 큰 영감을 주는 분이었어요. 몇 년 전에 돌아가셨죠. 우리 모두 아버지를 그리워한답니다.」독자는 자기주장을 밀어붙이면서 질문했다. 「아버지가 유독한 사람이었나요?」그 순간 페니는 독자에게 〈가혹하게〉 굴지 말라고 꾸짖었다. 페니는 비난을 멈추지 않았다. 「돌아가신 남의 아버지를 우스갯거리로 삼는 것은 적절하지 않습니다.」그 말에는 다음과 같은 뜻이 담겨 있었다. 〈모든 남자는 쓰레기다. 다만 당신이 언급해서는 안 되는 돌아가신 우리 아버지는 빼고.〉한 시간 만에 피해자 서사가 한층 더 발전했다.

페니는 트위터로 돌아와서 입을 열었다. 〈지금 나는 학대와 위협, 반유대주의, 내 죽음에 관한 환상, 내 가족을 겨냥한 혐오스러운 언어의 집중포화를 받고 있습니다. 내가《남자는 쓰레기다》라는 문구를 좋아한다고 말했다는 이유로 이 모든 사태가 벌어지는 겁니다. 변화의 가능성을 함축하는 이야기인데 말이죠.〉사실 페니는 그런 말을 하지 않았다. 페니는 인류의 절반을 〈쓰레기〉로 묘사하는 문구를 사용해서 정말 기쁘다고 말했다. 그리고 자기가 협박을 해놓고 협박당하고 있다며 몸을 숨겼다. 자기가 인류의 절반을 무가치한 존재로 규정해 놓고 어떤 반박이든 잘못된 것이라는 태도다.

사실 페니가 잠시 기다렸다면, 동료 페미니스트가 나서서 페니가 과거에 구사했지만 이제 더는 정당화할 필요가 없는 문구를 정당화해야 할지에 대해 설명해 주었을 것이다. 이 문구는 겉으로 드러나는 것과 다른 의미를 가진 마법적 표현이며 그 수가 점점 늘어나고 있기 때문이다.

남성을 겨냥한 전쟁

『허핑턴 포스트』 기자인 살마 엘와르다니Salma El-Wardany는 소개 글에서 자신을 〈반이집트인, 반아일랜드인 무슬림 기자로 케이크를 먹고 가부장제를 해체하며 세계를 여행하고 있다〉고 표현한다. 그 해체의 일환으로 엘와르다니는 〈모든 남자는 쓰레기다〉라는 문구를 좋아하는 것으로 드러났다. 하지만 그녀는 기사에서 〈여성이 《남자는 쓰레기다》라고 말할 때 실제로 담긴 뜻〉을 설명했다. 이 말을 직접 번역하면 〈남성성은 변화하는 중인데 젠장맞을, 그 속도가 충분히 빠르지 않다〉는 것이다. 엘와르다니는 〈남자는 쓰레기다〉라는 문구가 세계 모든 곳에서 들려온다고 주장했다. 〈지구 곳곳에서 은은하게 울려 퍼지는 콧노래처럼 (……) 전투 준비 구호와 함성처럼 말이다.〉 〈어느 방이나 사교 행사, 디너 파티, 창의적 모임에 들어가든지 간에 적어도 방 한구석에서는 그 문구가 들린다. 그 즉시 당신 부족을 발견했다는 것을 알기 때문에 그 여성 그룹으로 자연스럽게 끌린다. 사실상 **남자한테 진절머리 난 여자들**의 클럽으로 들어가는 암호인 셈이다.〉 알고 보면 이 문구는 〈분노와 좌절, 상처와 고통〉이 압축된 형태가 낳은 결과물이다. 엘와르다니가 보기에, 이 상처와 고통은 여성은 어떤 종류의 소녀나 여자가 되고 싶은지 끊임없이 질문을 받는 반면 남성은 어떤 종류의 남자가 되고 싶은지 전혀 질문을 받지 않는다 ─ 그리고 전혀 물을 필요가 없다 ─ 는 사실에서 기인한다. 여자는 무언가를 끊임없이 요구받는 반면 〈남성성은 아버지에서 아들로 전해지면서 전형적인 제공자, 보호자 역할에서 거의 또는 전혀 벗어나지 않는다〉.

마지막으로 여성이 〈남자는 쓰레기다〉라고 말할 때 실제 그 뜻은 〈남자다움에 관한 당신들의 사고는 이제 더는 적절하지 않고 당신들이 발전하지 않아서 우리 모두에게 해가 된다〉는 것이다. 남성은 학급의 지진아이며, 엘와르다니의 말을 빌리자면 〈한층 빠르게 성장〉해야 한다.[33]

공교롭게도 〈모든 남자는 쓰레기다〉와 〈남자는 쓰레기다〉는 제4물결 페미니즘이 구사하는 언어 중에서 제일 온건한 축에 속한다. 앞서 페미니스트들이 트위터에서 사용한 인기 있는 해시태그 중 하나는 〈남자를 모조리 죽이자Kill All Men〉였다. 다행히도 언론인이자 평론가인 에즈라 클라인Ezra Klein이 온라인 미디어 『복스Vox』에서 이 구호를 해독했다. 〈남자를 모조리 죽이자〉라는 해시태그가 가상 세계에서 현실 세계로 유출되는 순간을 보는 것이 즐겁지는 않았다고 인정하면서도, 클라인은 이 문구가 말 그대로의 의미는 아니라고 생각했다. 클라인은 자신이 알고 〈심지어 사랑하는〉 사람들이 일상 대화에서 이 표현을 사용하기 시작했을 때, 처음에 움찔하면서 수세적으로 느꼈다. 하지만 **그 말이 실제 그 뜻이 아니라는** 것을 깨닫게 되었다(강조된 부분은 원문이다). 그들이 자기나 다른 어떤 남자를 죽이려는 뜻이 아니었다. 〈그들은 나를 싫어하지 않았고 남자를 혐오하지 않았다.〉 클라인이 깨달은 것은 〈남자를 모조리 죽이자〉는 단지 《세상이 여자들에게 그나마 나아진다면 좋을 것》이라는 뜻을 지닌 다른 표현〉이라는 사실이었다. 클라인의 설명에 따르면 좋은 표현은 아니지만 〈만연한 성차별주의에 대한 좌절감을 나타내는 문구였다〉.[34]

〈남자를 모조리 죽이자〉고 말하는 것은 여성이 투표권이 없던 시절에 여성 참정권을 요구하는 지나치게 열정적인 방법이었을지 모른다. 〈남자를 모조리 죽이자〉는 말로 평등을 위한 캠페인을 벌인 제1물결 페미니스트들은 사람들을 자기편으로 끌어모으기 위해 제정신이 아닌 방법을 택했다. 하지만 한 세기 뒤에 이르러, 선조들이 쟁취하기 위해 싸운 권리를 모두 갖고 태어난 여성들이 과거에 상상 그 이상으로 어려운 목표를 이루려고 사용했던 것보다 한층 폭력적인 언어로 대응하는 것이 통상적이고 실제로 받아들일 만한 것처럼 보였다.

이 캠페인이 트위터의 해시태그 운동에 국한된 것도 아니다. 지난 10년간 우리는 〈남성의 특권〉 같은 광범위한 슬로건들이 일상적인 공적 토론에 진입하는 경우를 보았다. 슬로건이 대개 그렇듯이, 내뱉기는 쉬워도 그 의미를 정확히 알기는 어렵다. 예를 들어 최고 경영자 지위에서 남성이 다수를 차지하는 것이 〈남성 특권〉의 사례라고 말할 수 있다. 하지만 남성이 자살(사마리탄스*에 따르면 영국 남성은 여성보다 자살 시도 가능성이 세 배 높다), 위험한 직종에서 발생하는 사망 사고, 홈리스 등등에서 다수를 차지하는 것이 무엇을 의미하는지는 아무도 모른다. 이런 사실은 남성의 특권과 정반대 사실을 보여 주는 신호일까? 결국 서로 상쇄하는 것일까? 그렇지 않다면 이렇게 상쇄하기 위해 어떤 시스템이나 계량 분석이나 기간 설정이 필요할까? 아무도 그 답을 모르는 듯하다.

새로운 남성 혐오의 다른 형태들은 더욱 가뿐해 보인다. 예

* Samaritans. 우울증과 자살 충동에 시달리는 사람들의 고민을 전화로 상담해 주는 영국의 자선 단체.

를 들어 남자가 걸핏하면 여자를 깔보면서 가르치려 드는 태도로 이야기를 한다고 비난하는 〈맨스플레인mansplain〉이라는 용어가 있다. 남자들이 정확히 그런 어조로 이야기한 사례를 누구나 떠올릴 수 있다. 하지만 대다수의 사람은 또한 여자가 같은 방식으로 남자에게 이야기한 경우도 떠올릴 수 있다. 또는 남자가 다른 남자에게 가르치려 드는 태도로 이야기한 사례도 있다. 그렇다면 왜 한 가지 경우만 집어서 용어를 붙이는 것일까? 왜 〈우먼스플레인〉 같은 단어는 없는 것일까? 혹은 널리 사용되지 않는 것일까? 남자가 다른 남자에게 〈맨스플레인〉을 할 수 있는지에 관해서는 어떻게 생각할까? 어떤 상황에서 여자가 남자를 가르치려 들기 때문에 남자가 여자를 가르치려 든다고 말할 수 있고, 반면 어떤 상황에서는 단지 상대가 여자라는 이유로 남자가 여자를 가르치려 든다고 말할 수 있는 것일까? 지금으로서는 이런 차이를 분간할 장치가 전혀 없다. 단지 어느 단계에서든 여자가 총을 뽑아 들 수 있을 뿐이다.

그리고 〈가부장제〉 개념이 있다. 우리가 — 주로 서구 자본주의 나라들에서 — 남성에게 유리하게 조작되어 있고 여성과 여성의 기술을 억누르는 것을 목표로 삼는 사회에 살고 있다는 것을 보여 주는 개념이다. 워낙 깊이 뿌리를 내린 개념이라, 가부장제라는 말만 나오면 현대 서구 사회가 남성을 중심으로 — 오로지 남성의 편의를 위해 — 돌아가고 있다는 사고에 전혀 반박하려고 하지 않는다. 2018년에 영국에서 30세 이상의 여성이 투표권을 획득한 지 100주년이 된 것을 기념하며 여성 잡지 『그라치아Grazia』는 기사를 실었고 그 기사에는 다음과 같은 말이 나온다.

〈우리는 가부장제 사회에 살고 있고 그 정도는 안다.〉 기사가 제시한 증거는 〈여성의 대상화〉나 〈비현실적인 미의 기준〉 등이었는데, 마치 남성은 절대 대상화되지 않거나 외모에 어떤 기준도 적용받지 않는다는 식이었다(기차에서 모르는 사람으로부터 몰래 사진이 찍혀서 인스타그램에 〈책 읽는 미남〉이라고 소개되는 남자들이 반박할 만한 주장이다).『그라치아』에 따르면 〈남녀 간 임금 격차나 여성의 승진 기회 박탈 같은 결과로 이어지는 존중의 부재〉 등의 다른 가시적인 징후들이 분명 있지만 〈우리에게 가부장제는 감추어져 있다〉.[35] 남성 잡지들도 똑같은 가정을 스스럼없이 받아들인다.『GQ』는 2018년에 사설을 통해 100주년 행사를 되돌아보면서 한 해 동안 〈역사상 처음으로 우리 모두 가부장제의 죄악을 해명하라는 요구를 받았다〉고 기꺼이 말했다.[36]

반남성 슬로건들의 새로운 어휘 사전에서 최악의 표현은 〈유독한 남성성〉이다. 밈이 대개 그렇듯이, 〈유독한 남성성〉 역시 학계와 소셜 미디어의 외딴 주변부에서 시작되었다. 하지만 2019년에 이르러 진지한 조직과 공적 기관의 심장부까지 진출했다. 그해 1월 미국 심리학회는 회원들이 특히 남성과 소년을 어떻게 다루어야 하는지에 관해 최초의 지침을 공개했다. 40년에 걸쳐 연구한 결과, 〈전통적 남성성 — 극기, 경쟁심, 지배, 공격 등 — 이 남성의 안녕을 훼손하고 있다〉는 사실이 드러났다고 주장했다. 이미 남성성의 〈전통적〉 측면들을 다루기 위해 새로운 지침을 내놓은 바 있었다. 실제로 〈소년과 남성을 위해 이 문제를 인식하는 데〉 도움을 주기 위한 지침이었다. 미국 심리학회는 계속해서 전통적 남성성을 〈반(反)여성성, 성취, 약한 모습을 보이지 않으려는 태도, 모험심, 위험 감수, 폭력 등 인구의 다수 집단을 지배하는 특정한 기준들의 집합체〉로 정의했다.[37] 이것은 〈유독한 남성성〉 개념이 주류까지 밀고 들어온 여러 사례 가운데 하나에 불과하다.

이번에도 역시 이런 문제가 여성 쪽에서도 반영될 수 있다는 암시는 전혀 없었다. 예를 들어 〈유독한 여성성〉 같은 개념이 존재하는가? 만약 그렇다면 그것은 무엇이며 어떻게 하면 영구적으로 여성에게서 제거할 수 있을까? 또한 〈유독한 남성성〉 개념이 단단히 자리를 잡기 전에는 이 개념이 자기 방식대로 작동할 수 있는지, 또는 어떻게 작동하는지도 알 수 없다. 예를 들어 — 미국 심리학회에서 이야기하는 것처럼 — 만약 경쟁심이 정말로 특별히 남성적인 속성이라면 그런 경쟁심은 언제 유독하거나 해롭고 언제 유용한가? 남자 육상 선수는 경기장에서 경쟁적 본능을 사용해도 되는가? 만약 그렇다면 트랙 바깥에서 그가 최대한 온순해지도록 어떻게 도울 수 있을까? 치료가 불가능한 암에 걸린 남자가 극기로 맞선다는 이유로 비판을 받고, 이런 해로운 입장에서 벗어나 극기를 보여 줄 필요가 없는 상황으로 옮겨 가도록 도와야 할까? 〈모험심〉과 〈위험 감수〉가 정말로 남성적 속성이라면 언제 어디서 남자들은 그런 속성을 버려야 하는 것일까? 남성 탐험가에게 모험심을 줄이라고 부추기고, 남성 소방대원에게 위험을 무릅쓰지 않도록 훈련을 시켜야 할까? 남성 군인에게 가급적 폭력과 연결되지 말고 약한 모습을 보이라고 부추겨야 할까? 사회가 남성 군인들을 절실히 필요로 할 경우에는 그들이 위험한 상황에서 자신들의 유용한 특성과 기술을 서슴없이 구사하는 반면, 평상시에는 그런 특성을 버리도록 하려면 어떻게 군인들의 뇌를 다시 프로그래밍해야 할까?

물론 남성성 안에 유독한 특성이 존재한다면, 그런 특성이 깊이 박혀 있어서 — 상황의 차이와 무관하게 모든 문화에 걸쳐 존재하기 때문에 — 근절하기가 어려울 가능성이 높다. 또는 남성의 일부 행동의 특정한 측면들이 일정한 시간과 장소에서는 바람직하지 못할 수 있다. 만약 후자라면 문제를 다룰 수 있는 특정한 방식이 거의 확실히 존재한다. 하지만 어느 쪽이든 〈남성의 특권〉이나 〈가부장제〉, 〈맨스플레인〉, 〈유독한 남성성〉 같은 개념들을 고안해 낸다고 해서 문제 해결에 다가가지는 못한다. 당면한 문제를 제대로 진단하지 못하기 때문이다. 외부의 분석으로부터 도출되는 더욱 명백한 설명은 남성을 개선하기보다는 거세하려는 움직임, 즉 남성이 가진 미덕 전부를 적대시하고 그 대신 남성을 자기 의심과 자기혐오에 빠진 가련한 대상으로 만들려는 움직임이 존재한다는 것이다. 한마디로 일종의 보복처럼 보인다.

왜 그렇게 보는 것일까? 평등의 수준이 그렇게 많이 개선되었는데 왜 그토록 열띤 전쟁과 언사가 난무하는 것일까? 이해관계가 별로 없기 때문일까? 상대적으로 안전하고 편안하게 사는 시대에 사람들이 지루해서 영웅적 태도를 보이고 싶기 때문일까? 아니면 소셜 미디어 — 자기 자신이나 어쩌면 지구 전체에 발언하는 과제를 떠안는 도구 — 때문에 솔직한 토론이 불가능해지고 있는 것일까?

그 원인이 무엇이든 간에 이런 개념이 페미니즘의 평판에 미치는 영향은 분명하다. 남성 혐오는 해를 끼친다. 2016년에 포셋

소사이어티Fawcett Society는 전체 인구에서 〈페미니스트〉를 자처하는 사람의 비율을 알아내기 위해 8천 명을 조사했다. 그 결과 영국 여성의 9퍼센트만이 자신을 설명하기 위해 〈페미니스트〉라는 단어를 사용했다. 남성은 4퍼센트만이 〈페미니스트〉라고 답했다. 절대 다수의 사람은 성평등을 지지했다. 사실 여성보다 남성이 더 많이 양성평등을 지지했다(86퍼센트 대 74퍼센트). 절대 다수는 또한 〈페미니스트〉라는 딱지에 반감을 느꼈다. 페미니스트 조직인 포셋 소사이어티로서는 실망스러워 보이는 조사 결과였지만 긍정적으로 해석할 수 있었다. 대변인은 영국은 〈숨은 페미니스트들〉의 나라라고 말했다. 절대 다수의 대중이 페미니스트 딱지에 동일시하지 않는 이유를 설명하면서 이렇게 말했다. 「사실 간단히 말해서 만약 당신이 여성과 남성을 위해 더 평등한 사회를 바란다면 당신은 페미니스트입니다.」[38] 하지만 응답자들에게 〈페미니스트〉라는 단어를 들었을 때 처음 떠오르는 단어를 물었을 때 가장 많이 나온 단어 — 응답자의 4분의 1 이상 — 는 〈잡년 bitchy〉이었다.[39]

미국에서도 상황은 비슷하다. 2013년에 남성과 여성이 〈사회적, 정치적, 경제적으로 동등해야〉 하는지를 물었을 때 미국인의 절대 다수(82퍼센트)가 〈그렇다〉고 답했다. 하지만 스스로 〈페미니스트〉라고 생각하는지를 물었을 때는 그 비율이 현격하게 줄었다. 미국 여성의 23퍼센트와 남성의 16퍼센트만이 자신을 〈페미니스트〉라고 생각했다. 뚜렷한 다수(63퍼센트)는 자기가 페미니스트도 아니고 반페미니스트도 아니라고 답했다.[40]

남성이 어떻게 해서 이렇게 반응하도록 되어 있는 것인지는 분명하지 않다. 모든 남성과 여성의 자연적 본능을 다시 프로그래밍할 수 있다는 가능성은 먼 미래의 일이다. 2014년에서 2017년까지 3년간 영국의 학자들은 여성이 매력적으로 느끼는 남성의 이미지에 관한 연구를 수행했다. 『페미니스트 미디어 연구*Feminist Media Studies*』에 발표된 결과에서 충격적인 추세가 발견되었다. 『뉴스위크*Newsweek*』는 〈근육과 돈이 있는 남성이 이성애자 여성과 동성애자 남성에게 더 매력적이며 이로써 젠더 역할이 진보하고 있지 않은 것으로 나타났다〉고 요약했다.[41] 실제로 〈진보〉는 여성이 매력적이라고 여기지 않는 남성에게서 매력을 발견할 때에만 이루어질 것이다. 과연 이룰 수 없는 목표일까?

소프트웨어가 되려고 하는 하드웨어

남성과 여성의 차이 — 그리고 양성의 관계에 일정한 질서를 부여하는 법 — 에 관한 한 우리가 알지 못하는 것이 여전히 많다. 하지만 우리가 아는 것도 많다. 또는 알았던 것도 많다. 앞에서 언급한 대중문화의 단편들에서 드러나는 것처럼 이것은 틈새 지식이 아니라 많은 사람이 익히 알고 있는 지식이다. 하지만 무언가 알 수 없는 일이 벌어졌다. 어느 순간 양성의 관계 문제 전체가 혼란에 빠져 버렸다. 문제가 합의와 타협에 도달해야 하는 바로 그 순간에 무언가가 분노와 부정의 폭발을 대대적으로 일으켰다.

양성 문제에 혼란을 일으키는 것은 의심의 여지없이 무엇보다도 제정신이 아닌 사고다. 이런 사고에 동조하기 위해서는 믿을 수 없는 정신적 비약을 몇 번이고 해야 하며, 그다음에도 믿기 어려운 개인적, 사회적 고통을 야기해야만 시도할 수 있다.

말하자면 이런 식이다. 동성애 활동가들은 1990년대부터 줄곧 동성애가 하드웨어 문제라고 세상을 설득하려고 했는데, 그럴 수도 있고 아닐 수도 있다. 하지만 하드웨어 문제로 만들려는 움직임은 명백했다. 하드웨어 문제라면 지위를 보호받을 수 있기 때문이다. 하지만 동성애자 권리를 둘러싼 싸움이 벌어지는 것과 동시에 정말로 경이적인 일이 일어났다. 수많은 사람 — 페미니즘에 찬성하는 주장을 편다고 오해를 받은 사람들을 포함해 — 이 노력을 기울인 덕분에 여성들의 여정이 동시에 정확히 반대 방향으로 나아갔다.

2010년대까지만 해도 섹스(또는 젠더)와 염색체는 인류의 가장 기본적인 하드웨어 문제로 인식되었다. 우리가 남자나 여자로 태어나는 것은 우리 삶에서 주요하고도 바꿀 수 없는 하드웨어 문제 가운데 하나였다. 이 하드웨어를 받아들이고 나서 우리는 — 남성과 여성 모두 — 우리 삶과 관련된 측면들의 작동법을 배울 수 있었다. 따라서 하드웨어 문제가 실은 소프트웨어 문제라는 주장이 자리를 잡았을 때, 각 성 내부만이 아니라 두 성 사이에서도 모든 것이 뒤죽박죽이 되었다. 소프트웨어 문제라는 주장이 제기되고 수십 년 뒤에 버젓하게 자리를 잡자, 갑자기 모든 사람이 섹스는 생물학적으로 고정된 것이 아니라 〈반복되는 사회적 수행〉에 불과하다고 믿어야 했다.

이 주장은 페미니즘의 대의 아래에 폭탄을 설치했다. 또 우리가 〈트랜스〉에서 다루게 될 또 다른 문제에도 완전히 예측이 가능한 영향을 미쳤다. 이제 페미니즘은 자기도 여자가 될 수 있다고 주장하는 남자들 앞에서 방어 수단이 없어졌다. 하지만 하드웨어를 소프트웨어로 전환하려는 시도는 남성과 여성 모두에게 다른 어떤 문제보다도 더 많은 고통을 야기했다. 그리고 지금도 계속 야기하고 있다. 오늘날 벌어지는 광기의 밑바탕에는 바로 이런 시도가 도사리고 있다. 우리 모두에게 여성이 과거에 언제나 존재했던 모습과는 다르다고 믿을 것을 요청하기 때문이다. 또한 바로 어제까지 여성과 남성이 보았던 — 그리고 알았던 — 모든 것은 신기루에 불과했고, 양성의 차이 — 그리고 사이좋게 공존하는 방법 — 에 관해 우리가 물려받은 지식은 모두 근거 없는 지식이라고 말한다. 모든 분노 — 난폭하고 파괴적인 남성 혐오, 이중 사고double-think, 자기 망상 — 는 바로 이런 사실에서 나온다. 우리가 완전히 본능적으로 절대 사실일 리가 없다고 생각하는 주장에 근거해서 우리의 삶과 사회를 근본적으로 바꾸어야 한다고 요청받을 뿐만 아니라 기대까지 받고 있다는 사실 말이다.

간주곡:
기술의 영향

새로운 형이상학의 토대가 불안정하고 우리가 따라야 하는 가정들이 미묘하게 틀린 것처럼 보인다면, 군중이 광기에 빠지는 조건을 유발하는 여러 통신 혁명의 혼합체가 더욱 몸집을 불릴 뿐이다. 만약 우리가 이미 잘못된 방향으로 달리고 있다면, 기술은 기하급수적으로 빠른 속도로 그 방향으로 달리게 도와준다. 러닝머신이 우리 다리보다 더 빠르게 내달린다는 감각을 야기하는 것은 바로 이런 요소다.

1933년 제임스 서버James Thurber는 「댐이 터진 날The Day the Dam Broke」을 발표했다. 오하이오주에 있는 도시의 사람들이 모두 냅다 달리기 시작한 1913년 3월 12일에 관한 기억을 회상한 글이다. 서버는 댐이 무너졌다는 소문이 어떻게 시작되었는지를 회고했다. 정오 무렵 〈갑자기 누군가 달리기 시작했다. 어느 순간 아내와 한 약속이 떠올랐는데, 이미 너무 늦은 시간이었다〉. 곧이어 다른 사람도 달리기 시작했는데 〈아마 혈기 왕성한 신문 배달원일 것이다. 그러자 뚱뚱한 신사도 잰걸음으로 내달았다〉.

10분 만에 유니언역에서 법원까지 하이스트리트에 있

던 사람들 전부가 내달리고 있었다. 웅얼거리는 소음이 점차 〈댐〉이라는 끔찍한 단어로 모아졌다. 〈댐이 무너졌다!〉 깜짝 놀란 자그마한 노부인, 교통경찰, 꼬마 아이가 이 말에 겁에 질렸다. 아무도 누가 그랬는지 몰랐지만 이제 그게 중요한 게 아니다. 2천 명이 갑자기 냅다 뛰었다. 〈동쪽으로 갑시다!〉라고 누군가 외쳤다. 강 동쪽으로, 동쪽으로 가면 안전하다는 것이었다. 〈동쪽으로! 동쪽으로! 동쪽으로!〉

주민 전체가 우르르 동쪽으로 달리는 가운데 누구도 잠시 멈추어서 댐이 도시에서 멀리 떨어져 있어서 하이스트리트까지 물이 범람할 일은 없다고 생각하지 못한다. 물이 밀려오는 것을 본 사람도 없다. 빠른 속도로 도시에서 몇 마일이나 멀리 내달았던 사람들이 마침내 집으로 돌아오고, 다른 이들도 돌아온다.

다음 날 도시는 아무 일도 없었던 듯 분주히 움직였지만 아무도 농담을 할 수 없었다. 댐 붕괴 사건을 가볍게 입에 올릴 수 있게 된 때는 2년도 더 지나서였다. 그리고 20년이 지난 지금도 몇몇 사람은 (……) 정오의 대탈주 이야기만 나오면 입을 꾹 다문다.[1]

서버가 말하는 것처럼 오늘날 우리 사회는 항상 그렇게 내달리면서 우리 자신의 행동만이 아니라 타인을 대하는 태도에 대해서도 언제든 엄청난 부끄러움을 당할 위험을 무릅쓰는 것처럼 보인다. 매일같이 혐오하고 도덕적 판단을 내릴 새로운 대상이 등장한다. 잘못된 시간과 장소에서 잘못된 모자를 쓴 한 무리의 학생들이 표적이 된다.[2] 다른 누구든 표적이 될 수 있다. 존 론슨Jon Ronson을 비롯한 이들이 〈조리돌림public shaming〉에 관한 연구에서 보여 준 것처럼[3] 인터넷 덕분에 새로운 형태의 행동주의와 괴롭힘이 사회 운동의 가면을 쓴 채 우리 시대의 방침이 되었다. 〈그릇된 사고〉를 하고 있다고 비난할 만한 사람들을 찾아내자는 요구가 효과를 발휘하는 것은 괴롭히는 사람이 보상을 받기 때문이다.[4] 소셜 미디어 기업들이 마녀사냥을 부추기는 것은 사업 모델의 일부이기 때문이다. 하지만 이렇게 우르르 몰리는 사람들이 자기들이 왜 이 방향으로 달리고 있는지 파악하려고 애쓰는 경우는 거의 없다.

사적 언어의 실종

덴마크의 컴퓨터 과학자 모르텐 킹Morten Kyng이나 미국의 미래학자 로이 아마라Roy Amara가 말했다고 여겨지는 문구가 하나 있다. 우리가 신기술의 도래에 관해 확실하게 말할 수 있는 한 가지는 사람들이 신기술의 단기적 영향을 과대평가하고 장기적 영향을 과소평가한다는 것이다. 초기의 흥분이 가라앉은 지금, 우리 모두 인터넷과 소셜 미디어가 우리 사회에 미치는 영향을 크게 과소평가했다는 데는 의문의 여지가 없다.

미처 예견하지 못했지만 지금은 인식할 수 있는 여러 사실 가운데 하나는 인터넷, 그리고 특히 소셜 미디어 때문에 공적 언어와 사적 언어 사이에 존재하던 공간이 사라졌다는 것이다. 소셜 미디어는 새로운 교조를 끼워 넣는 한편 반대 의견에 귀를 기울일 필요가 있는 바로 그때 그런 의견을 짓밟는 최고의 방편임이 밝혀졌다.

우리는 금세기의 처음 몇 년을 통신 혁명을 이해하려고 노력하면서 보냈다. 워낙 거대한 혁명이라 인쇄기가 발명된 것조차 역사의 각주로 보일 지경이다. 우리는 어느 순간이든 다른 한 사람이나 세계 곳곳의 수많은 사람에게 이야기를 하고 있는 세상에서 사는 법을 배우려고 노력해야 했다. 사적 공간과 공적 공간의 개념 자체가 잠식되고 있다. 한 장소에서 이야기를 하는 내용이 계속해서 전 세계의 다른 장소에 게시될 수 있다. 그리하여 우리는 만인 앞에서 말하고 행동하는 것처럼 온라인에서 말하고 행동하는 법을 찾아내야 한다. 실수라도 하면 언제든지 모든 곳에서 우리의 잘못을 보고 들을 것이기 때문이다.

이런 상황에서 생기는 피해를 하나만 꼽자면 공적 공간에서 원칙을 지키는 일이 거의 불가능해졌다는 것이다. 어떤 원칙이 항상 모든 사람에게 똑같이 적용된다면, 어떤 사람은 그 원칙 때문에 이득을 보고 어떤 사람은 상대적으로 불이익을 당한다. 한때는 불이익을 당하는 사람들이 무시해도 좋을 만큼 멀리 떨어져 있었지만 오늘날에는 항상 당신 바로 앞에 있을 수 있다. 이제 공적인 공간에서 발언을 하기 위해서는 가능한 한 모든 범주의 사람들에게 말을 걸거나 적어도 그 모든 사람을 염두에 두는 방법을 찾아야 한다. 모든 권리 주장을 포함해서 온갖 주장에 맞닥뜨릴 가능성도 고려해야 한다. 이제 우리는 언제든 왜 특정한 사람이나 그와 비슷한 다른 사람들의 존재를 망각하거나 훼손하거나 불쾌하게 만들거나 부정했느냐는 질문에 맞닥뜨릴 수 있다. 이렇게 초연결이 된 사회에서 자라나는 세대들이 자기가 말하는 내용을 걱정하고 다른 사람들도 똑같이 걱정하리라고 기대하는 것은 이해할 만한 일이다. 또한 세계 전체의 중대한 잠재력을 앞에 두고 거의 무한한 수준의 자기 성찰—당신 자신의 〈특권〉과 권리를 재보는 것을 포함해—만이 그나마 시도하거나 달성할 가능성이 있는 극소수의 과제 가운데 하나로 보인다는 것도 이해할 만한 일이다.

어렵고 논쟁적인 쟁점들은 엄청난 양의 사고를 요구한다. 그리고 엄청난 양의 사고를 하려면 종종—불가피하게 오류를 범하는 것을 포함해—여러 가지 실험을 해보아야 한다. 하지만 가장 논쟁적인 쟁점에 대해 자기 생각을 밝히는 것은 대단히 위험한 일이 되었다. 위험과 보상의 비율을 간단히 따져 보면 누구도 이득을 볼 가능성이 거의 없기 때문이다. 만약 어떤 남자가 자기는 여자이며 당신도 자기를 여자로 여겼으면 좋겠다고 말한다면, 당신은 고민해 볼 수 있다. 한편으로 그 시험을 그냥 통과해서 잘 지낼 수 있다. 다른 한편으로 〈혐오자〉라는 딱지가 붙어 평판과 경력이 망가질 수도 있다. 어떻게 결정해야 할까?

다양한 사상가가 어느 정도 날씨를 정하기는 하지만, 현재의 사나운 바람은 대학의 철학과나 사회학과에서 불어오는 것이 아니다. 이 바람은 소셜 미디어에서 흘러나온다. 여러 가정이 굳어지는 곳도 바로 소셜 미디어다. 바로 여기서 여러 사실을 가늠하려는 시도가 도덕적 위반이나 심지어 폭력 행위로 재포장될 수 있다. 사회 정의와 교차성에 대한 요구는 이런 환경에 잘 들어맞는다. 그 요구나 대의가 아무리 난해하다고 해도 사람들이 다루고자 한다고 주장할 수 있기 때문이다. 소셜 미디어는 모든 불만을 포함해서 온갖 것을 다룰 수 있다고 주장하는 사상들의 체제다. 그리고 사람들에게 거의 무한정 자기 자신에게 초점을 맞추라고 부추기면서 온갖 것을 다룬다. 소셜 미디어 이용자들에게 항상 이렇게 하라고 부추길 필요는 없다. 만약 당신이 언제든 당신 삶과 당신이 처한 상황에 100퍼센트 만족하지 못한다고 느낀다면, 모든 것을 설명해 주는 전체주의적 체제가 있다. 도대체 무엇이 당신을 가로막고 있는지에 관한 설명이 여기 가득 들어 있다.

실리콘 밸리는 도덕적 중립을 지키지 않는다

실리콘 밸리에서 조금이라도 살아 본 사람이면 누구나 알겠지만, 이곳의 정치적 분위기는 자유 교양 대학보다 몇 도 더 왼쪽으로 기울어 있다. 사회 정의 행동주의는 주요 기업에서 일하는 모든 직원의 기본적 환경으로 — 정확하게 — 간주되며, 구글을 비롯한 대다수 기업은 그릇된 이데올로기적 성향을 가진 사람을 걸러 내기 위해 지원자들을 심사한다. 심사를 거친 사람들은 다양성 — 성적, 인종적, 문화적 — 을 어떻게 처리할지에 관한 여러 질문을 받는다. 이 질문들에 〈정확하게〉 답하는 것이 입사하기 위한 선결 조건이다.

여기서 양심의 가책이 생길 수도 있다. 왜냐하면 테크 기업들은 그들이 그토록 열렬하게 설파하는 이념을 실제로 실행하는 경우가 드물기 때문이다. 가령 구글에서 일하는 노동자 가운데 히스패닉과 아프리카계 미국인은 각각 4퍼센트와 2퍼센트에 불과하다. 백인은 56퍼센트인데, 전체 인구 구성과 비교할 때 과도한 수준은 아니다. 미국 전체 인구의 5퍼센트에 불과한 아시아인은

구글 직원의 35퍼센트를 차지하는데도, 백인 직원의 수를 꾸준히 줄이고 있다.[5]

아마 이 때문에 인지 부조화가 생겨나서 실리콘 밸리는 세계의 궤도를 수정하기를 바라는지 모른다. 자신의 궤도를 수정할 수는 없기 때문이다. 주요 테크 기업들은 현재 10만 달러 이상의 연봉을 받는 수천 명의 직원을 고용하고 있는데, 그들이 하는 일은 역사를 공부하는 사람이라면 누구나 익숙한 방식으로 콘텐츠를 정식화하고 단속하는 것이다. 최근에 콘텐츠 관리Content Moderation에 관해 열린 한 회의에서 구글과 페이스북의 주요 인사들은 현재 각각 약 1만 명과 무려 3만 명의 직원이 콘텐츠 관리를 하고 있다고 설명했다.[6] 이 수치는 앞으로 더욱 늘어날 가능성이 높다. 물론 트위터, 구글, 페이스북 등이 처음에 사업을 시작했을 때 특별히 예상한 상황은 아니다. 하지만 일단 이런 업무를 수행하게 되었고 이제 실리콘 밸리가 추정하는 내용이 온라인 세계 전반에 강요되기 시작한 것은 놀랄 일이 아니다(실리콘 밸리에서 발부하는 영장이 통하지 않는 중국 같은 나라는 예외다). 하지만 당대의 뜨거운 쟁점들에 대해 적용되는 것은 현지의 관습이나 기존 사회의 가장 기본적인 가치가 아니라 세계에서 사회 정의에 가장 집착하는 지역에서 신봉하는 특정한 견해다.

우리 시대에 광기를 일으키는 각각의 쟁점 — 섹스, 섹슈얼리티, 인종, 트랜스 — 에 대해 실리콘 밸리는 무엇이 옳은지를 알고, 다른 모든 사람에게 따라오라고 부추기고 있을 뿐이다. 여성이 트위터에 〈남자는 여자가 아니다〉, 〈남성과 트랜스 여성의 차이가 무엇인가〉라는 글을 올리는 것을 금지할 수 있는 이유도 이 때문이다.[7] 트랜스 문제에서 〈잘못된〉 생각을 가진 사람들이 있다면, 실리콘 밸리는 자신들의 플랫폼에서 목소리를 내지 못하게 할 수 있다. 트위터는 가령 앞의 두 트윗이 〈혐오 행위〉라고 주장했다.

한편 이른바 〈터프TERF〉, 즉 트랜스 배제 급진 페미니스트 trans-exclusionary radical feminist를 공격하는 계정은 계속 유지된다. 페미니스트 활동가 메건 머피Meghan Murphy가 트위터로부터 앞의 두 트윗을 삭제하라는 주문을 받은 것과 동시에 『에스콰이어Esquire』 편집인 타일러 코츠Tyler Coates는 〈젠장맞을, 터프들!Fuck Terfs!〉이라는 트윗으로 수천 번의 리트윗을 받고도 아무 문제가 없었다.[8] 2018년 말에 〈혐오 행위 정책〉을 변경한 트위터는 이제 트랜스젠더의 〈과거 이름을 부르〉거나 〈성별을 바꾸어 부르는〉 것이 발각된 사람을 플랫폼에서 영구 제명을 할 수 있다.[9] 따라서 어떤 사람이 자신이 트랜스라고 밝히고 이름을 바꾼다고 선언하는 순간, 예전 이름으로 부르거나 예전 성별로 지칭하는 사람의 계정은 정지된다. 지금까지 트위터는 무엇이 혐오 행위이고 무엇이 아닌지를 결정했고, 페미니스트를 트랜스 활동가로부터 보호하기보다는 트랜스젠더를 페미니스트로부터 보호할 필요가 있다고 보았다.

테크 기업들은 언제나 특정한 방향으로 정치적인 결정을 내리고 그것을 옹호하기 위해 거듭 새로운 은어를 만들어 내야 했다. 펀딩 웹사이트인 패트리온Patreon에는 〈신뢰 안전 팀〉이 있는데, 패트리온을 크라우드펀딩 자원으로 활용하는 〈크리에이터〉들의 지속 가능성을 모니터하고 단속하는 팀이다. 패트리온 최고 경영자 잭 콘티Jack Conte는 다음과 같이 말했다.

콘텐츠 정책과 크리에이터 페이지를 삭제하는 결정은 정치나 이데올로기와는 아무 상관이 없고 〈명백하고 관찰 가능한 행동Manifest, Observable, Behaviour〉이라는 개념과 관계가 있다. 이 개념을 사용하는 취지는 신뢰 안전 팀이 콘텐츠를 심사할 때 개인적 가치관과 신념을 배제하자는 것이다. 오로지 관찰 가능한 사실에만 바탕을 두는 심사 방법이다. 카메라에 찍힌 것이나 오디오 장치에 녹음된 것이 중요하다. 당신의 의도나 동기, 신분, 정체성, 이데올로기 등은 중요하지 않다. 신뢰 안전 팀은 〈명백하고 관찰 가능한 행동〉만 본다.[10]

콘티에 따르면 이것은 〈냉철한 책임〉이다. 패트리온은 개인 이용자가 플랫폼을 쓰지 못하도록 조치하는 것은 그 사람의 소득을 빼앗는 셈이 된다는 사실을 알기 때문이다. 하지만 페트리온은 이 정책을 거듭 시행하고 있다. 지금까지 알려진 각각의 사례를 보면, 우리 시대의 새로운 교조 가운데 하나에 대해서 실리콘 밸리와 반대편에 서는 식으로 〈그릇된〉 명백하고 관찰 가능한 행동을 한다고 여겨지는 사람들을 대상으로 이루어졌다. 지금까지 테크 기업들이 이런 교조를 드러내는 모습이 끊임없이 발견된다. 그것도 대개 상상할 수 있는 가장 기묘한 방식으로 말이다.

머신 러닝 공정성

최근에 실리콘 밸리는 교차성론자와 사회 정의 전사social justice warrior들의 이데올로기적 가정을 채택하기만 한 것이 아니다. 이 가정을 아주 깊숙한 수준에 끼워 넣음으로써 그것을 흡수하는 어떤 사회에서든 완전히 새로운 층위의 광기를 부추긴다.

선입견과 편견을 바로잡기 위해서는 단순히 앞서 설명된 절차를 거치는 것으로는 충분하지 않다. 무의식적 선입견 훈련은 우리가 스스로의 본능을 불신하게 만들 수 있다. 또 우리가 가진 기존의 행동과 태도, 관점을 새롭게 바꾸는 법을 보여 줄 수도 있다. 그리고 우리 자신이 가진 특권에 관심을 기울이고, 다른 사람의 특권이나 불이익에 견주어 자신의 특권을 검토하고, 현존하는 모든 위계질서에서 우리 스스로 정당하게 차지할 수 있는 자리를 선택하게 만든다. 교차성에 관심을 기울이면 사람들은 언제 침묵을 지키고 언제 발언을 해도 되는지를 더 잘 알게 된다. 하지만 모든 것은 교정 조치일 뿐이다. 공정성을 더욱 확대하도록 도와줄 수는 없다. 우리가 오류투성이 길에 서 있을 때 바로잡아 줄 수 있을 뿐이다.

그리하여 테크 기업들은 〈머신 러닝 공정성Machine Learning Fairness〉을 그토록 신봉한다. 머신 러닝 공정성은 단지 편협하고 편견과 결함이 많은 인간의 수중에서 평가 과정 전체를 앗아 가는 것이 아니다. 컴퓨터가 인간의 선입견을 학습하지 못하게 하면서 평가와 판단을 컴퓨터에 넘겨준다. 또한 컴퓨터에 어떤 인간도 가진 적이 없는 태도와 판단을 주입한다. 그것은 어떤 인간도 발휘할 수 없는 형태의 공정성이다. 이용자들이 일부 검색 엔진 결과에서 이상한 일이 벌어지고 있다는 것을 눈치 채기 시작한 뒤에야, 테크 기업들은 머신 러닝 공정성이 무엇인지를 설명할 필요성을 느꼈다. 당연히 테크 기업들은 별로 주목할 것이 없는 것처럼 최대한 위협적이지 않은 방식으로 해명하려고 했다. 하지만 주목할 것이 많다. 그것도 엄청나게 많다.

구글은 머신 러닝 공정성을 최대한 간단하게 설명하기 위해 동영상 하나를 만들어 게시했다가 삭제한 뒤 다시 편집해서 게시했다. 구글이 현재 어떤 일을 하는지를 소개하는 최신 영상에 등장하는 친절한 젊은 여성의 목소리는 〈이제 게임을 시작합시다〉라고 말한 뒤, 시청자에게 눈을 감고 신발을 하나 떠올려 보라고 권한다. 운동화, 멋진 신사화, 하이힐 등이 화면에 나타난다. 그리고 이유는 모르겠지만 우리 모두가 신발에 대해 선입견을 갖고 있다고 말한다. 만약 당신이 컴퓨터에게 신발에 관한 사고를 가르치려고 한다면 문제가 된다. 구체적으로 보면 당신이 컴퓨터에게 당신의 선입견을 소개할 수 있다는 것이다. 따라서 만약 당신이 생각하는 이상적인 신발이 하이힐이라면, 당신은 컴퓨터가 신발을 생각할 때 하이힐을 떠올리게 가르칠 것이다. 복잡하게 엉킨 문장들은 시청자에게 이 모든 일이 얼마나 복잡해질 수 있는지 경고한다.

머신 러닝은 우리가 온라인에서 〈이리저리 돌아다니도록〉 도와주는 도구다. 머신 러닝 덕분에 인터넷 검색 결과가 어떤 것을 추천해 주고 어딘가로 가는 길을 알려 주거나 심지어 번역까지 해준다. 예전에는 사람들이 해결을 원하는 문제에 대한 해법을 찾으려면 인간이 직접 소스 코드를 만들어야 했다. 하지만 이제 머신 러닝 덕분에 컴퓨터가 〈데이터 속에서 패턴을 찾으며〉 문제를 해결할 수 있다.

이 과정에서 인간의 선입견이 전혀 개입하지 않는다고

생각하기 쉽다. 하지만 데이터에 근거해서 답을 찾는다고 해서 자동적으로 중립적이 되는 것은 아니다. 아무리 의도가 좋다 하더라도 우리 스스로가 인간의 선입견에서 분리하는 것은 불가능하다. 따라서 우리가 인간으로서 가진 선입견은 우리가 창조하는 기술의 일부가 된다.

다시 신발을 생각해 보자. 최근에 진행된 한 실험에서 사람들에게 컴퓨터를 위해 신발을 하나 그려 보라고 요청했다. 대다수가 다양한 운동화 종류를 그렸고 컴퓨터는 — 이 과정에서 학습을 하기 때문에 — 하이힐도 신발이라는 사실을 인식하지 못했다. 이런 문제를 〈상호 작용 선입견interaction bias〉이라고 한다.

하지만 〈상호 작용 선입견〉이 구글이 걱정하는 유일한 선입견이 아니다. 〈잠재적 선입견latent bias〉도 있다. 예를 한 가지 들어 설명하면 컴퓨터에 물리학자의 모습을 학습시키기 위해 과거의 물리학자 사진을 보여 주면 어떤 일이 생길지 생각해 보라. 아이작 뉴턴Isaac Newton을 시작으로 백인 남성 물리학자 여덟 명의 사진이 화면에 지나간 다음 마지막에 마리 퀴리Marie Curie의 사진을 보여 준다. 컴퓨터의 알고리즘이 물리학자를 검색할 때 잠재적 선입견을 가진다는 사실이 입증되는 사례로서, 이 경우에는 〈남성 편향〉이 나타난다.

세 번째이자 마지막 선입견은 — 당분간은 — 〈선택 선입견selection bias〉이다. 안면 인식 컴퓨터를 훈련시키는 경우가 여기에 해당한다. 우리는 다음과 같은 질문을 받는다. 〈인터넷에서 이미지를 가져오든 당신이 저장해 둔 사진에서 가져오든, 모든 사람을 대표하는 사진들을 고른 것이 확실한가요?〉 구글이 보여 주는 사진들은 히잡을 쓴 사람과 쓰지 않은 사람, 온갖 피부색과 서로 다른 연령의 사람들의 것이다. 첨단 기술 제품은 대부분 머신 러닝을 활용하기 때문에 컴퓨터의 음성이 우리를 안심시킨다. 〈우리는 그 기술이 인간의 부정적인 선입견을 영속화하는 것을 막으려 노력했습니다.〉 개발자들이 힘을 기울인 문제 가운데는 〈불쾌하거나 분명히 잘못된 정보〉가 검색 결과의 상단에 뜨지 않도록 막고, 사람들이 〈혐오스럽거나 부적절한〉 자동 완성 문구에 표시를 할 수 있게 피드백 도구를 제공하는 것이다.

이것은 〈복잡한 문제〉이고 〈마법의 총탄〉 같은 것은 없다. 〈하지만 우리 모두가 그 사실을 알고 시작하기 때문에 우리 모두 그 대화에 참여할 수 있다. 기술은 모든 사람을 위해 작동해야 하기 때문이다.〉[11] 실제로 그래야 한다. 하지만 기술은 또한 사람들에게 실리콘 밸리 자체가 가진 예측 가능한 선입견을 제공하고 있다.

구글 이미지 검색에서 구글 스스로 든 사례인 〈물리학자〉를 검색해 보라. 컴퓨터는 여성 물리학자가 부족한 사실에 대해 할 수 있는 일이 많지 않다. 그리하여 다른 종류의 다양성을 강조하는 방향으로 문제를 처리하려는 것처럼 보인다. 따라서 〈물리학자〉로 검색할 때 구글에 처음 나타나는 이미지가 자를란트 대학교에서 칠판에 분필로 글씨를 쓰는 백인 남성 물리학자의 모습이라면, 두 번째 이미지는 요하네스버그의 흑인 박사 과정생이다. 네 번째 사진은 알베르트 아인슈타인Albert Einstein이고, 다섯 번째 사진은 스티븐 호킹Stephen Hawking이다.

물론 여기에 관해서는 이야기할 내용이 있다. 단지 역사적으로 물리학 분야에서 남성이 압도적으로 많았다고 해서, 젊은 여자가 자기는 물리학자가 될 수 없다고 생각하기를 바라는 사람은 거의 없다. 같은 식으로 이런저런 인종의 젊은 남자나 여자가 자기와 피부색이 동일한 사람들이 전에 어떤 특정 분야에서 지배적이지 않았다고 해서, 그 분야가 자신들에게 닫혀 있다고 생각하기를 바라는 사람도 거의 없다. 하지만 몇 번의 검색에서 드러나는 것은 현실에 대한 〈공정한〉 시각이 아니라 역사를 심각하게 왜곡하면서 현재의 선입견으로 역사를 보여 주는 시각이다.

〈유럽 미술European art〉 같은 단순한 검색 결과를 생각해 보자. 구글 이미지 검색의 결과로서 엄청나게 광범위한 이미지들이 나타난다. 보통 처음에 「모나리자」나 빈센트 반 고흐Vincent van Gogh의 「해바라기」 같은 작품이 나올 것이라고 기대하기 쉽다. 실제로는 디에고 벨라스케스Diego Velázquez의 작품이 먼저 나온다. 그렇게 놀랄 일은 아니지만 특정한 그림은 다소 의외일 수 있다. 〈유럽 미술〉로 검색해서 처음 나오는 이미지는 「라스 메니나스」나 「교황 이노켄티우스 10세」가 아니다. 처음 나오는 벨라스케스의 초상화는 그의 조수인 후안 데 파레하Juan de Pareja를 그린 초상화다. 그는 흑인이다.

대단한 초상화 작품이지만 첫 번째로 나온다는 점은 좀 놀랍다. 첫째 줄 이미지들을 휙휙 넘기면 다음에 나오는 다섯 개의 이미지는 모두 「모나리자」를 포함해서 〈유럽 미술〉의 검색 결과로서 기대한 종류의 그림들이다. 그리고 〈성모자상〉(지금까지 첫 번째)이 나오는데 흑인 성모다. 그다음에는 〈유럽 미술사 속 유색인들〉이라고 불리는 이미지에 담긴 흑인 여자 초상화가 있다. 이 흑인 여자 초상화가 포함된 줄 마지막에는 흑인 남자 셋의 집단 초상화가 있다. 그다음 줄에는 다른 흑인 초상화가 두 점 있다. 그리고 고흐의 그림이 있다(지금까지 첫 번째). 이미지는 계속 이어진다. 각 줄마다 유럽 미술사가 주로 흑인들의 초상화로 이루어진 것처럼 보인다. 물론 흥미로운 현상이고, 확실히 오늘날 일부 사람이 보고 싶어 하는 모습을 〈재현한다〉. 하지만 이런 검색 결과는 과거를 조금도 재현하지 못한다. 유럽 미술사는 5분의 1, 5분의 2, 아니 절반도 흑인으로 재현되지 않는다. 흑인이 그리거나 흑인을 그린 초상화는 유럽 인구가 변화하기 시작한 최근 수십 년 이전까지 아주 드물었다. 과거를 이렇게 재현하는 데 무언가 이상하고 사악한 의도가 숨어 있다. 〈공정〉하도록 학습된 기계의 머릿속에서 이것이 얼마나 각기 다른 집단을 적절하게 재현하는 것으로 보일 수 있는지를 생각해 보라. 하지만 이 검색 결과는 유럽이든 미술이든 간에 역사의 진실한 재현이 아니다.

이런 결과가 구글에서 어쩌다 한 번 발생하는 경우도 아니다. 〈서구인 미술Western people art〉과 관련된 이미지를 검색해 보면 흑인 남자를 그린 회화(〈유럽 서구 미술 속 흑인〉이라는 항목에 포함된 이미지)가 가장 먼저 나온다. 또 아메리카 원주민의 그림이 주로 나온다.

만약 당신이 구글에서 〈흑인 남성〉의 이미지를 찾고 싶다면 모두 흑인 남성의 사진이 나온다. 실제로 10여 줄이 넘어가야 흑인이 아닌 사람의 이미지가 등장한다. 이와 대조적으로 〈백인 남성〉을 검색하면 데이비드 베컴David Beckham — 백인 — 의 이미지가 첫 번째로 나온다. 하지만 두 번째 이미지는 흑인 모델의 모습이다. 거기서부터 다섯 줄까지 한두 명의 흑인이 계속해서 등장한다. 한편 백인 남성의 이미지 가운데 다수는 〈보통 백인 남성을 조심하라〉 또는 〈백인 남성은 나쁘다〉 같은 태그가 붙은 범죄자들의 모습이다.

이 토끼 굴을 내려가다 보면 검색 결과가 점점 황당하다. 적어도 검색을 통해 바라는 결과를 얻기를 기대한다면 황당하다. 그렇지만 금세 어떤 방향으로 잘못 인도되는지 파악할 수 있다.

구글 이미지에서 〈동성애자 커플gay couple〉을 검색하면 행복한 동성애자 커플이 담긴 사진이 줄줄이 뜬다. 잘생긴 동성애자 커플들이다. 이와 대조적으로 〈이성애자 커플straight couple〉을 검색하면 다섯 개 이미지로 이루어진 한 줄마다 적어도 한두 개는 레즈비언 커플이나 게이 커플의 이미지가 포함되어 있다. 실제로 〈이성애자 커플〉 검색 결과에서 불과 두어 줄 만에 이성애자 커플보다 동성애자 커플의 사진이 더 많이 나온다. 〈이성애자 커플〉을 검색했는데도 말이다.

복수형으로 검색하면 훨씬 더 이상한 결과가 나온다. 〈이성애자 커플들straight couples〉을 검색해서 처음 나오는 사진은 이성애자 흑인 커플이고 그다음 사진은 아이 하나가 있는 레즈비언 커플이다. 네 번째는 흑인 게이 커플이고 다섯 번째는 레즈비언 커플이다. 첫 번째 줄만 따져도 이렇다. 세 번째 줄은 전부 동성애자의 모습이다. 인종이 다른 게이 커플(흑인과 백인)의 사진에는 〈커플들은 동성애 관계에서 배운다〉라는 태그가 붙어 있다. 그리고 〈이성애자 커플은 동성애자 커플에게서 배울 수 있다〉라는 태그도 있다. 그다음에는 입양한 아이가 있는 게이 커플이 나온다. 그리고 동성애자 호화 라이프 스타일 잡지 『윙크Winq』에 실린 귀여운 게이 커플의 사진이 있다. 〈이성애자 커플들〉을 검색했는데 도대체 왜 세 번째 줄 만에 전부 다 동성애자가 나오는 것일까?

예상 가능한 것처럼 점점 더 이상해진다. 〈이성애자 백인 커플straight white couple〉을 검색하면 두 번째로 나오는 이미지가 〈혐오 HATE〉라는 글씨가 쓰인 주먹을 클로즈업한 사진이다. 세 번째는 흑인 커플의 사진이다. 복수형으로 검색하면 너무 기묘한 이미지들이 주르륵 나온다. 무슨 일이 생긴 것이 분명하다. 두 번째 이미지는 인종이 다른 커플의 사진이다. 네 번째는 흑인 아이 둘을 안고 있는 게이 커플(흑인과 백인)이다. 한 줄마다 두세 개의 사진이 주로 동성애자 커플의 것이고, 〈인종을 초월한 커플〉, 〈귀여운 동성애자 커플〉, 〈왜 동성 커플이 이성 커플보다 더 행복한가〉 같은 태그가 달려 있다.

그런데 영어가 아닌 다른 언어를 쓰는 나라에서 구글에 접속해서 검색해 보면 다른 결과가 나온다. 예를 들어 구글 터키에서 터키어로 〈백인 남성〉을 검색해 보면 백인이나 우연히 성이 〈화이트White〉인 남자의 이미지가 나올 뿐이다. 프랑스어로 검색해 보면 영어로 검색할 때와 같은 현상이 나오는 것 같다. 대체로 유럽 언어에서 멀어질수록 요청한 결과를 볼 가능성이 높아진다. 이상한 결과가 나오는 것은 대개 유럽 언어로 검색하는 경우다. 그리고 요청하지 않은 검색 결과가 가장 분명하고 노골적으로 나오는 것은 영어로 검색하는 경우다. 실제로 영어로 이런 검색을 하면 그 결과가 너무도 이상하다. 단순히 기계가 일정한 수준으로 다양

성을 보여 주려는 것이 아니다. 이것은 절대 머신 러닝 공정성이
아니다.

〈백인 커플〉을 검색하면 처음 다섯 개 이미지 가운데 인종 간
커플과 인종 간 동성 커플이 나오고 그다음에 흑인 수정란을 이
용해서 흑인 아이를 낳은 백인 커플이 나오는 반면, 〈아시아인 커
플〉을 검색하면 실제로 요청한 결과만 나온다. 〈아시아인 커플〉을
검색하면 그냥 다양한 아시아인 커플의 사진이 나오는 것이다. 네
번째 줄에 가서야 아시아 여자와 흑인 남자가 찍은 사진이 나온
다. 비슷한 이미지가 하나 더 있긴 하지만, 그것 말고는 거의 전부
아시아인 커플이다. 동성애자를 보여 주려는 시도도 없다. 동성애
자 커플은 전혀 등장하지 않는다.

정말 흥미로운 수수께끼다. 머신 러닝 공정성만 검색에 적용
된다면, 이성애자 백인 커플을 검색하면 동성애자 커플이 일부 나
올 수 있다. 하지만 이성애자도 아니고 백인도 아닌 커플들의 이
미지를 우선에 두는 결과가 나오지는 않을 것이다. 특별한 경우이
겠지만, 요청하지 않은 커플들의 이미지를 강요하려는 어떤 의도
적인 노력이 있는 듯하다.

아마 머신 러닝 공정성에 무언가를 한 층 더 얹는 것으로 보
인다. 머신 러닝 공정성에 인간의 일정한 개입이 추가되는 것이
다. 인간의 개입은 프로그래머나 기업이 분노를 느끼는 사람들에
게 〈딱지를 붙이기로〉 결정한 것 같다. 흑인 커플이나 동성애자
커플을 검색하면 원하는 결과가 나오는 반면, 백인 커플이나 이
성애자 커플을 검색하면 정반대의 결과가 압도적인 것은 이런 이
유 때문이다. 아시아인 커플의 사진을 검색하는 데 관심 있는 사

람들은 짜증이 나거나 재교육을 받을 필요가 없는 반면, 〈백인 커플〉을 검색하는 사람들은 그럴 필요가 있는 것도 이런 이유 때문이다. 마찬가지로 아시아계 이성애자 커플에게는 인종 간 커플의 다양성을 보여 주거나, 그런 커플이 일반적일 뿐만 아니라 오히려 다른 어떤 커플보다도 더 일반적이라고 말해 주거나, 동성애자 커플의 사진을 던져 줄 필요가 없다. 누군가 그냥 아시아인 커플을 찾아보고 싶으면 젊거나 나이 든 행복한 이성애자 아시아인 커플들의 사진을 잔뜩 볼 수 있다. 구글이 나서서 커플이란 무엇인가, 또는 평균적인 관계는 어떤 모습인가에 대해 그 사람의 견해를 바꾸려고 하지 않는다.

반면 코딩 어딘가에서 일정한 용어를 검색하는 사람들을 당황하게 만들거나 내동댕이치거나 혼란이나 분노를 일으키기 위한 아주 의도적인 시도가 이루어지고 있다. 구글은 자신이 자랑하는 서비스를 일부 사람에게 허용하면서도 이성애 규범적이거나 백인인 커플을 검색하는 사람들에게는 허용하지 않으려고 한다. 이 사람들은 분명 이미 문제이기 때문에, 그들이 찾는 유형의 자료에 접근하려는 시도를 거부하거나 좌절시켜야 한다. 그들에게는 IT 차원에서 거대한 〈엿을 먹여야〉 한다. 분명 이 모든 것은 공정성을 위해서다. 『뉴욕 타임스』도 동성애자 기업인이나 발레 무용수에 관한 무한한 기사를 통해 똑같은 노력을 기울인다. 하지만 실리콘 밸리에서 지속적인 강도와 속도로 이런 일이 벌어지고 있기 때문에 부정할 도리가 없다.

〈흑인 가족black family〉을 검색하면 미소를 짓는 흑인 가족들이 줄줄이 나오고 인종이 뒤섞인 가족은 전혀 보이지 않는다. 반면 〈백인 가족white family〉을 검색하면 첫 줄에 나오는 다섯 개의 이미지 가운데 세 개가 흑인 가족이나 인종이 뒤섞인 가족이다. 그리고 곧바로 흑인 가족이 줄줄이 나온다.

컴퓨터에서 선입견을 없애기 위해서 컴퓨터로 하여금 새로운 유형의 비(非)선입견을 만들어 내도록 유도한 것 같다. 결국 특정한 선입견을 가졌다고 여겨지는 사람들을 공격하려는 사람들이 시스템 안에 의도적으로 새로운 층위의 선입견을 주입하고 왜곡된 역사를 추가한 결과가 나온다. 인간의 선입견을 제거하기 위해 시스템 전체에 선입견을 주렁주렁 붙여 놓은 것이다.

사람들이 검색 엔진을 통해 바라는 결과를 얻지 못한다는 것만 문제가 아니다. 사람들은 기존의 언론 환경에 익숙해져 있다. 만약 당신이 『뉴욕 타임스』나 『가디언The Guardian』을 읽는다면, 각각의 신문이 가질 수 있는 특정한 선입견이 무엇인지 알고 그것을 기준으로 선택할 수 있다. 마찬가지로 만약 당신이 『데일리 텔레그래프』나 『이코노미스트The Economist』, 『뉴욕 포스트New York Post』를 읽는다면, 각각의 신문과 편집부, 필진이나 어쩌면 소유주들이 어떤 방향을 추구하는지 안다. 신문의 성향을 잘 아는 독자라면 자신에게 유용한 내용을 골라낼 수 있다. 신문이 지향하는 방향을 알기 때문이다.

하지만 지금까지 검색 엔진은 〈중립적인〉 공간으로 여겨졌다. 좀 이상한 결과가 나올 수도 있지만, 완전히 새로운 편집 방침—특정한 방향으로 현저하게 치우친 편집 방침은 말할 것도 없이—을 갖고 있지는 않다고 간주되는 것이다. 정론지가 해외 보도에서는 꽤 믿을 만하다고 여겨지지만 국내 보도에서는 대단히 편향되어 있고 스포츠면의 경우에는 스포츠를 좋아하는 독자라면 괴로워하면서 오류를 바로잡으려고 나설 수밖에 없는 것과 비슷하다.

물론 사람들이 소셜 미디어를 더욱 현명하게 이용하게 되면서 결국 자신들의 특정한 요구에 맞추어진 검색 엔진을 사용하게 될 수도 있다. 보통 자신들의 요구와 기존의 세계관에 대체로 들어맞는 언론 매체를 열심히 보는 것처럼 말이다. 또는 테크 기업들이 어느 정도 성공을 거두어 그들이 밀어붙이는 내용이 널리 또는 완전히 수용될 수도 있다. 한두 세대 뒤에 대다수 초등학생이 자기 나라가 언제나 지금과 같은 모습이었다고 생각한다면 크게 문제가 될까? 17세기 유럽에서 흑인과 백인의 비중이 거의 똑같았다고 생각한다면 어떠한가? 이성애자가—애정을 드러내는 동성애자 커플의 이미지를 포함해—동성애자를 더 편안하게 받아들이면 큰 피해가 생길까? 젊은 이성애자가 인구의 50퍼센트 이상이 동성애자라고 생각하면 문제가 될까? 우리는 이런 선입견 교정이 손쉽게 스며드는 모습을 볼 수 있다. 인종주의나 성차별, 반동성애 정서를 줄일 수 있는 진정한 기회가 있다면, 누가 우리 앞에 놓인 모든 도구와 엔진을 활용해서 그 기회를 붙잡으려 하지 않겠는가?

이런 태도에 담긴 압도적인 문제점 하나는 정치적 목표를 추구하면서 진실을 희생시킨다는 것이다. 실제로 이런 사람들은 진실이 문제의 일부라고 생각한다. 진실은 극복해야 하는 방해물일 뿐인 것이다. 따라서 다양성이 과거에 부적절했다고 여겨지면 과거를 바꾸는 식으로 가장 쉽게 해결할 수 있다. 세계에서 가장 인기 있는 검색 엔진을 사용하는 일부 사람은 이런 시도를 어느 정도 눈치 챌 것이다. 어떤 사람들은 전부 눈치 챘을지도 모른다. 하지만 대다수는 일상적인 차원에서 구글이나 트위터, 또는 다른 빅테크 제품을 사용하면서 무언가 이상한 일이 벌어지고 있다고 느낄 뿐이다. 요청하지 않은 검색 결과가 뜨고 자신이 동의한 적이 없는 기획에 자신도 모르게 보조를 맞추며 자신이 원하지 않는 목표를 추구하게 되는 것이다.

인종

1963년 8월 28일 워싱턴의 링컨 기념관 계단에서 킹 박사가 운집한 사람들 앞에서 연설을 했을 때, 그는 미국을 건설한 전통과 원칙에 담긴 정의의 토대에 호소했을 뿐만 아니라 다른 인간을 대하는 올바른 방법에 관해 그 누구보다도 유창한 옹호론을 펼쳤다. 그의 발언은 수백 년간 미국 흑인이 처음에는 노예로, 그다음에는 이류 시민으로 살아온 끝에 나온 것일 뿐만 아니라 인종 차별 법률이 미국 여러 주의 법령에 버젓이 남아 있는 시대에 대한 것이었다. 인종 간 결혼 금지법을 비롯한 인종 분리 법률이 여전히 존재해서 서로 다른 인종이 사랑에 빠져서 결혼을 하면 처벌할 수 있었다.

킹 박사가 꿈꾸는 미래에 그의 자녀들이 〈언젠가 피부색이 아니라 성격으로 평가받는 나라에서 살게 되리라〉는 것이야말로 그가 가장 핵심적으로 내세운 도덕적 통찰이었다. 많은 사람이 그런 희망에 따라 살려고 하고 많은 사람이 성공하긴 했지만, 최근 들어 킹 박사의 꿈을 거부하고 그 대신 성격은 피부색에 비하면 아무것도 아니라고 주장하는 은밀한 흐름이 커지고 있다. 이 흐름에 선 사람들은 피부색이 전부라고 주장한다.

최근에 세계는 이런 위험한 싸움이 벌어지는 하수구가 남아 있다는 것을 알게 되었다. 2016년 대통령 선거 이래 언론은 유럽의 일부 지역처럼 미국에도 백인 우월주의와 백인 민족주의white nationalism의 찌꺼기가 버젓이 남아 있는 모습에 관심을 집중시키고 있다. 하지만 이 사람들에 대한 전반적인 태도는 하나로 모아졌다. 그들이 역사상 최악의 암흑 물질을 가지고 벌이는 싸움은 거의 지지를 받지 못한다. 언론과 정치권이 그들에게 보이는 반응은 하나같이 백인 종족 민족주의를 추구하는 사람들이 드러내는 인종주의를 비난하는 목소리다.

하지만 킹 박사의 꿈이 대대적으로 퇴보한 것은 1963년에 링컨 기념관 계단에서 킹 박사가 밝힌 것과 똑같은 길을 따르고 있다고 거의 확실히 믿는 사람들 때문이다. 반인종주의를 추구하는 이 사람들은 인종을 여러 중요한 쟁점 중 하나가 아니라 다른 어떤 것보다도 중요한 쟁점으로 뒤바꾼다. 인종 문제가 마침내 잠잠해지게 된 바로 그 순간에 다시 한번 이것을 가장 중요한 쟁점으로 만들기로 결심한 것이다.

학계

특수 이익 집단 연구가 대개 그렇듯이 1960년대 이래 수십 년간 미국 대학에서 〈흑인 연구〉가 크게 성장했다. 다른 정체성 집단 연구와 마찬가지로, 해당 집단에 찍힌 낙인을 걷어 내고 흑인 역사의 중요한 측면에 관해 사람들을 교육시키는 방편으로 시작되었다. 〈퀴어 연구〉나 〈여성학〉처럼 〈흑인 연구〉도 특정한 형태의 역사, 정치, 문화, 문학을 강조하는 것을 염두에 두었다. 따라서 흑인 문학 강좌는 다른 문학 강좌에서 다루어지지 않은 흑인 작가들을 다룬다. 흑인 정치인들은 흑인 역사 강좌에서 부각되지만 한 시대나 장소의 전반적인 개관에서는 빠질 수 있다. 흑인 작가와 정치인들이 다른 모든 강의 계획서에 진입한 뒤 이런 연구 분야들이 성장한 것은 이상한 일이다. 인종적 차이가 줄어드는 바로 그 순간에 이런 연구 분야들이 갑자기 고유한 특수 이익 부문에 고립되고 있다는 뜻이기 때문이다. 〈흑인 문학〉은 〈동성애 문학〉이나 〈여성 문학〉과 마찬가지로 이제 서점과 도서관에 자체적인 부문을 갖고 있다.

페미니즘과 마찬가지로 흑인 연구가 승리의 순간에 다다른 뒤, 인종 평등이 어느 때보다도 개선된 바로 그 순간에 새로운 열정적 언어와 일련의 사고가 진입했다. 페미니즘의 대중적 흐름이 여성을 찬미하는 데서 남성을 헐뜯는 쪽으로 옮겨 간 것처럼 흑인 연구의 한 부분에서 흑인이 아닌 사람들을 공격했다. 낙인을 걷어내는 것을 목표로 삼은 학문 분야가 다시 낙인을 찍기 시작한 것이다. 제4물결 페미니즘에 해당하는 인종 운동은 〈백인 연구〉가 성장하고 발전하면서 등장했다. 현재 미국의 아이비리그와 영국에서 오스트레일리아에 이르기까지 모든 대학에서 백인 연구를 가르친다. 비판적 인종 이론의 파생물이 득세한 결과, 매디슨 소재 위스콘신 대학교에서는 〈백인성의 문제The Problem of Whiteness〉 강좌를 제공하는 한편, 오스트레일리아의 멜버른 대학교에서는 교수들이 〈백인 연구〉를 전혀 무관한 분야에서 의무 교과의 일부로 삼아야 한다고 밀어붙이고 있다. 교차성을 강제로 주입당하는 사람이라면 누구나 곧바로 그들의 주장을 알아챌 것이다.

옥스퍼드 대학교의 『연구 백과사전Research Encyclopedia』에서는 백인 연구를 다음과 같이 설명한다.

백인의 우월성과 특권을 낳는 비가시적 구조를 드러내는 것을 목표로 삼아 점점 몸집을 불리는 학문 분야. 비판적 백인 연구는 백인 우월주의와 연결된 인종주의의 일정한 조건을 전제로 삼는다.

백인 연구는 확실히 이런 〈전제〉를 두지만, 이 항목의 필자 ─ 시러큐스 대학교 교수 바버라 애플바움Barbara Applebaum ─ 는 자기 분야의 다른 학자들처럼 이런 전제를 통해 생계를 잇고 있다. 애플바움은 저서 『백인은 선하다: 백인의 공모, 백인의 도덕적 책임, 사회 정의 페다고지Being White, Being Good: White Complicity, White Moral Responsibility and Social Justice Pedagogy』(2011)에서 반인종주의자라고 공언하는 백인들조차 어떻게 해서 여전히 인종주의자일 수 있는지를 설명한다. 단지 그들은 종종 아직 깨닫지 못한 방식으로 인종주의자인 것이다. 무엇보다도 애플바움은 백인 학생들이 다른 사람들의 말에 귀를 기울이고 인종주의에 〈공모〉하는 것을 인정하고, 거기서부터 〈동맹을 건설하는〉 법을 배울 것을 호소한다. 인종주의는 단순한 학술 분야가 아니기 때문이다. 애플바움이 보기에 ─ 그가 『옥스퍼드 백과사전Oxford Encyclopedia』에서 말하는 것처럼 ─ 인종주의는 부끄러운 줄 모르는 캠페인이며, 낯익은 교육 인증만이 아니라 재교육 인증까지 다 받았다. 마치 누군가 이미 당신이 유죄라고 판단해 놓고 〈암묵적 선입견 훈련〉을 시행하는 듯하다.

애플바움은 〈백인 사이에서 경계심의 중요성을 제기〉하고, 〈백인 특권의 의미〉를 그들에게 가르치고, 〈백인의 특권이 인종주의에 대한 공모와 어떻게 연결되는지〉를 가르쳐야 한다고 이야기한다. 물론 이 모든 것은 진공 속에 존재하는 것이 아니다. 약간 실망스러운 결론에서 애플바움이 덧붙이는 것처럼 인종주의가 〈맹위를 떨치고 (……) 언론에서 보도되는 수많은 인종 폭력 사건에서 드러나듯이 폭력적 효과〉를 발휘하는 상황 속에 존재한다. 하지만 『옥스퍼드 백과사전』은 추구해야 할 목표가 무엇이어야 하는지를 분명히 밝힌다. 흑인 연구는 흑인 작가와 흑인의 역사를 찬양하고 동성애자 연구는 역사 속에서 동성애자 인물들을 끄집어내서 전면에 내세우는 반면, 〈백인 연구〉는 ─ 그것이 정말 학문이 된다면 ─ 찬양과는 거리가 먼 학문이다. 애플바움이 자랑스럽게 밝히는 것처럼 〈백인 연구〉가 추구하는 목표는 〈백인성을 문제화함으로써 인종주의를 붕괴시키는 데 전념하는〉 것이다. 이것은 〈하나의 교정책으로〉 수행되어야 한다. 따라서 다른 모든 인종 연구 분야가 찬양의 정신으로 수행되지만, 백인 연구의 목표는 수천, 수백만 사람을 〈문제로 삼는〉 것이어야 한다.

애플바움은 1903년에 〈색깔 구분〉이 미국 사회를 규정하는 특징이라고 설명한 W. E. B. 듀보이스W. E. B. Du Bois의 말을 인용하면서 다음과 같이 말한다. 〈백인들이 어떻게 자신들이 인종주의에 공모하는지를 부정하기보다는 인정하는 법을 배우지 않는다면, 그리고 백인들이 자신들의 사회 세계를 이해하는 진실의 틀과 《선》의 개념을 비판적으로 질문하는 인식을 발전시킬 때까지

듀보이스의 통찰은 계속해서 진실처럼 들릴 것이다.〉

물론 오로지 인종적 특징에 근거해서 한 인종 집단 전체와 그들의 태도, 과오와 도덕적 연상을 규정하는 일 자체가 인종주의의 상당히 훌륭한 증거라는 것이 훨씬 더 진실처럼 들린다고 말할 수 있다. 〈백인성〉이 〈문제화〉되기 위해서는 백인이 문제라는 것이 밝혀져야 한다. 그것도 어떤 학문적이고 추상적인 수준만이 아니라 현실에서 일상적으로 다른 사람들을 판단하는 과정에서 밝혀져야 한다. 흔히 그렇듯이 학계에서 일반 사회로 하나의 사고가 이동하는 과정은 유명인의 세계에서 가장 두드러지게 나타난다. 삶의 모든 영역과 마찬가지로 이 세계도 인종에 구애받지 않는 상황에서 곧바로 인종에 집착하는 상황으로 넘어가고 있다.

배우를 문제로 삼다

배우 아미 해머Armie Hammer의 사례를 생각해 보자. 그는 2017년에 게이 로맨스 영화 「콜 미 바이 유어 네임Call Me by Your Name」을 통해 이름을 알렸다. 해머의 명성을 위해서는 유감스럽지만, 그 자신은 게이가 아니다. 하지만 그는 남성이고 백인이기 때문에 그가 출연한 영화가 평론가들에게 극찬을 받고 여러 영화제에서 수상 후보에 오르기 시작했다. 『버즈피드Buzzfeed』는 「아미 해머를 만들어 내기 위한 10년간의 노력」이라는 제목으로 6천 단어 분량의 기사를 내보냈다. 인종과 인종 정치학은 이제 거의 모든 것에 독을 뿌리기 위해 무기화될 수 있었다. 『버즈피드』의 〈선임 문화 담당 기자〉는 기사에서 〈잘생긴 백인 남자 스타는 얼마나 많은 두 번째 기회를 얻나?〉라며 비꼬았다. 앤 헬렌 피터슨Anne Helen Petersen

에 따르면, 이 영화배우는 〈큰 키에 가르마가 있는 옛날식의 미남 얼굴이어서 감독들이 게리 쿠퍼Gary Cooper 부류에 비교한다. 그는 또한 부유하게 자란 사람처럼 행동한다. 자신감과 카리스마가 있고 좀 깐깐하게 보면 약간 멍청한 느낌을 풍긴다〉. 기자는 계속해서 해머가 캐스팅되었다가 제작이 무산되거나 좋은 평을 받지 못한 다양한 영화 프로젝트를 조롱했다. 해머는 DC 코믹스의 『저스티스 리그: 모탈Justice League: Mortal』을 영화로 만든 작품에 젊은 브루스 웨인 역으로 캐스팅되었는데, 이 기획은 실현되지 않았다. 〈곧바로 스타가 될 수 있는 기회가 갑자기 허무하게 사라졌다.〉 기쁨을 감출 수 없는 어조로 피터슨은 〈실패한 웨스턴 영화〉, 〈블록버스터 실패작〉, 〈완전히〉 망한 〈예술 영화〉, 〈역대 최악의 여름 개봉 망작〉, 〈영화제 시즌에 레이더에 깜박거리고〉 만 오스카가 선호하는 영화 등을 나열했다. 피터슨은 그럼에도 해머의 홍보 팀은 아랑곳하지 않고 〈해머를 성공시키려는 노력을 결코 포기하지 않았다〉며 불만을 토로했다.

장황한 — 백인 여성이 쓴 — 에세이는 해머가 실패일 뿐만 아니라 백인이라는 이유로 비판하려는 것 같았다. 특히 피터슨은 해머가 경력의 모든 단계에서 〈특권〉을 누렸다며 비판했다. 해머가 『버즈피드』 기자를 만족시키지 못하고서도 여전히 영화계에 남아 있는 이유는 〈할리우드가 그렇게 잘생기고 키가 크고 턱이 각진 백인은 절대 포기하지 않기 때문〉이다. 다시 〈할리우드에서는 이성애자 백인 남자를 제외하고는 그 누구도 두 번째 기회를 얻지 못한다〉. 또 〈궁극적인 문제는 해머가 이렇게 많은 기회를 받았다는 것이 아니다. 문제는 — 해머를 비롯한 수많은 백인 남자에게 — 그런 기회를 보장해 준 시스템이다. 이 시스템은 정작 기회를 가장 절실히 필요로 하고 그 혜택도 많이 받을 사람들에게는 기회는 물론 여지, 믿음을 주지 않는다〉.[1]

해머 자신이 나서서 트위터에 답을 올렸다. 〈당신이 열거한 목록은 정확하지만 당신 관점은 너무 가혹하다. 나는 그냥 내 일을 좋아하는 사람이고, 좋아하는 일 말고는 거절하는 사람일 뿐이다.〉 그는 곧바로 트위터를 탈퇴했다. 다른 사람들이 해머를 옹호하고 나섰다. 한 트위터 이용자는 해머가 지난 2년간 〈흑인과 동성애자 영화 제작자들과 시나리오〉를 적극적으로 홍보한 사실을 강조했다. 〈그는 좋은 친구다.〉 하지만 『포브스*Forbes*』의 영화 및 텔레비전 평론가가 해머를 옹호하는 사람들을 공격했다. 〈당신이 유색인 배우를 그만큼 옹호하는지 가슴에 손을 얹고 생각해 보라.〉 다른 사람들은 「콜 미 바이 유어 네임」의 감독 루카 과다니노 Luca Guadagnino (최소한 게이다)가 앞서 영화에서 게이 역할에 게이 배우를 캐스팅하지 않았다고 집중포화를 받은 사실을 모두에게 알렸다.[2] 과다니노는 인터뷰를 통해서 자신은 섹슈얼리티보다는 케미스트리를 염두에 두고 연기자를 뽑고 싶었다고 설명했다. 그러면서 자신을 방어하기 위해 〈젠더 이론에 매혹되어〉 미국의 젠더 이론가 버틀러를 〈아주 오랫동안〉 공부했다고 힘주어 말했다.[3] 그는 이 인터뷰로 비난에서 벗어날 수 있었던 것 같다. 하지만 백인 배우를 〈문제로 삼는〉 것은 우리 시대에 아주 전형적인 분란이라는 점이 밝혀졌다.

해머 같은 배우라면 그 정도 비난은 참을 수 있다고 생각하는 사람도 있겠지만(최고의 자리에 오르지는 못했을지라도 대다수의

배우보다 자기 분야에서 성공을 거두었고 보상도 충분히 받았다)
그래도 〈백인성을 문제시〉하면 결국 〈백인을 문제로 삼게〉 된다
는 문제가 남는다. 인종 사냥이 흔한 일이 되면 열기가 식기는커
녕 모든 것이 인종의 언어로 고려될 뿐만 아니라, 가장 공격적인
인종 차별의 언어로 고려되는 상황이 더욱 악화될 것이 불 보듯
빤하다.

반인종주의도 인종 차별을 할 수 있다. 최근 수십 년간 반인
종주의의 주요한 원칙들 중 하나는 〈피부색을 보지 않는다colour-
blindness〉는 것이었다. 킹 박사가 1963년에 그린 꿈이었다. 피부색
이 개인의 정체성에서 전혀 중요한 측면이 아니어서 완전히 무시
해도 될 ─ 인종을 초월할 ─ 정도가 되어야 한다는 사고가 미래
에 인간의 상호 작용의 모든 측면을 피부색으로 규정하는 것을 막
을 수 있는 유일한 해법이자 아름다운 해법일 것이다. 하지만 최
근에는 이 개념조차 공격을 받고 있다. 예를 들어 미국 사회학회
American Sociological Association 회장인 듀크 대학교 교수 에드와도 보
닐라실바Eduardo Bonilla-Silva는 사회가 〈피부색을 보지 않는다〉는
사고 자체가 사실 문제의 일부라고 말한 바 있다. 〈피부색을 보지
않는다〉는 개념을 상대로 전쟁을 벌이는 보닐라실바는 이 개념
자체가 인종 차별 행위라고 선언했다. 2003년에 저서 『인종주의
자 없는 인종주의Racism without Racists』(지금까지 4판이 발간되었다)
에서 보닐라실바는 심지어 〈피부색을 보지 않는 인종주의colour-
blind racism〉라는 용어를 만들어 냈다. 다른 학자들도 이 주장을 확
대하고 있다.

2018년에 이르러 영국의 대학교수 수백 명이 워크숍에 참

석해서 자신들이 가진 〈백인의 특권〉을 인정하고, 〈백인성〉 때문에 어떻게 자기도 모르는 새에 인종주의자가 될 수 있는지를 인식해야 했다. 영국 전역의 대학교에서 교수들은 백인이 자신의 피부색 때문에 저절로 혜택을 누리며 흑인 직원, 학생, 동료 교수 들은 일상적으로 차별을 받고 있다는 데 동의하라고 권유를 받았다. 흑인·아시아인·소수 종족 직원 자문단Black, Asian and Minority Ethnic Staff Advisory Group이 주최한 회의가 브리스틀 대학교에서 이루어졌는데, 한 발언자는 대학이 교수들에게 〈백인성의 파괴적 역할을 검토하고 인정하도록〉 권유할 것이라고 약속했다.[4] 이런 사고는 인종 간 관계의 역사가 무척 다른 미국에서 처음 시작되었다. 반인종주의자들의 인종주의에서 매혹적인 점 하나는 인종 간 관계의 상황이 모든 곳에서 언제나 똑같고, 역사적으로 인종주의가 가장 미약한 기관들이 실제로 인종주의 대학살에 직면하고 있다고 가정한다는 것이다.

루키아노프와 하이트는 『나쁜 교육』에서 파국화catastrophizing가 우리 시대의 독특한 태도 가운데 하나가 되었음을 보여 준 바 있다. 우리가 강간이 만연한 문화 속에 살고 있어서 〈강간 문화〉라는 말을 만들어 내는 것이 정당하다고 여성들에게 말할 수 있는 것처럼, 사람들은 또한 금방이라도 히틀러주의로 치달을 지경인 사회 속에 살고 있는 양 행동한다. 두 경우 모두에서 이상한 점은 이런 파국을 경험할 가능성이 가장 적은 곳에서 가장 극단적인 주장이 횡행한다는 것이다. 따라서 세계에는 〈강간 문화〉와 비슷한 문화를 갖고 있다고 묘사할 수 있는 — 강간을 해도 기소되지 않고 실제로 법의 승인을 받는 — 나라들이 존재하지만, 서구 민주주의 국가들은 대개 그런 나라들에 속한다고 합당하게 비난하기 어렵다. 마찬가지로 세계에는 인종주의가 만연한 장소들이 있고 어느 순간 모종의 인종 차별적인 악몽으로 다시 치달을 수 있는 사회들도 있지만, 1930년대 독일이 택한 방식으로 종족 청소가 이루어질 가능성이 가장 적은 곳 중에 하나가 북아메리카에 있는 자유주의 성향을 지닌 주의 자유 교양 대학이다. 이상하게도 바로 그런 곳에서 가장 극단적인 주장이 제기되고 가장 극단적인 행동 이 발견된다.

에버그린 주립 대학의 탈식민화

워싱턴주 올림피아에 있는 에버그린 주립 대학은 수십 년간 〈부재의 날The day of absence〉이라는 전통을 지켜 왔다. 이 전통은 1965년에 더글러스 터너 워드Douglas Turner Ward가 발표한 동명의 희곡에서 빌려 온 아이디어로, 1년에 한 번 흑인(나중에는 유색인 전체) 학생과 교직원이 하루 동안 학교를 비우자는 것이었다. 모 임을 열어서 관련된 문제를 논의하는 한편, 대학 공동체에 그들이 기여하는 바를 부각시키기 위한 시도였다. 2017년까지 그 전통 이 계속되었는데, 그해에는 〈부재의 날〉 행사가 정반대로 진행될 예정이었다. 주최 측이 하루 동안 백인이 전부 캠퍼스에 나오지 않는 것이 좋겠다고 발표한 것이다.

　　교직원 중 한 명 — 생물학 교수 브렛 와인스타인Bret Weinstein — 이 여기에 반대했다. 에버그린 주립 대학에서 부인과 함께 14년간 학생을 가르친 그는 이전까지 진행된 행사에는 아무 문제 도 느끼지 않았다. 하지만 그는 캠퍼스 이메일 리스트에 보낸 메시지에서 다음과 같이 지적했다.

어떤 집단이나 연합체가 자신들의 중요한 역할이 과소
평가된다는 것을 강조하기 위해 공유 공간에서 자발적으로
철수하기로 결정하는 것(더글러스 터너 워드가 쓴 희곡『부
재의 날*Day of Absence*』뿐만 아니라 최근에 진행된 여성의 날 파
업의 주제입니다)과 한 집단이 다른 집단에게 자리를 비우라
고 부추기는 것은 전혀 다른 문제입니다. 첫 번째는 강력한
자각의 호소이고 물론 억압의 논리를 무력화합니다. 두 번째
는 힘의 과시이며 그 자체가 본질적으로 억압 행위입니다.

브렛은 자신은 어쨌든 그날 캠퍼스에서 강제로 쫓겨나지 않
을 생각이라고 말했다. 〈피부색을 근거로 개인의 발언할 권리 ─
또는 존재할 권리 ─ 를 제한해서는 안 된다〉는 것이 그의 생각이
었다.

스스로 진보 좌파이자 버니 샌더스Bernie Sanders 지지자라고
밝힌 브렛은 분명 인종주의자라는 비난을 받을 만한 사람이 아니
었다. 하지만 어쨌든 그런 딱지가 붙었다. 이메일 관련 뉴스가 등
장하자 한 무리의 학생들이 브렛의 강의실 밖에 모였다. 브렛은
학생들과 예의 바른 토론을 하면서 오해를 바로잡고 설득을 하려
고 했다. 그 결과는 여러 학생의 휴대 전화 카메라에 찍혔다. 브렛
은 〈논쟁과 변증법〉은 차이가 있다는 것을 지적하려고 했다. 「논
쟁은 이기려고 하는 것입니다. 변증법은 의견 불일치를 이용해서
무엇이 진실인지 발견하는 것이지요. 나는 논쟁에 관심이 없습니

다. 오직 변증법에만 관심이 있죠. 그러니까 내가 여러분 말에 귀를 기울이고 여러분도 내 말에 귀를 기울여야죠.」그 자리에 모인 학생들은 그의 제안을 받아들이지 않았다. 「당신이 무슨 말을 하고 싶은지는 관심 없어요.」젊은 여자가 머리에 손을 얹고 있는 브렛에게 소리를 질렀다. 「백인의 특권이라는 조건 위에서 이야기할 생각이 없다고요.」다른 학생들이 야유를 보내고 고함을 지르는 가운데 전반적인 분위기가 험악해졌다. 「이건 토론이 아니죠.」어떤 학생이 소리쳤다. 「당신은 토론에서 졌어요.」

브렛은 버텼다. 「나는 진실에 도움이 되는 조건을 이야기하는 것입니다.」곧바로 조롱하는 콧방귀와 떠들썩한 웃음이 쏟아졌다. 「당신은 인종 차별 발언을 했어요.」누군가 소리쳤다. 「무슨 말을 하고 싶든 닥치라고.」고함이 커지자 아무도 누가 무슨 말을 하는지 들을 수 없었다. 다른 사람이 학생들에게 말했다. 「답변을 듣고 싶은 거 맞아요?」〈아니〉라는 소리만 울려 퍼졌다. 고함이 계속되었다. 한 학생은 〈유색인들에게 쓸모없는 존재라고 말하지 말라〉고 외치면서 브렛을 향해 소리쳤다. 「당신이야말로 쓸모없어. 여기서 나가. 엿 먹어. 개자식 같으니라고.」[5]

캠퍼스 곳곳에서 점점 걷잡을 수 없는 상황이 벌어졌다. 대학 당국이 경찰을 부르자, 학생들이 무리를 지어 캠퍼스 전역을 다니며 경찰에게 욕을 했다. 한 무리는 대학 총장인 조지 브리지스George Bridges의 사무실 앞에 모여 〈블랙 파워〉, 〈헤이헤이, 호호, 인종 차별 교수 놈들 물러나라〉 등 구호를 외쳤다. 분홍 머리의 흑인 남학생 하나가 다른 학생들에게 브리지스를 비롯한 교직원들이 총장실에서 나오지 못하도록 막는 법을 지시하고 있는 동영상도 있다. 이 학생은 나중에 〈표현의 자유는 이를테면 이 캠퍼스에 있는 흑인이나 트랜스, 여성과 학생의 생명보다 중요하지 않다〉고 설명했다. 결국 학생들이 총장실을 점거했다. 외부 세계 사람들이 보기에는 초현실적인 일들이 이어졌다. 가령 총장실에 진입한 학생들은 총장을 사실상 감금했다. 총장이 화장실에 가야겠다고 말하는데, 그럴 수 없다는 대답을 듣는다. 총장은 〈급하다〉고 사정한다. 한 학생이 간단하게 〈참으라〉고 대답한다. 마침내 화장실에 가도 되지만 학생 두 명이 따라가야만 한다는 합의가 이루어진다.[6] 파시즘을 우려하는 사람들이 느끼기에 학생들은 나치 돌격대원처럼 조직하고 행동하는 데 대단히 능숙해 보였다.

휴대 전화로 찍힌 다른 동영상도 있다. 총장(그 자신이 사회 과학의 산물로 사회 정의를 옹호하면서 경력을 보냈다)이 캠퍼스의 더 넓은 장소에서 학생들에게 간곡히 부탁하는 장면이 담겨 있다. 브리지스는 학생들과 대화를 나누려고 하는데 학생들은 욕설로 대꾸한다. 「엿 먹어, 조지, 우리는 당신 말을 들을 생각이 없다고. 젠장 닥치라고.」 한 여자가 총장에게 설명하려고 한다. 「이 사람들은 화가 나 있어요. 중요한 건 그들이 말하는 태도가 아니라 말하는 내용이에요.」 〈백인의 특권〉 어쩌고저쩌고하는 고함이 들려온다. 총장은 친절하게 고개를 끄덕이는데 학생들은 계속 욕을 해댄다. 흑인 학생은 총장이 사태를 단순화시킨다고 비난한다. 「우리가 팔푼이인 줄 알아? 우리도 성인이야. 그러니까 내가 말하는데, 당신은 당신 조상한테 이야기하는 거야. 좋아. 우리가 당신네보다 먼저 여기 있었어. 우리가 도시들을 만들었지. 우리는 당신네보다 훨씬 먼저 문명을 건설했다고. 그러니 동굴에서 기어 나와. 알았어?」

다른 학생이 말한다. 「우리 같은 사람을 인간으로 여기지 않을 만큼 배짱이 좋다, 이거지.」 누군가가 끼어들어서 〈트래니(트랜스)〉도 억압당하고 있다고 말한다. 〈트래니를 표적으로 삼고〉 있기 때문이라고 했다. 몇 사람이 〈맞다〉고 외치지만, 인종 문제에 비해서는 찬성하는 함성이 작다. 마침내 모임이 해산하고 몇몇 학생이 브리지스 옆에 서서 그의 면전에 대고 소리를 지른다. 덩치가 큰 남자가 위협적으로 팔을 휘두른다. 그 직후에 총장이 얌전히 손을 들어 자기 이야기를 강조하려고 한다. 한 학생이 명령한다. 「손 내려, 조지.」 다른 학생이 경고한다. 「손가락질하지 마요, 조지. 부적절한 행동을 하지 말라고.」 다른 학생이 총장에게 다가가서 어떻게 서 있어야 하는지를 보여 준다. 자기들에게 이야기할 때는 두 손을 똑바로 내리고 있어야 한다는 것이었다. 사람들이 소리를 지른다. 「손을 내려요. 손을 내려야 하는 거 알잖아요.」 총장이 그들이 시키는 대로 자세를 취하자 웃음이 터진다.[7] 위험한 손가락질이 사라졌다는 안도의 웃음소리가 아니다. 나이가 훨씬 많고 경험도 많은 남자를 자기들 앞에서 고분고분하게 만들었다는 기쁨의 웃음이다.

또 다른 자리에서도 총장은 손짓을 해서는 안 된다는 요구를 받는다. 젊은 여자가 말한다. 「손 내려요.」 젊은 흑인 여학생이 일어서며 말한다. 「그게 문제예요, 조지. 계속 손을 움직이잖아요. 나는 이 공간을 탈식민화할 거예요. 그냥 어슬렁거릴 거라고.」 모두들 박수를 치고 환호를 보낸다. 브리지스가 〈손을 내리고 있겠다〉는 약속을 하고는 두 손을 등 뒤로 놓고 대화를 이어 가려는 동

안 젊은 여자는 어슬렁거리면서 공간을 〈탈식민화〉하고 있다.[8]

캠퍼스 곳곳에서 반란의 분위기가 커지는 가운데 학생들은 자신들이 공공연하게 인종을 차별하는 교수와 노골적으로 인종을 차별하는 대학에 직면하고 있다고 서로를 설득했다. 얼마 지나지 않아 학생 한 무리가 야구 방망이를 비롯한 무기를 휘두르면서 캠퍼스를 배회하는 모습이 목격되었다. 사람들을 쫓아다니면서 공격하고 윽박지르는 이 무리는 대학의 바로 맞은편에 사는 브렛 교수와 그의 가족에게 해코지할 계획임이 분명했다. 폭력의 위협이 워낙 심각해서 캠퍼스가 며칠 동안 봉쇄되었다. 경찰이 법을 집행하는 것은 금지되었고 경찰 스스로 경찰서 안에 틀어박혀서 나오지 않았다. 다만 경찰은 브렛에게 전화를 걸어 캠퍼스에 오지 말고 안전을 위해 부인과 아이들을 데리고 숨어 지내라고 말했다. 그 사태가 벌어진 다음 날, 경찰은 브렛에게 시위대가 지역에서 차량 수색을 하면서 차주에게 신분증을 보여 달라고 요청하고 있다고 설명했다. 그를 찾고 있다는 것이었다. 브렛의 학생들 — 시위대와 다른 견해를 갖고 있다고 여겨지는 다른 학생들 — 도 폭도에게 쫓기고 괴롭힘을 당했다. 한 학생은 폭도 한 명에게 공격을 당하는 동안 휴대 전화를 통화 상태로 두었다. 그 사건 이후 공격에 가담한 젊은 여자는 그가 〈혐오 발언을 구사하는〉 모습을 발견했기 때문에 대결을 한 것이라고 주장했다.[9]

에버그린 주립 대학이 이 시기에 인종에 집착하게 되었다고 말한다면 대단히 과소평가하는 셈이다. 대학 이사회와 만난 자리에서 어떤 백인 학생은 이렇게 하소연했다. 「저는 단지 백인이라는 이유만으로 발언을 할 수 없다는 말을 여러 번 들었습니다. 이

학교는 인종에만 초점을 맞추느라 실제로 다른 방식으로 점점 더 인종을 차별하고 있는 것 같습니다.」[10] 하지만 다른 학생들은 의견이 달랐다. 한 백인 여학생(마찬가지로 분홍 머리이다)은 인터뷰에서 이렇게 말했다. 「브렛에게 무슨 일이 벌어지든 이제 상관안 해요. 그 사람 마음대로 인종주의자 행세를 하면서 어디서든 개소리를 할 수 있죠. 장기적으로 브렛 같은 사람들을 걸러 내기를 기대해야죠.」[11]

공교롭게도 브렛은 에버그린 주립 대학에서 다시 강의하지 않았다. 그와 부인의 대학 동료들 가운데 한 명만이 브렛이 그런 입장을 취할 권리를 공개적으로 지지하고 나섰다. 몇 개월이 지난 뒤 그와 부인은 대학 측과 합의하고 그만두었다.

그 시절에 그곳에서 벌어진 일에 관해, 그리고 학생들을 비롯한 사람들이 정말로 벌어지고 있다고 생각한 일에 관해서는 논문 한 편을 써도 모자란다. 오늘날 캠퍼스에서 벌어지는 폭발적 사건의 모든 특징이 드러났다. 파국화, 입증 가능한 사실과 전혀 비슷하지 않은 주장이 난무하는 상황, 평평한 경기장을 만든다는 미명 아래 누구나 자격을 주장하는 모습, 언어가 폭력으로 바뀌고 폭력이 언어로 바뀌는 현상 등 말이다.

하지만 미국 캠퍼스에서 아주 이례적인 현상은 아니었다. 2년 전에 예일 대학교에서 처음 대중이 목격한 움직임이 확대된 것에 불과하다. 인종 차별 사건을 파국화하는 것은 이제 너무도 흔한 일이 되어서 에버그린 주립 대학의 학생들이 한 단계 더 밀어붙일 수 있다고 생각한 것도 놀랄 일은 아니다. 그들이 몇 번이고 행동에 나섰을 때, 어른들은 그 자리를 떠나거나 — 떠나지 않는 경우에 ─ 기꺼이 가르침을 받아들였다.

2015년 ─ 에버그린 주립 대학 사태가 발생하기 2년 전 ─ 에 예일 대학교의 에리카 크리스타키스Erika Christakis 교수는 이메일을 보내 대학 행정 담당자들이 성인인 학생들에게 핼러윈 파티에서 어떤 옷을 입어야 할지에 관해 조언을 주어야 하는지 의문을 제기했다. 그러자 캠퍼스에서 새로운 형태의 핼러윈 전쟁이 벌어졌다. 민감하지 못하고 문화적으로 적절하지 않을 수 있는 의상을 입는 것에 대한 공포가 가장 중요한 부분으로 부각되었다. 그녀가 이메일을 보낸 결과로 수십 명의 학생이 그녀의 남편인 니컬러스 크리스타키스Nicholas Christakis(역시 교수다)를 둘러쌌다. 그가 학장을 맡고 있는 기숙형 학부 실리먼 칼리지의 안마당에서 벌어진 일이었다. 학생들은 몇 시간 동안 그와 에리카가 인종 차별을 한다고 야유를 보내면서 모욕과 비난을 퍼부었다. 이번에도 역시 학생들은 휴대 전화 카메라를 집어 들었다.

대화 초반에 흑인 여학생이 니컬러스에게 말했다. 「이제 나한테 안전한 공간이 없다고요.」 그의 말과 부인의 이메일이 〈폭력 행위〉라는 것이었다. 대화 내내 니컬러스는 온화한 표정으로 달래는 듯이 도움을 주려고 했다. 학생들과 대화를 하면서 그들과는 다른 시각이 있다고 설득하려는 모습이 역력했다. 하지만 대화는 잘 풀리지 않았다. 흑인 여학생이 그와 대화하는 도중에 흐느끼며 울부짖기 시작했다. 니컬러스가 아무리 이야기를 해도 헛수고였다. 그가 자신은 공통의 인류애라는 전망을 갖고 있다고 설명하려 하자, 그곳에 모인 사람들 중 일부가 킥킥 웃음을 터뜨렸다. 나중에 에버그린 주립 대학에서 벌어진 상황과 똑같았다. 다른 사람들

206

도 달려들려고 기다렸다. 니컬러스는 계속해서 두 사람이 정확히 똑같은 인생 경험이나 똑같은 피부색 혹은 젠더를 공유하지 않더라도 여전히 서로를 이해할 수 있다고 설명하려고 애를 썼다. 하지만 통하지 않았다. 어느 순간 그가 미소를 짓자 학생들은 웃었다는 이유로 비난했다.

예일 대학교의 젊은 여성이 소리쳤다. 「당신 얼굴을 보는 게 역겨워요.」키가 큰 흑인 남학생이 니컬러스에게 성큼성큼 다가가서 훈계했다. 「나를 봐요. 나를, 보라고. 알겠어요? 당신하고 나는 같은 사람이 아니야. 우리가 같은 인간이라니, 대단해. 그걸 알게 되어 기쁘군. 그런데 당신의 경험은 절대 나하고 연결되지 않는다고.」주변에 학생들이 딸깍거리기(손뼉을 치는 대신 〈공격적이지〉 않게 소리를 내는 것이다) 시작했다. 그 학생이 설명했다. 「당신이 틀렸다는 걸 알기 위해 공감이 필요한 건 아니지. 당신이 내가 느끼는 걸 느끼지 않는다고 해도, 아무도 당신한테 인종 차별을 한 적이 없어도, 사람들이 당신한테 인종 차별을 할 수 없다고 해서, 당신이 인종주의자가 아닌 것처럼 행동할 수 있는 건 아냐.」마찬가지로 이런 상황에서 〈당신이 웃어서는 안 된다〉는 훈계가 이어졌다. 니컬러스가 학생의 말에 동의한다고 정중하게 말하자, 다른 사람이 교수에게 누가 동의하라고 했냐며 소리를 질렀다. 「토론하자는 게 아냐. 토론하자는 게 아니라고.」또 다른 젊은 흑인 여학생이 니컬러스를 비난했다. 「난 당신 자리를 빼앗고 싶은데. 좋아. 이해해. 먼저 내 얼굴을 똑바로 보라고.」니컬러스의 면전에 대고 그를 얼마나 〈역겨운〉 남자로 생각하는지 계속해서 말했다. 그리고 〈그런 역겨운 믿음과 늘어놓는 말들〉은 이제 지겹

다며 그 자리를 떠났다.[12]

결국 니컬러스는 그들만이 아니라 다른 사람들도 권리가 있다고 설명했다. 그 순간 다른 학생들이 〈그 사람 말은 들을 필요 없다〉고 말하는 가운데 또 다른 흑인 여학생이 교수가 〈이 자리를 위험한 공간〉으로 만들고 있다고 비난하기 시작했다. 여학생의 고함이 바이러스처럼 퍼졌다. 니컬러스가 입을 열자, 그 여학생이 한 손을 들면서 소리를 질렀다. 「입 닥쳐요! 당신이 학장으로서 해야 하는 일은 실리면에서 생활하는 학생들을 위해 편안한 집 같은 장소를 만드는 거예요. 그런데 그런 일은 하지 않았지. 그 이메일을 보낸 건 학장 직책에 어긋나는 거야. 알겠어요?」 니컬러스가 말하려고 한다. 「아, 그 말에는 동의할 수가 없는데요.」 그러자 격분한 여학생이 목청껏 외친다. 「제기랄, 그럼 학장 자리를 왜 맡은 거지? 누가 당신을 채용했어?」 니컬러스가 다시 입을 열었다. 「나는 학생하고 생각이 다르니까요.」 여학생은 진정되지 않았고 계속 소리를 질렀다. 「당장 그만둬요. 당신이 학장이 그런 거라고 생각하면 당장 그만두라고. 그건 지적인 공간을 만드는 게 아니야, 알았어? 학장이 할 일은 여기에 가정을 만드는 거야. 그런데 그런 일을 하지 않잖아.」 여학생은 소리를 지르고는 자리를 박차고 나가며 말한다. 「당신은 밤에 잠도 자면 안 돼. 정말 구역질 나는 인간이군.」[13]

이 모든 사태가 핼러윈 의상 때문에, 그러니까 대학 당국이 학생들에게 무슨 옷을 입을 수 있고 또 무슨 옷은 입어서는 안 되는지를 알려 주며 학생들을 아이처럼 다루어야 하는지를 놓고 벌어진 일이라는 점을 기억해야 한다. 예일 대학교에서 벌어진 사태를 보고 나면 대학을 다니지 않은 대다수 사람은 핼러윈을 보내는 일이 그렇게 어려우면, 그 학생들이 인생을 어떻게 헤쳐 나갈지 의아할 것이다.

와인스타인 부부와 달리, 크리스타키스 부부의 사례에서는 일부 동료가 어느 정도 지지를 보냈다. 그럼에도 불구하고 분규의 해가 마무리될 즈음 니컬러스는 학장 자리에서 물러났고 에리카도 사임했다.

학생들이 공개된 자리에서 교수에게 욕과 저주를 퍼붓고, 심지어 자기들이 원하는 대로 행동하게 만들 수 있었다 — 그리고 결국 교수 자리에서 쫓아낼 수 있었다 — 는 사실은 의미심장하다. 아마 이런 결과를 보고 에버그린 주립 대학이나 다른 학교의 학생들도 대담해졌을 것이다. 하지만 이 사건들이 담긴 영상에서 인상적인 부분은 너무도 터무니없이 명백하게 권력을 행사했다는 사실이다. 일부 학생이 아무리 진지하다 할지라도, 어른들이 그렇게 쉽게 도망치는 것에 대한 뚜렷한 불신감도 존재한다. 그리고 대학이 — 엄격하게 공부하는 시기가 아니라 — 근거 없는 극단적인 주장과 불합리한 요구를 내세워도 통과할 수 있는 곳이라는 안도감도 있다.

사태가 잦아든 뒤 쓴 글에서 니컬러스는 대학이 어떤 곳이어야 하는지에 관한 생각과 〈완전히 반자유주의적인 사고를 뿌리 뽑는 것〉이야말로 대학의 의무라는 사실을 설명하려고 했다. 〈의견 불일치는 억압이 아니다. 논리적 주장은 공격이 아니다. 언어 — 도발적이거나 비위에 거슬리는 언어라 할지라도 — 는 폭력이 아니다. 마음에 들지 않는 발언에 대한 답은 더 많은 발언이다.〉[14]

하지만 이런 정서는 인기가 없었다. 니컬러스가 글을 쓰고 나서 1년 뒤, 럿거스 대학교에서 정체성 정치에 관한 패널 토론이 열렸다. 마크 릴라Mark Lilla 교수와 흑인 기업가, 초자유주의 성향의 평론가 크밀 포스터Kmele Foster 등이 참석했다. 포스터는 표현의 자유를 열정적으로 옹호하면서 그 자리에 모인 학생들에게 1960년대에 소수 집단이 표현의 자유를 활용해서 시민권을 획득하기 위한 싸움을 벌였고, 〈자신들의 주장을 펼치기 위해 그런 권리를 확보하는 것이 절체절명의 과제였다〉고 설명했다. 그러면서 킹 박사가 버밍엄 교도소에서 편지를 쓴 것은 표현의 자유를 억압하는 법규를 실제로 위반했다는 이유로 투옥되었기 때문이라고 지적했다. 그 순간 청중 가운데 일부가 흑인 발언자에게 반기를 들면서 〈흑인의 생명도 소중하다Black Lives Matter〉라는 구호를 외치기 시작했다. 소리를 질러 대는 집단 쪽에 앉아 있던 한 흑인은 포스터에게 간단한 질문으로 그 답을 받았다. 「사실도 중요한가요?」 흑인 청중이 소리쳤다. 「그런 이야기는 하지 마세요. 사실 따위는 필요 없어요. 식민주의가 문제라고요. (……) 한 집단이 다른 집단을 통제한다는 사실 말이죠.」 그가 말하는 사이에 다른 청중 하나가 피켓을 흔들었다. 〈백인 우월주의가 문제다.〉[15] 소동 끝에 결국 흑인 패널은 발표를 마무리할 수 있었다.

이런 숱한 반응은 한층 더 깊은 사고의 우물 일부를 보여 준다. 오랫동안 흑인 정치와 흑인 급진 사상에서 찰랑거린 이 사고는 모든 것이 백인 헤게모니 구조에 의해 만들어졌기 때문에, 그 구조 안에 있는 것들은 전부 암묵적이거나 공공연한 인종주의로 장식되어 있고 따라서 모조리 없애 버려야 한다는 것이었다. 그리하여 기존 체제에서 한 부분이라도 남겨 두면 인종 정의racial justice를 달성할 수 없다. 흑인 공동체 잡지 『루트*The Root*』가 2018년에 마이클 해리엇Michael Harriot이 쓴 글을 실은 것도 그 때문이다. 해리엇은 〈사고의 다양성〉이 부족하다고 불만을 토로하는 백인들을 비판했다. 〈희생자를 놀리는 것을 좋아하는 백인들을 응징해야 한다. (……) 백인의 지속적인 우월성을 위협하는 어떤 대상이든 곧바로 기각해 버리는 데 백인의 뻔뻔함이 있다.〉 계속해서 그는 핵심적인 통찰을 내놓았다. 〈사고의 다양성〉은 〈백인의 우월성〉을 완곡하게 표현한 것에 불과하다.[16]

이런 발언은 계속된다. 포스터가 〈사실 따위는 필요 없다〉는 말을 들은 바로 그해에 작가 헤더 맥 도널드Heather Mac Donald는 클레어몬트 맥케나 칼리지에서 강연을 할 예정이었다. 하지만 학생들이 위협적인 행동을 한 탓에 강연 장소가 바뀌어 동영상으로 중계되는 것으로 변경되었다. 행사에 앞서 〈여기 퍼모나 칼리지와 클레어몬트 칼리지스*에 다니는 소수의 흑인 학생〉이 대학 당국에 편지를 보냈다. 서명자들은 보수적인 여성 게스트가 강연을 한다면 〈단순히 의견의 차이가 아니라 흑인이 존재할 권리를 논란거리로 삼을 것〉이라고 주장했다. 그들은 맥 도널드가 〈파시스트에 백인 우월주의자, 주전론자, 트랜스 혐오자, 퀴어 혐오자, 계급 차별론자이며, 억압을 받는 사람들에게 치명적 상태에서 살도록 강요하는 맞물린 체제를 알지 못한다〉고 설명했다. 말할 나위

* 클레어몬트 맥케나 칼리지, 퍼모나 칼리지, 스크립스 칼리지, 피처 칼리지, 하비머드 칼리지가 도서관, 식당 등의 시설을 공유하면서 클레어몬트 칼리지스 컨소시엄을 이루고 있다.

도 없이 어느 것도 사실이 아니다. 맥 도널드가 자신의 저서 『경찰과의 전쟁: 법질서를 겨냥한 새로운 공격은 어떻게 모두의 안전을 해치는가The War on Cops: How the New Attack on Law and Order Makes Everyone Less Safe』에서 말한 내용을 학생들이 주워들은 것이 분명했는데, 확실히 그 책을 읽지는 않았다. 그럼에도 그들은 같은 맥락에서 맥 도널드에게 강연 기회를 주는 것은 〈흑인들을 겨냥한 폭력을 방조하는〉 셈이며 따라서 〈반흑인적 조치〉라고 주장했다. 학생들이 쓴 장황한 편지의 하이라이트가 가장 의미심장했다.

역사적으로 볼 때, 백인 우월주의는 객관성 개념을 치켜 세우면서 〈주관성 대 객관성〉이라는 이분법을 억압받는 사람들에게 재갈을 물리는 수단으로 휘둘렀습니다. 단일한 사실truth — 〈사실the Truth〉 — 이 존재한다는 사고는 계몽주의에 깊이 뿌리박은 유럽-서구의 구성물인데, 계몽주의는 또한 흑인과 히스패닉이 인간 이하이므로 고통을 느끼지 않는다고 묘사했습니다. 이 구성물은 신화이며, 백인 우월주의, 제국주의, 식민주의, 자본주의, 미국은 모두 그 신화가 낳은 자손입니다. 열린 공간에 존재할 수 있는 우리의 능력이 위협받는 가운데 사실을 추구해야 한다는 사고는 억압받는 사람들을 침묵시키려는 시도일 뿐입니다.[17]

〈사실〉은 유럽-서구의 구성물이다. 참으로 터무니없이 그릇된 동시에 너무 위험한 함의가 담긴 문장이다. 만약 〈사실〉이 백인의 것이라면, 다른 모든 사람이 추구해야 하는 것은 무엇인가?

212

정말로 우려되는 바는 젊은이들이 이런 입장만 계속 되풀이한다는 것이 아니다. 그들이 이런 입장을 배우고 있다는 것이 무엇보다 걱정스럽다.

캠퍼스에서 벌어지는 정치 — 캠퍼스 행동주의를 포함해 — 에서 이상한 점은 그것을 가볍게 일축해 버리기 쉽고 그런 유혹을 느낀다는 사실이다. 일정한 연령대의 사람이라면 누구나 과거를 돌아보면서 학생들은 언제나 반란을 일삼는다고 말할 수 있다. 1960년대 전까지만 해도 대학이 운동을 시작하는 장소나, 실제로 세계적인 혁명은 말할 것도 없고 지역적인 혁명을 조장하는 장소로 여겨지지 않았다는 사실을 무시하면서 말이다.

하지만 오늘날 기묘하기 짝이 없는 주장이 캠퍼스를 벗어나 현실 세계까지 휩쓰는 속도를 보고서 놀라는 것은 이상한 일이 아니다. 미국의 안전한 자유 교양 대학에 다니는 사람들이 인종주의가 전혀 보이지 않는 곳에서도 인종주의가 항상 존재한다고 믿거나 믿는 척하기 시작하면서, 일반 세계에서도 인종에 대한 강박 — 이른바 반인종주의를 추구하면서 인종 차별적 발언을 하는 능력 — 이 완전히 규범이 되고 있다. 그리하여 설리번이 언급한 것처럼 미쳐 날뛰는 캠퍼스를 관찰하고 일반 사회를 살펴보면 〈이제 우리 모두 캠퍼스에 살고 있다〉는 결론을 피하는 것이 불가능하다.[18]

미친 소리

다른 많은 일도 그렇듯이, 이런 주장 가운데 일부는 부정할 도리가 없는 과거의 잘못을 속죄하려는 바람 같이 지극히 합당한 지

점에서 출발한다. 하지만 속죄 행위조차 종종 치유 행위라기보다
는 재감염 행위에 가깝게 느껴진다. 예를 들어 아마 대다수는 『내
셔널 지오그래픽 National Geographic』이 특별히 인종주의적인 잡지라
고 보지 않을 것이다. 하지만 이 잡지는 자신이 과거에 드러낸 인
종주의를 보지 못한 사람들을 위해 2018년에 공식 사과문으로
이루어진 논설을 게재해야 한다고 생각했다. 인종 문제만 다룬 특
집호에 실린 논설의 제목은 「수십 년간 우리는 인종 차별적인 내
용을 다루었다. 과거를 딛고 넘어서기 위해서는 이 사실을 인정해
야 한다」였다. 잡지(1888년에 처음 나왔다)가 내놓은 사과문은
광범위한 내용을 다루었다. 편집인 논설에서 수전 골드버그 Susan
Goldberg는 어떤 사람에게 잡지의 과월 호를 검토해 달라고 요청했
는데, 〈문서 보관소에서 찾아볼 수 있는 일부 자료는 말문이 막힐
지경〉이라고 했다. 수많은 과월 호에서 여러 가지 과오를 발견했
다. 그 예로 1970년대까지 잡지는 〈미국에 사는 유색인들을 거의
무시했〉고, 세계 다른 곳에서는 〈원주민들〉을 〈이국적인 존재〉로
묘사했으며, 〈걸핏하면 벌거벗은 행복한 사냥꾼이나 고귀한 야만
인 등 온갖 클리셰로 원주민을 다룬 것은 유명하다〉. 요컨대 잡지
는 〈독자가 미국 백인 문화에 새겨진 고정 관념을 넘어서도록 노
력을 기울이지 않았다〉. 1916년에 오스트레일리아 원주민을 다
룬 기사가 특히 인종주의적인 것으로 밝혀졌다.[19] 잡지가 얼마나
인종주의에서 벗어났는지를 보여 주는 증거로 편집인은 자신이
유대인일 뿐만 아니라 여성이라고 독자들에게 알렸다.

아무도 기억할 수 없는 일들에 대해 관심을 환기시킨 것을 제
외하더라도, 이 모든 시도에는 이상한 점이 있었다. 역사를 공부

하는 사람이라면 거의 누구나 L. P. 하틀리L. P. Hartley가 소설『중개인The Go-Between』의 첫 구절에서 서술한 진실에 익숙하다. 〈과거는 외국이다. 그곳에서는 모든 것이 다르다.〉 1916년에 출간된 잡지의 기사가 2018년의 엄밀한 사회적 기준에 들어맞으리라고 생각하려면 어느 정도 순진해야 한다. 1916년에 영국과 미국의 여성들은 투표권이 없었고, 동성애자라는 이유로 중노동 징역형을 선고받을 수 있었으며, 한 세대의 젊은 남성 전체가 플랑드르와 프랑스의 들판에서 독가스를 들이마시고, 폭탄에 몸이 날아가고, 총격과 포격으로 쓰러졌다. 그때는 모든 것이 달랐다.

이 과정에서 배울 수 있는 한 가지 교훈은 어쨌든『내셔널 지오그래픽』의 사과는 충분하지 않았다는 것이다. 『가디언』에서 역사학자 데이비드 올루소가David Olusoga는 사과가 〈의도는 좋지만 너무 늦게 나왔다〉고 선언했다.[20] 과거를 샅샅이 뒤지는 시도는 유용한 비판적 태도보다는 오늘날 사람들이 무엇을 말할 수 있고 무엇을 말해서는 안 되는지에 관한 신경증적인 공포에 기여한다. 과거에 그렇게 많은 잘못을 저질렀다면 현재 우리가 적절하게 행동하고 있다고 어떻게 확신할 수 있겠는가?

『내셔널 지오그래픽』이 사과문을 발표하기 직전에 영화「블랙 팬서Black Panther」가 개봉했다. 주요 배우가 전부 흑인인 영화가 개봉한다는 점에서 미국의 흑인과 유색인들에게 희망을 불어넣는 기회가 되리라는 평이 많았다. 영화의 비평적, 상업적 성공에 많은 것이 걸려 있는 듯 보였다. 행성 학회The Planetary Society의 부편집인 에밀리 락다월라Emily Lakdawalla는 트위터에 분명 진지해 보이는 질문을 던지면서 도움을 요청했다. 자기 같은 백인 여성은 언제 「블랙 팬서」를 보러 가는 것이 적절한지를 물은 것이다. 개봉 첫 주는 분명 부적절할 텐데, 그러면 언제 갈 수 있을까? 마흔두 살 먹은 여자가 트위터에 이렇게 썼다. 〈나는 신중하게 개봉 첫주에는 표를 사지 않았죠. 극장에서 흑인들이 즐길 기회를 빨아먹는 백인이 되고 싶지 않았거든요. 언제 표를 사는 게 적절할까요? 다음 주면 괜찮겠죠?〉[21] 〈흑인들이 즐길 기회를 빨아먹는다〉는 말에는 백인은 괴물이자 인종주의자일 뿐만 아니라 흡혈귀이기도 하다는 뉘앙스가 담겨 있다.

어떤 피부색의 사람이 영화관에 앉아 있다는 사실만으로 다른 집단의 사람들에게서 즐거운 경험을 빨아먹을 수 있다고 생각하는 것도 제정신처럼 보이지 않는다. 락다월라의 트윗은 곳곳에서 풍자되긴 했지만, 그녀가 흡수한 사고는 어디에나 퍼져 있었다. 그냥 그런 사고를 들이마셔서 지금 내뱉고 있는 것에 불과했다.

오래전부터 추수 감사절은 미국 사람들이 가족이나 사랑하는 사람과 한자리에 모이는 시간이었다. 하지만 2018년에 이르면 추수 감사절도 인종별로 구분될 수 있었다. 『루트』는 2018년 추수 감사절에 온라인 독자들에게 훈계를 늘어놓았다. 〈백인 여러분, (……) 만약 흑인 가족과 추수 감사절에 모임을 갖고 있다면, 우리의 추수 감사절은 식민화와 아메리카 원주민 종족 말살과 아무 관계가 없음을 기억하십시오. 우리의 추수 감사절은 먹거리와 가족, 고구마파이에 바탕을 둔 반종교적 의례입니다.〉[22] 몇 주뒤 추수 감사절 주간이 되자 『바이스Vice』는 흥미진진한 새로운 방식의 휴일에 관한 동영상을 하나 공개했다. 〈백인들로부터〉 단절이 필요한 한 무리의 여성들을 다룬 영상이었다. 『바이스』가 그 영상에 붙인 제목은 〈백인들로부터 떨어져 휴일을 보내는 모습〉이다.[23] 사람들은 휴일 자체와 그 이면에 담긴 사고에 관해서 좋은 말만 늘어놓았다. 유색인 여성이 백인으로부터 벗어나는 시간을 갖는 것이 중요하고 이런 요구 자체는 전혀 잘못되지 않았으며, 추수 감사절 휴일에 이의를 제기한다고 해서 사악한 인종주의자가 되는 것은 아니라는 점을 분명히 했다.

한편 북쪽 국경 너머에 거주하는 캐나다인들은 체계적인 인종주의를 증명하지 않고는 죽을 수도 없다는 사실이 밝혀졌다. 2018년 4월에 서스캐처원에서 끔찍한 버스 사고가 일어나서 젊은이 열여섯 명이 사망하고 열세 명이 부상을 입었다. 사고가 난 버스에 훔볼트 브롱코스 팀 선수들이 가득 타고 있었다는 사실이 드러나자 비극은 더욱 커졌다. 아이스하키의 나라에서 10대 후반의 젊은이들이 한꺼번에 사망하자, 전례 없는 국가적 애도의 분위기가 조성되었다. 캐나다인들은 추모의 의미로 하키 스틱을 현관 앞에 세워 두었고, 젊은이들을 기리는 기금 모금 캠페인은 기록적인 액수를 모았다. 하지만 비극적 사건도 모든 것을 인종으로 구분하는 새로운 현상을 피해 가지 못했다. 비극이 벌어진 직후에 퀘벡시의 작가이자 자칭 〈활동가〉인 노라 로레토Nora Loreto는 소셜 미디어에 사망한 아이스하키 팀 선수들에게 쏠리는 관심에 대해 불만을 토로했다. 〈희생자들이 남성이고 젊고 백인이라는 사실이 (……) 중요한 역할을 하고 있다.〉[24]

2018년에 이르러 사람들이 앞을 내다보든 뒤를 돌아보든, 비극을 보든 희극을 보든 간에 인종이라는 똑같은 렌즈를 통해서 보는 것 같았다. 디즈니가 어린 코끼리 이야기를 다룬 고전 영화 「덤보Dumbo」의 리메이크작을 개봉한 해였다. 『바이스』는 실사 영화가 아니라 영화의 트레일러를 평하면서 1940년 원작인 디즈니 만화 「덤보」를 〈디즈니가 만든 역대 작품 가운데 단연코 가장 무서운 작품〉이라고 지칭했다. 알코올 중독자와 〈기이한〉 인물, 〈지독한 인종주의자〉 등 여러 캐릭터가 나오기 때문이었다. 하지만 〈이 모든 사실에도 불구하고 영화는 여전히 여러 세대의 어린이가 소중히 여기고 이따금 두려워하는 사랑스러운 만화가 되었다〉. 다행히도 최신 버전에서는 모든 단점이 시정되었다. 어린이를 위한 영화의 트레일러를 보고 나서 『바이스』는 성인 독자들에게 디즈니의 리메이크작이 〈귀엽고 따뜻하며 인종 차별이나 공포스러운 내용이 없어 보인다〉고 전할 수 있다고 느꼈다.[25] 그렇게 생각하게 된 이유가 무엇일까? 도대체 어떤 세상에서 코끼리가 등장하는 어린이 만화를 리메이크한 작품에 그런 취급 주의 경고문을 붙여야 하는 것일까? 인종에 눈감는racial blindness 것이 아니라 인종적 강박racial obsession에 완전히 사로잡히게 된 세상에서는 그렇다. 캠퍼스 인종 이론가들이 이런 사고를 처음 만들어 낸 눈에 보이지 않는 기원이라면, 가장 대중적인 매체는 이런 사고가 가장 두드러지게 나타나는 영역이다. 수억 명이 매체를 통해 새롭게 부활한 인종 강박이 완전히 정상이라는 사고를 흡수한다.

캐스팅 비난

2018년 2월에 넷플릭스는 리처드 K. 모건Richard K. Morgan의 소설 『얼터드 카본Altered Carbon』[26]을 개작한 드라마를 공개했다. 상당한 제작비를 들여 멋지게 찍었지만 열렬한 과학 소설 마니아가 아니라면 거의 해독이 불가능한 작품이다. 중심 줄거리는 2384년에 다케시라는 인물을 중심으로 벌어지는 일에 관한 것이다. 살해당한 다케시는 다른 육체(슬리브sleeve로 불린다)로 환생한다. 미래에는 항상 이런 일이 벌어진다.

넷플릭스가 캐스팅을 발표하는 순간 ─ 드라마 시리즈가 공개되기도 전에 ─ 비난을 받았다. 환생한 다케시 역할이 스웨덴 태생의 배우 조엘 키너먼Joel Kinnaman에게 주어졌기 때문이다. 키너먼은 역시 넷플릭스 작품인 「하우스 오브 카드House of Cards」에서 케빈 스페이시Kevin Spacey가 연기한 프랭크 언더우드의 정적 역할로 유명해진 배우였다. 드라마가 공개된 날에 『타임Time』은 여러 언론과 나란히 표적을 향해 돌진하기로 결정했다. 기사 제목은 일종의 선전 포고였다. 「얼터드 카본은 미래에 벌어진다. 하지만 진보적인 것과는 거리가 멀다.」

실제로 기사에서 주장한 내용대로 드라마 시리즈는 〈인종, 젠더, 계급〉을 다루는 방식에서 〈완전히 시대에 역행하는〉 것처럼 보였다. 스웨덴인 배우 키너먼을 캐스팅한 것이 핵심적인 문제였다. 『타임』은 원작이 과학 소설이라는 사실을 잊어버린 듯했다. 그 매체에 따르면 전생에 〈아시아인〉이었다가 다른 육체로 환생한 역할에 〈백인〉을 캐스팅한 것은 잘못이었다. 드라마가 원래 소설에 쓰인 대로 시나리오를 정확하게 따른다는 점을 인정하면서도 『타임』 평론가는 ─ 사회 정의라는 인기 있는 어휘를 동원하면서 ─ 그렇다 하더라도 〈화면에서는 특히 문제가 된다〉고 판단했다. 평론가의 생각은 다음과 같다.

창작자들은 환생한 다케시로 아시아인 배우를 캐스팅했어야 한다. 지난해 「공각 기동대: 고스트 인 더 쉘Ghost in the Shell」을 둘러싸고 벌어진 것과 똑같은 논쟁을 피했어야 했다. 해당 리메이크작에서도 스칼릿 조핸슨Scarlett Johansson이 백인 안드로이드의 몸을 가진 아시아 여자의 의식을 연기했다.

2017년에 일어난 조핸슨의 대논쟁을 피하려면 무슨 짓이든 해야 하나? 2384년을 배경으로 삼은 과학 소설 드라마를 설정하려면, 그 시대 사람들이 2018년의 『타임』 영화 평론가와 똑같은 가치관을 갖고 있다고 기대해야 한다.[27]

넷플릭스의 오락물은 가장 인기 있고 접근성이 좋은 것으로 손꼽힌다. 넷플릭스는 앞선 세대는 꿈만 꿀 수 있었던 표현의 기회와 자유로운 사고의 교류를 제공한다. 그렇지만 이제 넷플릭스조차 새롭게 부활한 인종 강박에 대한 요구가 판을 치는 놀이터가 되었다. 인종에 대한 이런 태도가 수십 년 동안 보이지 않았던 새로운 방식으로 인종에 집착하고 있다는 사실은 아무도 아랑곳하지 않는다.

예전에는 이렇지 않았다

모든 광기의 일부는 바람직한 종착지가 바로 코앞에 왔다는 인식이다. 최근 수십 년간 이미 어떤 인종의 사람이든 서구 연극이나 영화에서 주인공 역할을 맡는 것이 전혀 문제가 없고 수용 가능한 일이 되었다. 이런 논쟁은 끝난 것으로 여겨졌다. 배우 에이드리언 레스터Adrian Lester(공교롭게도 흑인이다)가 로열 셰익스피어

극단에서 헨리 5세 역으로 캐스팅된 것이 거의 20년 전의 일이다. 관객들은 여느 좋은 작품과 훌륭한 연기를 보러 가는 것처럼 작품을 보기 위해 모였다. 그 후로 흑인 배우들이 시대극을 포함해 워낙 무대에서 두드러졌던 까닭에 흑인이 캐스팅되었다고 해서 주목받는 일도 거의 없었다. 음악계에서도 수십 년간 같은 일이 벌어졌다. 일찍이 1970년대에 미국의 위대한 소프라노 캐슬린 배틀Kathleen Battle이 리하르트 슈트라우스Richard Strauss, 주세페 베르디Giuseppe Verdi, 요제프 하이든Joseph Haydn의 작품에 출연했다. 애당초 흑인 가수를 염두에 두고 만들어진 역은 하나도 없었지만, 그녀가 그 역할에 맞는지 진지하게 의문을 던지는 사람은 없었고 캐스팅에 대한 부정적인 언급도 없었다.

최근 수십 년간 가장 위대한 소프라노로 손꼽히는 제시 노먼Jessye Norman의 경우도 마찬가지다. 리하르트 바그너Richard Wagner는 이졸데가 흑인이라고 명시하지 않았다. 하지만 노먼이 헤르베르트 폰 카라얀Herbert von Karajan이 지휘하는 빈 필하모닉과 함께 「트리스탄과 이졸데Tristan and Isolde」를 불렀을 때, 아무도 음악을 무시하거나 인종적으로 맞지 않는다고 캐스팅을 비난하려 하지 않았다. 우리는 이런 상황에 익숙해져 있었다.

하지만 모두 예전의 일이다. 오늘날에는 배우나 가수를 정할 때 인종적 특징을 가장 중요하게 본다고 말해도 전적으로 수용이 가능하다. 실제로 역할을 연기하는 능력보다도 더 중요하다. 다른 분야에서도 마찬가지이지만 오늘날 연예계에서도 걸핏하면 인종 전쟁이 발발한다.

「얼터드 카본」이 인종 순수성 테스트로 홍역을 앓고 불과 몇

주 뒤에 BBC는 그해 여름에 열리는 프롬나드 콘서트인 〈BBC 프롬스BBC Proms〉 일정을 발표했다. 그중에는 브로드웨이 스타 시에라 보기스Sierra Boggess가 「웨스트 사이드 스토리West Side Story」에 출연하는 것도 포함되어 있었다. 캐스팅이 발표되자마자 소셜 미디어에서 맹렬하게 비난이 일었다. 백인으로 알려진 보기스가 마리아 역 — 가상의 인물로 푸에르토리코인으로 설정된 역 — 에 캐스팅되었기 때문이다. 작품 전체가 허구라는 사실 — 그리고 그 허구의 가사와 음악을 유대인 두 명이 썼다는 사실 — 은 고려할 문제가 아니었다. 한 트위터 이용자는 이렇게 말했다. 〈당신은 백인 여자이고 이 캐릭터는 푸에르토리코인이다. 당신의 일자리 기회가 줄어들 것 같지는 않다. 지금 당장 유색인 배우의 역할을 빼앗는 짓을 중단하라.〉 다른 이용자는 이렇게 말했다. 〈나는 시에라 보기스를 사랑하지만 마리아는 정말로 뮤지컬 극장에서 라틴계 여성이 맡을 수 있는 유일한 주역이다. 그러니 이 역을 연기하고 싶어서 **죽을 지경인** 수많은 재능 있는 라틴계 여성 중 한 명을 캐스팅하면 안 될까?〉

〈BBC 프롬스〉는 보기스를 마리아 역으로 캐스팅함으로써 〈화이트워싱〉에 가담하는 것으로 여겨졌다. 유감스럽게도 보기스는 비판을 가슴에 새기고 페이스북에 자기 생각을 알렸다.

오랜 숙고 끝에 제가 이번 콘서트에서 노래를 부르면 라틴계 여성들이 노래할 기회를 다시 한번 부정할 뿐만 아니라 그들이 무대에 오른다는 사실 자체의 **중요성**까지 부정하는 셈이라는 것을 깨달았습니다.

보기스는 〈커다란 실수〉를 저지르고 싶지 않다고 덧붙였다.

미스 캐스팅을 영속화하지 않기 위해, 지금이 그 어느 때보다도 더 중요한 시기라는 점에 관해 많은 사람과 대화를 나누었습니다. 이렇게 뒤늦게 깨달은 것에 대해 사과를 드리며, 아티스트로서 우선 제가 어떻게 세계에 가장 잘 기여할 수 있는지 자문해 봅니다. 제 선택은 아주 분명합니다. 옆으로 비켜서서 특히 이 쇼에서 오랫동안 벌어진 잘못을 바로잡을 기회를 만드는 겁니다.
따라서 저는 이번 콘서트에 출연하지 않기로 했고, 앞으로 계속해서 우리 공동체와 세계를 위해 변화를 노래하는 목소리가 되고 싶습니다![28]

마리아 역의 캐스팅은 다시 진행되었고, 결국 미케일라 베넷Mikaela Bennett이 맡게 되었다. 베넷은 캐나다 오타와 출신이지만 종족적으로 푸에르토리코인 역을 맡기에 더 적합하다고 여겨졌다.
트윗 몇 개 때문에 이미 정해진 캐스팅이 취소될 수 있었다. 재능 있는 스타가 위협 때문에 굴복했다. 그리고 〈진보〉와 〈다양성〉이라는 이름 아래 지극히 퇴보적이고 다양하지 않은 집단이 다시 승리를 거두었다. 바야흐로 모든 것이 하나도 빠짐없이 정치화되고 양극화되는 시대에 소설과 예술의 영역 — 장벽을 허무는 우리의 가장 큰 무기들 — 또한 인종적 배타성과 배제를 위한 전장이 되고 있다.

이런 의제를 밀어붙이려고 하는 사람들은 아마 어느 순간 자신들이 엄청난 논리적 충돌로 치닫고 있다는 사실을 깨달을 것이다. 보기스를 「웨스트 사이드 스토리」에서 밀어낸 바로 그 논리를 그대로 이용해서 미래의 모든 할 왕자(헨리 5세)나 이졸데는 반드시 백인이어야 한다고 주장할 수 있다. 캐스팅은 피부색에 모르는 체하거나 피부색에 집착할 수 있지만, 둘 다가 될 수는 없다.

이와 똑같은 지루한 집착이 삶의 다른 모든 영역에 영향을 미친다. 이제 지극히 평화로워서 인종 논쟁에 휘말리지 않는 직업이나 오락은 없다. 논쟁이 벌어질 때마다 논쟁 자체가 전이되면서 한 사건이나 주장이 ― 그것 때문에 발화되고 걷잡을 수 없이 커지는 ― 수많은 사건이나 주장 전체의 원조로 바뀐다.

2018년 9월에 테니스 챔피언 세리나 윌리엄스Serena Williams를 둘러싸고 벌어진 논쟁을 예로 들어 보자. US 오픈 결승전을 벌이는 중에 윌리엄스는 라켓을 부러뜨렸다는 이유로 경고와 페널티 포인트를 받았다. 윌리엄스는 심판에게 불같이 화를 냈다. 이따금 있는 일이긴 하지만 품위 있는 스포츠를 표방하는 테니스에서는 여전히 눈살이 찌푸려지는 행동이다. 윌리엄스는 정말로 심판을 공격했다. 심판을 〈도둑놈〉이라고 불렀다. 윌리엄스에게 1만 7천 달러의 벌금이 부과되었는데, US 오픈 우승 상금이 4백만 달러 가까이 되고 준우승 상금이 2백만 달러라는 사실을 감안하면 푼돈이다. 하지만 문제는 거기서 끝이 아니었다. 윌리엄스가 여성이라는 이유로 세계 여자 테니스 협회Women's Tennis Association는 심판이 〈성차별주의자〉라고 비난했다. 또한 윌리엄스가 흑인이기 때문에 곧바로 전면적인 인종 분쟁으로 치달았다.

무엇보다도 BBC는 윌리엄스가 코트에서 분노를 폭발시켰다는 비판이 〈성난 흑인 여자〉라는 오랜 인종적 고정 관념에 기여한다고 단정했다.[29] 그런데 누구도 어떻게 하면 흑인 여성이 이런 고정 관념에 기여하지 않은 채 화를 낼 수 있는지 설명하지 않았다. 『가디언』은 인종의 잣대를 더욱 밀어붙이기로 결정했다. 기고 필진인 케리스 아포코Carys Afoko에 따르면 윌리엄스에 대한 비판은 더 커다란 교훈을 주었다. 〈일하는 흑인 여성이 얼마나 힘든지〉를 생생히 보여 주는 사례라는 것이었다. 아포코가 보기에 〈흑인 여성은 사무실에서 일진이 사나운 경우가 있어서는 안 된다. 정확히 말하자면, 설령 일진이 사나운 날이 있어도 대개 분노나 슬픔을 표현하는 위험을 무릅써서는 안 된다. 따라서 우리 대다수는 백인의 일터에서 성공하게 만들어 주는 직장의 페르소나를 만들어 낸다〉. 이 말은 단지 『가디언』 칼럼니스트로서 겪는 구체적인 도전을 가리키는 이야기일 수 있다. 어쨌든 아포코는 자신이 이야기하려는 사례, 자신이 직접 견디어야 했던 사례를 계속 이어 갔다. 〈몇 년 전 남자 동료가 내놓은 생각에 동의하지 않은 적이 있었는데, 그가 나를 옆으로 데려가더니 내가 공격적이라고 말했다. 내가 《공격적》이라는 단어에는 인종적 함의가 있다고 설명하려고 하자 그는 울음을 터뜨렸다.〉 그녀의 동료가 왜 울음을 터뜨렸는지 누가 알겠는가? 그가 인종주의자라는 또 다른 증거일지 모른다. 어쩌면 인종주의자라는 비난 때문에 자기 경력이 끝장날 수 있다는 두려움일지도 모른다. 아니면 동료가 결국 인종 차별 행위로 해석하지 않도록 막기 위해 자기가 할 수 있는 말이 아무것도 없다는 생각이 들었을지도 모른다.

어쨌든 아포코는 동료의 눈물을 흘리게 만든 경험에서 다른 교훈을 끌어냈다. 〈그 일은 내가 20대 내내 배운 교훈을 다시금 확인시켰다. 대개 직장에서 인종주의나 성차별주의를 설명하려고 해보아야 소용없다는 교훈이다. 그냥 고개 숙이고 최선을 다해 일이나 하라는 교훈 말이다.〉 아포코는 아직 시류를 따라잡지 못한 『가디언』 독자들을 위해 도움이 되는 충고를 덧붙였다. 〈만약 당신이 흑인 여자가 아니고 지금 당장 혼란을 느낀다면, 여기 교차성에 관한 2분짜리 동영상이 있다.〉[30] 〈어린이가 설명하는 교차성〉이라는 제목이 붙어 있는 이 유용한 동영상은 제목 그대로 10대 이하의 어린이들이 등장해 교차성이 얼마나 간단한 개념인지 설명하는 내용이 담겨 있다. 어른들이 최소한으로 개입하는 가운데 평이하고 약간 단조로운 언어로 교차성은 〈우리로 하여금 사람이 다차원적인 삶을 산다는 사실을 깨닫게 해주는 개념〉일 뿐이라고 설명한다. 대여섯 살 먹은 백인 소년은 캐나다 원주민계 아이가 교차성을 설명하는데도 여전히 교차성이 실제로 무엇인지 몰라 혼란스러워한다. 마침내 〈그것을 이해한〉 소년은 단편 영화의 첫 장면에 나온 멋진 흑인 여자에게 〈사람들은 단 하나의 그림이 아니〉라고 설명한다. 또 〈당신을 만들려면 그림 전체에 당신 인격이 함께 있어야 해요〉라고 말한다. 이런 식으로 처음의 혼란을 극복하고 올바로 이해한 소년은 축하를 받는다. 〈고마워요. 정말 대단해요.〉 그 소년은 상으로 하이 파이브를 제안받는다.[31]

문화적 전유
인종과 인종적 특징을 계속 따지고 드는 현상을 멈추기 위한 분명한 방법 한 가지는 경계선을 흐릿하게 만드는 것이다. 예를 들어 공유하고 소통할 수 있는 인종의 측면들을 모든 사람에게 열린 경험으로 만들면 된다. 가령 다른 사람들이 존경하는 한 사람이나 한 민족의 문화의 측면들을 공유하면, 온갖 구분 선을 가로질러 상호 이해의 영역이 더욱 넓어질 수 있다. 이런 구상은 욕심일지 모른다. 유감스럽게도 그 욕심을 완전히 실현하기도 전에 이론이 앞서 나갔다. 이 이론 또한 캠퍼스에서 시작되어 현실 세계로 갈라져 나갔다. 〈문화적 전유cultural appropriation〉라는 이름을 가진 개념이다.

문화적 전유는 식민 열강이 다른 나라들에 자신들의 문화를 강요했을 뿐만 아니라 그 낯선 문화의 일부 측면을 자국으로 되가져갔다는 사고와 함께 포스트콜로니얼 연구에서 처음 등장했다. 이것을 긍정적으로 해독하면 모방이자 가장 진지한 형태의 치켜세우기로 볼 수 있다. 하지만 포스트콜리니얼 연구 분야의 교수들은 다른 어떤 것으로 유명할지 몰라도 긍정적인 시각으로 세상을 읽는 것으로는 절대 유명하지 않다. 가장 부정적인 독해가 작동하기 시작했다. 이런 문화적 절도야말로 식민주의가 마지막으로 저지르는 모욕이며, 식민 열강은 한 나라의 천연자원을 강탈하고 그 민족을 외국의 통치에 종속시킴으로써 종속민들이 자신들의 문화를 빼앗기지 않고 온전하게 보존하도록 내버려둘 수도 없다는 것이다.

캠퍼스에서 시작된 탓에 〈문화적 전유〉에 대한 대대적인 반대는 불가피하게 대학 도시에서 폭발했다. 문화적 전유를 고발하는 초기의 물결은 2015년 핼러윈에 예일 대학교의 대학생들이 그토록 끔찍하게 여긴 것과 마찬가지로 부절적한 의상에 대한 반발로 등장했다. 아메리카 원주민이 아닌 사람들이 이를테면 아메리카 원주민의 머리 장식을 쓰고 돌아다니는 일이 벌어질지 모른다는 공포가 두드러진 것이다. 이런 관행에 반대하는 진영에서 사용하는 은어로 말하자면 의상은 〈무방하지〉 않다.

꽤 오래전부터 오리건주 포틀랜드는 온갖 황당무계한 아이디어를 시험하는 현장으로 부각되기 시작했다. 최근에는 특히 문화적 전유라는 표현을 중요하게 여긴다. 그리하여 어떤 현지 작가가 〈식도락가의 천국〉이라고 묘사한 곳이 식도락가의 교전 지대에 가까워지고 있다.[32] 2016년에 포틀랜드에서 한 여자가 새프런 콜로니얼saffron colonial이라는 비스트로를 열었다. 성난 군중이 레스토랑 앞에 모여들어, 인종주의를 저지르면서 식민주의를 미화한다며 그 여자를 비난했다. 옐프Yelp 같은 식당 평가 웹사이트에는 레스토랑에 관해 부정적인 평을 쓰는 사람들이 넘쳐 났다. 결국 주인이 굴복해 레스토랑 이름을 바꾸었다. 그 주인은 포틀랜드에서 레스토랑을 여는 간사한 방법을 통해 오로지 제국을 다시 들여오는 것을 목표로 삼은 시설을 만들었다는 비난을 받았다. 훨씬 더 지독한 사례도 찾을 수 있었다. 지역 사람들의 눈에 비친 최악의 사례는 자신의 DNA와는 어울리지 않기 때문에 전혀 권리가 없는 음식을 요리하는 사람들이었다.

2017년에 부리토를 파는 푸드 트럭을 연 커플이 있었다. 포틀랜드의 새로운 규정에 따르면, 이 커플은 문화적 전유라는 죄를 저지른 셈이었다. 멕시코인이 아니면서 부리토를 판매함으로써 멕시코 문화를 〈도둑질〉한 죄였다. 푸드 트럭의 주인들은 결국 살해 위협을 받았고, 소셜 미디어 계정을 전부 닫고 끝내 사업까지 접어야 했다. 이런 승리로 사람들이 대담해졌다고 말한다면 문제를 과소평가하는 셈이다. 그 승리 직후에 오리건주의 지역 활동가들은 〈포틀랜드에서 백인이 소유한 문화적 전유 레스토랑들 대신 갈 만한 곳〉이라는 제목을 가진 리스트를 만들어 배포했다. 거기에는 〈유색인〉이 소유한 레스토랑들이 대안으로 제시되었다.[33]

대학에서 벌어진 사태들과 마찬가지로, 포틀랜드에서 일어난 일들도 포틀랜드에 국한되는 일이라고 예상할지 모른다. 하지만 이번에도 역시 대학의 경우처럼 우리 모두가 지금 포틀랜드에서 살고 있을지도 모른다는 느낌이 커지기 시작한다. 2018년 여름에 영국에서 대다수의 사람이 휴가를 보내는 가운데 문화적 전유 식품 전쟁이 벌어졌다. 흑인 하원 의원인 돈 버틀러Dawn Butler가 영국에서 가장 유명한 셰프 방송인을 비난하고 나선 것이다. 얼마 전에 제이미 올리버Jamie Oliver가 〈펀치 저크 라이스punchy jerk rice〉라고 명명한 새로운 음식을 공개했다. 올리버가 공개한 레시피에 전통적으로 저크 치킨용 양념장에 사용되는 재료들이 빠져 있다는 비판이 나왔다. 레시피에 중요한 재료가 빠졌다는 비판은 곧바로 인종을 둘러싼 소동으로 이어졌다. 버틀러는 올리버를 혐오한다고 트윗을 날렸다. 그녀는 올리버가 실제로 〈자메이칸 저크〉를 아는지 궁금해했다. 〈그건 제품 판매를 위해 재료 앞에 그냥 붙이는 단어가 아니다. (……) 당신이 만든 저크 라이스는 무방하지 않다. 이런 식으로 자메이카를 전유하는 일을 멈추어야 한다.〉[34] 올리버가 운영하는 이탈리아 레스토랑 체인점인 〈제이미스 이탤리언Jamie's Italian〉은 영국 내 수십 개 도시에 지점이 있는데,

다행히도 버틀러의 레이더망을 피한 것 같다.

이렇게 우르르 몰려가는 행동에는 유명 인사만이 아니라 이름 없는 일반인에게도 쉽게 근거 없는 주장을 던질 수 있다는 문제점이 있다. 평상시라면 유타주의 한 학교에서 열리는 연말 댄스 파티에서 하원 의원과 유명 셰프가 벌인 것처럼 떠들썩한 말다툼이 벌어질 일이 없다. 그런데 2018년에 18세 여학생 케지아Keziah가 댄스파티에 입고 갈 드레스 사진을 온라인에 공유한 것이 문제가 되었다. 그 빨간색 드레스는 특이한 중국풍이었다. 분명 케지아는 멋져 보인다며 〈좋아요〉를 받기를 기대했을 것이다. 하지만 칭찬을 받는 대신에 곧바로 전 세계적인 반발에 부딪혔다. 한 트위터 이용자가 물었다. 〈댄스파티 주제가 인종주의인가요?〉 다른 이용자들이 몰려와서 중국계가 아닌 여학생이 중국으로부터 영감을 받은 드레스를 입는다는 이유로 문화적 전유를 저질렀다는 비난을 쏟아 냈다.[35]

분별 있는 세계라면 이 모든 일이 예술가, 특히 풍자가들에게 엄청난 선물이 되어야 마땅하다. 하지만 비판적으로 현상을 보기만 해도 다시 고발이 빗발치고 주장과 감수성이 고조되는 것 같다. 2016년 9월에 소설가 라이어널 슈라이버Lionel Shriver는 브리즈번 작가 페스티벌에서 〈소설과 정체성 정치〉에 관해 강연을 했다. 슈라이버(『케빈에 대하여We Need To Talk About Kevin』를 비롯한 여러 권의 작품을 썼다)는 이 기회를 빌려 〈문화적 전유〉 문제를 다루었다. 강연 몇 주 전부터 다양한 맥락에서 반복해서 등장하고 있는 용어였다. 멕시코인이 아니면 솜브레로를 쓸 권리가 없는지, 그리고 다른 곳에서는 태국 출신이 아닌 사람들이 태국 음식을 요리하거나 먹을 수 있는지 등에 대한 논란이 벌어졌다.

상상력을 이용해서 다른 사람의 머릿속에 들어가는 것이 소설가의 일이기도 하기 때문에 슈라이버는 이런 움직임이 자기 영역에 불편할 정도로 가까이 있다고 느꼈다. 브리즈번 작가 페스티벌에서 진행한 강연은 소설이라는 예술을 목청껏 옹호하는 것으로, 작가는 쓰고 싶은 이야기를 무엇이든 쓸 수 있다고 말했다. 슈라이버는 자기 작품에서 인물을 생각할 때 아르메니아인 같은 인물의 한 측면이 그 인물의 출발점이 될 수 있다고 설명했다. 「하지만 단순히 아르메니아인이라는 것만으로는 내가 생각하는 인물이 될 수 없습니다. 아시아인이라는 것은 정체성이 아니에요. 동성애자라는 것도 정체성이 아닙니다. 귀가 멀고 눈이 안 보이고 휠체어를 사용하는 것도 정체성이 아니고요. 경제적으로 가난한 것도 정체성이 아니죠.」

예측 가능한 반응이 나왔다. 로비아 자키에Lovia Gyarkye는 『뉴리퍼블릭New Republic』에서 이렇게 말했다. 〈라이어널 슈라이버는 소수자에 관해 글을 쓰지 않아야 한다. 9월 8일에 열린 브리즈번 작가 페스티벌의 강연에서 미묘한 차이를 포착하지 못한 것을 보면 문제를 이해하지 못하고 있음이 드러난다.〉 그러면서 슈라이버에게 질문을 던졌다. 〈슈라이버에게 묻고 싶다. 이 꼬리표들이 정체성이 아니라면, 그러니까 동성애자나 장애인이라는 것이 정체의 한 부분이 아니라면 도대체 왜 수많은 사람이 매일같이 그 꼬리표들 때문에 학대와 수치를 당하고 살해되는 걸까? (……) 슈라이버가 문화적 전유와 관련해서 보지 못하는 것은 그것이 권력과 복잡하게 뒤엉켜 있다는 사실이다.〉[36] 그리하여 파국주의와 푸코는 단일한 주장으로 결합되었다.

하지만 짜증을 내는 자키에보다 더 전면에 나선 인물은 실제로 그 강연을 하는 동안 객석에 앉아 있던 야스민 압델마지드 Yassmin Abdel-Magied였다. 『가디언』은 압델마지드가 현장에서 목격한 설명을 받아서 재게재했다.

> 20분 정도 강연을 듣다가 나는 앞줄에서 내 옆에 나란히 앉아 있는 어머니에게 고개를 돌렸다. 「엄마, 도저히 앉아 있을 수가 없어요.」 양쪽 입꼬리가 한껏 내려앉았다. 「이건 정당화할 수가 없는 수준이에요.」

그다음에는 자리에서 일어나서 강연장을 나가는 기분에 관한 설명이 매혹적이면서도 지루하게 이어졌다. 슈라이버의 강연은 압델마지드의 생각과 다른 방향을 따라갔다. 압델마지드가 보기에 그것은 강연이라고 칭할 수도 없었다. 그보다는 〈오만으로 둘둘 감싼 독극물 보따리를 잘난 체하며 풀어놓는〉 것이었다. 압델마지드는 남의 목소리를 빌려서 글을 쓰는 사람은 위험하다고 설명했다. 그 예로 자신의 한계를 드러냈다.

> 나는 LGBTQI 공동체나 신경이 다른 사람들* 또는 장

---

* 인간의 사회성, 학습, 주의력, 감정 등 정신적 기능은 원래 다양한 것이며, 따라서 다양한 신경 질환도 질병이 아니라 정상의 범주에 포함되어야 한다는 주장에서 〈신경다양성neurodiversity〉 개념이 나왔다. 신경이 다른neuro-different 사람들이란 발달, 인지, 지적 능력 등이 다른 사람들을 중립적으로 가리키는 표현이다.

애인을 대변할 수 없지만, 바로 이 점이 중요하다. 나는 그들을 대변하는 것이 아니라 우리가 그들의 목소리와 경험에 귀를 기울이고 정당하게 인정하도록 만들어야 한다.

식민주의에 관해 잠시 이야기한 압델마지드는 계속해서 결론을 내렸다.

> 라이어널 슈라이버의 기본적 입장에 녹아 있는 타인에 대한 무시는 사람들이 폴린 핸슨Pauline Hanson에게 투표하는 것과 똑같은 힘이다. 바로 이것이 우리 원주민이 여전히 인정받기 위해 싸우고 있는 이유이며, 우리가 계속해서 앞바다에 이민자 감옥을 놓아두는 이유다. 편견과 혐오, 종족 말살의 토대를 닦는 것도 바로 그런 태도다.[37]

『가디언』은 누가 정론지 아니랄까 봐 슈라이버의 강연 전문을 게재했다. 독자 스스로 슈라이버의 강연이 일시적 유행에 대한 재치 있는 비판인지 파시즘의 초석인지를 식별하게 한 것이다.

슈라이버가 이 반발에서 살아남은 한 가지 이유는 그녀가 누구도 인질로 잡지 않고 오로지 진실을 말하는 사람으로 정평이 나 있었기 때문이다. 하지만 슈라이버 때문에 피해자가 되었다고 주장하고 싶은 사람들에게는 분명한 동기가 있었다. 만약 압델마지드(이후 수상쩍은 이유로 오스트레일리아를 떠났다)가 슈라이버의 입장을 객관적이고 사려 깊게 비판하는 쪽을 선택했더라면, 스스로 관심을 끌고 주요 신문이 그녀의 글을 찾아내서 곧바로 재게재하는 일은 없었을 것이다. 양쪽 입꼬리가 내려가는 것을 느끼지 않거나 어머니에게 강연장에 자기들이 있다는 사실 자체가 혐오를 〈정당화〉한다고 설명하지 않았더라면, 그녀의 견해는 다른 사람들의 생각과 마찬가지로 타당하지 — 또는 대중적이지 — 않았을 것이다. 이것은 집단을 광기에 빠뜨리는 메커니즘에서 중요한 톱니다. 가장 기분이 상했다고 공언하는 사람이 가장 관심을 많이 받는 것이다. 별로 신경 쓰지 않는 사람은 누구나 무시된다. 소셜 미디어에서 관심을 끌기 위해 고함을 지르는 시대에 이 메커니즘은 낙관보다 분노에 보상을 준다. 슈라이버는 그 강연 이후 몇 년간 출판사들이 성별이나 인종 할당제를 도입하는 것에 공개적으로 반대한 몇 안 되는 작가 중 하나였다. 어떤 책이나 저자의 작품을 출간할 것인지를 결정할 때 문학적 우수성 이외의 기준을 두어서는 안 된다는 이유였다.

중심적 문제

이 모든 것의 밑바탕에 깔린 중심적 문제는 거대한 혼동이다. 그런데 혼동은 오해 때문이 아니라 우리 사회가 몇 가지 프로그램을 동시에 돌리려고 한다는 사실 때문에 생겨난다. 한편에는 모든 문화의 요소들을 감상하고 이런 문화에 쉽게 접근할 수 있는 것이 좋은 삶이고, 세계를 이런 삶을 위한 장소로 만들어야 한다고 선언하는 프로그램이 있다. 다른 한편에는 그와 동시에 일정한 조건 아래에서만 문화의 경계를 넘을 수 있다고 선언하는 프로그램이 돌아가고 있다. 두 번째 프로그램은 끝나지 않았을 뿐만 아니라 프로그램을 끝내는 일은 아무나 가로채면 되는 것처럼 보인다. 인종과 문화가 같은 것이 아니라고 인정하는 프로그램도 있다. 그렇지만 — 동시에 돌아가는 — 다른 프로그램은 두 개가 완전히 동일한 것이기 때문에, 다른 사람들의 문화를 잠식하는 것은 인종주의적 침해나 〈전유〉 행위라고 말한다.

그 밑바탕에는 깊이 가라앉아 있는 것이 하등 놀랍지 않은 폭발적 위험성을 지닌 문제가 존재한다. 우리는 이미 무엇이 답이 될 수 없는지를 결정했기 때문에 질문을 던지지 않는다. 바로 인종이 하드웨어 문제냐, 아니면 소프트웨어 문제냐 하는 질문이다. 『내셔널 지오그래픽』을 비롯한 집단이 마땅히 부끄러워해야 하는 과거에는 인종은 하드웨어 문제라고 여겨졌다. 인종이 개인의 정체성을 규정했다. 다른 모든 특징을 배제하고 손상시키는 일도 많았다. 20세기가 진행됨에 따라 계몽된 자각이 커졌다. 인종이 중요하기는 해도 건널 수 없는 다리는 아니라는 자각이었다. 실제로 사람들은 감사와 사랑의 정신으로 다른 문화나 민족의 일원이 되기를 원하고 몸을 던지기만 하면 그렇게 될 수 있었다.

20세기 말에는 이런 자각이 한 방향으로만 움직일 수 있다는 인식이 생기면서 경고의 목소리가 새어 나왔다. 인도인은 틀림없는 영국인이 될 수 있지만 영국의 백인은 인도인이 될 수 없었다. 무엇이 가능하고 무엇이 불가능한지에 관한 경계선은 미묘하면서도 지속적으로 이동했다. 최근 수십 년 동안은 인종 간 입양에 대한 태도, 그리고 아이가 인종이 다른 부모 손에 의해 길러지는 일이 유익하거나 적절한지를 둘러싸고 경계선이 이동했다. 하지만 우리 앞에 놓인 문제는 이 영역 전체가 다시 움직이고 있다는 것이다. 이번에 나타나는 조기 신호는 어디로든 이동할 수 있을 뿐만 아니라 상상 가능한 최악의 방향으로 이동하는 것처럼 보인다.

발언자가 아니라 발언

2016년 클리블랜드 공화당 전당 대회에서 틸이 트럼프를 지지했을 때, 미국 대부분의 유명한 동성애 잡지가 보기에 그는 이제 게이가 아니었다. 오른쪽 ─ 그것도 트럼프보다 오른쪽 ─ 으로 가 버린 것은 너무도 엄청난 잘못이라『애드버킷』은 틸을 동성애 교회에서 파문했다. 그로부터 2년 뒤 미국 흑인들 사이에서 정확히 똑같은 사태가 벌어졌다.

　카녜이 웨스트Kanye West는 트위터에서 1년 가까이 입을 다물고 있다가 2018년 봄에 복귀했다. 복귀를 알리는 선물로 그는 곧바로 뉴스를 만들어 내기 시작했다. 그는 4월에 흑인 보수 평론가이자 활동가인 캔디스 오언스Candace Owens를 치켜세웠다. 오언스는 UCLA에서 강연을 하는 도중에 강연에 반대하는 시위를 벌이는 〈흑인의 생명도 소중하다〉 운동에 동참한 사람들을 비난하면서, 그들을 지금 앞줄에 앉아 강연에 귀를 기울이는 흑인 학생들과 비교한 뒤에 다음과 같이 말했다.

　지금 이 순간 흑인 사회에서 무슨 일이 벌어지고 있나요. (……) 이데올로기적 내전이 벌어지는 중입니다. 과거에 집착하면서 노예제에 대해 소리를 지르는 흑인들이 있죠. 미래에 초점을 맞추는 흑인들이 있고요. 피해자 정신과 승자 정신이 대결을 벌이는 겁니다.

여기저기 퍼져 나간 동영상에서 오언스는 계속해서 시위대가 〈억압〉에 중독되어 있다고 비난했다.

웨스트는 이 동영상을 보고 나서 트윗에 〈캔디스 오언스의 사고방식이 마음에 든다〉고 썼다. 그리고 한동안 인터넷에 문제가 생긴 듯했다. 적어도 트위터 세계에 문제가 발생한 것 같았다. 오래전부터 대법관이나 미국의 몇몇 저명한 사상가를 포함해, 많은 흑인 보수주의자가 있었다. 하지만 웨스트급의 유명인이 암시적으로나마 미국 흑인이 민주당 말고 다른 당에 정치적 충성을 바칠 수 있다고 말한 적은 없었다. 그런데 이제 지구상에서 — 좋은 쪽으로든 나쁜 쪽으로든 — 가장 유명한 커플로 손꼽히는 부부* 중 한 명이 지뢰밭에 성큼성큼 걸어 들어간 것이다.

웨스트에게는 이 여정을 시작하는 데 유리한 점이 몇 가지 있었다는 사실을 지적하고 싶다. 첫 번째는 이른바 마음대로 욕할 수 있는 든든한 현금F-you cash이다. 정치 놀음을 하느라 많은 팬층 — 흑인과 백인 모두 — 에서 유독한 존재가 된다고 하더라도, 그는 언제나 자신과 부인의 돈을 깔고 앉아 있을 수 있다. 또 다른 요인은 그가 약간 통제가 불능한 사람이라는 인식이다. 물론 그는 널리 퍼져 있는 평에 아랑곳하지 않는다.

오언스에 대한 칭찬은 곧이어 트럼프에 대한 공개적인 칭찬으로 이어졌다. 웨스트는 2018년 10월에 이르러 백악관 대통령 집무실에서 정상 회담과 오찬을 즐겼다. 상대적 기준으로 보아도 이상한 일이었다. 웨스트가 대화를 거의 독점하는 동안 대통령은 책상 반대편에 앉아서 신중하게 고개를 끄덕였다. 웨스트는 이 기

* 카녜이 웨스트와 킴 카다시안은 2021년 2월에 이혼했다.

회를 빌려 흑인 공동체와 교도소 개혁에 관해 말했다. 또 〈미국을 다시 위대하게 만들자〉는 구호가 적힌 〈MAGA〉 모자를 쓰니까 〈슈퍼맨이 된 것 같다〉는 등 〈평행 세계〉가 존재한다는 등 떠들었다. 그러면서 〈사람들이 흑인이면 민주당을 지지해야 한다고 생각한다〉며 불만을 토로했다. 계속해서 트럼프를 사랑한다고도 말했다.

웨스트가 이 경로를 따르기 시작한 순간부터 사람들의 반응을 예측할 수 있었다. 가장 크고 묵직한 포탄을 조준한 인물은 타네하시 코츠 Ta-Nehisi Coates였다. 『애틀랜틱 The Atlantic』에 기고한 글에서 코츠는 자신이 어떤 가정 교육을 받고 자랐는지 설명하면서 마이클 잭슨 Michael Jackson을 좋아한다고 말했다. 잭슨이 아프로 헤어스타일을 한 흑인 꼬마에서 나중에는 거의 투명한 밀랍 인형으로 기묘하게 변신한 이야기를 했다. 그러고는 웨스트를 잭슨에 비교하려고 마음먹었다.

〈카녜이 웨스트가 추구하는 목표는 마이클 잭슨과 같다. (……) 웨스트는 자신이 벌이는 싸움을 《자유사상가》가 될 권리라고 부르며, 그는 실제로 일정한 종류의 자유를 옹호하고 있다. 그건 백인의 자유, 결과를 책임지지 않는 자유, 비판받지 않는 자유, 무지를 자랑스러워하는 자유다.〉 이 글의 제목은 〈난 흑인이 아냐, 난 카녜이야: 카녜이 웨스트는 자유를 원한다 ─ 백인의 자유를〉이었다.[38] 카녜이도 틸과 같은 줄에 걸려 넘어졌다. 어느 순간 소수자의 정치적 불만이 소수자의 정치적 행동주의로 바뀌었고 다시 단순한 정치로 옮겨 갔다. 소수 집단의 구분 선을 따라서 한 후보에게 몰표를 던지는 유권자 블록이 존재한다는 주장은 유권자 블록을 찾는 일부 정치인에게 이득이 되며, 나름의 우선권을 확보하기 위해 한 집단 전체를 대변한다고 주장하는 전문 브로커 들에게도 이득이 될 수 있다. 하지만 이것은 대단히 위험한 연결 이며 다시 각각의 권리 문제가 제기되는 연결이다.

결국 당신은 다른 사람들이 당신을 위해 만든 특정한 불만과 정치적 불만, 그 결과로 만들어진 선거 공약을 받아들이는 한에서 만 인정받는 소수 집단의 성원일 뿐이다. 이것을 벗어나는 순간 당신은 예전과 같은 특징을 가진 사람이 아니라, 정해진 규범과 다르게 생각하는 사람이 된다. 당신은 특징을 잃어버리게 된다. 따라서 틸은 트럼프를 지지하는 순간 이제 더는 게이가 아니다. 웨스트도 트럼프를 지지하는 순간 이제 더는 흑인이 아니다. 결국 〈흑인〉은 피부색이나 인종이 아닌 셈이다. 또는 적어도 그런 특징 만이 아닌 것이다. 〈흑인〉은 — 동성애자와 마찬가지로 — 사실 일종의 정치적 이데올로기다. 이런 가정이 워낙 뿌리가 깊은 탓에 — 그리고 언급되는 경우도 거의 없기 때문에 — 그냥 일반적으 로 받아들여진다.

런던 정치 경제 대학은 스스로 자랑스럽게 내세우는 것처 럼 — 국제적인 학생들과 전 지구적인 범위를 갖춘 런던 정치 경 제 대학은 언제나 넓은 세계와 손잡는 것을 핵심적 사명으로 삼았 습니다 — 사회 과학 분야에서 세계 최고의 대학으로 손꼽힌다. 이 학교에서 발간하는 『LSE 리뷰 오브 북스*LSE Review of Books*』의 2012년 5월호에 토머스 소얼Thomas Sowell의 신작에 대한 서평이 실렸다. 『지식인과 사회*Intellectuals and Society*』[39]는 2년 전 출간되었는 데, 학계에서는 일반 사회에 비해 지적인 총기 난사가 종종 한결 여유롭게 벌어진다.

서평자인 에이든 번Aidan Byrne은 울버햄프턴 대학교의 〈영어 학과 미디어 및 문화 연구의 부교수〉였다. 그는 ─ 필자 소개에 따르면 ─ 이 자리에서 〈전간기 웨일스 소설과 정치 소설에 담긴 남성성이 전공으로 다양한 과목을 가르친다〉. 『LSE 리뷰 오브 북스』가 소얼에 대한 판결을 내리기에 딱 맞는 권위자다.

번 자신은 〈대단히 당파적인〉 성격을 띤 이 책에 〈큰 인상을 받지 못했다〉. 그리하여 소얼의 책이 출간되고 2년 뒤에 표적을 겨냥해 사격을 시도했다. 첫 구절부터 그는 〈『지식인과 사회』는 소얼의 정치적 적들을 겨냥한 시대착오적이고 이따금 솔직하지 못한 일련의 공격으로 이루어져 있다〉고 경고한다. 번의 서평에 담긴 비판 가운데는 소얼이 쓴 문장이 티 파티의 관심사와 동일하며 〈인종 통합에 대한 공격을 굳이 감추지 않는다〉는 주장도 있다.

소얼을 겨냥한 더욱 기묘한 주장은 번이 독자들에게 경고하는 것처럼 인종 문제에 관한 소얼의 언급은 〈혼란스럽고 불온한 비밀 메시지〉에 지나지 않는다는 것이다. 마찬가지로 과거의 유산에 관한 소얼의 주장도 〈암호를 이용한 개입〉이다. 그가 다루는 주제에 흥미를 느낀 번은 〈소얼에게 노예제의 문화적 유산이란 도덕적 문제로 간주되는 것이 아니며 개선을 시도해서도 안 되는 것〉이라고 설명했다. 번은 비난에 덧붙여 파괴적인 말을 늘어놓지만, 그의 말은 믿기 어려울 정도의 자해 행위임이 드러났다.[40]

정평 있는 런던 정치 경제 대학의 웹사이트에는 현재 온라인 기사 하단에 〈수정 사항〉이라는 표시가 있다. 작지 않은 수정이었는데도 불구하고 그저 원문에서 한 줄이 삭제되었다고 적혀 있다.

웹사이트의 설명에 따르면 〈원문에는《부유한 백인 남성은 말하기 쉽다》는 구절이 들어 있었다〉. 또 〈이 구절을 삭제했으며 착오에 대해 사과드린다〉고 했다.[41] 그러는 편이 낫다. 소얼의 소득 상태가 어떻든 간에 그는 백인이 아니기 때문이다. 그는 흑인이다. 아주 유명한 흑인인데, 런던 정치 경제 대학의 서평자가 그의 정치적 입장을 보고 백인이라고 단정했을 뿐이다.

원래 웅얼거리는 반대의 소리도 거의 없는 자유로운 토론이 될 수 있었는데 일이 꼬였다. 그것도 아주 여러 방향에서 나타났다. 가령 이상하고 약간 애처로운 레이철 돌레잘Rachel Dolezal의 사례에 대한 반응을 생각해 보자. 돌레잘은 2015년 전미 유색인 지위 향상 협회National Association for the Advancement of Colored People 지역 대표 시절에 갑자기 〈백인〉이라고 〈아우팅〉되면서 세계적 유명 인사가 되었다. 방송 인터뷰 도중에 진행자가 돌레잘에게 흑인이냐고 질문을 던졌다. 돌레잘은 질문을 이해하지 못한 척했다. 친부모를 증거로 들이대자 그나마 인터뷰의 충격이 완화되었다. 그녀의 친부모는 단순히 백인이 아니라 독일-체코계 백인이었기 때문이다. 돌레잘이 선택한 미국 흑인 정체성과는 너무도 거리가 멀었다. 마침내 그 사람들이 자기 부모가 맞다고 인정하면서도 돌레잘은 — 그렇다 하더라도 — 자기는 흑인이라고 주장했다. 입양된 흑인 형제자매들과 가깝게 지내면서 미국 흑인 공동체와 동일시하게 된 것 같았다.

그렇다 하더라도 입양된 남동생이 말한 것처럼 〈돌레잘은 몬태나주에서 특권적인 백인으로 자랐다〉. 흑인 행세를 할 수 있었던 이유는 태닝 로션을 바르고 전형적인 흑인의 곱슬머리를 가지고 있었기 때문이다. 돌레잘은 그 덕분에 — 그리고 대다수 사람이 〈혹시 백인 아니에요?〉라고 감히 물어보지 못했다는 사실 때문에 — 흑인 〈행세〉를 했을 뿐만 아니라 흑인을 위해 만들어진 조직의 지부까지 이끌 수 있었다.

돌레잘 사건이 터지자 거의 끝없이 질문이 이어졌다. 이 사건과 그에 대한 반응 모두 어떤 면에서 오늘날의 문화에 대한 모든 측면을 해부해 볼 기회를 제공했다. 특히 이런 순간들 속에서 흑인 유명 인사, 대변인, 활동가 사이에 분열이 발생했다.

ABC 방송의 「더 뷰The View」에서 우피 골드버그Whoopi Goldberg는 〈그녀가 흑인이 되고 싶다면 흑인이 될 수 있다〉며[42] 돌레잘을 옹호했다. 이 경우에는 〈흑인 분장〉이 문제가 아닌 것 같았다. 더 흥미로운 반응을 보인 인물은 마이클 에릭 다이슨Michael Eric Dyson으로 그는 주목할 만한 방식으로 돌레잘을 지지하고 나섰다. MSNBC에 출연한 그는 〈돌레잘이 이념과 정체성, 투쟁을 받아들이고 있다〉고 단언했다. 「그녀는 그것들을 동일시했습니다. 더 많은 흑인이 이를테면 클래런스 토머스Clarence Thomas보다 돌레잘을 더 지지할 거라고 장담해요.」[43] 이는 〈흑인〉이 피부색이나 인종과 아무 관계가 없음을 의미했다. 그저 정치의 문제일 뿐이다. 그렇기 때문에 태닝 로션을 바른 백인이라고 해도 〈올바른〉 견해를 갖고 있다면 흑인 대법관보다 더 흑인이라고 할 수 있다. 그 대법관이 보수주의자라면 말이다.

발언이 아니라 발언자

오늘날 벌어지는 집단 광기의 또 다른 사례가 하나 있다. 돌레잘과 오언스, 소얼의 경우처럼 가끔은 일관된 태도를 정확히 찾아낼 수 있는 듯하다. 발언자와 발언자 자신이 타고난 특징은 중요하지 않다. 그들의 발언과 그들이 표현하는 사고와 정서가 중요하다. 그런데 아무런 경고나 분명한 예측 수단도 없이 정확히 반대의 가치 척도가 효과를 발휘한다. 갑자기 발언의 내용은 아무 흥미가 없거나 기껏해야 부차적인 관심사가 되는 것이다. 발언자가 아니라 발언이 중요한 때와 비슷하게, 이 경우에는 갑자기 발언자만이 중요하고 발언은 무시해도 무방하다.

이런 사정은 확실히 소셜 미디어 시대가 우리에게 안겨 준 커다란 선물과 관련이 있다. 다른 사람들의 말을 무자비하고 음흉하게 해석하는 것을 공표할 기회가 생긴 것이다. 유명 인사에게 관심이 집중되면, 언론은 정직한 해석이나 너그러운 해석이 아무리 많아도 한 줌도 안 되는 해석들에 훨씬 더 관심을 기울인다. 그 결과는 매일같이 뉴스에서 볼 수 있다. 기사 제목에서 어느 유명 인사가 어떤 문제에 관해 찬성하는 발언을 해서 〈질타를 받았다〉고 나오는데 — 기사를 죽 읽어 보면 — 그 〈질타〉는 기자가 트위터에서 발견한 두어 명의 발언이다. 누군가 정치인을 험난한 지형으로 끌고 가려는 경우에 정치인은 겁에 질린다. 자기 생각을 입 밖에 내는 대가가 아주 크거나 게임의 규칙이 과거에 비해 많이 바뀌었다는 공포가 존재할 뿐만 아니라, 부정적인 반응 하나 — 세계의 어떤 사람이 그런 반응을 보이는 것이든 간에 — 만으로도 폭풍이 일 수 있기 때문이다. 바야흐로 공인이라면 거의 누구나 이런 두려움에 사로잡히고 있다. 본인 입장에서는 능숙하게 — 또는 영웅적으로 — 걸음을 내딛는다고 생각해도, 밖으로 나와 보면 귓전에 울리는 소리가 박수갈채가 아니라 커리어가 폭발하는 소리이기 때문이다.

2015년 1월에 베네딕트 컴버배치Benedict Cumberbatch는 PBS의 「태비스 스마일리 쇼The Tavis Smiley Show」와 인터뷰를 했다. 인터뷰 도중에 자신에게는 영국에 사는 소수 종족 출신의 배우 친구들이 있는데, 영국보다 미국에서 일을 구하는 것이 더 쉬운 듯하다고 가볍게 항의했다. 그가 이를테면 큐 클럭스 클랜Ku Klux Klan의 입장에 동의하는 것이 아니라 흑인 배우들 편에 서 있다는 사실이 분명했다. 어느 누구도 컴버배치가 은밀한 인종주의자인데, 태비스 스마일리Tavis Smiley에게 무심코 자기 정체를 드러내고 있다고 생각할 이유가 전혀 없었다. 그렇지만 이 배우는 의도나 동기 문제가 아니라 — 다른 증거가 전혀 없을 때에는 언제나 그렇듯이 — 언어 범죄에서 실수를 저질렀다. 발언 중에 〈유색인 배우coloured actors〉라고 지칭한 것이다. 본국인 영국에서는 어떤 부정적 함의도 없이 흔히 쓰이는 용어였다. 바로 얼마 전까지만 해도 미국에서도 많이 사용한 표현이었다. 하지만 컴버배치가 인터뷰를 하기 직전에 언어 규범이 약간 바뀌었다. 2015년 1월에 〈유색인coloured people〉을 지칭하는 새로운 올바른 표현은 〈people of colour〉였다. 언어학적으로 보면 유의미한 차이가 없는 구별이라고 말할 수 있다.

마치 컴버배치가 〈N〉 워드*를 사용한 것처럼 떠들썩한 항의가 벌어졌다. 실제로 컴버배치는 고개를 숙이고 공개 사과를 해야 했다. 방송이 나간 뒤 곧바로 발표된 공개 성명에서 그는 사과의

* 흑인을 비하하는 단어인 〈니그로negro〉를 뜻한다.

뜻을 밝혔다. 〈이런 낡은 용어를 사용해서 불쾌감을 드렸다는 사실에 큰 충격을 받았습니다. 진심으로 사과를 드립니다. 바보 같은 짓을 한 일에 대해 변명의 여지가 없고 이미 피해를 끼친 사실을 잘 알고 있습니다.〉[44] 그럼에도 언론은 헤드라인 기사로 컴버배치가 〈집중포화〉를 받고 있다거나(『데일리 텔레그래프』) 〈인종 분규〉의 주체가 되었다고(『인디펜던트*The Independent*』) 말했다. 소동이 벌어지는 내내 아무도 컴버배치가 인종주의자라고 진지하게 주장하지 않았다. 또한 이 발언이나 다른 어떤 발언을 인종 차별이라고 해석할 수도 없었다. 하지만 그의 이름은 이제 〈인종 분규〉와 연결될 수 있었다. 사람들이 컴버배치가 이야기하고자 한 말에 귀를 기울였다면 조금이라도 좋은 일이 생겼을 테고, 그의 친구들에게 더 많은 캐스팅 기회가 주어졌을 것이다. 하지만 언어 순찰대원들이 소셜 미디어에서 제기하는 주장을 몇 개 집어서 실제 세계의 〈분규〉로 뒤바꾸는 일이 더 쉬운 경로라는 사실이 밝혀졌다. 이런 사건을 겪으면서 세간의 주목을 받는 모든 사람과 모든 일반인이 교훈을 배우기 시작한다. 대다수의 사람은 셜록 홈스를 비롯한 인기 배역을 연기하면서 대중의 호의를 누리는 컴버배치와 달리, 낭떠러지에 몰리면 그대로 추락하고 만다.

컴버배치의 경우처럼 인종에 관해 이야기하거나 심지어 단순히 언급하는 일조차 어렵다는 사실을 보면 깊은 절차적 문제가 존재한다는 것을 알 수 있다. 모든 공적 담론은 이 문제를 거론할 방법을 찾느라 애쓰고 있다. 지금까지 어떤 정치인이나 작가, 그 외 공인들은 사전에 합의된 선을 따라 순조롭게 처신할 수 있었다. 그 선은 합리적인 사람이라면 타당하게 오해할 수 없는 방식으로 발언을 하고, 글을 쓰고, 생각을 드러내야 한다는 것이었다. 누군가가 부당하게 다른 누군가의 말을 오해하면 오해한 쪽이 좋지 않게 인식되었다. 컴버배치가 분명 지독한 인종주의자이고 방금 전에 정체를 드러냈다고 주장하는 사람이 있었다면, 그 사람은 비웃음을 사고 일고의 가치도 없다며 무시당했을 것이다.

하지만 최근 들어 — 우연의 일치가 아니라 소셜 미디어의 등장과 겹치면서 — 이런 규칙이 바뀌고 있다. 오늘날 정치인이나 작가, 그 외 공인들은 일반 대중과 같은 위치에 있다. 우리는 이제 우리 말을 듣는 사람들이 정직하다거나 비슷한 목표를 추구한다고 믿을 수 없다. 일부 대중이 정직하지 못한 주장을 정직한 주장만큼이나 열렬하게 폭발적으로 제기할 수 있다. 그리하여 모든 공인은 어떤 부정직한 비판자도 부정직하게 오해하는 일이 없도록 명확한 방식으로 발언을 하고, 글을 쓰고, 생각을 드러내야 한다고 마음먹게 된다. 이런 결심이 불가능하고 제정신이 아닌 욕심이라는 것은 말할 필요도 없다. 그렇게 할 수 없다. 제정신으로는 그런 시도조차 할 수가 없다.

그렇다면 분명한 대안은 다른 선택지를 찾아보는 것이다. 하나는 아무 말도 하지 않거나 적어도 공적인 자리에서 중요한 말을 하지 않는 것이다. 많은 정치인이 내린 선택이다. 이것은 아무 말이나 하려는 사람들에게 문을 열어 주는 길이기도 하다. 그다음은 지금 무슨 게임이 벌어지고 있는지 파악하려는 것이다. 그 실체를 파악하기 위해 몇몇 사례를 비교할 필요가 있다. 아무 의미도 없는 이야기를 했는데 심한 모욕을 당했다고 주장하는 경우가 있고, 정말로 끔찍한 이야기를 하고도 모욕을 당했다는 주장을 가볍게 무시하는 경우가 있다. 후자를 설명하기에 적절한 사례가 있다. 2018년 8월에 일어난 세라 정Sarah Jeong 사건이다.

세라 정

당시 『뉴욕 타임스』는 테크 분야를 전문으로 다루는 30세 기자 한 명을 편집국에 합류시킨다고 발표했다. 이런 임명이 항상 그렇듯이, 젊은 나이에 승진한 정에게 상당한 관심이 쏠렸다. 그런 관심 가운데에는 그 사람이 말한 모든 것을 온라인에서 샅샅이 뒤지는 활동도 포함되었다. 이로써 정이 특정한 주제에 집중된 트윗을 썼다는 사실이 드러났다. 백인들을 지속적이고 아주 노골적으로 매도하는 내용이었다. 정이 올린 트윗들 중에는 〈백인은 유전적으로 햇볕에 쉽게 타니까 논리적으로 따지면 고블린처럼 지하를 기어다니면서 사는 게 맞지 않나?〉, 〈위키피디아에서《백인이 확실히 잘한다고 인정받는 일》을 찾아보기가 정말 쉽지 않다〉, 〈백인 남자는 끔찍하다〉, 〈백인은 폴로 취소〉 등이 있었다. 한 트윗 타래에서는 이렇게 말했다. 〈백인이 해도 되는 일들 가운데 문화적 전유가 아닌 게 있는지 생각해 본 적이 있나? 말 그대로 하나도 없다. 스키도 그렇고 골프도 그렇다. (……) 백인의 삶은 정말 지겨울 게 분명하다.〉[45] 공정하게 말하자면, 그녀의 트위터 피드를 훑어보았을 때 특정 주제에 집착하고 있다는 것을 알 수 있다. 정은 심지어 자기가 싫어하는 사람들을 동물과 비교하는 기본적 실수도 저질렀다. 〈망할 놈의 멍청한 백인들은 소화전에 오줌을 갈기는 개새끼들처럼 인터넷에 자기 생각을 도배한다.〉[46] 다른 트윗에서는 이렇게 말했다. 〈맙소사, 좀 역겹긴 한데, 늙은 백인 남자들한테 가

혹하게 대하면 얼마나 기분 좋은지 몰라.〉[47]

정은 또한 〈남자를 모조리 죽이자〉라는 문구를 열렬히 사용하는 사람이었다. 하지만 비판자들에게는 우선순위가 아닌 문제였다. 정과 그녀를 채용한 『뉴욕 타임스』에 대한 분노를 불러일으킨 것은 백인을 겨냥해 끊임없이 가해지는 인종주의였다. 신문사는 신입 기자를 지지했다. 이 사건 때문에 그녀를 인터넷 여론의 희생양으로 삼을 생각은 없었다. 정론지는 공식 성명에서 정을 채용한 이유는 인터넷에 관한 〈우수한 작업〉 때문이라고 말했다. 〈세라 정이 실천하는 저널리즘과 아시아계 젊은 여성이라는 사실 때문에, 그녀는 빈번하게 사이버불링의 대상이 되었습니다. 한동안 정은 자신을 괴롭히는 이들의 언어를 그대로 흉내 내는 식으로 그 괴롭힘에 대응했습니다. 지금 그녀는 이런 방식이 소셜 미디어에서 너무도 흔히 목격되는 독설에 먹잇감만 줄 뿐이라는 사실을 깨달았습니다. 그녀는 후회하고 있고 『뉴욕 타임스』도 그런 방식을 용납하지 않습니다.〉 신문사는 정이 교훈을 배운 만큼 〈편집국이 앞으로 나아가는 데 중요한 목소리〉가 될 것을 확신한다는 말로 성명을 마무리했다.[48]

사실상 정이 논쟁적인 트윗 활동에 몰두하던 〈한동안〉은 2014년부터 『뉴욕 타임스』에 입사하기 1년 전까지였다. 하지만 『뉴욕 타임스』의 변론은 효과가 있었다. 정은 성별과 젊음, 인종을 활용하고 피해자라는 것을 내세워 현대판 집행 유예를 받음으로써 자유를 얻었다. 이번에도 역시 만약 그녀가 온라인에서 특별히 모욕을 당한 적이 전혀 없었거나, 트위터를 자주 들여다보지 않아서 사람들이 자기에 관해 하는 말을 몰랐거나, 또는 ― 한 라운드를 이기려고 한다면 무엇보다도 타당하지 않은데 — 온라인 모욕에 조금도 신경 쓰지 않는다고 말했다면, 그녀의 알리바이는 그만큼 유용하지 않았을 것이다.

하지만 정의 사건은 또 다른 매혹적인 통찰을 드러냈다. 『복스』의 기자 잭 보챔프Zack Beauchamp는 다음과 같은 트윗으로 그녀를 옹호하고 나섰다. 〈오늘날 인터넷상에서 많은 사람이 무슨 이유에서인지 반인종주의자와 소수자들이《백인》에 관해 이야기하는 표현 방식과 실제 인종에 근거한 혐오를 혼동하고 있다.〉[49] 인종적 욕설에서 무엇이 〈표현적인〉 것이고 무엇이 그렇지 않은지 아무도 자세히 설명하지 않았고, 또한 〈실제 인종에 근거한 혐오〉와 언어의 〈표현〉 형태의 차이를 어떻게 구별할지에 대한 길잡이도 없었다. 하지만 『복스』의 또 다른 기사는 정을 한층 더 흥미롭게 옹호했다. 클라인은 그녀를 옹호하는 글의 서두에서 그녀를 둘러싸고 벌어지는 소동은 〈실제로 인종주의자인 대안 우파 트롤들이 아시아 여성 하나를 해고시키기 위해 악의적으로 과거의 트윗을 무기로 삼아 휘두르는 사건〉이라고 가볍게 무시했다. 그의 글은 『뉴욕 타임스』도 활용한 정의 인종적 정체성뿐만 아니라 정의 트윗에서 비난할 만한 내용을 발견한 사람들 — 그리고 어쩌면 모든 사람 — 의 정치적 동기까지 끌어들였다.

하지만 가장 흥미로운 것은 클라인이 거기서 끌어낸 옹호론이다. 엘와르다니가 〈모든 남자는 쓰레기다〉라는 트윗을 올리는 사람들을 옹호하며 전개한 주장과 클라인이 〈남자를 모조리 죽이자〉라는 해시태그는 〈세상이 여자들에게 그나마 나아진다면 좋을 것〉이라는 의미의 또 다른 표현이라고 말한 주장을 그대로 반영한 것이기 때문이다. 클라인은 백인을 겨냥한 인종 비방을 거듭하는 정을 옹호하면서 마찬가지로 정이 〈농담〉을 하면서 〈백인〉이라는 표현을 사용하는 것을 곧이곧대로 받아들여선 안 된다고 설명했다. 클라인의 말에 따르면 〈사회 정의 트위터에서 이 표현은 실제의 백인을 의미한다기보다는 지배적인 권력 구조와 문화에 가깝〉기 때문이다.[50] 바로 이런 것이 무지막지한 광기의 자극제다. 컴버배치와 정이 모두 결국 〈인종 분규〉로 끝날 수 있다면, 일반적으로 둘 다 비슷하게 도발을 했다고 보는 것이 맞다. 하지만 현실은 그렇지 않았다. 컴버배치가 〈인종 분규〉에 휘말린 이유는 그가 시대에 뒤떨어진 표현을 사용했기 때문이다. 정이 인종 분규에 휘말린 이유는 수년간 똑같은 인종 비하 문구를 거듭 되풀이했고, 또 그런 표현을 쓰는 것을 즐기는 듯 보였기 때문이다. 설상가상으로 구사하는 단어가 얼마나 가혹한지와 상관없이 동기를 파악할 수 있다. 한 사람은 자기도 모르게 어떤 표현을 썼다고 해서 공개적으로 비난을 받은 반면, 다른 사람은 빤히 알면서도 극단적인 표현을 구사해도 그런 말을 하지 않은 것처럼 대접을 받는다. 클라인과 엘와르다니 등이 바로 이런 식으로 설명을 한다. 한 사람은 뜻하지 않게 잘못된 표현을 사용해서 불벼락을 맞지만, 다른 사람은 너무도 잘못된 표현을 쓰고도 특별히 비난을 받지 않는다. 어떤 이유가 있다고 여겨지기 때문이다.

그 〈어떤 이유〉는 고작해야 몇 가지 가능성이다. 첫째로는 성별, 인종, 기타 등등과 관련된 모든 공적 선언을 한데 뒤섞는 장치가 존재하고 이렇게 뒤섞인 것을 분리하는 장치가 필요한데, 모든 사람이 그런 장치를 갖고 있지는 않다. 클라인과 엘와르다니는 분명히 갖고 있다. 하지만 어떤 단어는 의도된 것이고 어떤 단어는 그렇지 않은지를 가려내는 정확한 분리 장치를 갖고 있는 사람이 얼마나 있는지는 알 수 없다. 우리는 항상 의미 그대로의 단어와 잘못 알아듣는 단어를 알아내기 위해 어딘가에 의존해야 하는가? 과연 가능한 일일까?

어떤 이유에 대한 다른 설명은 단어나 의도와는 아무 상관이 없고 오로지 특정한 발언자의 타고난 특징과 관계가 있다는 것이다. 따라서 컴버배치는 애초부터 가장 안전하지 못한 장소에서 출발하는 셈이다. 그는 백인이고 이성애자이며 남성이다. 스마일리에게 자신의 반인종주의자 자격을 강조하는 말은 좋은 생각이 아니었다. 다른 한편으로 누군가 수년간 다른 종족 집단을 멸시하는 발언을 한다면 보통 심각한 문제가 생길 것이라고 여긴다. 다만 그 사람이 올바른 정체성을 갖고 있으면 괜찮다. 만약 컴버배치가 아시아인은 고블린처럼 지하 구멍에 살아야 한다든가, 아시아계 노인들을 곯려서 울게 만드는 일을 즐긴다고 수년간 트윗을 올렸다면, 아마 그는 무사하지 못할 것이다. 정이 그렇게 하고도 무사할 수 있는 이유는 오직 그녀 자신이 아시아인의 인종 정체성을 갖고 있고(다만 지금은 아시아인의 특권이 사회 정의라는 저울에 올라 있다) 백인을 공격했기 때문이다.

발언 자체가 중요하지 않게 되었기 때문에, 발언 내용에 의해 동시에 적용되는 각기 다른 기준을 분리하는 것은 불가능하다. 무엇보다도 발언자의 인종이나 그 밖의 정체성이 중요하다. 발언자의 정체성에 따라 그 사람을 비난하거나 놓아줄 수 있다. 따라서 설령 어떤 단어와 그 내용이 여전히 중요하다고 해도 그것은 부차적인 문제가 된다. 결국 예측 가능한 미래에 우리는 인종 문제를 가볍게 넘기는 대신 끊임없이 인종 문제에 초점을 맞추어야 한다. 사람들의 인종에 집중해야만 우리 자신이 누구의 말에 귀를 기울여야 하는지를 파악할 수 있기 때문이다.

언어 고조시키기

그런 이야기 가운데 일부는 고함의 형태를 띨 것이다. 최근에 인종을 둘러싼 논의에서 나타나는 주장에서 같은 시기에 페미니즘에서 나타난 움직임과 놀랍도록 비슷한 모습을 보이기 때문이다. 즉 승리로 간주되는 지점에 이르러 비슷한 언어의 가속화와 비난이 활성화되는 듯하다. 페미니즘 내부에서 벌어지는 논쟁에서도 그렇지만, 인종적 격차와 인종주의적 견해가 존재하지 않는다고 말하려는 것이 아니다. 어떤 여성도 성별 때문에 발언을 제지할 수 있다고 주장할 수 없는 것과 마찬가지다. 하지만 적어도 과거보다 상황이 좋아진 것처럼 보이는 시대에 지금이 어느 때보다도 더욱 안 좋은 시기라고 말하는 것은 정말 흥미로운 현상이다.

정치화되었거나 한창 정치화되는 과정에 있는 운동은 그 운동을 대변할 뿐만 아니라 운동에 불을 붙이는 사상가를 필요로 한다. 프렌치를 비롯한 사람들이 극단적인 주장을 펼쳐서 유명해진 것처럼, 최근에 인종 문제에 관해 가장 유명한 저술가로 간주되는 영광은 개선이나 평화의 목소리를 내는 사람이 아니라 특히 미국에서 인종 문제가 전례 없이 지독한 단계에 이르렀다고 목소리를 높이는 작가에게 돌아가고 있다.

첫 번째 책으로 회고록을 쓰는 저자와 계약을 맺는 출판사가 어떤 문화적 기대를 품고 있는지에 관해서는 많은 추측이 가능하다. 이런 영광을 누린 코츠는 2008년에 첫 번째 저서인 『아름다운 싸움*The Beautiful Struggle*』을 통해 볼티모어에서 자란 어린 시절뿐만 아니라 그 시절의 모든 면면에 대한 자신의 태도를 놀랍도록 솔직하게 묘사한다. 그는 볼티모어 아레나*에서 백인들을 마주칠 때면 그들이 걸친 모자와 옷, 들고 있는 정크 푸드를 경멸스럽게 바라본다고 토로한다. 〈그 사람들이 더러워 보인다는 생각이 들었는데, 인종주의자가 된 것 같으면서도 자랑스러웠다.〉[51] 그는 아버지(블랙 팬서당 당원이다)가 네 여자와의 사이에서 일곱 자녀를 두게 된 사정도 설명한다. 그 시절은 총기 폭력의 세계이자 흑인 경쟁 집단끼리 서로 위협하는 세계다. 그리고 라틴어 수업에 관해 설명하면서 배움의 기회를 많이 날려 버렸다고 인정하면서도 어머니가 노예제와 노예 반란에 대해 가르쳐 주었다고 말한다. 그는 아버지가 어느 순간 느꼈던 주류의 시민 민족주의를 경멸한다고 설명한다. 아들은 아버지가 〈그 시대가 낳은 사람〉이라고, 즉 〈우리가 묶인 굴레에도 불구하고 우리를 애국자로 만드는 독특한 흑인의 믿음을 충실히 따르는 시종〉이라고 간단히 무시한다. 〈그래서 그는 존 F. 케네디John F. Kennedy를 숭배했고 옛날 전쟁 영화에 흥분했다.〉[52]

나중에 아버지는 〈정신을 차렸다〉. 〈잠자던 시절이 지나고〉 아버지는 〈우리가 처한 상태, 이 나라에서 최악의 상태 — 가난하고, 병들고, 문맹이고, 다리를 절고, 귀가 먹은 상태 — 는 파내 버려야 하는 종양일 뿐만 아니라 몸뚱이 전체가 종양 덩어리라는 것

* 볼티모어의 실내 경기장으로 현재 명칭은 〈로열 팜스 아레나〉이다.

을 보여 주는 증거라고 믿게 된 사람들과 어깨를 나란히 했다. 미국은 거대한 부패의 희생자가 아니라 부패 그 자체였다.〉[53] 코츠는 자신을 가르친 영어 교사(〈목소리가 가는 작은 남자〉)에 관해 이렇게 말한다. 〈나는 그를 별로 존경하지 않았지만 그래도 나를 존중해 주기를 기대했다.〉 어린 코츠는 결국 어느 날 선생님과 싸움을 벌인다. 선생님이 소리를 지르는데도 〈물러서지 않았고〉 결국 〈그의 얼굴을 뭉개 버렸다〉. 나중에 그는 후회하는 기색도 없이 어느 백인 소년을 인종 차별적으로 공격하는 데 가담한 일을 설명한다.[54]

〈우리는 결국 어떻게 죽게 될지 안다〉고 그는 말한다. 〈우리는 제일 밑바닥 칸을 걸어 다니는 사람들이며, 우리와 짐승 사이, 우리와 동물원 사이에 있는 것은 존중뿐이다. 설탕이나 똥처럼 자연스럽게 받아들이는 존중 말이다. 우리는 우리가 어떤 존재인지 안다. 우리는 오래 살지 못할 것처럼 걸어 다니며, 이 세상이 우리를 열망한 적이 없다는 것을 안다.〉[55] 코츠의 책은 엄청난 성공을 거두면서 극찬을 받고 잔뜩 부풀린 평가를 받았다. 코츠는 그 직후에 맥아더 재단으로부터 〈천재〉 지원금을 받았고, 회고록으로 두각을 나타낸 뒤 2015년에 두 번째 책 —『세계와 나 사이*Between the World and Me*』— 을 썼다. 열다섯 살짜리 아들에게 보내는 편지 형식을 빌린 책이었다. 마흔도 되지 않은 나이에 회고록을 두 권이나 쓴 셈이다.

『세계와 나 사이』에서 코츠는 2001년에 일어난 9·11 사태에 대해 자신이 어떤 반응을 보였는지 대단히 솔직하게 묘사한다. 코츠는 불과 몇 달 전에 뉴욕에 온 상태였는데, 그는 가족과 함께 아파트 지붕 위에 서서 맨해튼섬을 가로질러 연기가 피어오르는 모습을 볼 때 〈내 가슴은 차가웠다〉고 기록한다. 그러면서 〈나는 어떤 미국 시민도 순수하게 본 적이 없었다. 나는 이 도시에 녹아들지 못했다〉고 말했다. 1년 전에 동창이 메릴랜드주의 경찰관에 의해 살해당했다. 그 친구 — 프린스 존스Prince Jones — 를 마약 거래상으로 오인하고 총을 쏜 것이다. 코츠는 사건을 접하고 글을 썼다. 다른 주에서 인종과 출신 배경을 막론하고 모든 미국인의 생명을 구하기 위해 자기 목숨을 위험에 빠뜨리는 — 그리고 결국 목숨을 잃는 — 소방관들에 관한 내용이었다. 코츠의 글은 충격적인데, 〈그들은 내게 인간이 아니었다〉고 말한다. 〈흑인이든 백인이든, 어떤 인종이든 간에 그들은 자연의 위협이었다. 그들은 활활 타는 불이었다.〉[56]

코츠는 워낙 순조롭게 경력을 쌓은 탓에 아무리 온건한 비판이라도 억제되거나 — 이미 제기되면 — 충격적인 반응을 얻었다. 『세계와 나 사이』가 출간되었을 때 토니 모리슨Toni Morrison은 추천사에서 코츠가 제임스 볼드윈James Baldwin이 세상을 떠난 뒤 자신을 괴롭힌 〈지적 공허〉를 채워 주었다고 썼다. 최소한 한 사람 — 코넬 웨스트Cornel West 박사 — 은 여기에 이의를 제기했지만, 웨스트가 그렇게 한 이유는 늘 그렇듯이 특이했다. 웨스트는 〈볼드윈은 권력자에게 진실을 말하는 심대한 용기를 지닌 위대한 작가였다〉고 말했다. 〈코츠는 현직 흑인 대통령에 대한 비판을 피하는 저널리스트의 재능을 지닌 영리한 언어의 연금술사다.〉[57] 코츠는 기분 나쁜 반응을 보였다. 누군가가 자신이 볼드윈급이 못된다고 말한 것에 상처를 받았기 때문이다. 여기서 드러나는 특권은 제쳐 두고라도, 그것은 무언가에 대한 유용한 사실을 상기시켜 준다.

볼드윈은 20세기 후반의 위대한 작가이자 정신적 영향력을 미치는 인물로 손꼽힌다. 또 미국에서 벌어지는 불의에 맞서는 분노가 정당할 뿐만 아니라 필요한 시기에 자라났다. 볼드윈이 자라난 공동체는 여전히 심각한 불의를 겪고 있었고, 그 또한 직접 불의를 경험했다. 『다음에는 불을*The Fire Next Time*』에서 자세히 설명하는 것처럼, 그는 열 살의 나이에 경찰관 두 명에게 구타를 당했다. 그의 불만은 오히려 절제된 편이었다. 그렇지만 언제나 미국에 존재하는 간극을 넓히기 위해서가 아니라 소통하기 위한 길을 찾기 위해 글을 썼다. 이와 대조적으로 코츠는 차이를 확대하고 상처를 벌리면서 경력을 쌓아 나갔다.[58] 크고 작은 문제에서 그는 기꺼이 다음과 같은 과제를 수행한다. 수백 년이 지난 지금에도 흑인인 미국인들에게 미국이 배상금을 지불해야 한다고 요구하며, 지극히 사소한 죄에 대해서도 엄청난 몽둥이를 휘두르는 것이다. 2018년에 『애틀랜틱』(코츠가 〈전국 통신원〉을 맡고 있다)이 보수 성향의 작가 케빈 윌리엄슨*Kevin Williamson*을 채용한다고 발표하자, 사람들은 윌리엄슨이 과거에 쓴 글을 샅샅이 뒤지기 시작했다. 윌리엄슨은 낙태에 적극적으로 반대하는 견해를 가지고 있다는 것이 밝혀져서 이미 그를 비판하는 사람들에게 분노를 산 바 있었다. 어느새 그가 『내셔널 리뷰*National Review*』에 일리노이주를 다룬 글을 썼고, 거기에 흑인 소년을 경멸적으로 지칭하는 내용이 포함되어 있다는 가짜 소문이 퍼졌다.

윌리엄슨은 채용 발표가 나고 2주도 되지 않아 해임되었다.

채용과 해고가 벌어진 뒤에 열린 직원회의에서 편집인 — 제프 골드버그Jeff Goldberg — 은 코츠와 나란히 무대에 앉았다. 어느 누구도 골드버그에게 에버그린 주립 대학의 총장의 경우처럼 손을 내리라고 하거나 손가락질하지 말라고 요구하지 않았지만, 경력을 지키기 위해 싸우고 있는 그에게는 코츠가 구명보트라는 것이 분명했다. 어느 순간 골드버그는 애원한다. 「저기, 나로서는 직업인 타네하시와 개인 타네하시를 분리하는 일이 아주 어렵습니다. (……) 그러니까 이런 말을 하고 싶군요. 그냥 이 말을 해야겠어요. 그 사람은 내 인생에서 더없이 소중한 사람입니다. 그를 위해서 목숨도 바칠 수 있어요.」이런 잡지에 기고하는 많은 사람은 그의 충성 서약이 충분하다고 보고 어느 정도 사랑을 베풀 이유라고 생각할 것이다. 하지만 코츠는 그러지 않았다.

윌리엄슨 이야기를 하면서 코츠는 지금까지 두 권의 회고록에서 벌인 일을 그대로 되풀이했다. 그 자신이 속해 있었던 아주 높은 곳에서 상황을 최악으로 윤색한 것이다. 코츠는 회의 자리를 빌려서 자신이 윌리엄슨에게 기대하는 것은 미사여구만 장황하게 늘어놓는 산문뿐이라고 말했다. 윌리엄슨이 〈나나, 솔직히 말해서, 여기 있는 많은 사람을 온전한 인간으로 볼〉 수 있는 능력이 없다는 사실 말고는 아무 기대도 하지 않는다는 것이었다. 참으로 이례적인 주장이다.[59] 윌리엄슨이 코츠를 〈온전한 인간〉으로 보지 않았다 — 실제로 아예 흑인은 안중에도 없다 — 는 사고, 그리고 유감스럽지만 이것이 현실이라는 사고는 코츠가 내뱉은 끔찍한 발언이다. 그가 성공 가도를 달리는 내내 어떤 말을 하고도 어떻게 무사할 수 있었는지를 잘 보여 주는 발언이다. 볼드윈은 백인은 완전히 구제 불능이라는 식으로 이야기를 한 적이 없다. 또한 그는 모욕을 과장할 필요도 없었다. 코츠는 상처를 과장할 뿐만 아니라 이제 모든 무기가 자신의 편이라는 것을 알면서도 그렇게 과장한다. 무대 위에는 장전된 총이 있지만, 총을 든 것은 백인이 아니라 바로 그다. 미국 각지의 캠퍼스에서 일을 벌이기 시작하는 학생들이 거짓된 주장을 펼치고 사소한 사건을 파국화하면 무엇을 얻을지 궁금하다면, 코츠가 좋은 예가 된다.

현대 정보 시대에 한 나라에서 인종적 각성이 고조되면 그 나라에만 국한되지 않는다. 코츠가 미국에서 성공을 거둔 것처럼 인종 관계의 역사가 상당히 다른 나라에서 레니 에도로지Reni Eddo-Lodge가 똑같이 성공을 거두었다. 『왜 나는 이제 백인과 인종에 관해 이야기하지 않는가Why I'm no Longer Talking to White People about Race』가 2017년에 처음 출간되었을 때, 에도로지는 코츠와 똑같은 쟁점들을 제기했을 뿐만 아니라 그에 맞먹는 찬사와 상도 받았다. 그녀는 〈백인의 특권〉 같은 개념을 영국의 대중적 담론에서 주류로 만들었지만, 불만거리를 찾기 위해 코츠보다 더 열심히 찾아다녀야 했다. 에도로지는 책의 첫 부분에서 영국이 과거에 저지른 끔찍한 사건들을 설명한다. 1919년에 리버풀 항구에서 찰스 우턴Charles Wooton이라는 흑인 선원이 인종 차별 사태에서 살해를 당한 사건이 있다.[60] 에도로지는 이런 이례적인 사건이 한 나라를 상징할 뿐만 아니라 숨겨진 역사이기도 한 양 설명한다. 무엇보다도 이런 사건이야말로 그녀가 찾아다녀야 하는 역사다. 답사 여행에서 돌아오면, 과거는 우리가 생각하는 것보다 훨씬 나쁘고 따라서 지금 백인들도 분명 훨씬 나쁘다고 설명해야 한다.

복수의 분위기에 휩쓸려 과거를 샅샅이 뒤지고 돌아온 사람들은 현재의 사람들에게 어떤 반응을 보여야 할까? 한 가지 결과는 복수심의 정상화인 것으로 보인다. 복수심은 수년간 일상의 언어에 스며들었다. 그리하여 2018년 1월 런던에서 열린 〈여성 행진Women's March〉에서 핑크색 머리의 젊은 여성은 〈나이 든 백인 남자를 위한 나라는 없다〉라고 적힌 플래카드를 흔들어 댔다.[61] 그녀 옆에서 나부끼는 사회주의 노동자당의 깃발 중에 〈인종주의 반대〉라는 문구도 있었던 것은 아이러니하다. 슬픈 사실을 말하자면, 젊은 여성이 플래카드를 흔들어 대던 장소 바로 옆에 전몰 장병 기념비가 있었다. 많은 백인 남성을 기리는 기념비라고 알려져 있지만 그들은 나이 들 기회를 누리지 못했다.

새로운 복수의 시대에는 다른 인종에게는 적용되지 않는 범죄를 저질렀다고 백인 일반 — 심지어 특히 백인 여성 — 을 고발하는 것이 완전히 허용되고 있다. 그리하여 『가디언』은 「백인 여성은 어떤 식으로 전략적 눈물을 이용해서 책임을 피하는가」라는 제목의 기사를 내도 좋다고 생각한다. 기사를 쓴 사람은 이렇게 말했다. 〈내게 부정적인 영향을 미치는 말이나 행동을 한 백인 여성에게 그 이야기를 하거나 따지려고 할 때면, 눈물을 흘리며 부정하거나 내가 상처를 준다며 분개해서 비난하는 경우가 많다.〉[62] 〈백인의 눈물White Tears〉은 인기 있는 해시태그다. 그리고 〈개먼〉* 이라는 용어가 주류화된다. 이 용어는 온라인에서 계몽된 견해를 가진 사람들이 얼굴에 홍조가 생기는 백인들을 가리키는 데 적절한 말이 되었다. 2012년 무렵에 사용되었는데 2018년에 이르러

* gammon. 돼지 뒷다리살을 염장이나 훈제로 만든 햄.

서는 온라인뿐만 아니라 방송 프로그램에서도 자유롭게 사용되었다. 백인의 우스운 피부 톤과 돼지 같은 외모를 부각시키고, 가까스로 억누르는 분노와 심증만 있는 외국인 혐오가 홍조로 가려진다는 뜻도 담겨 있다. 그리하여 이번에도 역시 반인종주의자들은 반인종주의를 추구하면서 인종주의에 호소했다. 이런 자세는 어떤 부정적인 결과를 야기할까?

아이큐

문명화된 다양한 사회의 기반이 되는 모든 토대 가운데 인간의 평등이 무엇보다도 가장 중요한 것이어야 한다. 평등은 모든 서구 정부가 공언하는 목적이자 모든 주류 시민 조직이 공언하는 목표이며, 상류 사회에 진출하기를 바라는 모든 사람이 열망하는 바다. 하지만 이런 열망이나 추정, 희망의 아래에는 가장 고통스러운 불발탄이 도사리고 있다. 트위터 해시태그질 시대에 훨씬 더 신중하게 발걸음을 내딛어야 하는 가장 타당한 이유도 여기에 있다. 평등이란 무엇을 의미하며, 평등이 과연 존재하는가 하는 질문이 그것이다.

　하느님 앞에서 평등하다는 것이 기독교 전통의 핵심 교의다. 하지만 세속적 휴머니즘의 시대에 이 교의는 하느님 앞의 평등이 아니라 인간 앞의 평등으로 바뀌었다. 그리고 여기에는 문제가 하나 있다. 많은 사람이 이제 사람은 완전히 평등하지 않다는 것을 깨닫거나 두려워하거나 직관적으로 안다는 것이다. 사람들은 똑같이 아름답거나 똑같이 재능이 있거나 똑같이 강하거나 똑같이 합리적이지 않다. 또한 확실히 똑같이 부유하지도 않다. 심지어 똑같이 사랑스럽지도 않다. 정치적 좌파는 평등과 심지어 공평 (보닐라실바 등이 주장하는 바에 따르면, 결과의 평등이 바람직할 뿐만 아니라 가능하기도 하다)이 필요하다고 끊임없이 이야기하는 반면, 정치적 우파는 결과의 평등이 아니라 기회의 평등에 대한 호소로 응답한다. 사실 두 주장 모두 전 지구적 차원에서는 말할 것도 없고, 국가나 지방 차원에서도 거의 불가능하다.

부유한 가정에서 태어난 아이는 가난한 가정의 아이가 갖지 못하는 기회를 가질 것이며, 따라서 생애 전체는 아닐지라도 인생의 출발점에서 유리할 것이 거의 확실하다. 모든 사람이 더 좋은 학교에 진학할 수 있지만 모두가 가장 좋은 학교에 진학할 수 있는 것은 아니며, 많은 사람이 하버드 대학교에 가기를 바라겠지만 세상 모든 사람이 그렇게 할 수 있는 것은 아니다. 그러니까 해마다 4만 명 정도가 하버드 대학교에 입학하려고 하지만 그들이 전부 입학하지는 못한다. 공교롭게도 최근에 가장 파괴적인 지뢰가 발견된 곳이 바로 여기이며 이곳은 언제든 폭발할 수 있다.

앞서 살펴본 것처럼 세계에 〈암묵적 선입견〉 테스트를 소개한 곳도 바로 하버드 대학교다. 인터넷에 실린 어느 타이틀을 빌리자면 〈당신은 인종주의자일까? 하버드의 인종주의 테스트가 그 답을 알려 준다〉.[63] 그것이 사실이라면 미국에서 가장 오래된 대학부터 자신을 테스트해야 할 것으로 보인다. 암묵적 선입견 테스트가 실제로 정확하다면 하버드 대학교 자체가 매우 인종주의적이라는 결과가 나올 것이다.

〈공정한 입학을 바라는 학생들Students for Fair Admissions〉이라는 단체가 2014년에 하버드 대학교를 상대로 소송을 제기했다. 그들은 하버드 대학교의 입학 정책이 수십 년 전부터 줄곧 차별 양상을 보였다고 주장하는 아시아계 미국인들을 대변했다. 특히 하버드 대학교가 〈적극적 우대 조치〉라는 이름 아래 아시아계 미국인 지원자들에 대해 일상적이고 체계적인 선입견을 보였다고 주장했다. 하버드 대학교는 지원 기준에 관한 정보를 드러내는 문서를 공개하는 것을 극구 막으면서, 해당 문서는 사실상 영업 비밀이라고 주장했다. 하버드 대학교는 입학 과정에서 〈어떤 집단〉의 지원자도 차별하지 않았다고 계속해서 강조했지만 결국 비밀을 공개할 수밖에 없었다.[64] 그들이 자료를 감추려고 애를 쓴 것도 놀랄 일은 아니다.

하버드 대학교는 매년 지원자의 4.6퍼센트 정도만 입학시킬 수 있기 때문에 불가피하게 일정한 형태의 심사가 필요하다. 하지만 심사 절차는 좀처럼 받아들이기 어려운 것이었다. 미국의 대다수 대학 — 그리고 미국에서 퍼져 나간 다른 나라의 많은 대학 — 과 마찬가지로, 그들은 선발 절차에서 인종적 선입견이라는 개념 자체를 근절하고자 했다. 하지만 결국 드러난 바와 같이 인종적 선입견을 없애려고 하면, 인종을 완벽하게 대표하는 위계가 만들어지는 것이 아니라 일부 집단에 압도적으로 유리한 위계가 생겨난다. 하버드 대학교는 — 똑똑하기 때문에 — 이 점을 깨달았으며 일정한 문제 해결 방법을 찾아야 했다. 특히 하버드 대학교에 입학하는 아프리카계 미국인의 수를 늘리려고 노력해야 했다. 그리하여 표면상 피부색을 보지 않는 입학 정책을 성적이 압도적으로 뛰어난 한 집단에 불리하게 적용하는 방법을 찾기로 결정했다. 인종을 보지 않는다고 공언하지만 실제로는 일부에게 유리하게 만들어진 절차를 인종에 집착하는 절차로 바꾸었다.

하버드 대학교는 법정에서 부인했지만, 자체적으로 남긴 기록을 보면 수년간 아시아계 미국인 지원자들에게 낮은 점수를 주었다는 것이 드러났다. 특히 〈긍정적인 성격〉, 친절함, 호감 등의 인성 점수에서 낮은 점수를 매겼다. 하버드 대학으로서는 불운하게도 폭로 단계에서 대학 측이 아시아계 미국인 지원자들을 면담하거나 만나지 않고서도 낮은 점수를 주었다는 사실이 밝혀졌다. 이것은 의도적인 정책처럼 보였다. 하버드 대학교를 비롯한 명문 교육 기관이 왜 이런 식으로 일을 처리해야 할까? 두 가지 이유가 있다. 첫째, 다른 명문 대학들과 마찬가지로, 하버드 대학교도 단순히 자신들이 최고의 인재가 아니라 다양성 확보를 위해 선별의 거름망을 거치고서도 최고의 인재들을 가졌다고 세계에 자랑하는 데 몰두했다. 둘째, 만약 하버드 대학교가 〈적극적 우대〉 정책과 다양성 기준 일반을 추구하면서 의도적으로 일부 집단에 불이익을 주고 다른 집단에 이익을 준 것이 아니라면, 그들이 배출하는 인재들은 걱정스럽게도 다양하지 않을 것이다. 특히 백인이나 흑인 미국인이 아니라 아시아계 미국인과 아슈케나지 유대인이 압도적으로 많거나 심지어 대부분을 차지할 것이다. 여기서 우리는 세계에서 가장 추악한 지뢰를 발견한다.

아이큐와 유전학에 관한 연구는 여러 경쟁 가운데서도 위험하기 짝이 없어서 접근 금지선이 그어진 주제에 속한다. 찰스 머리Charles Murray와 리처드 J. 헌스타인Richard J. Herrnstein이 1994년에 『종형 곡선The Bell Curve』을 출간했을 때, 그들은 바로 이 지뢰를 터뜨리고 있다는 평가를 받았다. 비판자들 가운데 책을 제대로 읽은 사람은 거의 없었지만, 유전학의 세습적 측면을 탐구한 책에 대한 비평은 널리 공격을 받았다. 몇몇 출간물은 이 주제가 워낙 중요해서 적어도 논의될 필요가 있다는 것을 깨달았다. 하지만 대체로 『종형 곡선』이 맞닥뜨린 반응은 책과 저자(불행인지 다행인지, 헌스타인은 책이 출간되기 직전에 세상을 떠났다)의 입을 막으려는 것이었다. 책의 서평을 실은 거의 모든 출간물은 그 연구 결과가 〈폭발력이 있다〉고 지적했다.[65] 하지만 대다수의 비평가는 그런 연구 결과를 가지고 아주 특별한 일을 하기로 결정했다. 책을 땅에 묻고 최대한 많은 흙으로 덮은 다음 꾹꾹 밟은 것이다. 동료 학자가 이 책에 관해 쓴 글은 극단적이기는 해도 유별나지는 않았는데 〈학문적 나치즘〉이라는 제목을 붙이고는 〈유사 과학의 품위로 포장한 나치의 선전 도구이자 히틀러가 쓴 『나의 투쟁』의 학술판〉이라고 주장했다.[66] 다른 어떤 동명의 『나의 투쟁』이 아니라 히틀러의 『나의 투쟁』 말이다.

『종형 곡선』에 대한 비판을 보면, 지능 테스트 점수가 종족 집단에 따라 다르고 일부 집단이 지능 테스트에서 높은 점수를 받는 것처럼 다른 집단은 낮은 점수를 받는다는 것을 보여 주는 증거를 조사하지 않는 이유가 드러났다. 물론 그런 집단의 모든 사람이 그렇다는 이야기가 아니다. 머리와 헌스타인이 거듭해서 지적하려고 애쓴 것처럼 인종 집단 내 차이가 집단 간 차이보다 크다. 하지만 인종 집단 간 아이큐 격차에 관한 학술 문헌을 검토한 사람들은 이 분야의 문헌이 — 피터슨이 말한 것처럼— 〈윤리적 악몽〉이라는 사실을 누구보다도 잘 안다.[67] 거의 누구나 이 악몽에 가까이 가지 않으려고 기를 쓰는 듯 보였다.

아주 다양한 방식이 활용되었다. 우선 저자들이 인종주의 자라고 간단히 무시하고는 똥 범벅으로 만들기만 하면 나머지는 냄새가 알아서 했다. 워낙 효과를 발휘하는 수법이었다. 실제로 2017년에 머리가 버몬트주의 미들베리 칼리지에서 신간에 관한 강연 초청을 받았을 때, 학생들이 야유를 퍼부으면서 강연을 방해했다. 심지어 학생들이 강당에서 머리를 쫓아내려는 과정에서 그를 호위한 여교수가 병원에 입원하기도 했다. 『종형 곡선』에 대한 논쟁을 밀어내려는 다른 수법 중에는 아이큐의 예측 변수 전반에 의문을 제기하거나 변수들에 내재된 선입견 때문에 일부 인종 집단이 유리하다고 주장하는 것 등이 있었다. 이런 반론들 자체가 설득력 있게 반박되었지만, 사반세기가 지난 지금도 『종형 곡선』 논쟁이 사실에 바탕을 두고 벌어지는 일은 없을 것이라는 점이 분명하다. 지적인 분위기에서 자유롭게 활보하도록 내버려두기에는 너무 불편한 주장이기 때문이다. 그리하여 아이큐 격차에 관한 증거를 직시하기를 거부하기 위한 대비책은 다음과 같다. 설령 사실이 그러하고 또 아주 분명하다 하더라도 그런 사실을 들여다보려고 하는 것은 도덕적으로 의심스럽고, 어쨌든 그런 사실은 우리에게 윤리적, 도덕적 문제를 보여 준다고 말하는 것이다. 이것을 다룰 수 있는 방법이 워낙 방대하고 복잡해서 아무것도 없다고 말하는 것이다.

이런 식으로 〈사실이 틀렸다〉에서 〈사실이 도움이 되지 않는다〉로 후퇴하는 것이 대표적인 수법이 되고 있다. 2018년에 이 분야에서 세계적으로 손꼽히는 전문가 중 한 명 — 하버드 대학교의 데이비드 라이시David Reich — 이 유전학에 관한 신간을 펴내는 것과 동시에 글을 하나 발표했다. 무엇보다도 그는 인종 — 그리고 성별 — 이 유전학에 아무런 토대가 없는 〈사회적 구성물〉이라는 주장이 어떤 식으로 제시되어 왔는지를 정리했다. 그러면서 이런 견해가 정설이 된 과정과 현재 밀려드는 증거에 맞서서, 이런 견해를 지탱할 가망이 없는 이유를 설명했다. 위험을 인지한 라이시는 〈유전학의 발견이 인종주의를 정당화하는 쪽으로 오용될 수 있다는 우려에 깊이 공감한다〉고 인정했다. 그러면서도 〈유전학자로서 나는 또한 여러 《인종》 사이의 평균적인 유전적 차이를 무시하는 것이 더는 불가능하다는 것도 안다〉고 덧붙였다.[68] 경고의 목소리가 높았지만 인종과 아이큐 논쟁은 다시 불타올랐다. 그를 겨냥한 전형적인 공격이 이어졌다. 〈라이시는 인종주의자와 성차별주의자들이 그의 사고를 어떻게 왜곡할 수 있는지 정말 모르는 것일까? 아니면 사실 그 역시 어느 정도 그들처럼 편견을 갖고 있는 것일까?〉[69]

오늘날에도 단지 머리와 긴밀히 소통했다는 이유만으로도 공작에 당할 수 있다. 신경 과학자인 샘 해리스Sam Harris는 본인이 시인하는 것처럼 원래 머리나 그의 대표작과 조금이라도 접촉하는 일을 피했다. 진흙탕을 뒤집어쓰고 있는 분야였기 때문이다. 그런데 머리의 책을 읽자마자 그가 〈어쩌면 내 인생에서 가장 부당한 대접을 받은 지식인〉이라는 사실을 깨닫게 되었다.[70] 머리를 팟캐스트에 초청하고 그의 연구에 관해 존중과 통찰을 담아 — 〈금지된 지식〉이라는 제목으로 — 대화를 나누었다는 이유만으로 여러 매체가 해리스를 같은 부류로 취급하려고 했다. 『복스』는 이런 질문은 〈금지된 지식〉이 아니라 단지 〈미국에서 가장 유서 깊은 편견과 인종 불평등에 대한 정당화〉일 뿐이라고 단언했다.[71] 이렇게 단정해 버리는 것은 — 다른 문제도 있지만 — 둘 다일 수도 있는 가능성을 무시하는 처사다.

지금으로서는 아이큐에 관한 연구와 논쟁이 정체 상태다. 나쁜 사람들이 활용할 수 있기 때문에 연구를 진행할 수 없거나 부정되어야 한다. 그리고 머리가 해리스와 대화하면서 말한 것처럼 이 연구를 둘러싸고 그토록 분노가 팽배한 분명한 이유를 찾자면 한 가지밖에 없다. 정부 상층부에서부터 우리 사회의 거의 모든 기관에 걸쳐서 특정한 〈다양성〉과 〈평등〉의 개념에 대한 약속이 모든 것을 아우르고 집어삼키기 때문이다. 모든 사람이 〈머리가 똑같다〉는 사고가 고용법과 고용 정책 전반에 녹아 있고 모든 사회 정책에 새겨져 있다. 실제로 이런 가정이 워낙 널리 퍼져 있어서, 그것을 잠식하거나 거스른다고 말할 수 있는 어떤 주제도 억눌러야 한다. 교회가 권력이 최고조에 달했을 때 자신의 가르침에 거스르는 사람을 힘으로 억눌렀던 것처럼 말이다. 우리 시대의 가르침은 모든 사람은 평등하며 인종과 젠더, 그 밖에 많은 것은 단지 사회적 구성물일 뿐이라는 것이다. 또한 제대로 기회만 주고 격려를 하면 모든 사람이 원하는 대로 무엇이든 될 수 있으며 삶은 오로지 환경과 기회와 특권의 문제라는 것이다. 그리하여 이 주장이 아주 일부분만 불쑥 나타나도 엄청난 고통과 혼란, 부인과 분노가 야기된다. 대체로 부인은 체계적으로 이루어지지만, 이따금 특정한 대상이나 사람에게 시선이 고정되며 이단적인 의견을 제시한 — 또는 제시할 위험이 있는 — 사람에게는 온갖 공격이 가해진다. 사실을 말하자면 이 분야에 관한 연구를 불쾌해하면서도 기쁘게 환영하는 사람들이 존재한다. 이 어두운 분야를 걱정스럽게 들여다보는 사람들과 순전히 좋아서 들여다보는 사람들의 차이를 인식하는 것은 어렵지 않다.

어쨌든 이것은 최악의 하드웨어와 소프트웨어의 문제다. 오랜 시기 동안 인종은 하드웨어 문제라고 여겨졌다. 무엇보다도 가장 하드웨어적인 문제로 여겨졌다. 그런데 제2차 세계 대전 직후에 전쟁의 참화와 전혀 무관하지 않은 이유로 합의가 반대로 뒤집어졌다. 인종은 어쩌면 필연적으로 다른 모든 것과 같은 사회적 구성물이 되었다. 인종이 하드웨어 문제라면 어느 순간 심각한 골칫거리가 생기기 때문이다.

2019년 3월에 워싱턴 대학교의 로빈 디앤젤로Robin DiAngelo 교수가 보스턴 대학교에서 강연을 했다. 〈백인 연구〉를 전공하는 디앤젤로는『백인의 취약성White Fragility』[72]을 집필했다. 디앤젤로 자신이 백인이기 때문에 청중의 신뢰를 얻기 위해서는 어느 정도 겸손한 태도를 보여야 한다. 그녀는 단지 무대 위에 서서 강연을 한다는 이유로 자신이 〈백인성과 백인의 견해의 중심성을 강화하고 있음〉을 안다고 청중에게 확인시킨다. 그러면서 가령 자기는 〈좀 덜 백인이고 싶다고, 즉 억압적이고 쉽게 망각하고 방어적이고 무지하고 교만하지 않았으면 좋겠다〉고 말하면서 용서를 구한다. 디앤젤로는 또한 보스턴의 청중에게 다른 사람을 피부색이 아니라 개인으로 보는 백인들이 실은 얼마나 〈위험한지〉도 설명했다.[73] 킹 박사의 꿈이 완전히 뒤집어지기까지 반세기밖에 걸리지 않았다는 뜻이었다.

오늘날 인종에 관한 언어가 다시 한 차원 고조되고, 인종 간 차이에 관한 주장이 점점 소리를 높이는 것으로 보인다. 대다수의 사람이 인종 간 차이가 사라질 것이라고 기대하는 바로 그 순간에 말이다. 어떤 이들은 분노의 정신으로, 다른 이들은 기쁨에 겨워 조용히 째깍거리는 땅 위에서 폴짝폴짝 뛰는 중이다. 그 밑에 무엇이 있는지 전혀 모르는 눈치다.

간주곡:
용서에 관하여

소셜 미디어 시대가 도래하면서 우리가 이제 겨우 이해하기 시작한 일들이 벌어졌고, 아직 제대로 파악하지도 못한 문제들이 생겨났다. 사적 언어와 공적 언어 사이의 장벽이 무너진 것이 그 예다. 하지만 더 큰 문제 —어느 정도는 그 결과— 는 무엇보다도 심각하다. 우리 스스로가 기술 때문에 처하게 된 상황에서 벗어날 수 있는 장치를 내팽개치고 있는 것이다. 이 문제는 파국을 야기할 수는 있어도 치유하지는 못하며, 상처를 줄 수는 있어도 치료하지는 못한다. 오늘날 〈조리돌림〉이라는 이름을 얻은 현상을 생각해 보자.

정이 『뉴욕 타임스』 편집국에 발탁되기 불과 몇 달 전인 2018년 2월에 신문사는 또 다른 신규 채용을 발표했었다. 44세의 테크 전문 언론인 퀸 노턴Quinn Norton을 영입했다는 소식이었다. 인터넷 이용자들이 곧바로 분주히 움직이면서 —나중에 정을 상대로 한 것처럼— 그녀의 트위터 피드를 분석했다. 이번에도 역시 그들은 사회 정의 운동가의 언어를 빌려 말해 〈좋지 않은〉 트윗들을 발견했다. 그중에는 2013년에 노턴이 〈패그〉*라는 단

* fag. 남성 동성애자를 비하하는 호칭인 〈패것faggot〉의 줄임말.

어를 사용한 트윗들도 포함되어 있었다. 〈이봐, 패그〉라든가 ──
다른 트위터 이용자와 말다툼을 벌이다가 한 말인데 ── 〈비열하
고 초민감한 울보 꼬맹이 패그〉 같은 말이었다.[1] 다른 경우에는
── 일찍이 2009년에 ── 도저히 용납할 수 없는 최악의 단어를 사
용한 사실이 드러났다. 다른 트위터 이용자와 언쟁을 벌이던 중에
노턴은 이렇게 대꾸했다. 〈하느님이 검둥이nigger가 우리 학생들에
게 말을 걸게 할 생각이었다면, 아마 검둥이를 대통령으로 만들었
겠지. 아, 그런데 잠깐 (……) 음.〉[2] 『뉴욕 타임스』는 그녀의 신규
영입 발표를 한 지 불과 일곱 시간 만에 노턴이 합류하지 않을 것
이라는 말로 영입을 철회했다.

노턴은 이후에 『애틀랜틱』을 통해 과거 자신이 한 행동에 관
한 생각을 밝혔다. 예전에 트위터에 올린 많은 내용이 무지하고
당혹스럽다고 인정했다. 또한 본인의 말을 빌리자면, 자신의 〈도
플갱어〉가 온라인에서 순식간에 등장하는 것이 어떤 느낌인지를
설명했다. 온라인 조리돌림을 당한 경험이 있는 다른 사람들과 마
찬가지로 사람들이 비난을 퍼부었던 대상은 〈그녀 자신〉이 아니
라 맥락을 무시한 채 섬뜩하게 단순화된 그녀의 일부분이었다.

노턴은 자신이 이른바 〈맥락 붕괴〉의 희생양이 되었다고 말
했다. 이것은 사적 언어와 공적 언어의 구분의 붕괴를 가리키는
다른 표현이다. 내집단에서 나눈 대화가 원래의 맥락이 완전히 생
략된 채 외집단에 알려지는 것이다. 노턴은 온라인 논쟁 중에 〈오
바마 대통령을 지지하는〉 맥락에서 알파벳 〈n〉으로 시작하는 단
어를 사용한 것이라고 말했다. 그녀는 다양한 백인 인종주의자와
험악한 언쟁도 하고 다정한 언쟁도 한 적이 있기 때문에, 절대 용

납할 수 없는 언어를 사용하는 사람에게 그대로 미러링을 할 수 있었다. 다른 경우에는 〈어넌들Anons〉 — 활동가 집단 〈어나니머스Anonymous〉 성원들 — 하고 대결하다가 〈패그〉라는 단어를 사용하게 되었다고 설명했다.[3] 이런 집단에서는 흔히 쓰는 언어지만 분명 『뉴욕 타임스』의 세계와는 거리가 먼 언어다. 그런 두 세계가 만났고, 노턴의 역사가 거기 있었으며, 세계가 우르르 몰려왔다.

하지만 곰곰이 생각해 볼 만한 사례들이다. 우선 노턴이나 정의 사례들은 질문을 불러일으킨다. 〈인터넷 시대에 한 사람을 공정하게 묘사하는 것은 무엇인가?〉 누군가를 묘사하는 공정한 방법은 과연 무엇일까? 가령 노턴은 이제 〈『뉴욕 타임스』에서 해고되었으며 인종 차별과 동성애 혐오를 일삼는 테크 전문 기자〉라고 간단히 평가될 수 있다. 본인은 자신의 삶을 공정하게 평가해서 〈기자이자 엄마〉라고 할지도 모른다. 한편 정도 자신을 인종주의자라고 생각하지 않을 것이다. 그렇다면 누가 그렇게 부를 수 있을까? 군중에게 그런 자격이 있다면 곤란한 문제가 생긴다.

실제로 누군가의 삶에서 최악의 버전만 본다면, 인터넷 전체가 멈추어 서서 보게 만들 만한 정보가 담겨 있을 것이다. 조리돌림과 쌤통schadenfreude에 중독된 입장에서 보면 순금 광맥인 셈이다. 우리는 모두 다른 사람의 위신이 추락하는 모습을 보는 데서 느끼는 기쁨을 안다. 위반자를 응징하는 일에 참여하면서 생기는 정의감이다. 설령 그 위반이 우리 스스로가 저지른 적이 있는 죄라 할지라도 그렇다(어쩌면 특히 더 고소하다). 그리고 우리는 인류학자이자 철학자인 르네 지라르René Girard의 연구를 통해 이런 희생양을 확인하는 데서 생겨나는 사회적 해방감도 안다. 이것들은 누군가의 삶을 이해하거나 미묘한 부분을 고려하지 않고 설명하고 싶은 성향이 생기는 이유이다. 오싹한 삶을 오싹하게 설명하고 싶은 것이다.

그리하여 또 다른 수렁이 생겨난다. 전통적인 언론은 누군가의 삶을 짓밟을 만한 수단이 많지 않다. 하지만 인터넷에는 당신의 삶이 이런 식으로 들추어져도 호소할 수 있는 규제 기관이 없다. 수천의 — 어쩌면 수백만의 — 사람이 가담하고 있는데, 모든 사람에게 연락해서 그들이 당신의 삶을 부당하게 들추었다고 인정하게 만들 수 있는 장치가 전혀 없다. 누구도 그럴 시간이 없는 데다 그럴 정도로 중요하게 여겨지는 사람도 드물다. 다시 다른 사람들로 옮겨 가면 그만이다. 게다가 올드 미디어가 짓밟을 만한 사람들과 달리 인터넷에서는 지구상의 누구든 골라내서 그 주변에 토네이도를 일으킬 수 있다.

노턴이나 정 같은 사람들의 이야기와 관련해서 중요한 두 번째 지점은 인터넷 시대가 아직 고민을 시작하지도 않은 질문이다. 〈우리 시대는 어떻게 용서를 할 수 있을까? 아니, 용서가 가능한가?〉 누구나 인생을 살면서 실수를 저지르게 마련이므로 — 건강한 개인이나 사회라면 — 어떤 식으로든 용서를 받을 수 있어야 한다. 용서에는 잊어버리는 능력이 있어야 한다. 그렇지만 인터넷은 절대 잊어버리지 않는다. 언제나 그리고 무엇이든 간에 새로운 사람들이 새롭게 환기시킬 수 있다. 미래의 고용주는 노턴이 알파벳 〈n〉으로 시작하는 단어를 사용한 것을 보고 맥락과 무관하게 이 사람이 과연 채용하고 싶은 부류인지 의아해할 것이다.

노턴과 정이 남긴 논쟁적인 트윗은 트위터 페이지에서 삭제되었지만, 다른 이용자들이 후세를 위해 캡처를 했다. 온라인에서 그 내용을 보면, 그 글이 몇 년 전이나 10년 전이 아니라 어제나 오늘 등장한 것처럼 대대적인 반응이 일어날 수 있다.

무척 최근까지만 해도 아주 유명한 사람이 실수나 잘못을 저질러도 시간이 그것들을 서서히 지워 주었다. 물론 워낙 큰 실수라 절대 잊히지 않는 것도 있기는 하다. 법정에서 재판을 받거나 감옥에 가는 사람의 기록이 끝까지 남는 것처럼 말이다. 하지만 범죄도 아닌 행동이 동일한 결과로 이어지는 세계에 사는 일은 특히 사람을 미치게 만든다. 어떤 법정에 호소할 수 있을까? 특히 범죄의 본질, 또는 무엇이 범죄인지 판단하는 기준이 거의 날마다 바뀔 수 있다. 오늘날 트랜스인 사람을 무엇이라고 부르는 것이 올바를까? 당신은 특정한 단어를 농담이나 모욕으로 썼는가? 지금 우리의 행동을 20년 뒤에 보면 어떨까? 누가 다음번 리드가 되어 다른 사람들도 전부 〈잘못된〉 견해를 표명하던 때에 〈잘못된〉 견해를 밝혔다고 책임을 지게 될까? 이런 질문들에 대한 답을 알지 못한다면, 단지 내년만이 아니라 남은 생애 내내 군중이 어떻게 돌변할지 정확히 예측하기 위해 노력해야 할 것이다.

각종 연구에서도 드러나듯이 오늘날 불안과 우울, 정신 질환을 겪는 젊은이들이 늘고 있다는 것은 전혀 놀랄 일이 아니다. 이런 현상은 〈눈송이〉* 세대임을 보여 주는 증거가 아니다. 평생 동안 점점 복잡해지기만 하는 세계에 대해 그들이 보이는 타당한 반

* snowflake. 밀레니얼 세대 젊은이가 정신적으로 강하지 못해서 눈송이처럼 녹아내린다는 표현.

응이다. 끝없이 문제를 제공하지만 해답은 주지 않는 도구들이 사회를 끌고 나가는 현실에 대한 지극히 합리적인 반응인 것이다. 하지만 답이 없는 것은 아니다.

1964년 11월에 시카고 대학교에서 해나 아렌트Hannah Arendt 는 〈노동, 작업, 행위〉라는 제목의 강연을 했다. 〈기독교와 경제적 인간: 풍요한 사회의 도덕적 결정〉이라는 학술회의의 일부였다. 강연의 주요 주제는 〈활동적〉 삶은 무엇으로 이루어지는지에 대한 질문이었다. 우리는 무엇을 할 때 〈활동적〉인가? 아렌트는 강연 막바지에 세계 속에서 활동적일 때 생기는 몇 가지 결과를 고찰했다. 모든 인간의 삶은 하나의 이야기로 말해질 수 있다. 시작과 끝이 있기 때문이다. 하지만 두 고정된 시점 사이에 이루어지는 행위 — 우리가 세계 속에서 〈활동할〉 때 하는 일 — 는 억제할 수 없는 무한한 결과를 낳는다. 〈인간사가 취약하고 신뢰할 수 없다〉는 것은 우리가 행위를 통해 끊임없이 〈관계망〉 속으로 들어가고, 관계망 속에서 〈모든 행위는 하나의 반응만이 아니라 연쇄 반응을 촉발한다〉는 것을 의미한다. 이것은 〈모든 과정이 예측할 수 없는 새로운 과정들의 원인〉이라는 것을 의미한다. 하나의 단어나 행동이 모든 것을 바꿀 수 있다. 아렌트의 말에 따르면 그 결과로 〈우리는 우리가 무엇을 하는지를 절대 알지 못한다〉.

또 아렌트의 말에 따르면 〈인간의 행위가 취약하고 신뢰할 수 없다〉는 사실을 더욱 악화시키는 것은 다음과 같은 사실이다.

우리가 행위할 때 무엇을 하는지 알지는 못하지만, 우리가 한 일을 되돌릴 수는 없다. 행위 과정은 예측 불가능할 뿐만 아니라 뒤집을 수도 없다. 자기가 한 일이 마음에 들지 않거나 결과가 재앙임이 밝혀진다고 해도 어떤 저자나 제작자도 그것을 되돌릴 수는 없다.

예측 불가능성에 대비하는 유일한 도구가 약속을 하고 그것을 지키는 능력인 것처럼, 아렌트는 우리 행위의 비가역성을 완화할 수 있는 단 하나의 도구가 존재한다고 말한다. 그것은 〈용서하는 능력〉이다. 이 두 가지는 필연적으로 연결되어 있다. 약속을 통해 하나로 묶는 능력과 용서를 통해 계속 묶여 있는 능력이기 때문이다. 용서하는 능력에 관해 아렌트는 다음과 같이 말한다.

> 우리가 한 일의 결과를 용서받지 않는다면, 우리의 행위 능력은 말하자면 우리가 절대 만회할 수 없는 단 하나의 행동에 제한될 것이다. 우리는 주문을 깨뜨리는 마법의 공식을 알지 못하는 마법사의 도제와 마찬가지로, 영원히 그 결과의 희생자로 남을 것이다.[4]

이 말은 인터넷이 등장하기 전에도 사실이었지만, 그 후로 더욱 사실이 되었다. 이 문제를 다루는 열쇠는 개인적 망각보다는 역사적 망각에 있다. 그리고 개인적 용서가 아니라 역사적 용서에 있다. 망각은 용서와 똑같은 것이 아니지만, 종종 용서와 동반하며 분명 언제나 용서를 부추긴다. 개인이나 사람들이 끔찍한 일을 저지르지만 시간이 흐르면 기억이 흐려진다. 사람들은 점차 어떤 추문의 정확한 세부 내용이나 본질을 잊어버린다. 어떤 사람이나 행동 주변에 구름이 끼고, 새로운 발견과 경험이 속속 이루어지면 그 구름도 흩어진다. 최악의 역사적 오점이 벌어진 경우에 피해자와 가해자가 세상을 떠난다. 범죄를 가한 사람과 당한 사람 모두 죽게 마련이다. 일부 후손들이 한동안 기억할지 모른다. 하지만 세대에서 세대로 이어지며 모욕과 불만이 흐릿해지고, 그에 따라 불만에 매달리는 사람들은 종종 민감성이나 명예가 아니라 호전성을 드러낸다고 여겨진다.

인터넷은 사람들의 기억을 도울 뿐만 아니라 사람들이 이상한 전지적 시점에서 과거에 접근하도록 만든다. 그리하여 과거는 — 다른 모든 것처럼 — 복수심에 불타는 고고학자의 인질이 된다. 오래전에는 추문이었지만 여러 세대 동안 그렇지 않았던 사건들도 다시 표면에 끄집어낼 수 있다. 1백 년 전에 벌어진 범죄를 어떻게 잊을 수 있었을까? 우리 모두가 알아야 하지 않나? 부끄러움을 느껴야 하지 않나? 이 사건을 모른다는 것은 지금 우리에게 무엇을 말해 주는가?

마치 해결된 것처럼 보이는 것들도 다시 문제가 될 수 있다. W. H. 오든W. H. Auden은 그의 시 「W. B. 예이츠를 추모하며In Memory of W. B. Yeats」에서 문학적 명성에 관해 쓴 것으로 유명하다. 〈시간은 이상한 변명을 늘어놓으며 키플링과 그의 견해를 용서했고, 폴 클로델을 용서하리니, 글을 잘 쓴다는 이유로 그를 용서한다.〉[5] 다만 이제 우리는 러디어드 키플링Rudyard Kipling이 용서를 받았다 하더라도 나중에 그 용서가 취소될 수 있다는 것을 안다. 아마 이런 작가들은 언제나 어느 정도 용서가 취소될 수 있었다. 오늘날에는 멀리 떨어진 곳에서 신속하고 광적으로 그 용서가 취소될 수 있다.

2018년 7월 맨체스터 대학교 학생들은 키플링의 「만약If」을 그린 벽화에 페인트칠을 했다. 영국인들의 애송시로 뽑힌 작품이었다. 많은 사람이 그 시에서 영감과 감동을 느꼈다고 할지라도 학생들은 작품을 지우기로 결정했다. 필연적인 결과로 학생들은 그 위에 마이아 앤젤루Maya Angelou의 시를 썼다. 대학 학생회의 〈해방 및 접근성〉 책임자는 키플링이 〈대영 제국의 인도 지배를 정당화〉하고 〈유색인의 인간성을 말살시키려 한〉 죄가 있다고 설명하면서 그들의 행동을 정당화했다.[6]

인터넷이 등장하기 전에는 사람이 실수를 하면 그가 속한 공동체나 진영 안에서 기억할 수 있었다. 따라서 적어도 다른 곳에서 새로운 삶을 살 수 있는 가능성이 있었다. 그런데 오늘날에는 세계 그 어디를 가든 도플갱어가 따라올 수 있다. 심지어 사후에도 발굴과 무덤을 파헤치는 일이 계속된다. 조사나 용서가 아니라 보복과 복수의 정신이 지배한다. 그런 태도의 심장부에는 우리 시대가 과거에 대해 갖는 이상한 보복 본능이 도사리고 있다. 우리는 역사 속 인물들이 어떻게 행동했는지를 알고 또 우리는 더 낫게 행동했을 것이라고 생각하기 때문에, 그들보다 우리가 더 낫다고 여긴다. 바로 여기서 현대의 엄청난 오류가 작동한다. 사람들은 역사가 결국 어떻게 끝났는지 알기 때문에 자기가 역사 속으로 들어가면 더 낫게 행동했을 것이라고 생각하게 된다. 하지만 역사 속 사람들은 그런 사치를 누리지 못했다. 그리고 지금도 누리지 못한다. 역사 속 사람들은 그들이 속한 시간과 장소에서, 일정한 상황과 집단적 사고에 갇힌 채 좋든 나쁘든 선택을 했다.

어느 정도 용서하는 마음을 가지고 과거를 바라보는 것은 무엇보다도 일찌감치 자신도 용서 — 또는 적어도 이해 — 를 받고 싶다는 요청이다. 지금 우리가 하고 있거나 혹은 우리가 하려고 하는 모든 일이 보복과 심판의 소용돌이에서 반드시 살아남지는 못할 것이기 때문이다. 용서의 태도를 역사만이 아니라 개인에게도 적용할 수 있을까? 우리와 함께 역사를 통과하는 사람들에게도 적용할 수 있을까?

2018년 새해를 앞둔 전야에 영국 정부는 새로운 정부 인사에 관한 뉴스를 무심코 발설했다. 교육부에서 새로 만드는 고등 교육 정부 자문 위원회의 위원으로 언론인이자 학교 설립자인 토비 영Toby Young을 임명했다는 뉴스였다. 오랫동안 영은 정부의 〈자유 학교〉* 프로그램의 주요한 주창자로 유명했고, 런던에 새로 학교를 설립하고 뉴 스쿨 네트워크New Schools Network를 이끄는 데 전념했다. 이 길을 걷기 전에는 『친구를 잃고 사람들을 소외시키는 법How to Lose Friends and Alienate People』을 비롯한 여러 저서를 펴냈다. 영화로도 만들어진 이 책은 미국에 비집고 들어가는 데 실패한 경험담을 다루었다. 책은 떠들썩하고 자학적인 폭로물이었고, 영이 기고한 언론 칼럼들과 마찬가지로 어느 정도 망측한 독자들에게 의존했다. 삶의 한 단계에서 다음 단계로 갑작스럽게 전환하는 과정에서 그는 한동안 확실히 두 마리 토끼를 잡으려고 했다. 재미있고 망측한 언론인인 동시에 저소득층 가정의 아이들이 더 나은

---

* free school. 국가로부터 예산을 지원받아 민간이 설립하는 학교. 교육 과정의 자율성과 지역 교육 위원회로부터 독립성을 보장받는다. 무상 교육으로 저소득층 아이들의 교육 수준을 향상시키려는 것이 주요 취지다.

교육을 받도록 도와주는 인사가 되고자 한 것이다. 바로 그 교차로에서 온라인 군중이 그를 붙잡았다.

영의 임명이 발표되고 며칠 만에 그의 트위터 계정 — 그리고 과거에 쓴 기사 — 은 실수를 뒤지는 범죄 고고학자들에게 풍부한 매장물을 제공했다. 실제로 그의 저작에 익숙하지 않은 사람에게는 그 자료가 분명 투탕카멘의 무덤 발굴에 맞먹는 온라인 조리돌림의 보고였을 것이다.

2009년에 영이 여러 차례 여자 가슴에 관심을 보이고 트위터에서 폴로어들과 그 이야기를 나눈 사실이 밝혀졌다. 그는 한 친구의 〈어마어마한 유방〉에 관해 이야기했다. 텔레비전에서 〈총리 질의응답Prime Minister's Questions〉을 보면서 그는 트위터 폴로어들에게 질문을 던졌다. 〈에드 밀리밴드Ed Miliband 머리 뒤쪽에 가슴골이 대단한데요. 누구인지 아시는 분?〉[7] 나중에 그가 말한 것처럼 그렇게 자랑스러운 언급은 아니었다. 하지만 발굴은 중단되지 않았다. 그는 『스펙테이터The Spectator』에 〈남자와 자동차〉 채널에서 새로 시작하는 방송 프로그램인 「글래머 게임The glamour game」에 관한 글을 썼다. 기본적으로 포르노물인데 마음에 든다는 내용이었다. 부편집인은 그 글에 「어느 포르노 중독자의 고백」이라는 헤드라인을 붙였다.[8] 2001년의 일이었지만 거의 20년이 지나고 나서 이것은 영을 비난하는 주요한 소재가 되었다. 노동당과 보수당 하원 의원들이 그를 비판했다. 『타임스』는 「〈포르노 중독자〉 토비 영이 학생 감시인 역할을 지키려고 싸운다」라는 헤드라인이 붙은 기사를 내보냈다.[9] 런던에서 무가지로 발행되는 『이브닝 스탠더드Evening Standard』는 「테레사 메이, 〈포르노 중독자〉 토비

영을 감시인 역할에서 해임하라는 새로운 압력에 부딪혀」라는 제목으로 기사를 내보냈다.[10]

영은 한때 어느 유명한 동성애자를 〈대놓고 동성애자queer as a coot〉라고 묘사한 적이 있었다. 또 런던의 한 대학교에서 진행된 아이큐와 유전학에 관한 학술회의에 참석해 청중석 뒤편에 앉아 있는 모습이 드러나기도 했다. 그는 당대의 인계 철선은 모조리 건드린 셈이었다. 새로운 자리에 영을 임명한다고 발표한 지 9일 뒤에, 그는 자신의 과거 기록을 샅샅이 뒤지는 작업이 1년 내내 계속될 듯한 분위기 속에서 결국 자리에서 물러났다. 그로부터 몇 주 내에 그는 주요한 소득원이자 두 번째 인생 단계에서 열정을 바친 뉴 스쿨 네트워크의 운영 책임자를 비롯해서, 그가 안간힘을 써서 지키려고 한 모든 일자리와 직책을 잃었다.

영이 여자 가슴에 관해 쓴 트윗을 옹호하는 사람은 아무도 없다. 많은 사람이 성인으로서 스스로도 인정하는 〈치기 어린〉 유머를 트윗에 쓰는 사람의 판단력에 의문을 표할 것이다.[11] 하지만 다른 모든 공개적 조리돌림의 사례와 마찬가지로, 영의 사례에서 제기되는 문제는 무엇보다도 중요하다. 과연 용서로 가는 길이 존재하는 것일까? 여러 해 동안 불우한 아이들을 도운 자발적인 활동이 트윗의 죄를 덮어 줄 가능성은 전혀 없는 것일까? 만약 그렇다면 얼마나 많은 아이를 도와야 얼마나 많은 유방 트윗이 지워지는 것일까? 실수와 용서 사이에 얼마나 오랜 시간 간격이 있어야 적당할까? 누가 그 답을 알까? 그 답을 알아내는 데 관심 있는 사람이 있을까?

이제 적어도 시도라도 해야 할 때다. 어쨌든 이제 우리는 가장 위험한 영역에 발을 들여놓았다. 지금 우리는 세대를 가로지르는 조리돌림을 벌이고 있다. 2018년 8월에 릴리 제약은 프로 경주 드라이버인 코너 데일리Conor Daly와 체결한 후원 계약을 파기한다고 발표했다. 26세의 데일리가 나스카 경주 데뷔전을 치르기 직전에 이루어진 발표였다. 이번에는 데일리 본인이 말한 이야기와 관련이 없는 스캔들이었다. 후원사가 지원을 철회한 이유는 1980년대부터 드러난 이야기 때문이었다. 1980년대 ─ 데일리가 태어나기 전 ─ 에 그의 아버지가 라디오 방송국과 인터뷰를 하면서 아프리카계 미국인을 경멸적인 표현으로 지칭한 적이 있었다. 아버지는 당혹감을 나타내면서 자기가 태어난 아일랜드에서는 그 표현에 대한 의미와 함의가 다르며, 당시 미국에 온 지 얼마 되지 않은 때였다고 말했다. 그는 부끄럽고 후회된다면서 모욕적인 언어에 대해 용서를 구했다. 하지만 아들은 후원 계약을 잃었다.[12]

아직 우리가 해결하려고 시도하지도 못하는 어떤 방식으로 우리는 용서가 거의 불가능한 세상을 만들었다. 이 세상에서는 확실히 아들이 아버지의 죄를 뒤집어쓸 수 있다. 우리는 그 결과로 생기는 어려운 문제를 다루는 법에 관해 어떤 장치나 합의를 만들어 내는 데 여전히 관심이 없다.

수백 년 동안 인류가 이룬 합의는 오직 신만이 궁극적인 죄를 용서할 수 있다는 것이었다. 하지만 무엇보다도 기독교 전통은 일상적인 차원에서 용서가 ─ 필연적이지는 않더라도 ─ 바람직하다는 것을 강조했다. 무한한 용서라고 할 정도였다.[13] 신의 죽음이 낳은 결과 가운데 하나로 프리드리히 니체Friedrich Nietzsche는 사람들이 출구가 없는 기독교 신학의 순환에 갇힐 수 있다고 예견했다. 특히 죄책감과 죄, 수치심 개념을 물려받으면서도 역시 기독교가 제공한 속죄의 수단은 사라질 것이었다. 오늘날 우리는 어떤 행동이 상상하지도 못했던 결과를 낳을 수 있는 세상, 죄책감과 수치심이 어느 때보다도 가까이에 있는 세상, 어떤 식으로든 속죄를 받지 못하는 세상에 살고 있는 듯하다. 우리는 누가 속죄를 제공하고 누가 받아들일 수 있는지, 과연 속죄가 맹렬한 확신과 비난의 끝없는 순환에 비해 더 바람직한 것인지 알지 못한다.

그리하여 우리는 모든 사람이 언제든 ― 헌트 교수처럼 ― 최악의 농담과도 같은 여생을 보내야 하는 위험에 빠질 수 있는 세상에 산다. 이 세상에서는 자기 스스로 행동을 하는 것이 아니라 다른 사람들에 대해 반응을 보이는 것이 필요하다. 특히 피해자 역할 오디션이나 누군가 잘못된 고통을 받고 있다고 여겨지는 도덕적 판단에 반응을 보여야 한다. 이 세상에서는 아무도 누가 죄를 경감할 수 있는지 알지 못하지만, 모두가 죄를 인정하고 받아들여야만 명성에 해가 되지 않는다. 또 이 세상에서는 최대한의 〈권력〉 행사가 끊임없이 이루어진다. 진실 여부와 상관없이 어떤 이유로든 다른 사람의 인생에 개입해서 판단하고 언제든 파멸시킬 수 있는 권력 말이다.

지금까지는 이런 어려운 문제에 대해 허약하고 일시적인 두 가지 답만 가능하다. 첫 번째로는 우리는 마음에 드는 사람이나 부족이나 견해로 따질 때 우리와 가까운 사람, 또는 적어도 우리의 적을 괴롭히는 사람들을 용서한다. 따라서 만약 클라인이 정을 좋아하면 그녀를 용서할 것이다. 만약 당신이 영을 싫어하면 그를 용서하지 않을 것이다. 이것은 이미 존재하는 모든 부족적 차이를 끼워 넣는 가장 확실한 방법이다.

　이제까지 발견된 두 번째 일시적인 경로는 다른 경주 드라이버 — 루이스 해밀턴Lewis Hamilton — 가 최근에 따른 길이다. 2017년 크리스마스에 해밀턴은 인스타그램 계정에 동영상을 하나 공개했다. 〈지금 아주 슬퍼요. 내 조카를 보세요〉라고 말하는 모습이었다. 서른두 살의 해밀턴은 휴대 전화를 돌려서 분홍색과 자주색 드레스를 입고 마술 지팡이를 휘두르는 어린 조카를 보여 주었다. 「왜 공주 드레스를 입고 있니?」 해밀턴이 남자 조카에게 물으며 한마디 덧붙인다. 「남자는 공주 드레스 입는 거 아냐.」 조카는 계속 웃고 있다.

　이 영상은 곧바로 해밀턴과 그의 경력에 치명적인 영향을 미쳤다. 왕따 추방 단체가 그가 소셜 미디어 플랫폼을 이용해서 〈어린아이에게 해를 입혔다〉고 비난했다. 인터넷 곳곳에서 해밀턴을 트랜스 혐오자이자 케케묵은 젠더 고정 관념을 주입하는 사람이라고 질타했다. 언론은 그를 주요 뉴스로 다루었고, 강간 피해 생존자를 돕는 캠페인을 벌이는 강간 반대 단체는 그에게서 대영 제국 훈작사를 박탈해야 한다고 요구했다. 해밀턴 본인이 신속하게 소셜 미디어에서 자신의 〈부적절한〉 발언에 대해 사과하고 모든 사람에게 자신이 얼마나 조카를 사랑하는지를 설명했다. 〈저는 우리 모두 그런 것처럼 조카도 자신을 자유롭게 표현할 수 있으면 좋겠습니다.〉 다른 메시지에서는 이렇게 말했다. 〈저는 언제나 자기가 원하는 그대로의 삶을 사는 사람들을 지지하며, 이번에 저지른 실수를 용서받을 수 있기를 바랍니다.〉[14]

분명 이런 사과로는 충분하지 않았다. 몇 달 뒤인 2018년 8월에 남성 잡지 『GQ』의 독자들은 표지에서 해밀턴 사진을 발견했다. 그 잡지의 본문에는 장문의 인터뷰와 사진이 수록되었다. 표지 사진을 포함한 모든 사진에서 그는 치마를 입고 있었다. 여러 타탄 무늬를 붙인 야한 상의를 풀어 헤쳐서 울퉁불퉁한 복근과 흉근을 드러냈을 뿐만 아니라 화려한 패치와 색채로 된 킬트로 눈길을 사로잡았다. 표지 헤드라인에는 이렇게 적혀 있었다. 「〈보상하고 싶습니다.〉 루이스 해밀턴은 이 문제를 피하고 싶지 않다.」[15] 현재로서는 다른 용서의 방식으로 이런 것만 가능하다. 만약 당신이 충분히 부유하고 유명하다면, 홍보 인력과 남성 잡지의 표지를 활용해서 치마를 입고 빠르게 변화하는 시대의 교의 앞에 납작 엎드리면 된다. 점점 많은 사람이 바로 이런 교의에 순응해야 한다고 느끼는 것도 놀랄 일은 아니다. 어떤 질문도 허용되지 않는다. 어떤 질문도 던져지지 않는다.

트랜스

금세기 이전의 모든 시대에는 우리를 도덕적 충격에 빠뜨리는 행위가 실행되거나 용인되었다. 따라서 만약 우리가 과거 어느 때보다도 더 합리적이거나, 도덕적으로 우월하거나, 현명하다고 생각할 이유가 있다면, 지금 우리가 하는 어떤 행동 — 어쩌면 도덕적 덕목이 넘쳐 난다고 해도 — 에 대해 후손들이 똑같이 야유를 보내면서 〈저 사람들은 도대체 무슨 생각이었던 거지?〉라고 말할지 모른다고 생각해도 이상한 일은 아니다. 이제 우리 시대의 맹점이 무엇일지 의문을 가져 볼 만하다. 우리가 노예 무역이나 빅토리아 시대에 아이들을 굴뚝 청소부로 고용한 일을 지금 혀를 차며 보는 것처럼 후손들은 우리의 어떤 행동들을 바로 그런 시각으로 바라볼까?

2013년 9월 벨기에에서 세상을 떠난 나탄 페르헬스트Nathan Verhelst의 사례를 보자. 페르헬스트는 여자아이로 태어나서 부모가 〈낸시〉라는 이름을 붙여 주었다. 낸시는 남자 형제들 속에서 자라면서 언제나 부모가 자기보다 세 형제를 더 좋아한다고 느꼈다. 확실히 좀 이상한 점이 많은 가족이었다. 페르헬스트가 사망한 뒤 그의 어머니는 현지 언론과의 인터뷰에서 이렇게 말했다.

「내가 〈낸시〉를 처음 봤을 때 꿈이 산산조각이 되었어요. 아이가 너무 못생겼거든요. 난 유령을 낳은 거예요. 그 애가 죽었는데도 아무렇지 않아요. 슬프지도 않아요. 믿어지지 않거나 후회되는 것도 없고요. 우리는 유대감이 전혀 없었어요.」[1]

여러 발언에서 분명히 드러나는 이유 때문에 낸시는 부모에게 버림받았다고 느끼면서 자랐고, 일정한 단계에 이르러 자신이 남자라면 더 좋을 것이라는 생각이 들었다. 그리하여 30대 후반에 접어든 2009년에 호르몬 치료를 받기 시작했다. 그 직후에 유방 절제술을 두 번 받은 다음 남자 성기를 만들기 위해 일련의 수술을 받았다. 2009년에서 2012년 사이에 모두 합쳐 주요한 성전환 수술을 세 차례 거쳤다. 이 과정의 끝에서 이제 〈나탄〉이 된 그[*]는 그 결과에 반응했다. 〈나는 새로운 탄생을 축하할 각오가 되어 있었어요. 그런데 거울을 들여다보고는 나 자신이 혐오스러웠죠. 새로 생긴 가슴이 기대에 미치지 못했고 새로 얻은 페니스는 거부 증상이 있었어요.〉 페르헬스트가 받은 온갖 외과 수술은 커다란 흉터를 남겼고, 그는 분명 새로 만들어진 몸에 큰 실망을 느꼈다. 사람이 별로 없는 벨기에의 어느 해변에서 〈나탄〉은 사진을 찍었다. 카메라를 들여다보고 있는 그는 햇빛 때문에 눈을 가늘게 뜨고 있다. 가슴 일부에는 타투가 덮여 있는데도 유방 절제술이 남긴 흉터가 여전히 뚜렷하다. 다른 곳에서 찍은 사진에서 그는 구두와 정장 차림으로 침대 위에 누워 있다. 자기 몸이 불편한 모습이다.

페르헬스트가 기대한 삶은 도래하지 않았고 금세 우울증이

[*] 지은이는 페르헬스트를 남성 대명사로 지칭한다.

찾아왔다. 그리하여 2013년 9월 마흔넷의 나이 — 성전환 수술을 하고 불과 1년 뒤 — 에 페르헬스트는 국가에 의해 안락사를 했다. 그가 태어난 나라에서는 안락사가 합법이며, 의료 당국은 페르헬스트의 〈견디기 힘든 심리적 고통〉 때문에 안락사에 동의했다. 마지막을 맞기 일주일 전에 그는 친구 몇 명과 작은 파티를 열었다. 참석자들은 춤을 추면서 웃고 떠들었고 샴페인 잔을 들며 〈삶을 위하여〉라고 외쳤다고 한다. 일주일 뒤 페르헬스트는 브뤼셀의 한 대학 병원으로 가서 치명적인 주사를 맞고 세상을 떠났다. 「나는 괴물이 되고 싶지 않다.」 그가 마지막 순간에 한 말이다.[2]

훗날 미래 세대가 이런 이야기를 읽는다면 깜짝 놀랄 것이 분명하다. 〈그러니까 벨기에 의료 서비스가 여자를 남자로 바꾸려고 하다가 실패하고 나서 여자를 죽였다고?〉 무엇보다도 이해하기 어려운 사실은 그 살인이 앞선 수술과 마찬가지로 악의나 잔인성이 아니라 오로지 친절함 때문에 이루어졌다는 것이다.

물론 페르헬스트의 사례는 모든 면에서 이례적이다. 하지만 여기에서 제기되는 몇 가지 교훈을 아무도 고찰하지 않는다는 바로 그 이유 때문에 여기에 초점을 맞출 필요가 있다. 〈트랜스〉란 무엇인가? 누가 트랜스인가? 무엇이 어떤 사람을 트랜스로 만드는가? 우리는 트랜스가 하나의 범주로 존재한다고 확신하는가? 만약 그렇다면 어떤 사람을 물리적으로 한 성에서 다른 성으로 바꾸려는 시도가 언제나 가능하다고 확신하는가? 성전환 수술이 여기서 제기되는 어려운 문제를 다루는 최선의 방법인가?

이 책에서 다루는 모든 주제와 우리 시대가 직면한 온갖 복잡한 쟁점 가운데 〈트랜스〉만큼 혼란과 가정이 그렇게 급진적이고 요구가 그토록 유독한 것은 없다. 그토록 신속하게 관심을 사로잡는 주제가 되어서 신문 지면 전체가 최신 상황을 다루고 언어를 바꿀 뿐만 아니라 그것을 둘러싼 과학을 만들어 내려는 끊임없는 요구가 제기되는 쟁점은 ─ 비교적 소수의 사람에게 영향을 미친다는 점을 차치하고라도 ─ 달리 찾아보기 어렵다.[3] 동성애자 권리를 둘러싼 논쟁 역시 일부 사람에게 너무도 빠르게 움직였지만, 그래도 동성애가 존재하고 그것을 수용할 필요가 있다는 입장에서 동성 결혼이 합법화되는 지점까지 이어지는 데 수십 년이 걸렸다.

이와 대조적으로 트랜스는 기록적인 시간 안에 하나의 도그마에 가까운 것이 되었다. 영국 정부의 보수당 장관들은 사람들이 출생증명서를 바꾸고 출생 시 성별을 쉽게 변경할 수 있도록 캠페인을 벌이고 있다.[4] 한 지방 당국이 발표한 교육 지침에는 트랜스젠더 어린이들이 더 편안하게 느낄 수 있도록 초등학교 교사들이 아이들에게 남자아이를 비롯한 〈모든 성별〉이 생리를 할 수 있다고 가르쳐야 한다는 내용이 있었다.[5] 2019년 5월에 미국에서는 〈젠더 정체성〉을 포함하는 쪽으로 성별을 재규정하는 연방 법안이 통과되었다.[6]

어디에서나 정서가 똑같다. 우리가 지금 헤쳐 나가고 있는 군중의 광기 가운데 트랜스는 공성 망치가 되었다. 거대한 가부장제의 성벽을 무너뜨리는 데 필요한 마지막 무기인 것이다. 영국의 동성애자 권리 단체 스톤월은 오래전부터 동성애자 권리를 위해 제작한 티셔츠를 새로운 버전으로 바꾸어서 다시 들고나왔다.

〈일부 사람은 트랜스다. 그 사실을 이겨 내라.〉 정말 그럴까? 그리고 우리는 그것을 이겨 내야 하나?

이상하지 않은 것

〈트랜스〉 현상이 어디에서 시작되었는지에 관해서 대단히 이상한 점은 전혀 없다고 말해야 한다. 오늘날 꽤 많은 것이 이 꼬리표 아래 묶이게 되었다. 최근 수십 년간 이따금 반대 성별의 옷을 입는 사람들에서부터 전면적인 성전환 수술을 받은 사람들에 이르기까지, 다양한 사람을 묘사하기 위해 트랜스라는 단어가 사용되고 있다. 초기의 혼란 중 하나는 트랜스의 일부 측면이 다른 것들에 비해 훨씬 더 익숙하다는 사실이다.

일부 유형의 젠더 모호성이나 젠더 유동성은 여러 문화에서 흔할 뿐만 아니라, 세계에서 모종의 젠더 모호성이 포함되지 — 용인되지 — 않는 문화를 생각하기도 쉽지 않다. 그것은 후기 근대의 발명품이 아니다.

앞서 살펴본 것처럼 오비디우스는 티레시아스 이야기에서 성전환자에 관해 썼다. 인도에는 히즈라hijra들 — 인터섹스(간성)와 복장 전환자transvestite 집단 — 이 존재하며 수백 년 전부터 그들의 존재가 알려지고 받아들여졌다. 태국에 존재하는 카토이 Kathoey는 일종의 여자 같은 남자로 대체로 남성도 아니고 여성도 아니라고 여겨진다. 사모아섬에는 여자 옷을 입고 여자로 사는 남자인 파파피네fa'afafine가 존재한다.

세계에서 남성 동성애에 가장 적대적인 지역들도 양성 사이에 존재하거나 양성을 넘나드는 범주의 사람들을 허용하고 있다.

아프가니스탄에는 바차 포쉬bacha posh 전통이 있다. 이 전통은 대를 이을 아들이 없는 부모가 딸을 하나 골라서 남자로 자라게 하는 것이다. 그리고 혁명을 일으키기 한참 전인 1960년대 초에 아야톨라 호메이니Ayatollah Khomeini는 성전환 수술을 허용할 수 있다고 공표했다. 그 결과로 1979년 혁명 이래 이란 국가는 중동에서 성전환 수술의 선도자가 되었다. 동성애자라는 것이 발각된 사람들이 원치 않는 수술보다도 훨씬 무시무시한 처벌을 피할 수 있는 유일한 길이라는 사실이 크게 작용했다.

이와 같이 남녀 중 어느 쪽인지 모호한 사람은 거의 모든 문화에 존재하며, 복장 전환(이성의 옷을 입는 것)에서부터 트랜스섹슈얼리즘(이성이 〈되기〉 위해 다양한 절차를 거치는 것)에 이르기까지 광범위하다. 그 배후에 어떤 진화적 요인이 작용하든 간에, 상당히 광범위한 문화가 어떤 사람들은 자기가 갖고 태어난 몸과 다른 몸으로 살고 싶어 한다는 관념을 받아들였다.

그런데 그들은 어떤 사람들이며, 그들과 보통 사람들을 구분하는 선만이 아니라 이렇게 느슨하게 묶인 집단 내에서 각각을 구분하는 선은 무엇일까? 이 모든 주제는 워낙 감정을 자극하고 선동적인 쟁점이 되었기 때문에 법의학적 접근이 필요하다. 물론 법의학적 접근 자체도 모든 사람을 만족시킬 만큼 정확하지 못할 것이다. 그렇다고 해도 어딘가에서 출발을 해야 한다. 가장 좋은 출발점은 우선 대다수가 합의한 트랜스 논쟁의 지점이다. 일단 이 논쟁에서 가장 많이 해결된 부분에 대해 합의가 이루어지면, 아직 해결되지 못한 부분——당연히 가장 격렬한 논쟁이 벌어지는 부분——도 좀 더 분명하게 바라볼 수 있다.

인터섹스

우리가 사회 과학자보다 과학자를 신뢰한다면, 그리고 사람들이 주장하는 내용보다 그들의 실제 정체에 대답하는 것이 더 쉽다는 데 동의한다면, 트랜스 논쟁에서 가장 의문의 여지가 적은 부분은 인터섹스 문제 자체다.

인터섹스는 여러 세기 전부터 의학계에서 알려진 자연 현상이지만 어쩔 수 없이 일반인들에게는 잘 알려져 있지 않다. 인간 가운데 극소수가 구분이 불분명한 생식기를 갖고 태어나거나, 다른 생물학적 특성을 갖고 있는 것(이례적으로 클리토리스가 크거나 페니스가 작은 경우)이 드러나 양성 어느 쪽에도 속하지 않을 수 있다. 물론 외관상 뚜렷한 증상만 있는 것은 아니다. 겉으로는 한 성의 특징을 보이지만, 다른 성의 기관이 감추어진 흔적이 있는 경우도 드물게 있다. 가령 지속성 뮐러관 증후군Persistent Mullerian Duct Syndrome은 남성 생식기를 갖고 태어났지만 알고 보니 나팔관과 심지어 자궁 같은 여성 생식기를 갖고 있는 사람들을 가리키는 용어다.

의학 전문가들은 여러 세기 동안 이런 현상을 알고 있었고 일반 대중도 제한적이나마 알았지만, 기형에 초점이 맞추어지곤 했다. 서커스는 〈수염 난 여자〉를 자연의 괴물로 대대적으로 내세운 반면, 〈암수 한 몸hermaphrodite〉에 관한 역사적 언급을 보면 복장 전환자가 아닌 인터섹스의 존재를 인정한 사실을 알 수 있다. 토론의 가장자리로 밀려나긴 했지만, 생물학이 복잡하고 종종 가혹한 과제를 제기한다는 사실이 항상 인식되었다.

하지만 오늘날에도 상대적으로 인터섹스가 얼마나 흔한지

에 대해서는 거의 알지 못한다. 현재 미국에는 신생아 2천 명 중 한 명꼴로 어느 한쪽으로 정하기 어려운 생식기를 갖고 태어나며 3백 명 중 한 명 정도가 전문가의 판단을 받아야 한다.[7] 물론 인터섹스에 관한 인식이 높을수록 이런 특별한 과제를 안고 태어난 아이들을 어떻게 할지에 관한 논쟁도 커진다. 지난 세기 후반기에 볼티모어의 존스 홉킨스 대학교는 전문가들이 의뢰받은 신생아를 검진하고, 어느 성별이 아이에게 더 우세하거나 적합할지를 검토하고, 그에 따라 수술이나 호르몬 요법으로 치료하기 위한 표준 모델을 개발했다.

상당한 규모의 좋지 못한 치료가 밝혀진 끝에, 이 문제에 접근하는 다른 방법이 등장하기 시작했다. 미국의 생명 윤리학 교수 앨리스 드레거Alice Dreger는 지난 30년에 걸쳐 인터섹스들의 권리를 증진시키기 위해 노력한 위대한 활동가이다. 비록 본인은 인터섹스가 아니지만, 드레거는 초기의 수술 모델(부모를 만족시키기 위해 행해지는 경우가 많았다)에 반론을 제기하면서 전문가뿐만 아니라 대중 사이에서도 이 현상에 대한 이해를 증진하기 위해 목소리를 높인 소수의 사람 중 하나였다. 문제를 공개적으로 드러내는 것이 확실히 당사자들에게 도움이 되었다. 드레거는 이 문제를 다룬 『갈릴레오의 가운뎃손가락Galileo's Middle Finger』에서 1990년대 말에 어떤 외과 의사가 〈당신은 인터섹스에 어떤 동학이 작용하는지 알지 못한다〉고 말한 적이 있다고 회고한다. 그 의사에 따르면 모호한 생식기를 가지고 태어난 아이의 부모는 단지 대처할 수 없는 문제에 부딪힐 뿐이다. 〈어머니는 울음을 터뜨리고 아버지는 술만 마시죠. (……) 어느 쪽인지 정하기 어려운 생식기를 가

진 아이를 수술하지 않고 그냥 자라게 두면 (……) 사춘기에 자살해 버릴 겁니다.〉[8]

하지만 1990년대 중반부터 인터넷이 발달하면서 모든 것이 바뀌었다. 드레거가 말하는 것처럼 〈빅토리아 시대 의사들은 꿈도 꾸지 못한 일이 벌어졌다. 다양한 성적 변이를 타고난 사람들이 서로를 발견하기 시작했고, 하나의 정체성 권리 운동으로 조직을 이루기 시작했다〉.[9] 1993년에 북미 인터섹스 협회Intersex Society of North America가 창설되었고 비슷한 단체들이 속속 생겨났다. 제프리 유제니디스Jeffrey Eugenides가 2002년에 출간한 베스트셀러 소설 『미들섹스Middlesex』 덕분에 인터섹스 이야기가 많은 관심을 받았다. 몇몇 용감한 사람이 자신의 정체와 이야기를 대중 앞에 공개했다. 하지만 언제 어떤 식으로 의학적 개입을 하는 것이 적절한지, 그리고 최선의 치료는 무엇인지에 대한 문제는 여전히 심각한 논란거리로 남아 있다.

그렇다 하더라도 북미 인터섹스 협회 같은 단체의 변호를 통해 많은 것이 분명해지고 있다. 그중 한 가지는 인터섹스가 존재하며 자신이 전혀 통제할 수 없는 상황에 대해 그 사람들에게 책임을 물어서는 안 된다는 것이다. 이제 많은 사람이 인터섹스로 태어난 이들을 이해한다. 아무리 줄잡아 말해도 〈최적이 아닌〉 카드를 손에 쥐고 태어난 동료 인간에 관해 다른 어떤 느낌을 가질 수 있겠는가? 세상에 의심의 여지없이 하드웨어적 문제가 있다면 인터섹스가 바로 그것이다.

인터섹스는 어느 누구든 지지할 수 있는 완전히 정당하고 합리적이고 공감이 가는 문제다. 실제로 인권에 관심이 있는 사람이라면 누구나 인터섹스를 지지해야 한다. 하지만 인터섹스 문제를 있는 그대로 지지하는 경우가 얼마나 드문지, 그리고 트랜스가 매일같이 뉴스에 나오는 오늘날에도 인터섹스가 얼마나 드물게 다루어지는지를 보면 놀라지 않을 수 없다. 인터섹스가 대중의 관심을 얻게 된 바로 그 순간에 언뜻 보면 비슷하지만 실제로는 매우 다른 문제가 등장하게 되었다는 사실이 그 이유로 보인다.

트랜스 섹슈얼리즘

유럽과 미국에서 전후(戰後) 시기에 다른 성으로 전환을 시도하면서 세간의 이목을 끈 소수의 사례가 등장했다. 남성에서 여성으로 전환한 영국의 로버타 코웰Roberta Cowell(전 이름은 로버트)과 미국의 크리스틴 조겐슨Christine Jorgensen(전 이름은 조지)은 세계 곳곳에서 헤드라인을 장식했다. 지금도 살아 있는 사람들은 첫 번째 〈성전환〉 뉴스가 보도되었을 때 부모님이 황급히 신문을 숨기던 일을 기억한다. 그 자체가 대단히 음란하고 외설적일 뿐만 아니라 가장 기본적인 사회 규범에 타격을 가하는 것처럼 보였기 때문이다. 어떻게 사람이 성을 바꿀 수 있을까? 만약 그렇다면 다른 사람들도 성을 바꿀 수 있다는 것인가? 어쩌면 — 장려하고 권장하면 — 모든 사람이 성을 바꾸려고 할까?

과거를 돌아보면 초기 사례들이 심각한 혼란을 야기한 이유를 파악하는 것이 어렵지 않다. 제1차 세계 대전 이후 여자 같은 남자와 남자 같은 여자라는 개념이 젊은 세대를 비판하는 사람들에게 일종의 고정 관념이 되었다. 1920년대의 어느 히트송은 이렇게 노래했다. 〈남자 같은 여자! 여자 같은 남자! 누가 수탉인지?

누가 암탉인지? 요즘은 분간하기가 쉽지 않아.〉[10]

당시에는 동성애와 복장 전환이 최소한 상당히 연결된 것처럼 보였다. 어쩌면 이 사람들은 아주 열성적인 복장 전환자나 특히 여성적인 게이였다. 하지만 대중적으로 알려진 최초의 트랜스는 지배적인 예상을 보란 듯이 깨버렸다. 코웰은 전직 전투기 조종사였고 그 후에는 자동차 경주 드라이버로 이름을 날렸다. 따라서 여성적 어쩌고저쩌고하는 거칠기 짝이 없는 주장을 유지하기는 — 불가능하지는 않더라도 — 어려워졌다. 그들이 직접 내놓는 주장도 있었다. 가령 코웰은 자신이 인터섹스로 태어났고 질 성형술을 비롯해 자신이 받은 처치는 태생적 결함을 바로잡는 것일 뿐이라고 사람들이 믿기를 원했다. 그리하여 이 모든 범주 — 동성애, 인터섹스, 복장 전환, 트랜스 섹슈얼리즘 — 가 가시적으로 드러날수록 점점 서로 뒤엉키게 되었다.

이런 혼합물에서 지금 우리가 아는 〈트랜스〉 요소를 뽑아내기 시작하기까지 시간과 개인적 용기, 그리고 설명이 필요했다. 이런 범주의 개인이 존재하는지 의심하는 사람이라면, 이 문제에 관해 깊이 생각했을 뿐만 아니라 자신을 심층적으로 표현한 트랜스들의 작품을 탐구해야 한다. 많은 트랜스가 소통이 불가능하다고 주장하는 내용을 가장 성공적으로 전달한 것은 영국의 작가 잔 모리스Jan Morris(전 이름은 제임스)의 작품이었다. 코웰과 마찬가지로 모리스의 이야기도 혼란과 호기심의 층위를 소개했다. 지금까지도 많은 독자와 인터뷰어가 이런 층위에 사로잡혀 있다.

모리스는 제2차 세계 대전 막바지에 군 복무를 했다. 그 후 『타임스』와 『가디언』에서 언론인으로 일했다. 참전과 마찬가지로 중동과 아프리카, 철의 장막 뒤편의 해외 통신원 활동은 여자가 되고 싶은 남자에게 주어지는 기대에 들어맞지 않았다. 여자와 행복한 결혼 생활을 하면서 다섯 명의 아이를 두었다는 사실도 마찬가지였다.

제임스가 잔으로 전환하는 과정은 1960년대에 시작되었고 1972년에 이루어진 성전환 수술로 정점에 달했다. 이미 작가로 유명한 인물이었기 때문에 모리스는 세계에서 가장 유명한 트랜스로 손꼽히게 되었다. 1974년에 출간한 회고록 『수수께끼 *Conundrum*』에는 전환 과정이 서술되어 있었다. 이 책은 왜 일부 사람이 성전환이 필요하다고 느끼는지에 대해서 가장 설득력 있고 가장 설명이 잘된 것으로 평가받는다. 실제로 모리스의 책을 읽고 나서 트랜스 같은 것은 존재하지 않는다거나 〈단지〉 상상의 소산일 뿐이라고 생각하기는 어렵다. 모리스는 꼬마 시절 — 서너 살 정도 — 어머니의 피아노 밑에 웅크리고 앉아 있던 중에 자기가 〈잘못된 몸을 갖고 태어났다〉는 사실을 깨달은 일을 묘사한다.[11] 그 후 — 군대에 다녀와서 결혼을 하고 아이가 태어나는 과정을 거치면서도 — 자신의 확신에서 벗어난 적이 없었다. 뉴욕의 유명한 내분비내과 의사 해리 벤저민Harry Benjamin 박사를 만났을 때에야 문제의 해법이 나타났다. 트랜스를 이해하려는 노력이 이제 막 시작되는 초기 단계였다. 벤저민 같은 몇몇 의사들은 연구를 통해 소수의 사람이 잘못된 성의 몸으로 태어났다고 느낀다는 사실을 확신한 상태였다. 그렇다 하더라도 이런 현상에 대해 어떻게 할 것인지는 여전히 문제로 남아 있었다. 전문가들은 무언가 할 수 있다는 결론에 다다랐다. 언젠가 벤저민은 이렇게 말했다. 「불쌍한 마음에서든 상식적으로든 이런 질문을 던져 본다. 만약 몸에 맞게 확신을 바꿀 수 없다면, 어떤 상황에서는 몸을 확신에 맞추어 바꾸어야 하는 것 아닌가?」 몸을 바꾸는 것, 또는 모리스의 표현대로 하자면 〈이런 필요 없는 것들을 지우는 것 (……) 그런 실수를 닦아 내고 다시 시작하는 것〉이야말로 그가 원했을 뿐만 아니라 꿈꾸고 기도했던 일이었다.[12]

　『수수께끼』에서 모리스는 해가 갈수록 여자가 되고 싶다는 열망이 얼마나 강해졌는지를 묘사한다. 해마다 그의 남자 몸이 〈점점 단단해지는 것 같았다〉. 모리스는 1954년부터 1972년까지 일종의 호르몬 요법을 받았는데, 여성 호르몬을 주입할 경우에 남자 몸이 젊어지고 부드러워지는 듯한 기묘한 효과를 정확하게 묘사한다. 호르몬은 모리스가 자기 몸에 축적된다고 느낀 남자다움의 층을 벗겨 냈을 뿐만 아니라 〈축적된 회복력〉이라는 보이지 않는 층도 벗겨 냈다. 〈이 회복력은 남자에게 방패를 제공하는 동시에 몸의 감각을 죽인다.〉 시간이 흐르면서 모리스는 〈정체가 모호한〉 모습이 되었다. 어떤 이들은 그가 남성 동성애자라고 생각했고 또는 남자도 아니고 여자도 아닌 중간이라고 보는 이들도 있었다. 때로 남자들은 그에게 문호를 개방하거나 여자로 오인했다. 이 모든 것이 수술 전의 일이다.

　그 시절에는 유럽이나 미국에 아직 실험 단계일 뿐인 수술을 하겠다고 선뜻 나서는 의사들이 거의 없었다. 또한 누구도 어떤 사람이 자기 성을 바꾸겠다고 나서는 이유를 확실히 알지도 못했다. 일종의 정신 질환 증상일까? 항상 그런 것이 아니라면 이따금 그런 것인가? 만약 그렇다면 그 두 정신 상태를 어떻게 구분할 수 있을까? 자기 몸의 일부를 잘라 버리고 싶다는 충동과 의사에게 자기가 허레이쇼 넬슨Horatio Nelson 제독이라면서 이런 믿음대로 오른팔을 잘라 달라고 말하는 환자를 어떻게 구별할 수 있을까?

1960년대와 1970년대에 이런 수술을 집도하겠다고 나선 몇 안 되는 의사들은 여러 가지를 확인해야 했다. 첫째, 환자가 절대 정신 질환자가 아니어야 한다. 둘째, 성을 전환하더라도 환자는 지금의 성별 관계에서 자신에게 의존하는 사람을 버려서는 안 된다. 셋째, 환자는 충분한 시간 동안 호르몬 치료를 받은 사람이어야 한다. 마지막으로 환자는 그전부터 오랫동안 자신이 선택하는 성별 역할 속에서 살았어야 한다. 이런 기본 원칙은 수십 년간 크게 바뀌지 않았다.

결국 오랫동안 호르몬 치료를 받은 끝에 모리스는 모로코에서 조르주 뷔루Georges Burou 박사(『수수께끼』에서는 〈B 박사〉로 나온다)에게 수술을 받기로 했다. 그는 이미 영국의 유명한 트랜스섹슈얼인 에이프릴 애슐리April Ashley*를 남자에서 여자로 전환하는 수술을 한 바 있는 의사였다. 많은 주목을 받지는 못했지만 일부 진영에서는 유명 인사였다. 워낙 유명해서 〈카사블랑카에 간다〉는 말이 성전환을 완곡하게 가리키는 표현으로 널리 알려질 정도였다. 모리스의 부모 입장에서는 카사블랑카의 후미진 거리에 있는 뷔루 박사의 수술 회복 센터를 찾아가는 일은 — 모리스의 말처럼 — 〈마법사를 방문하는 것과 같았다〉.[13]

성전환이 필요하다고 완벽하게 확신하는 사람들이 존재한

---

* 영국의 모델로 1961년 『선데이 피플The Sunday People』에 의해 트랜스젠더라고 아웃팅되었다. 초창기에 성전환 수술을 받은 사람으로 유명하다.

다는 것을 의심하고 있다면, 모리스가 어떤 과정을 기꺼이 거쳤는지에 관해 설명한 내용을 보아야 한다. 뷔루 박사의 병원의 병실에 간호사 두 명이 들어왔다. 한 명은 프랑스인이고 한 명은 아랍인이다. 간호사들이 모리스에게 얼마 후에 수술을 하려면 우선 음부를 면도해야 한다고 말한다. 간호사들이 챙겨 온 면도기로 모리스가 직접 면도를 하는 동안 그들은 테이블에 앉아서 다리를 흔들고 있다. 찬물에 모로코 비누로 음부를 씻은 다음 주사를 맞으러 침대로 간다. 간호사들이 잠이 들고 난 다음에 수술할 것이라고 말한다. 모리스는 그다음에 벌어지는 일을 가슴 뭉클하게 설명한다. 간호사들이 병실에서 나간 뒤 마취 약이 작용하기 시작한 탓에 약간 몸을 떨면서 침대에서 내려온다. 〈거울 속에 비친 나에게 작별 인사를 하러 갔다. 우리는 다시 만나지 못할 텐데, 한참 동안 다른 자아의 눈을 응시하면서 행운의 윙크를 해주었다.〉[14]

모리스는 붕대와 반창고에 꽁꽁 싸인 채 병원에서 2주를 보냈는데, 〈기분 좋고 **깔끔한** 느낌이었다〉고 수술 후에 자신이 느낀 감정을 설명했다. 〈점점 혐오하게 된 튀어나온 부위가 떨어져 나갔다. 나 스스로 보기에 이제 정상이 되었다.〉[15] 모리스는 수술 이후의 시기를 끝없는 〈행복감〉을 경험한 때로 묘사했다. 행복감과 나란히 〈마땅히 해야 할 일을 했다〉는 절대적 확신이 들었다.[16] 행복한 감정은 사라지지 않았다. 『수수께끼』를 쓰던 때 모리스는 제임스가 잔으로 바뀌는 과정에서 일어난 일이야말로 〈인간이 겪을 수 있는 가장 매혹적인 경험〉이라는 것을 알고 있었다. 의문의 여지가 없었다.

티레시아스는 성별 사이의 이동에 대해서만이 아니라 사회가 남성과 여성을 바라보는 — 또는 어쨌든 바라본 — 방식에 관해서도 견해가 있었다. 택시 운전사는 그녀에게 쭈뼛쭈뼛 다가와서는 기분 나쁘지 않은 입맞춤을 한다. 사람들이 남자에게 하는 말을 여자에게는 하지 않는다. 그리고 더 큰 비밀이 있다. 세상이 남자와 여자를 어떻게 보는지가 아니라, 남자와 여자가 세상을 어떻게 다르게 보는지가 바로 그것이다. 현대 페미니스트라면 이런 사실이 만족스럽지 못할 것이다.

예를 들어 모리스는 남성과 여성이 갖는 기본적으로 다른 관점과 태도를 묘사했다. 따라서 남성인 제임스는 당대의 〈중대한 일들〉에 훨씬 더 관심이 많은 반면, 여성인 잔은 〈작은 일들〉에 새롭게 관심이 생겼다. 여자가 된 뒤에 잔은 이렇게 말한다. 「시야가 좁아지는 것 같고 넓은 범위보다는 뚜렷한 디테일에 눈길이 갔다. 글에서 강조하는 부분이 장소에서 사람으로 바뀌었다.」[17]

잔은 그 때문에 생겨난 문제들을 기꺼이 인정한다. 어떤 면에서는 비극이었는데 확실히 주변의 모든 것에 극심한 긴장이 가해졌다. 1972년 수술을 받기 전에 잔은 부인과 이혼해야 했다. 하지만 영국에서 동성 결혼same-sex civil partnership이 합법화된 뒤인 2008년에 재결합했다. 생존한 자녀 넷은 변화된 상황에 적응하는 일이 아주 쉽지만은 않았지만 그래도 일반적으로 예상하는 것보다 잘 적응한 듯 보인다. 하지만 잔 스스로 인정하듯이 모든 과정에서 많은 사람이 당혹감을 느꼈다. 〈멋진 몸〉이 〈멀리 떨어진 도시까지 가서 화학 물질로 변형되고 칼로 난도질을 당한〉 과정은 그 정점이었다. 모든 것이 잔 스스로 말하듯이 대문자 〈I〉로 시작하는 〈정체성〉에 다다르기 위한 것이었다.[18] 그는 이렇게 설명한다. 〈재미 삼아 그렇게 하는 사람은 없을 테고, 물론 내가 그런 문제가 없는 삶을 선택할 수 있었다면 그냥 받아들였을 것이다.〉[19] 어느 것도 남자로 태어난 사람이 실제로는 여자라는 잔의 확신을 흔들지 못했다. 잔은 그런 깨달음을 실현하기 위해 무슨 일이든 할 수 있었다고 말한다. 잔은 만약 다시 그 우리에 갇힌다 하더라도 〈어느 것도 내 목표를 이루는 것을 막지 못한다〉고 설명한다. 〈외과 의사를 찾아서 지구를 샅샅이 뒤지고, 이발사나 낙태 시술자를 매수하고, 그래도 안 되면 칼을 구해서 내가 직접 할 것이다. 두려움이나 주저함 없이, 더 생각할 것도 없이 바로.〉[20]

인터섹스로 태어나는 사람들이 존재한다는 사실을 인정하기는 아주 쉽다. 모리스 같은 사람들의 설명을 읽고 나면, 자신의 성이 아닌 다른 성의 몸을 가져야 한다고 진심으로 믿는 사람들이 있다고 이해할 수 있다. 대단히 어려운 것 ─ 그리고 지금 우리가 알 수 있는 방법이 거의 없는 것 ─ 은 생물학을 넘어서 증언으로 도약하는 것을 헤쳐 나가는 방법이다. 인터섹스는 생물학적으로 입증이 가능하다. 트랜스도 앞으로 심리학적으로나 생물학적으로나 입증이 가능하다고 밝혀질지 모른다. 하지만 우리는 여전히 트랜스가 어느 분야에 속하는지조차 잘 알지 못한다. 만약 이 말이 일부 사람의 〈정체성〉인식 자체를 쓸데없이 트집 잡는 방식처럼 보인다면 이 미묘한 영역의 한 부분에 어떤 곤란이 있는지 생각해 보라.

자기여성애

스펙트럼의 한쪽 끝에 인터섹스로 태어난 사람들이 존재한다는 것을 인정하면서 시작한다면, 그리고 인터섹스가 가장 뚜렷한 하드웨어 문제라고 인정한다면, 나머지 트랜스 문제는 분명 거기로부터 안으로 들어가는 스펙트럼상에 있다. 양성의 사이에 있다고 묘사될 수 있는 가시적이고 생물학적인 근거가 있는 사람들로부터 자신들의 증언 말고는 다른 차이의 증거가 없는 사람들로 이동하는 것이다. 트랜스의 〈하드웨어〉 부분이 어디서 끝나고 어디서 〈소프트웨어〉 부분이 시작되는 것인가 하는 문제는 가장 위험한 추측 실험이다.

인터섹스로 태어난 사람들에서 시작해서 스펙트럼을 따라가다 보면, 어딘가에 전통적인 XX 염색체나 XY 염색체와 그 결과물인 생식기를 비롯한 신체를 갖고 태어났으나 — 여전히 우리는 거의 이해할 수 없는 이유로 — 자신의 몸이 잘못되었다고 믿는 사람들이 있다. 뇌에서는 남자라고 말하지만 몸은 여자인 사람들, 또는 그 반대인 사람들이다. 우리는 무엇 때문에 이런 현상이 생기는지 알지 못할 뿐만 아니라 이것이 얼마나 흔한 현상인지도 여전히 상대적으로 거의 모른다. 트랜스와 비트랜스 사이에 유의미한 생리학적 차이는 전혀 밝혀지지 않았다. 뇌 기능의 차이에 관한 연구가 몇 가지 있었지만, 지금까지 일부 사람이 한 성의 몸을 다른 성의 몸으로 바꾸려는 뚜렷한 하드웨어적 이유가 존재한다는 것에 대해서는 밝혀진 바가 없다.

하지만 — 동성애의 경우와 마찬가지로 — 이 문제를 소프트웨어에서 하드웨어 문제로 이동시키려는 압력이 존재한다. 트랜스의 세계에서 이런 움직임은 여러 영역에 초점을 맞추고 있다. 그중 하나는 누군가가 성별을 바꾸고자 하는 분명한 이유에서 비롯된다. 성적 스릴이 바로 그것이다. 남자가 여자 속옷을 입거나 겉옷까지 여자 옷을 입고 싶어 할 수 있다. 스타킹, 레이스, 외설적 느낌 등 수행적 〈쾌감〉을 느낄 수 있기 때문이다. 이 모든 것은 오래전부터 성적 뒤틀림kink으로 인정받았고 일부 사람이 동경한다. 이런 본능을 가리켜 〈자기여성애autogynephilia〉라고 한다. 그다지 매력적이지 않은 전문 용어다.

자기여성애는 반대 성의 역할을 한다는 상상에서 생겨나는 자극이다. 하지만 ─ 놀랄 일도 아닌 것이 ─ 이 〈공동체〉 안에서도 분열이 있기 때문에, 이런저런 유형의 자기여성애를 놓고 우려와 논쟁이 벌어진다. 여자 옷을 입는다는 생각만 해도 흥분하는 남자에서부터 실제로 여자 몸을 갖게 된다는 생각에 흥분하는 남자에 이르기까지 상이한 자기여성애가 여럿 존재하기 때문이다.

최근 트랜스 논쟁이 격화되고 있는데, 가장 인상적인 경향 중 하나는 자기여성애가 천덕꾸러기 신세가 되었다는 것이다. 다른 말로 하자면, 트랜스 정체성을 가진 사람이 실제로는 단지 극단적인 형태의 성적 뒤틀림을 겪고 있을 뿐이라는 암시는 많은 트랜스에게 너무도 혐오스러운 규정이 되었으며 혐오 발언으로 꼽히며 비난을 받는다.

2003년에 노스웨스턴 대학교의 심리학 교수 J. 마이클 베일리J. Michael Bailey는 오랜 연구를 거쳐 『여왕이 되고 싶은 남자: 젠더 벤딩과 트랜스 섹슈얼리즘의 과학The Man Who Would Be Queen: The Science of Gender-Bending and Transsexualism』을 펴냈다. 이 책에서 베일리는 한 성의 뇌가 다른 성의 몸에 갇혀 있다는 지배적인 인식과는 다른 트랜스 섹슈얼리즘에 관한 사고를 살펴보았다. 특히 욕망의 대상과 본성이 트랜스를 부추길 수 있는 가능성을 탐구했다. 캐나다 중독 및 정신 건강 센터에서 레이 블랜처드Ray Blanchard가 수행한 연구를 바탕으로, 그는 성별을 바꾸려는 욕망이 일정한 유형의 여성적인 동성애자 남성 사이에서 특히 우세할 수 있다고 주장했다. 다른 생물학적 남성에게 끌리는 생물학적 남성이지만 남성이기 때문에 이성애자 남성의 마음을 얻을 수 없고 너무 여성적이어서 동성애자 남성의 마음을 끌 수 없는 특정한 유형의 게이 남성은 여자 행세를 하는 것이 타당했다. 그렇게 해야 진짜 욕망의 대상인 남성들의 마음을 사로잡을 기회가 더 많기 때문이다. 블랜처드는 이런 범주의 사람들을 〈동성애적 트랜스 섹슈얼homosexual transsexual〉이라는 용어로 지칭했다.

베일리는 트랜스 정체성을 가진 다른 유형의 사람들도 탐구했다. 바로 항상 이성애자였고 결혼해서 아이도 낳은 남성들이다. 그들이 여자가 되고 싶다는 생각을 밝히면 주변 사람들이 모두 깜짝 놀란다. 외적인 삶에서 여성성을 조금도 드러낸 적이 없지만 그들은 사적으로는 여자 행세를 하거나 실제로 여자가 된다는 생각에 성적으로 흥분을 느낀다. 베일리는 상당한 양의 증거를 모아서 자신이 확인한 두 종류의 트랜스젠더리즘 가운데 첫 번째가 세계 곳곳에서 더 우세하다는 사실을 보여 준다. 많은 문화에서 매우 여성적인 — 종종 동성애인 — 남성들이 제기하는 수수께끼에 대해 모종의 〈답〉이 존재했다. 블랜처드와 마찬가지로 베일리도 이 유형과 자기여성애 충동에 자극을 받는 유형 사이의 차이를 인정하지만, 어쨌든 둘 다 비난하거나 비판하지 않는다. 실제로 두 사람 모두 절대적으로 동등한 인권과 돌봄, 지원이 필요하다고 주장한다. 그렇다 하더라도 베일리는 지뢰를 밟고 서 있었다.

그의 책이 출간되기 전 몇 년간 트랜스 활동가들이 자신들의 대의를 탈성애화desexualize하려는 일치된 노력을 기울였다. 〈트랜스섹스〉에서 〈트랜스젠더〉로 명칭을 바꾼 것도 어느 정도 그런 이유 때문이었다. 드레거가 이 주제에 관한 책에서 말한 것처럼 〈베일리 이전에는 많은 트랜스 지지자가 트랜스에 대한 낙인을 줄이고 돌봄 접근성을 개선하고 기본적 인권을 확립하기 위한 시도로 트랜스의 공적 재현을 탈성애화, 탈병리화하는 데 오랜 시간을 들였다〉.[21] 드레거는 이런 노력을 동성애자 활동가들이 동성애자가 침실에서 하는 행동에서 벗어나 다른 공간에서 하는 행동으로 초점을 이동시킴으로써 동등한 권리를 달성하는 데 성공한 사실과 비교한다.

베일리의 책은 이런 캠페인을 방해하는 위험을 무릅썼으며 따라서 그의 책에 반대하는 캠페인이 이어졌다. 동료 학자와 트랜스 활동가들이 곧바로 베일리의 연구를 비판하고 기각했을 뿐만 아니라 노스웨스턴 대학교에서 그를 해임시키기 위한 시도에 착수한 것이다. 극단적인 비판론자들 중에는 로스앤젤레스에서 활동하는 트랜스젠더 상담가 앤드리아 제임스Andrea James도 있었다. 제임스는 자기 웹사이트에 베일리의 자녀 사진(초등학교와 중학교 시절에 찍은 사진)을 올리고 명백한 성적 함의가 담긴 말풍선을 붙이는 식으로 보복했다.[22] 한편 몇몇 사람이 나서서 책에서 자신들을 왜곡되게 묘사했다고 주장했다. 결국 그들은 책에서 주요하게 다루어지지도 않았다는 사실만 드러났을 뿐이다. 동성애자 문학 단체인 람다LAMBDA가 이 책을 수상작으로 지명한 일도 곧바로 철회되었다. 베일리의 친구에 따르면, 그는 극단적인 반응에 너무도 〈겁에 질려서〉 출간 이후에 거의 딴사람이 되어 버렸다.[23]

단지 베일리가 중대한 문제의 뿌리까지 도달하기 위해 자세한 연구를 하고 결국 인기 없는 것으로 드러난 답을 들고나왔다는 이유로 이 모든 일이 벌어졌다. 금세기의 대부분 시기 동안 트랜스가 어쨌든 성적 향유의 문제라는 사고는 격분을 일으키는 것이고 성적 비방이 되었기 때문이다.

오늘날 사람들이 가져야 하는 올바른 사고는 트랜스들이 트랜스라는 생각에서 어떠한 성적 흥분도 느끼지 않는다는 것이다. 트랜스들은 그런 성적 흥분을 적극적으로 혐오한다. 이보다 더 지루한 일이 있을까? 그리하여 2018년 11월에 앤드리아 롱 추Andrea Long Chu는 『뉴욕 타임스』에서 자신이 받은 성전환 수술의 다음 단계에 관해 이야기했다. 브루클린에서 활동하는 이 〈에세이스트이자 비평가〉가 쓴 칼럼의 제목은 「나는 여자 성기가 새로 생기겠지만 그것 때문에 행복해지지는 않을 것이다. 그래서도 안 된다」이다. 여기서 추는 간략하게 설명했다. 〈다음 주 목요일에 내게 질이 생긴다. 수술은 여섯 시간 정도 걸릴 테고 최소한 세 달 동안 회복해야 한다. 내가 죽는 날까지 내 몸은 이 질을 일종의 상처로 여길 것이다. 그 결과로 질을 유지하기 위해 정기적으로 고통스러운 치료를 받아야 한다. 내가 원한 것이지만 질 덕분에 더 행복해질 것이라는 보장은 전혀 없다. 사실 그런 기대도 하지 않는다. 그렇다고 해서 질을 가질 자격이 없어지는 건 아니다.〉[24]

앤 A. 로런스Anne A. Lawrence — 자칭 자기여성애자[25] — 를 비롯한 사람들의 저작에서 반발이 보이기는 하지만, 트랜스 섹슈얼리즘이 어떤 식으로든 자기여성애 때문에 촉진된다는 사고가 트랜스 활동가들을 상당히 도발하는 원천이 되었다. 이런 급격한 유턴이 나타난 이유는 분명하다. 그리하여 우리는 다시 하드웨어 문제로 돌아간다. 만약 사람들에게 특정한 성적 뒤틀림이 존재한다면 그것은 하드웨어 아니면 소프트웨어 때문이다. 하지만 성적 뒤틀림을 수용하기 위해 사회가 사회 및 언어 규범을 거의 전부 바꾸어야 한다고 설득하기는 쉽지 않다. 사회가 당신을 용인할 수는 있다. 당신의 안녕을 바랄 수도 있다. 하지만 당신이 여성용 속바지를 입고 싶다고 해서 모든 사람이 완전히 새로운 대명사를 사용하도록 강제할 수는 없다. 공중화장실을 전부 바꾸게 하거나, 양성이 아무런 차이도 없고 젠더는 사회적 구성물이라는 믿음을 가지고 아이들을 키우게 할 수도 없다.

트랜스가 대체로, 주로, 또는 오로지 성적 자극의 문제라면, 라텍스 옷을 입으면서 성적 흥분을 느끼는 사람들을 위해 사회의 기본 원칙을 바꾸지는 못한다. 자기여성애는 트랜스를 소프트웨어 문제로 제시할 위험이 있다. 그리고 바로 이것이 등을 돌리는 이유가 된다. 왜냐하면 — 동성애자들의 경우처럼 — 트랜스가 〈이런 식으로 태어난 사람들〉이라는 것을 입증하려는 충동이 존재하기 때문이다.

이 모든 문제를 한층 더 복잡하게 만드는 것은 — 모리스의 경우처럼 — 이성의 몸을 갖고 싶다는 욕망이 단순한 환상이나 뒤틀림일 수 없다는 것을 확실히 보여 주는 무언가가 트랜스들의 행동에 들어 있다는 사실이다. 어쨌든 자신의 몸을 영구적으로 변형시키는 비가역적인 수술을 받기로 결정하는 일보다 더 굳건한 결심을 요구하는 일은 거의 없다. 성기를 절단하거나 벗겨 내고 뒤집어 까겠다고 나서는 남자가 이 문제를 가볍게 여긴다고 말하기는 쉽지 않다. 이런 수술은 취미나 라이프 스타일을 선택하는 것과는 정반대의 일로 볼 수 있다. 그렇다 하더라도 이런 결심이 트랜스가 하드웨어 문제라고 〈입증〉해 주는 것은 아니다. 일부 사람은 자신이 참이라고 믿는 것을 만족시키기 위해 아무리 극단적인 행동이라도 선뜻 나서기 때문이다. 따라서 문제는 한 사람, 또는 심지어 많은 사람이 자기 자신에 대해 참이라고 믿는 것을 다른 사람들도 참이라고 받아들여야 하는지가 된다.

트랜스의 돌파구가 열리다

이처럼 증거가 부족하다는 사실이 일부 사람이 트랜스 문제 자체가 일종의 망상이라고 믿는 한 가지 이유다. 사회 전체가 트랜스들의 주장을 곧이곧대로 받아들이도록 장려되는 가운데서도 이런 의심이 밑바탕에 존재한다.

2015년 4월에 운동선수 출신의 리얼리티 프로그램 스타 브루스 제너Bruce Jenner가 트랜스로 커밍아웃을 하면서 케이틀린 제너Caitlyn Jenner라는 새로운 정체성을 드러냈다. 그녀는 곧바로 세계에서 가장 유명한 트랜스가 되었다. 몇 주 만에 제너는 『배니티 페어Vanity Fair』 표지에 〈케이틀린이라고 불러 줘요〉라는 문구와 함께 등장했다. 애니 리버비츠Annie Leibovitz가 찍은 사진에서 제너는 섹시한 일체형 코르셋 차림으로 가슴 윗부분을 드러내고 있는데, 아랫부분에는 — 나중에 세상 사람들이 알게 되는 것처럼 — 아직 제거하지 않은 남자 성기가 감추어져 있었다. 리버비츠의 사진은 제너의 몸에서 가장 가시적인 남성적 부위를 영리하게 피해 갔다. 다리를 꼬아서 불룩 튀어나온 부분을 모호하게 만들었을 뿐만 아니라 두 팔을 몸 뒤로 빼서 올림픽 운동선수 출신의 딱 벌어진 어깨와 이두박근을 줄였다. 1년 전에 『타임』은 트랜스 여배우 러번 콕스Laverne Cox를 표지 인물로 실으면서 〈트랜스젠더의 티핑 포인트: 미국 앞에 놓인 시민권 프런티어〉라고 표현했다.[26] 새로운 프런티어를 돌파해야 한다는 정서가 감돌았다. 스톤월이 트랜스젠더 캠페인을 단체 활동에 추가하면서 루스 헌트Ruth Hunt가 말한 것처럼 〈이제 그들의 차례〉였다.[27] 동성애 문제는 사실상 끝난 상태였다. 이제 모두가 인종과 여성의 권리 향상이 이루어진 과정을 아는 것 같았다. 일부 사람 — 특히 판매 부수가 감소하는 레거시 잡지들 — 은 새로운 시민권 투쟁을 벌일 준비가 되어 있었다. 제너는 완벽한 타이밍에 등장한 것이다.

2015년은 트랜스의 권리와 가시성, 요구가 주류에 진입한 해였고 제너는 어디에나 있었다. 리버비츠의 사진이 곳곳에 퍼졌을 뿐만 아니라 미국에서 열린 시상식을 모두 제너가 휩쓸었다. 『글래머Glamour』는 제너를 〈올해의 여성들〉 중 하나로 뽑았다. 엑설런스 스포츠 대상Excellence in Sports Performance Yearly award에서 제너는 용기상courage award을 받았다. 스포츠계 인사가 가득한 시상식장에 기립 박수가 이어졌다. 트랜스들의 이야기가 우후죽순처럼 쏟아져 나왔다. 그런 이야기의 온갖 단편과 조각들은 주저하던 사람들마저 끌어내는 잠재력을 발휘했다. 직접 나서지 못하는 사람들도 열렬하게 환영했다.

엑설런스 스포츠 대상 시상식 당시와 이후에 미식축구 쿼터

백 브렛 파브르Brett Favre가 소셜 미디어에 이어 언론에서도 제너에게 열렬한 박수를 보내지 않았다는 이유로 비난을 받았다. 제너에게 기립 박수가 쏟아질 때 파브르 역시 자리에서 일어나 박수를 치다가 다른 사람들보다 먼저 자리에 앉았는데, 공교롭게도 이 장면이 카메라에 찍힌 것이다. 『뉴욕 포스트』는 「브렛 파브르, 시상식을 모두에게 불편한 자리로 만들다」라는 제목으로 충분한 열정을 보이지 않은 그의 행동을 비난했다.[28] 트랜스 여성이 용기상을 받을 때 얼마나 오랫동안 기립 박수를 지속해야 하는지 아무도 확실히 알지 못했다. 소비에트 정치국에서 준수하는 에티켓을 살펴보면 도움이 되었을지 모르겠다. 논란의 여지가 없는 유일한 교훈은 모든 사람이 트랜스에게 박수를 보내고 있다면 제일 마지막에 자리에 앉아야 한다는 것이다.

마찬가지로 미처 예상하지 못한 방식으로도 불똥이 튀었다. 2015년 7월 당시 31세의 보수 평론가 벤 셔피로Ben Shapiro는 게스트로서 HLN의 「드루 박사의 상담Dr Drew On Call」에 출현했다. 제너의 수상에 관해 토론하는 자리였다. 그곳에는 다른 게스트들도 있었다. 그중 셔피로 옆에 앉은 조이 터Zoey Tur는 〈트랜스젠더 리포터〉로 소개되었다. 토론이 진행되는 중에 드루 박사가 터에게 제너가 정말 〈용감한지〉 물었다. 터는 〈용감하다는 건 자기 자신이 된다〉는 뜻이며 트랜스젠더가 되는 것은 〈세상에서 제일 용감한 일〉이라고 견해를 밝혔다.

그 순간 셔피로가 사람들이 제너에게 축하를 보낸 것은 〈망상을 주류화한 셈〉이라고 말했다. 격분한 다른 여성 게스트가 물었다. 「왜 〈망상〉이라고 말하죠?」 셔피로는 말을 이으면서 제너를

〈그녀〉가 아니라 〈그〉라고 지칭했다. 제너는 66년 동안 브루스로 살다가 고작 석 달간 케이틀린으로 지냈는데, 스튜디오에 있던 모든 사람이 곧바로 셔피로에게 달려들어 그가 무례하다고 비판했다. 격분한 여자가 주장했다. 「그녀라고요. 당신은 대명사를 존중하지 않는군요. 무례한 언사예요.」

셔피로는 대명사를 어떻게 존중할 수 있는지 무시하면서 따졌다. 「무례 같은 건 따지지 맙시다. 팩트는 감정하고 상관이 없어요. 케이틀린 제너의 몸을 이루는 모든 염색체, 모든 세포가 일부 정자 세포만 제외하고는 남자의 것이라고 밝혀졌어요. 그가 내면적으로 어떻게 느끼는가 하는 문제는 그 사람의 생물학적 자아와 상관이 없다고요.」 그 순간 스튜디오에서 제너가 상을 받는 것에 대해 — 제너가 부유한 백인이고 과거에 LGBT 문제에 관해 충분히 목소리를 높이지 않았다는 이유로 — 가볍게 비판한 유일한 게스트가 재빨리 방금 전에 셔피로가 한 말에 〈동의하지 않는다〉고 말했다. 이후에 이어진 상황을 볼 때 셔피로와 거리를 둘 필요가 있었다.

진행자는 상황을 진정시키면서 터에게 성불편증gender dysphoria의 과학에 관해 모두에게 설명해 달라고 요청했다. 터가 말했다. 「우리 둘 다 염색체가 남성과 여성을 가르는 필연적인 기준이 아니라는 걸 알아요.」 그리하고는 잘난 체하며 셔피로의 어깨에 손을 올리고 말을 걸었다. 「그러니까 당신은 지금 무슨 이야기를 하는지 모르죠. 유전학을 배우지 않았잖아요.」 셔피로가 유전학에 관해서 이야기해도 되는지 물으려 했지만 다시 말이 끊겼다. 그는 터에게 말했다. 「당신이 공부한 유전학은 어떤 건가요, 선생님?」

곧장 터가 셔피로의 목뒤에 손을 올리면서 협박하듯 말했다. 「입 닥치지 않으면 앰뷸런스 타고 집에 갈 거예요.」

셔피로가 전혀 당황하지 않은 채 대꾸했다. 「정치 토론에서 할 만한 말은 아닌데요.」 평소라면 스튜디오에 있는 다른 게스트들이 폭력 위협에 눈살을 찌푸렸겠지만 오히려 모든 사람이 셔피로에게 달려들었다. 다른 남자 게스트가 입을 열었다. 「공정하게 말하면 당신이 실제로 무례해요. 그런 태도는 공정하지 않죠.」 또 다른 남자 게스트도 셔피로를 비난하면서, 〈선생님〉이라는 말이 〈굉장히 모욕적〉이라는 사실을 분명 알았을 것이라고 덧붙였다. 결국 터는 아무 방해도 받지 않고 셔피로에 말했다. 「당신은 혐오에 사로잡혀 있어요. 그게 당신 모습이죠. 하찮은 주제에.」

그 와중에도 셔피로는 이성을 잃지 않았다. 터를 〈도발〉한 적이 없었다. 터가 앰뷸런스에 태워 집에 보내겠다고 위협한 뒤에도 그는 〈그건 숙녀답지 못한 행동인데요〉라고 말하지 않았다. 터가 주먹을 날릴 때를 기다려 〈와, 당신 펀치가 남자 같네요〉라고 말하지도 않았다. 그는 심지어 터가 그들 몸에 한 것과 똑같은 일을 한 사람이 그의 사이즈를 모욕하는 식으로 남성성을 거세하려고 하는 일이 얼마나 이상한 짓인지 지적하지도 않았다. 셔피로는 단지 생물학의 중요성을 고수했을 뿐이다. 몇 년 전만 해도 논란거리가 되지 않았을 일이지만 이제는 언론과 유명 인사들 사이에서 워낙 비난이 일어서 〈대명사를 존중하지 않는〉 사람보다도 신체적 공격 위협을 옹호할 정도였다.

순식간에 일사불란하게 한 방향으로 몰려가는 데는 몇 가지 원인이 있었다. 하나는——『타임』 표지에서 전형적으로 드러난 것처럼 — 트랜스가 새로운 동성애 권리나 여성권, 시민권이며, 트랜스 울타리의 반대편에 서 있는 것이 발각되면 나중에 톡톡히 후회하게 될 것이라는 공포나 의심, 희망이다. 오늘날 사회가 과거의 운동들에 반대한 사람들을 바라보는 것처럼 부정적인 낙인이 찍힐 것이기 때문이다. 어떤 면에서는 비슷한 점이 있다. 동성애자들이 유전적으로 다른 점이 전혀 없다면, 유일한 차이는 그들의 행동이다. 동성애자는 자신이 동성애자라고 말할 때 그리고 자신이 동성애자라는 것을 보여 주는 행동을 할 때 동성애자가 된다. 마찬가지로 트랜스가 트랜스인 것은 자신이 그렇다고 말하기 때문이며, 동성애의 경우에 기대되는 — 또는 요구되는 — 것처럼 트랜스의 사례에서도 어떤 외적인 신호 — 또는 생물학적 기표 — 도 필요하지 않다.

하지만 아주 중요한 차이가 있다. 동성애자 여성이 남성과 사랑에 빠지거나 동성애자 남성이 갑자기 여성과 사랑에 빠진다면, 이성애자 남성이나 여성이 갑자기 동성의 사람과 사랑에 빠진다면, 그렇다 하더라도 그들의 생물학적 하드웨어는 여전히 그대로다. 동성애자가 이성애자가 되거나 이성애자가 동성애자가 되는 경우에 영구적이거나 비가역적인 과정이 전혀 필요하지 않다. 반면 트랜스 옹호론자들의 종착점은 비가역적으로 삶을 바꾸는 것이다. 트랜스 섹슈얼리즘에 대해 우려를 표하거나 주의를 촉구하는 사람들은 — 가장 최악의 사태를 초래하는 주장인 — 트랜스가 자살을 하게 만드는 것은 말할 것도 없고 〈트랜스들의 존재를 부정〉하거나 트랜스를 2등 시민으로 다루어야 한다고 주장하는 것이 아니다. 그들은 단지 아직 제대로 파악되지 않은 어떤 것

— 비가역적인 것 — 에 대해 주의를 촉구할 뿐이다.

많은 사람이 공개적으로 밝히기를 꺼리는 우려는 바로 이런 비가역성에 대한 우려에서 생겨난다. 성불편증이라고 주장하는 어린이의 수가 늘어난다는 뉴스와 이런 주장이 나타나기 시작할 때 〈클러스터 효과〉가 발생한다는 — 즉 한 학교에서 많은 아이가 자기 몸이 잘못되었다고 주장하면 그와 비슷한 주장이 기하급수적으로 늘어난다는 — 것에 대한 증거를 보면, 부모를 비롯한 사람들이 이 모든 상황이 어떤 결과로 이어질지를 걱정하고 궁금해하는 것도 이상한 일이 아니다. 자신의 몸이 잘못되었다고 믿는 사람들이 어떤 나이에 약물이나 수술을 허용받을 수 있는지에 관한 문제에는 심층적인 논쟁이 필요하다. 성불편증을 가진 것으로 확인되었지만 자라면서 극복하는 아이들이 점점 늘어나기 때문이다(그중 많은 수가 동성애자가 된다). 그리하여 문제가 겹겹이 쌓인다. 동성애자에게 〈그냥 지나가는 한 단계일 뿐〉이라고 말하던 시절을 상기하는 것을 좋아하는 사람은 아무도 없지만, 트랜스가 — 심지어 이따금일지라도 — 그냥 한 단계라면 어떨까? 그리고 그 단계를 너무 늦게 깨닫는다면? 이런 질문은 기본적으로 〈트랜스 혐오〉가 아니라 아동 중심적인 것이다. 우려를 병리화하려는 시도 때문에 인계 철선이 필요 이상으로 훨씬 더 추하게 느껴지고 있다.

어느 젊은 남자의 이야기

당연히 민감한 주제이기 때문에 나는 지금부터 묘사하려고 하는 사람의 이름을 바꿀 생각이다. 그의 이름을 〈제임스〉라고 하자.

하지만 실제 인물이며 그의 사례는 이례적이지 않다. 현재 진행 중인 사회적 토론에서 최소한 그의 이야기도 거론되어야 한다.

현재 20대인 제임스는 영국에서 태어나 성장했다. 10대 중반에 그는 게이 신, 그리고 특히 드랙 신에 끌린다는 것을 깨달았다. 그는 게이 친구가 많았고 열여섯 살 무렵부터 드랙 클럽에서 많은 시간을 보냈다. 그 사람들이 좋았고 그 현장과 폐쇄성이 좋았다. 그곳에서 발견한 사람들은 거의 〈길 잃은 세대〉처럼 보였다. 부모가 자신이 동성애자이거나 드랙 행위를 좋아한다는 것을 알면 의절할까 봐 두려웠기 때문에 이 세계에 옹기종기 모여 있는 사람들이었다. 그리하여 그들은 그냥 함께 즐기는 것이 아니라 〈일종의 가족〉이 되었다. 결국 제임스도 드랙에 발을 들여놓기 시작했다. 그는 또한 남자에서 여자로 전환한 20대 초반의 친구와 아주 가까워졌다. 제임스 눈에는 정말 끝내주게 멋진 친구였다.

열여덟 살 무렵에 제임스는 가족 주치의를 찾아가서 용기를 내 자신의 이야기를 털어놓았다. 「아무래도 잘못된 몸을 갖고 있는 것 같아요. 원래 여자인 것 같아요.」 그 후 1년 반 동안 제임스는 여러 의사를 찾아다니면서 자신이 겪고 있는 상황을 주치의보다 잘 이해할 만한 사람을 찾으려 했다. 마침내 열아홉 살에 맨체스터의 성 정신 분석 전문가를 소개받았고 세 시간 반 동안 정신 분석을 받았다. 성생활, 부모와의 관계 등 여러 질문이 이어졌다. 사실 굉장히 내밀한 질문이었기에 약간 움찔하기도 했다. 하지만 맨체스터의 전문가가 내린 결론은 분명했다. 「당신은 트랜스예요.」 그리하여 제임스는 런던의 채링 크로스에 있는 성 정체성 전문 병원을 소개받았다.

병원 대기실에는 〈굉장히 여성적인 사람에서부터 뚝딱뚝딱 밥 아저씨Bob the Builder〉에 이르기까지 다채로운 사람들이 앉아 있었다. 6개월 뒤 그중 스무 명 정도가 모여서 워크숍을 진행했다. 고문 의사는 그들이 모인 이유에 대해 국민 의료 서비스National Health Service가 제공할 수 있는 최대한의 이해를 해주었다. 그는 ── 벤저민 박사가 모리스에게 이야기한 것처럼 ── 이렇게 말했다. 「우리는 그게 뇌의 문제라는 걸 압니다. 뇌를 수술할 수는 없으니까 몸을 뇌에 맞추도록 최선을 다하고 있습니다.」 국민 의료 서비스는 제임스를 비롯한 사람들의 사례를 이런 식으로 다루었다. 워크숍으로부터 6개월 뒤에 제임스는 첫 번째 일대일 면담을 할 수 있었다. 면담은 상당히 자세한 내용으로 진행되었다. 가족 관계와 일에 관한 질문도 있었는데 개인의 전반적인 안정성이 분명 중요했다. 제임스는 내분비내과 의사를 만나고 테스토스테론을 측정했다. 테스토스테론 측정치가 한 차례 낮게 나오자(실제로 측정할 때마다 수치가 달랐다), 트랜스 문제를 처리할 필요가 있다는 증거로 여겨졌다. 지금 돌이켜 보면 제임스는 여러 가지 문제에 부딪히고 있었다. 우선 진지한 상담을 전혀 받지 못했다. 어떤 느낌인지 말하기만 하면 그대로 인정받았다. 다른 문제도 있었다. 지금 그는 이렇게 말한다. 「너무 친절하기만 하더군요.」 그러니까 〈어떤 압박〉도 없었고 〈깐깐하게 질문〉을 하는 과정도 전혀 없었다.

다른 성으로 2년간 생활한 사실은 다음 단계로 넘어갈 수 있다는 증거가 되었다. 국민 의료 서비스가 제공하는 면담은 6개월에 한 번씩 이루어지기 때문에 제임스는 불과 몇 번의 면담만 거치며 2년을 채웠다. 이제 호르몬 대체 요법 문제가 등장했다. 제임스의 말을 들어 보자. 「만약 당신이 환자이고 떳떳하게 행동하기만 하면, 호르몬을 처방받기가 정말 어처구니없이 쉬워요. 1년에 두 번 찾아가서 기다리기만 하면 되죠.」 물론 이 그룹에 속한 사람들뿐만 아니라 그 신에 있는 친구들도 다음 단계로 넘어가는 법에 관한 이야기를 서로 공유했다.

제임스는 주사만이 아니라 매일 먹는 약으로도 에스트로겐을 주입했다. 제임스를 비롯한 다른 사람들이 이 과정의 성격에 관해 설명한 내용을 보면 — 다른 무엇보다도 — 두 성이 본질적으로 다르지 않다는 주장이 완전히 허구라는 것이 드러난다. 실제로 다른 맥락에 놓고 보면, 남성 신체에 에스트로겐이 미치는 효과에 관한 설명은 대단히 성차별적인 것으로 볼 수 있다. 제임스의 경험은 에스트로겐과 항안드로겐(항테스토스테론)을 주입하기 시작한 다른 사람들의 경험과 매우 흡사했다. 무엇보다도 그는 예전보다 더 감정적으로 바뀌었다. 「많이 울었어요.」 피부가 부드러워지기 시작했고 체지방의 분포가 서서히 바뀌었다. 하지만 다른 변화도 느껴졌다. 좋아하는 영화와 음악이 바뀌었고 침대에서 좋아하는 것도 바뀌었다.

제임스는 1년 넘게 에스트로겐을 복용했다. 그는 발달이 더딘 편이었는데, 호르몬을 복용하기 시작했을 때 실제로 아직 사춘기를 겪고 있는 것은 아닌지 추측하는 이들도 있었다. 다음 단계로 넘어갈 수 있는지에 관한 두 번의 면담 — 한 번은 영상 통화상으로 한 번은 직접 만나서 — 이 진행되었다. 대기자가 밀려 있는 것으로 보아서 국민 의료 서비스에 절차를 재촉할 수 없다는 사실을 알았지만, 그는 외국에 있는 민간 병원에 가서 성전환 수술을 받을 수 있는지 문의했다. 많은 사람이 코스타 델 솔 해안에 있는 마르베야의 한 병원을 추천했는데, 그가 이 병원으로 갈 생각이라고 말했을 때 국민 의료 서비스는 찬성하지 않았지만 제지하지도 않았다. 그는 수술과 약, 심지어 항공권값에 관한 정보까지 입수했다. 「거의 결행할 뻔했습니다. 지금 생각하면 거기에 가지 않은 게 천만다행이죠.」

호르몬 치료를 받고 전환 치료의 다음 단계를 기다리는 동안에 그의 머릿속에 많은 문제가 떠올랐다. 지금까지 제임스는 사실 한쪽 이야기만 들은 셈이었다. 트랜스 신에 있는 친구들은 그도 따라갈 수 있는 경로를 보여 주었다. 국민 의료 서비스는 이 경로를 따르는 것이 과연 좋은 일인지 진지하게 의문을 제기하지 않았다. 그의 상태를 교정할 필요가 있다고 여겼기 때문이다. 하지만 제임스는 온라인에서 반대의 견해를 찾아보았고 결국 찾아냈다. 대안 언론을 통해 자신의 결정이 과연 지혜로운 것인지 의문을 제기하는 유튜브 스타들을 발견한 것이다. 생각한 것보다 젊고 힙한 사람들이었다. 그는 또한 자신의 믿음과 싸우고 있었다. 자유주의적 기독교인으로 자란 그는 하느님과 설계에 대한 문제를 계속 맴돌았다. 한편으로 〈만약 하느님이 존재하지 않는다면 내 몸은 설계된 게 아니〉라고 생각했다. 하지만 그는 또한 잘못된 몸을 갖고 태어났다고 말하는 사람들이 무척 이기적인 견해를 갖고 있다고 생각하게 되었다. 그들은 이런 상황이 〈자신들에게 주어진 도전〉으로 받아들였다. 만약 우주 전체가 우연의 소산이라면, 나 자신을 바꾸기 위해 왜 그토록 많은 것을 급격하게 바꾸어야 하는 것일까? 그는 자신의 문제 가운데 일부에 대한 답이 과연 심리학이 아니라 수술에 있는 것인지 의심하기 시작했다. 특히 〈몸을 바꾸는 것이 아니라 몸에 만족하기 위해 무엇을 해야 하는지〉를 살펴보았다. 그가 의견을 구한 많은 전문가는 질문을 던지지 않았다. 「문제를 깊숙이 들여다보라고 말한 사람이 아무도 없었습니다.」

제임스는 다른 계기로도 자신이 정말 수술을 원하는 것인지에 관해 의문이 들었다. 그와 주변의 사람들이 잘 아는 것처럼 몇 년간 호르몬을 주입하면 결국 그 효과를 돌이킬 수 없게 된다. 항안드로겐 치료를 2년 정도 받으면 벌어지게 되는 일들이 있다. 제임스는 항안드로겐 치료를 받은 지 1년이 넘어가면서 불안해졌다. 국민 의료 서비스는 성전환 상담을 요청하는 사람이 워낙 많았기 때문에 제임스는 긴급 예약을 통해 의사와 상담할 수가 없었다. 다시 6개월을 기다려야 했다. 하지만 제임스는 그렇게 오래 기다릴 수 없었다. 영원히 되돌릴 수 없는 신체적 변화만이 아니라 생물학적 사실에도 맞닥뜨렸기 때문이다. 항안드로겐을 2년 이상 주입하면 대다수 남자는 불임이 되어 아이를 가질 수 없게 된다. 제임스는 자신이 정말 여자가 되고 싶은지에 대한 것뿐만 아니라 언젠가 아버지가 되고 싶은 마음이 없는지 궁금했다. 당시 제임스는 남자 친구가 있었는데, 그도 제임스가 실제로 여자인지 확신하지 못했다. 남자 친구는 그냥 제임스도 자기 같은 게이라고 생각했다. 제임스 자신은 호르몬 때문에 〈영원히 돌이키지 못하는 지점〉에 다다르고 있다고 느꼈다.

제임스는 이 모든 점을 고려한 끝에 일방적으로, 그리고 호르몬 치료를 제안한 의사들에게 어떤 지원이나 조언을 받지 않은 채 호르몬을 끊기로 결심했다. 그는 호르몬을 끊는 일이 〈아주 격렬한 과정〉이라고 말했다. 호르몬을 끊으면서 생긴 변화는 처음 호르몬을 주입할 때보다 〈훨씬 더 극심했다〉. 끔찍할 정도로 기분이 오락가락했다. 에스트로겐을 복용하면 울음이 많아지고 영화 취향이 바뀐 반면, 테스토스테론이 다시 몸에 돌아오자 마찬가지로 〈성차별적인〉 일련의 효과가 나타났다. 분노와 호전성이 많아지고 — 물론 — 성적 흥분도 커졌다.

현재 그는 2년 넘도록 호르몬을 끊고 있는 상태다. 하지만 〈성전환〉을 시도한 시간의 효과가 여전히 남아 있다. 그는 〈거의 좋아졌다〉고 생각하지만 영원히 불임이 될지도 모른다. 당장 문제가 되는 것은 아직 유방, 그의 표현을 빌리자면 〈유방 조직〉이 남아 있다는 사실이다. 누가 가슴에 관해 물어보면 그는 수줍은 듯이 티셔츠의 위를 한쪽 옆으로 당긴다. 그러면 끈이 보이는데, 유방 조직이 있다는 사실을 감추기 위해 항상 입고 다니는 압박 조끼다. 항상 헐렁한 옷을 입고 몸매가 드러나는 옷은 손도 대지 않는다. 그는 언젠가 남아 있는 유방 조직을 제거하는 수술을 받아야 한다고 생각한다.

시간이 흐르면서 마음에 여유가 생긴 덕분에, 이제 그는 최근 몇 년간 겪은 변화에 관해 생각할 수 있다. 「트랜스젠더리즘이 정말 존재한다고 생각해요.」 하지만 그는 아직까지 이 영역 전체가 충분히 엄밀하게 검토되지 않았다고 말한다. 트랜스 문제를 둘러싼 생각 자체가 여전히 피상적인 호기심에 머물러 있다는 것이다. 「그럼 럭비를 좋아하지 않겠군요. 흥미롭네요.」 그가 맨체스터에서 정신 분석가에게 초등학교 시절에 남자아이들과 잘 지내지 못했다고 말했을 때 돌아온 반응이다. 「아하.」 소년 시절에 가끔 누이의 포카혼타스 드레스를 입었다고 말했을 때도 비슷한 반응이었다.

「국민 의료 서비스가 더 폭넓은 선택지를 살펴보지 않는 게 항상 이상하다고 생각했어요.」 상담을 위해 전문가들을 찾아간 순간부터 그는 〈컨베이어 벨트에 올라탄 것 같다〉고 느꼈다. 영국에서 성전환 수술을 집도하는 의사가 상근직과 파트타임직 각각 한 명씩밖에 없는 상황에서 국민 의료 서비스는 감당할 수 있는 수준 이상의 일을 했다. 들리는 바에 의하면 영국에서 이미 3천 명이 치료 중이고 5천 명이 대기 상태이며, 의사들은 국민 의료 서비스가 수요에 대처하기 위해 훨씬 더 많은 사람을 훈련시키느라 분주하다고 줄곧 큰소리를 쳤다. 어쩌면 제임스의 경우처럼 일부 환자는 컨베이어 벨트를 따라 수술 직전까지 가는 순간 주저할지 모른다. 제임스의 헐렁한 옷에서 알 수 있듯이, 이 과정은 어쨌든 무료가 아니다.

제임스는 동성애자다. 어느 순간 그가 말하는 것처럼 〈진짜 동성애자〉다. 그는 언제나 자신이 〈약간 사회적 카멜레온 같았다〉고 느낀다. 「나와 함께 시간을 보낸 사람들이 영향을 미친 것 같아요.」 하지만 그는 이렇게 덧붙인다. 「트랜스가 더 많은 트랜스를 만들어 낸다고 말하는 사람이 되고 싶지는 않습니다.」 그가 보기에 그것은 동성애자가 더 많은 동성애자를 만들어 낸다는 낡은 주장과 너무도 비슷하다. 「그래도 뭔가 있기는 하죠. 〈정말 멋진 내 트랜스 친구〉라는 존재 말이에요.」 많은 사람이 그렇듯 제임스 역시 트랜스가 어떤 존재인지에 관해 혼란스럽다. 「어느 편인가 하면, 그냥 더 많은 걸 알아야 해요.」예를 들어 성전환 수술 전후에 자살률에 변화가 없는 이유는 무엇일까? 그가 말한다. 「지금 우리는 너무 빨리 달리고 있어요. 무조건 반사 같은 거죠. 역사의 잘못된 편에 서는 걸 두려워하는 겁니다.」하지만 그는 더 나빴을 가능성이 있었다는 것을 안다. 하마터면 수술을 받을 뻔했다고 돌아보면서 곰곰이 생각한다. 「지금 내가 어느 위치에 있었을지 생각하기가 겁나요. 지금 이 자리에 있었을지조차 모르겠습니다.」

제임스의 이야기 ─ 다른 많은 이의 이야기도 마찬가지로 ─ 를 듣다 보면 한 가지가 두드러진다. 우리가 아는 척은 참 많이 하는데 실제로 아는 것은 별로 없다는 사실이다. 우리는 아직 답을 찾지 못한 질문들에 대해 얼마나 빨리 해법에 도달하는가? 또 다른 문제도 두드러진다. 바로 트랜스들이 우리 시대의 논란거리인 숱한 주제들에 계속해서 난입하는 것이다.

동성애자 권리 운동가들은 오래전부터 누구나 동성애자가 될 수 있으며, 동성애자를 여성적인 남자나 남성적인 여자로 보는 역사적 관점은 시대착오적인 무지일 뿐만 아니라 편견에 사로잡힌 동성애 혐오라고 주장하고 있다. 그다음에 제기되는 또 다른 권리 주장은 너무도 밀접해서 〈게이〉와 줄임말을 공유하는 지경에 이르렀다. 하지만 이 주장은 일정한 행동 특성이 동성애자들에게 전형적이라는 사고보다 훨씬 더 잠식 효과가 강하다. 트랜스의 주장은 약간 여성적이거나 제대로 된 스포츠를 좋아하지 않는 사람들은 동성애자일 뿐만 아니라 잠재적으로 잘못된 몸을 갖고 있으며, 실제로 안을 들여다보면 사실 남성이거나 여성이라고 이야기한다. 여기에 담긴 많은 함의를 생각할 때, 트랜스 운동에 똬리를 틀게 된 몇몇 주장에 이의를 제기하는 동성애자 남녀가 드물다는 사실은 놀랍다. 동성애자 단체들은 대체로 트랜스 권리가 그들의 궤도 안에 존재하며 동일한 연속체와 약어의 일부를 형성한다는 데 동의한다. 하지만 트랜스들이 제기하는 주장들은 단지 동성애자 운동이 내세우는 주장에 위배될 뿐만 아니라 심대한 훼손을 한다. 〈어떤 사람들은 동성애자다. 어쩌면 트랜스일지도 모른다. 또는 반대일 수도 있다. 그런 건 잊어버려라.〉

하지만 트랜스와 부딪히는 것은 동성애자만이 아니다. 교차성론자들이 주장한 것처럼 트랜스는 억압의 교차성을 〈풀어 헤치기〉는커녕 그들 자신의 운동 목표를 가장 극명하게 드러내며 말 그대로 논리적 모순의 다중 충돌을 낳는다.

2014년에 웰즐리 칼리지의 여자 대학에 입학한 한 학생이 자신은 〈남성적 성향의 중도 젠더퀴어masculine of centre genderqueer person〉이며 자신을 〈티머시〉라고 부르고 남성 대명사로 지칭해 달라고 요구했다. 분명 흥미로운 사례였다. 힐러리의 모교에 여학생으로 지원하기는 했지만, 다른 학생들은 남성과 동일시하는 동년배에 대해 특별히 문제를 느끼지 않았다. 티머시가 다문화 담당자 자리에 출마하겠다고 발표할 때까지는 말이다. 그 자리는 대학 캠퍼스에서 〈다양성 문화〉를 촉진시키는 역할이었다. 〈남성적 성향의 중도 젠더퀴어〉가 딱 맞는 지원자라는 생각이 들 수 있다. 웰즐리 칼리지의 학생들이 티머시가 당선되면 대학에서 가부장제가 영속화될 것이라고 생각했다는 사실만 제외하면 말이다. 선거 기권 캠페인이 진행되었다. 〈기권 캠페인〉을 지지하는 한 학생은 이렇게 말했다. 「그가 아주 훌륭하게 일을 할 거라고 생각했지만, 백인 남자가 그 자리를 차지하는 건 부적절해 보여요.」[29]

어떻게 보면 티머시는 억압의 사이클을 전부 겪은 셈이다. 여성에서 트랜스로, 백인 남성으로 전환한 탓에 백인 가부장제의 인격화가 되었다. 소수자에서 억압자가 된 것이다. FTM(여성에서 남성으로) 전환자는 하나의 다중 충돌을 야기할 수 있는 반면, MTF(남성에서 여성으로) 전환자는 그들 나름의 또 다른 다중 충돌을 낳는다. 여성으로 태어난 사람들과 가장 분명하게 충돌한다. 이 경우에 LGBT의 〈G〉와 달리, 자신들의 영역이 짓밟히고 있다고 느끼는 여성들은 조용히 있지 않았다. 실제로 새로운 교차성 권리 동맹에서 이 집단이 가장 먼저 모습을 감추었다.

페미니즘의 인계 철선

최근에 트랜스 인계 철선에 발이 걸려 넘어진 여성들 사이에는 많은 공통점이 있다. 그중 한 가지만 꼽자면 모두 수많은 여성 문제의 최전선에 있었다는 것이다. 충분히 이해가 간다. 현대에 벌어지는 권리 캠페인의 상당 부분이 자신들의 대의가 하드웨어 문제라는 것을 입증하고자 하는 사람들에 근거를 둔다면, 트랜스는 다른 운동들에 정확히 반대 방향으로 갈 것을 강요하기 때문이다. 트랜스가 하드웨어 문제라고 주장하는 데 열중하는 트랜스 활동가들은 여성이라는 존재가 소프트웨어 문제라는 것을 사람들에게 설득할 때에만 자신들의 주장을 관철시킬 수 있다. 그리고 모든 페미니스트가 그 점을 기꺼이 인정하지는 않는다.

영국의 언론인 줄리 빈델Julie Bindel은 영국뿐만 아니라 세계 전체에서 가장 일관되게 열심히 싸우는 페미니스트로 손꼽히는 인물이다. 여성을 위한 정의Justice for Women의 창립자 중 한 명인 빈델은 1991년 이래 폭력적인 남성 파트너를 살해한 죄로 수감되거나 수감될 위험에 처한 여성을 돕는 캠페인을 벌였다. 커밍아웃을 한 레즈비언이자, 제3물결이나 제4물결이 등장하기 전부터 평생 페미니스트로 산 그녀는 어떤 견해도 숨기지 않았다. 그녀는 금세기 초에 남자로 태어나서 여자로 간주하고 대우해 달라고 요구하는 사람들(수술 여부와 상관없이)이 자신의 영역 곳곳 — 가장 민감한 부분을 포함해 — 을 확보하고 있다는 것을 깨닫기 시작했다.

2002년에 빈델은 캐나다에서 들려온 소식에 특히 분개했다. 밴쿠버 인권 재판소가 킴벌리 닉슨Kimberley Nixon이라는 MTF 트랜스 섹슈얼이 여성 강간 피해자 상담가가 되기 위한 교육을 받을 수 있다고 판정한 것이다. 실제로 재판소는 밴쿠버 강간 피해 지원 센터가 닉슨의 교육 신청을 거부한 것은 인권 침해라고 판결했다. 재판소는 닉슨이 〈존엄성〉에 손상을 입은 것에 대해 7천5백 달러를 지급하라고 판결했다. 재판소가 결정한 최고 액수였다. 이 결정은 나중에 브리티시컬럼비아주 대법원에서 뒤집혔다. 하지만 빈델 세대의 페미니스트가 보기에 강간 상담에서조차 여성이 자신을 도와주는 여자가 진짜 여자인지 확신할 수 없다는 점은 도저히 건널 수 없는 루비콘강이었다. 빈델은 『가디언』에 〈수술로 질을 만들고 호르몬으로 유방을 부풀린다고 여자가 되는 건 아니라고 믿는〉 피해 지원 센터의 자매들을 옹호하며 열변을 토했다. 〈적어도 지금은 법률상 여성으로 차별을 겪으려면 여성이어야 한다.〉 아마 빈델은 자신이 어떤 고통의 세계로 발을 들여놓는지 알고 있는 듯했다. 어쩌면 몰랐을지도 모른다. 하지만 2000년대 초만 해도 바로 얼마 뒤에 비해 이 지뢰밭에 발을 내딛는 일이 더 쉬웠다. 빈델은 화려한 문장으로 장황한 비난을 마무리했다. 〈나는 남자들이 자기 성기를 없애든 말든 상관하지 않는다. 하지만 그렇다고 해서 그들이 여자가 되는 건 아니다. 리바이스 501에 진공청소기 호스를 욱여넣는다고 남자가 되는 건 아니니까.〉[30]

『가디언』에 수록된 기사 전체, 특히 이 구절 때문에 빈델은 평생 동안 고통을 겪게 된다. 처음에는 신문사에 불만을 토로하는 편지가 물밀듯이 쏟아졌다. 빈델 자신이 기사의 논조에 대해 신속하게 사과했다. 하지만 이후 수년간 빈델이 공개 석상에서 발언을 할 일이 있을 때마다 그녀의 강연을 취소시키거나 그녀를 토론 패널에서 배제하려는 시도가 벌어졌다. 겨우 강연을 하더라도 호전적인 항의 시위와 피켓 대열이 그녀의 입장을 막아섰다. 그 기사가 나온 지 10년이 지난 뒤에도 빈델은 맨체스터 대학교에서 진행된 행사에 토론자로서 참석하는 것을 취소할 수밖에 없었다. 그녀를 겨냥한 수십 건의 강간과 살해 위험이 경찰에 신고되었기 때문이다.

빈델은 트랜스 인계 철선에 발이 걸려서 고통을 받은 최초의 좌파 페미니스트 중 하나였지만, 확실히 최후의 페미니스트는 아니었다. 2013년 1월에 수잰 무어Suzanne Moore가 좌파 성향 주간지 『뉴 스테이츠먼New Statesman』에 여성의 분노가 가진 힘에 관한 칼럼을 기고하며 포문을 열었다. 낙태에 관한 태도를 놓고 여성 의원들을 가르치려 드는 분위기에서부터 공공 부문 감축의 65퍼센트가 여성에게 영향을 미친다는 주장에 이르기까지, 무어가 목격한 여성에게 불리한 수많은 불의를 다루는 칼럼이었다. 무어로서는 유감스럽게도, 수많은 논점 가운데 여성들에 관한 주장을 끼워 넣었다. 〈우리는 더 행복하지 못하고, 제대로 사랑받지 못하고, 이상적인 체형 ─ 예를 들어 브라질의 트랜스 섹슈얼 ─ 을 갖지 못한 데 대해 우리 자신에게 화가 난다.〉[31] 기사에서 한 줄기 연기가 피어오를 수 있다면 무어의 기사가 바로 그것이었다.

현실 세계와 가상 세계에서 무어가 심각한 잘못을 저질렀다는 것이 분명했다. 글로 옮길 만한 비난 가운데는 무어가 〈트랜스 혐오자〉라는 내용도 있었다. 무어는 무엇보다도 그런 단어에 개의치 않는다고 대꾸하면서, 문제를 해결하는 데 도움이 되지 않았다. 그런 비난으로 여성을 두들기는 데 익숙한 사람들은 자신들의 무기가 효력을 발휘하지 못하자 한층 더 분노했다. 워낙 시끄럽고 사람들이 분노하자 무어는 몇 시간 만에 자신의 견해를 〈분명하게 밝히고〉 자신은 혐오로 가득한 인간이 아니라고 독자들을 안심시켜야 했다.[32] 하루 전만 해도 무어는 진보적인 좌파 페미니스트였지만 지금은 혐오로 가득한 반동적인 우파 꼴통이 되었다. 천박하기 짝이 없는 편견을 비난하는 트랜스들과 다른 사람들에게 추적을 당한 끝에 무어는 〈악플러〉와 〈트롤〉을 피하기 위해 소셜 미디어를 떠나겠다고 발표했다.

이 모든 것을 선의로 해석하지 못한 사람들 중에는 줄리 버칠Julie Burchill도 있었다. 1980년대 저널리즘의 앙팡 테리블이었던 버칠은 문장가만이 아니라 문학계의 싸움꾼으로서 명성을 쌓았다. 본인의 설명대로 말하자면, 친구인 무어가 지나가는 듯 트랜스에 대해 한마디 언급한 것 때문에 위협을 받으면서 일자리와 생계까지 잃을 지경에 처한 모습이 이해가 되지 않았다.

버칠이 볼 때 무어는 친구일 뿐만 아니라 노동 계급 출신으로 언론계에서 성공한 몇 안 되는 여성이었다. 〈단짝 친구〉가 무너지지 않도록 그녀 편에서 훨씬 거칠게 싸워야 했다. 그리하여 버칠은 일요일 자『옵서버 *The Observer*』에서 무어가 풍기는 한 줄기 연기를 감추기 위해 핵폭발의 버섯구름을 만들어 내기로 마음먹었다.

무엇보다도 버칠은 무어를 비판하는 사람들이 여성을 공격하고 있다고 비판했다. 버칠이 말한 것처럼 자기나 무어 같은 여성은 평생 여자로 살면서 고투해야 했다. 그들은 생리통을 견디면서 낯선 남자의 성적 구애를 물리쳤고, 출산을 치르고 폐경을 겪었으며, 이제 호르몬 대체 요법의 기쁨을 누렸다. 무어나 자신 같은 여성은 이제 와서 잔소리를 듣거나 〈암컷 옷을 입은 수컷〉이나 〈후진 가발을 쓴 오줌싸개 무리〉 같은 이름으로 불릴 생각이 없었다.

곧바로 반응이 나왔다. 영국 내무부의 평등 담당 장관 페더스톤은 즉시 〈트랜스 공동체를 겨냥한〉 버칠의 〈폭언〉은 〈편견에 사로잡힌 역겨운 배설〉일 뿐만 아니라 〈『옵서버』가 그녀를 해고할 사유〉에 해당한다고 단언했다. 페더스톤은 또한『옵서버』편집인에게 그녀를 해고하라고 요구했다. 당연히 겁을 먹은『옵서버』는 사과문을 발표하고 재빨리 웹사이트에서 칼럼을 내렸다. 신문사가 그 칼럼의 공개를 〈중단〉한 이유를 설명하는 편집인의 사과문에서 존 멀홀랜드John Mulholland는 이렇게 말했다. 〈우리가 잘못 판단했고 그 때문에 야기된 상처와 고통에 대해 사과드리면서 칼럼을 철회하기로 결정했습니다.〉영국 언론에서 거의 들어 본 적이 없는 발언이다. 그로부터 5년 뒤 버칠은 이 사건이 자신의 언론계 경력이 〈곤경에 처하게 된〉이유 중 하나라고 비난했다.[33] 한편 버칠의 해고를 요구했던 페더스톤은 얼마 지나지 않아 의석을 잃었지만 곧바로 상원에서 종신 한직을 얻었다.

빈델과 버칠처럼 커다란 곤경에 빠진 다음 사람은 아마 현대 페미니스트 가운데 가장 유명한 인물일 것이다. 『여성 거세당하다Female Eunuch』[34]의 저자는 평생에 딱 한 번 트랜스 문제를 깊이 있게 다룬 적이 있었다. 저메인 그리어Germaine Greer는 1999년에 『완전한 여성The Whole Woman』에서 10쪽짜리 챕터(〈인공 여성Pantomime Dames〉)를 통해 남자로 태어난 사람들은 여자로 분류될 수 없다는 주장을 펼쳤다. 주요한 논점은 아니었지만 그리어는 지나가는 길에 〈트랜스 섹슈얼들이 성기 절단을 선택한다〉고 이야기했다. 그와 동시에 많은 MTF 트랜스 섹슈얼이 〈대단히 보수적인〉 신체 형상을 선택한다는 사실을 비난하면서 그들이 고정 관념을 강화할 뿐이라고 지적했다. 그토록 태평스럽게 이야기되는 외과 수술 가운데 쉬운 것은 거의 없다는 사실도 간파했다. 1977년에 스탠퍼드 대학교의 성전환 클리닉은 병원에서 시행하는 2단계 성전환 수술이 실은 평균 3.5회의 수술이 필요하며, 적어도 환자의 50퍼센트가 일정한 형태의 합병증을 경험해서 종종 외과 의사와 환자가 평생 관계를 유지해야 한다고 밝힌 바 있었다.[35] 그리어는 또한 다른 사람들은 거의 눈치 채지 못했지만 성불편증을 겪는다고 주장하는 아이들의 부모들이 금세 걱정하기 시작한 사실을 정확히 지적했다. 트랜스 섹슈얼은 〈오로지 자신의 진술에 의해서만 트랜스로 확인되는데, 진술은 여느 성별 행동과 마찬가지로 학습될 수 있고 자서전이 흔히 그렇듯이 자기 의견이 들어갈 수 있다〉는 사실 말이다.[36]

그리어는 이후 오랫동안 이 주제를 다루지 않았다. 하지만 불과 15년 만에 그의 견해는 수용 가능한 규범에서 확실히 어긋난 것이 되었다. 2015년 말에 그리어는 카디프 대학교에서 〈여성과 권력: 20세기의 교훈〉이라는 주제로 강연을 할 예정이었다. 하지만 많은 학생이 20세기 말의 가장 중요한 페미니스트가 강연을 하는 것을 원하지 않았다. 그 대신 그들은 당대의 파문의 언어를 구사하며 대학에 영향력을 행사했다.

학생들의 말에 따르면 트랜스 문제에 관한 그리어의 견해에는 〈문제가 있었다〉. 그리어는 〈트랜스 여성들에 대한 여성 혐오적 견해를 거듭해서〉 보인 바 있었다. 불과 몇 년 전만 해도 그리어를 여성 혐오자로 치부하는 일은 정신 나간 짓으로 보였을 것이다. 하지만 그리어의 강연에 대한 반대 청원 조직자가 설명한 것처럼 이제 학생들은 〈좌파 퀴어 페미니즘 정치〉에 몰두했다. 학생들은 그리어가 저지른 죄악 가운데 〈계속해서 트랜스 여성들에게 잘못된 성별을 붙이고 트랜스 혐오의 존재 자체를 부정한 것〉이 있다고 주장했다. 〈대학 안에서 토론을 장려해야 한다〉는 사실을 인정하면서도 청원자들은 〈주변으로 밀려나고 취약한 집단에 대해 문제적이고 혐오스러운 견해를 가진 연사를 초청하는 것은 위험하다〉고 경고했다.[37]

그리어는 BBC와 이 논쟁에 관해 나눈 인터뷰에서 이렇게 말했다. 「사람들은 내가 수술을 한 트랜스젠더 남성을 여성이라고 보지 않기 때문에 강연을 허용해선 안 된다고 결정했습니다. 나는 사람들이 그런 수술을 받지 못하게 해야 한다고 말하지 않습니다. 내가 말하는 건 그렇다고 그들이 여자가 되는 게 아니라는 겁니다. 하나의 견해이지 금지가 아닙니다.」 설상가상으로 그는 트랜스 문제에 관해 많은 이야기를 한 적도 없었다. 「그건 내가 다루는 주제가 아니에요. 나는 수년간 트랜스젠더에 관한 글을 발표한 적이 없습니다.」 하지만 트랜스 문제를 건드리기만 해도 골치 아픈 일이 생겼다. 「물건이 날아오고 또 내가 하거나 말하지 않는 것에 대해 비난을 받습니다. 사람들은 증거나 심지어 명예 훼손에 관해서도 전혀 관심이 없는 것 같아요.」 그래도 굳이 카디프 대학교에 방문하겠느냐는 질문을 받자 그리어가 대답했다. 「이제 이런 일을 감당하기에는 나이가 들었어요. 나는 지금 일흔여섯 살이에요. 거기 가서 고함을 듣고 물건이 날아오는 것을 보고 싶지도 않고요. 제기랄, 그렇게 흥미롭지도 않고 보람도 없는 일이죠.」[38]

그리어가 개척한 덕분에 — 알든 모르든 — 혜택을 입은 한 세대의 여성들이 그리어를 모욕하고 최신 버전의 페미니즘에서 그녀를 파문하는 것이 일종의 통과 의례가 되었다. 케임브리지 대학교(그리어가 1960년대에 다닌 모교)의 잡지 『바시티Varsity』에서 이브 호지슨Eve Hodgson은 「저메인 그리어를 이제 페미니스트라고 불러선 안 된다」라는 제목으로 기사를 썼다. 호지슨에 따르면 〈그리어는 이제 그냥 유배를 자청해야 하는 늙은 백인 여성일 뿐이다. 그녀의 발언은 회복할 수 없는 피해를 가한다. 트랜스들의 삶에 관심이 전혀 없기 때문이다. 자기 마음대로 생각하는 그녀는 이제 더는 저명한 페미니스트일 수 없다. 그녀는 이제 더 이상 우리가 실천하는 것과 같은 페미니즘을 상징하지 않는다〉.[39] 틸이 이제 더는 동성애자가 아니고 웨스트가 이제 더는 흑인이 아닌 것 처럼 그리어도 이제 더는 페미니스트가 아니다.

해가 거듭되면서 선구자들을 경멸하는 태도가 대학에 국한된 현상이 아니라 어디에서나 넘쳐 난다는 사실이 분명해졌다. 그리어 세대의 페미니스트들은 트랜스에 대한 태도 때문에 비난을 받아야 한다는 가정이 완전히 규범화되었다. 2018년 9월에 잉글랜드 북부의 전업주부인 켈리제이 킨민슐Kellie-Jay Keen-Minshull은 리버풀에서 7백 파운드를 지불하고 광고판을 샀다. 그녀가 내건 포스터는 사전의 정의만 나열한 것이었다. 포스터의 내용은 다음과 같다. 〈여성: 여자들. 명사. 성인 여성.〉 킨민슐은 자신이 돈을 내고 포스터를 내건 이유는 〈여성〉이라는 단어가 〈아무 의미로 마구잡이로 사용되는〉 현실을 우려했기 때문이라고 말했다. 하지만 이 사전의 정의는 오래 버티지 못했다. 교수이자 자칭 〈트랜스젠더 공동체의 앨라이〉인 에이드리언 해롭Adrian Harrop 박사가 광고판이 〈트랜스젠더에게 불안감을 주는 상징〉이라고 경찰에 불만을 토로한 것이다.[40] 이후 진행된 텔레비전 토론에서 스카이 방송의 진행자는 킨민슐이 내건 포스터가 〈트랜스 혐오〉에 해당한다고 비난했다. 해롭은 킨민슐이 자신을 지칭하면서 〈박사〉라는 호칭을 붙이지 않는다고 핀잔을 준 뒤, 트랜스 여성을 여성의 정의에서 배제하는 것은 〈진보한 현대 사회에서 적절한 행동이 아니〉라고 설명했다.[41] 심지어 보수 우파 성향의 뉴스 사이트들도 킨민슐의 방송 출연을 기사로 다루면서, 그녀가 트랜스 여성은 여성과 같지 않다고 〈주장〉함으로써 시청자들에게 〈부끄러운〉 존재로 낙

인이 찍혔다고 설명했다.[42]

생물학적 여성의 경계를 지키려고 한 여성들은 어디에서나 똑같은 독설을 자초하기 시작했다. 2018년에 열린 런던 프라이드 행사에서 한 무리의 레즈비언 활동가들이 트랜스젠더들이 축하 자리를 차지했다고 항의하면서 LGBT 파티를 망쳐 놓았다. 영국 동성애 언론은 이 여성들 ─ 터프 ─ 이 혐오 발언을 한다고 비난했고, 몇 주 뒤 맨체스터 프라이드 행사에서는 게이 사회자가 런던에서 항의한 사람들은 〈늘어진 젖꼭지〉를 붙잡아 끌어냈어야 한다고 말하자 〈떠들썩한 환호〉가 터져 나왔다.[43]

연단을 제공하기를 거부하고 위협과 재갈 물리기가 한창인 가운데 좀처럼 던져지지 않는 질문이 있다. 전통의 페미니스트들은 왜 새롭게 등장하는 주장의 ─ 최소한 일부의 ─ 요소들을 거부하지 않는가 하는 것이다. 점점 더 많은 여성이 트랜스 영역에 발을 들여놓았다는 이유로 쫓겨날수록 논점이 더욱 분명해진다. 빈델과 그리어, 버칠 같은 페미니스트들은 여성의 재생산권, 폭력과 학대의 관계에서 벗어날 수 있는 여성의 권리 등등의 문제에 여전히 관심을 기울이는 페미니즘 학파 출신이다. 그들은 또한 여성이 어떠해야 하거나 어떠할 수 있는지에 관한 고정 관념을 깨뜨려야 한다고 믿는다. 어쩌면 트랜스 운동과 겹치지 않는 가장 분명한 지점은 여러 면에서 트랜스는 젠더를 둘러싼 사회적 구성물에 도전하지 않고 오히려 그것을 강화한다는 사실일 것이다.

블레어 화이트Blaire White 같은 유명한 MTF 트랜스 섹슈얼 유튜버를 생각해 보자. 여성이 되는 와중에(2018년 말에 아버지가 되기 위해 성전환을 그만둔다고 발표했다) 그는 10대 남자의 판타지인 핀업 걸의 신체 유형을 선택했다. 빵빵한 가슴과 휙 넘어가는 머리, 삐죽 내민 입술 같은 것이었다. 다른 예로 전형적인 여성 스펙트럼의 반대편을 생각해 보자. 2015년 12월에 빈델은 마침내 맨체스터 대학교에서 열리는 토론회에 참석해 발언을 할 수 있었다. 토론자 중에는 트랜스 작가이자 활동가인 제인 페이 Jane Fae도 있었다. 빈델이 발언을 하는 동안, 그리고 토론회 내내 페이는 자줏빛 분홍색 옷을 뜨개질하며 앉아 있었다. 또는 애슐리를 생각해 보자. 2015년에 자신의 80세 생일을 축하하는 다큐멘터리 영화에서 애슐리는 어린 시절 리버풀에서 자주 가던 장소들을 찾아다니면서 도시 곳곳을 돌아본다. 영화 내내 애슐리가 여왕 폐하의 대역 배우 오디션을 보고 있는 듯한 느낌을 떨쳐 버리기가 어렵다.[44] 특정 세대의 페미니스트들이 트랜스 열차에 올라타지 않았다는 이유로 욕을 먹기는 하지만, 왜 그 열차에 올라타야 하는지는 아무도 설명하지 않는다. 이 표적을 공격할 때 — 다른 표적을 공격할 때처럼 — 그들의 언어가 다채로울지 모르지만, 혐오로 가득하고 위험하며 폭력을 부추기고 심지어 페미니스트가 아니라는 비난은 그들이 제기하는 정당한 질문들을 회피한다. 왜 어떤 페미니스트들은 여자가 된 남자들이 완벽한 가슴을 과시하거나 뜨개질을 시작하거나 여왕을 흉내 내는 것을 보고 아무렇지 않아야 하는가?

부모들

고(故) 로버트 콘퀘스트 Robert Conquest는 언젠가 정치의 세 가지 규칙을 설명했다. 첫 번째는 〈누구나 자기가 가장 잘 아는 문제에 관해서는 보수적〉이라는 것이었다. 부모는 자기 자녀에 관해 가장 잘 안다고 말할 수 있다. 최근에 트랜스의 성격에 관해 중요한 질문들이 급증하는 이유 가운데 하나는 미국이나 영국 같은 나라의 부모들이 다음 세대가 배우는 교육에 관해 걱정하기 시작했기 때문이다.

샌프란시스코에서 활동하는 발달 심리학자 다이앤 에런사프트Diane Ehrensaft가 〈지정 성별 남성assigned male〉인 한 살배기 아기가 원지*의 똑딱이 단추를 열어서 특정한 방식으로 흔드는 것은 사실 〈아직 말을 배우지 않은 아이가 젠더에 관해 의사 표현을 하는 것〉이라고 주장할 때 부모들은 걱정을 한다.[45] 일부 언론과 달리 부모들은 아홉 살짜리 드랙 퀸이 LGBT 패션 회사와 모델 계약을 맺고서 유튜브 바이럴 영상에 나와 다른 아이들에게 이렇게 말하는 모습을 흐뭇하게 보지 않는다. 「드랙 퀸이 되고 싶은데 부모님이 허락하지 않으면 새 부모가 필요한 거예요.」[46] 부모들은 자녀가 다니는 학교에서 어떤 학생이든 자기 성별이 반대라는 것을 인정하고 그렇게 대해 주어야 한다고 말하는 경우에 그대로 받아 주는 일을 걱정한다. 잉글랜드 북부에 살고 있는 한 부모는 최근에 열여섯 살짜리 딸이 처음에는 레즈비언으로, 그다음에는 트랜스로 커밍아웃을 하게 된 과정을 설명했다. 학부모의 밤 행사에 참석한 부모는 학교 당국이 이미 딸이 선택한 남자 이름으로 부르고 있으며 남성 대명사로 아이를 칭하고 있다는 사실을 발견했다. 〈학교는《전면적으로 확증》하고 있었다.〉[47]

스코틀랜드 정부가 학교에 전달한 권고에 따르면, 아이가 성

---

* 기저귀를 갈기 편하게 가랑이에 똑딱이 단추가 달린 상하 일체형 유아용 속옷.

별을 바꾸고 싶어 하는 경우에 부모에게 그 사실을 말해서는 안 된다. 스코틀랜드 정부가 작성한 다른 문서 〈트랜스젠더 젊은이 지원Supporting Transgender Young People〉에서 제안하는 내용을 보면, 학생들은 스스로 편안하게 느끼는 성별로 스포츠에서 경쟁할 수 있어야 하고 수학여행에서 성별이 다른 학생들과 같은 방을 쓰고 싶어 하는 학생이 있어도 부모에게 그 사실을 알려서는 안 된다. 영국의 다른 지역에서도 학부모들이 학교 선생님이 자기 자녀를 〈틀린〉 성별로 지칭하는 것을 들었다는 경험담이 들린다. 깜짝 놀란 부모들에게 선생님은 이렇게 말했다. 「아, 모르셨나 본데요. 아드님/따님이 여자/남자거든요.」 학생에게 아스피린을 줄 경우에도 부모의 허락을 받아야 하는 학교에서 이런 일이 벌어진다.

부모들은 또한 〈뭉치기clustering〉 현상에도 익숙해지는 중이다. 예를 들어 2018년에 〈자유주의적 분위기〉로 유명한 브라이튼의 한 학교에서 작성한 평등 정보 보고서에 따르면, 11세부터 16세까지의 학생 가운데 마흔 명이 〈출생 시 부여된 성별을 받아들이지 않는다〉. 또 다른 서른여섯 명의 학생은 자신이 젠더플루이드gender-fluid라고 말했다. 출생 시 지정된 성별을 〈항상〉 받아들이는 것은 아니라는 뜻이다. 이 모든 현상의 한 가지 결과로 영국에서는 불과 5년 만에 젠더 클리닉을 소개받아서 찾는 아동의 수가 700퍼센트 증가했다.[48]

물론 머메이드스Mermaids와 같은 단체의 트랜스 활동가들은 〈뭉치기〉와 젠더 클리닉을 방문하는 인원의 증가 현상은 몇 년 전에 비해 자신이 트랜스일 가능성을 더 많이 자각하는 결과일 뿐이라고 말한다. 하지만 다른 설명도 마찬가지로 가능하다. 하나는 대중문화, 특히 온라인에서 트랜스가 묘사되는 방식에 문제가 있다는 것이다. 다른 하나는 권한 있는 인물들이 점점 트랜스의 모든 요구에 양보를 한다는 것이다.

온라인 문화에서는 어느새 호르몬 복용이 굉장히 쉽고 아무런 중대한 결과도 야기하지 않는 일처럼 여겨진다. 유튜브나 인스타그램에는 자신이 트랜스라면서 당신도 트랜스가 될 수 있다고 부추기는 사람이 넘쳐 난다. 제이드 보기스Jade Bogges ── FTM 트랜스 섹슈얼 ── 가 만든 동영상 「테스토스테론 복용 1년One year on testosterone」은 유튜브에서만 조회 수가 50만 회가 넘는다. 라이언 제이컵스 플로레스Ryan Jacobs Flores가 같은 주제로 만든 또 다른 영상은 조회 수가 3백만 회가 넘는다. 이런 영상에서 테스토스테론 주사는 〈T〉나 〈남자 주스man juice〉로 불린다. 실시간으로 성전환 중인 사람들 중 일부는 당연히 유명 인사가 된다. 제너 같은 나이 든 인물이 아니라 재즈 제닝스Jazz Jennings 같은 밝고 명랑한 인물이 새로운 유튜브 스타가 되는 것이다.

2000년에 남자아이로 태어난 제닝스는 여섯 살에 자신이 트랜스젠더라고 이야기하며 언론에 등장하기 시작했다. 일곱 살에는 바버라 월터스Barbara Walters와 인터뷰를 했는데, 월터스는 아이에게 누구에게 끌리는지를 포함한 여러 질문을 던졌다. 제닝스의 홍보 활동은 수그러들지 않았다. 열한 살에는 오프라 윈프리 네트워크에서 다큐멘터리 「나는 재즈I am Jazz」를 방영했다. 10대 시절에는 수많은 언론상을 받고 〈가장 영향력 있는〉 인물 명단에 올랐다. 홍보 계약을 비롯해서 유명세의 이점을 톡톡히 누렸다. TLC에서 방영하는 다큐멘터리 「나는 재즈」는 현재까지 다섯 개의 시즌이 방영되었고 그 덕분에 그녀와 부모 형제(전부 시리즈에 출연한다)가 모두 유명세와 부를 얻고 있다. 다섯 번째 시즌에서 재즈는 열여덟 살이 되어 〈성 확정 수술gender confirmation surgery〉을 받는다. 환자 운반 침대 위에서 제닝스는 활기 넘치게 손가락을 튕기며 말한다. 「자, 시작해 보자.」 이 다큐멘터리의 유튜브 축약본은 수백만 회의 조회 수를 기록했다.

하지만 대중문화만 효과를 발휘하는 것은 아니다. 의료 전문가들이 기꺼이 합의를 이루기 때문이기도 하다. 「나는 재즈」 같은 시리즈를 보면, 남자로 태어난 사람이 여자로 전환하는 것을 돕기 위해 어떤 일이든 하려고 팔을 걷어붙이고 나서는 의료 전문가들이 존재한다. 수용적인 분위기 속에서 결국 영국의 국민 의료 서비스의 전문가들은 〈개인의 젠더 정체성 표현을 억압하는〉 일은 절대 없을 것이라는 협정에 서명했다.[49] 일부 의료 전문가가 〈과잉 진단과 과잉 치료〉 가능성에 관해 경고하고 있지만 이 모든 과정이 전부 한 방향으로만 지속되고 있다.

한 가족의 이야기

최근 몇 년간 가족 전체가 트랜스의 여정을 헤쳐 나가야 했던 어느 미국인 부모도 바로 이런 경험을 했다. 아이의 신원을 보호하기 위해 장소와 몇몇 구체적인 사실을 일부러 모호하게 밝히고자 한다. 이 가족은 미국의 대도시에서 살다가 최근에 농촌 지역으로 이사를 갔다. 바로 이곳에서 나는 아이의 어머니 세라(가명)와 이야기를 나눈다.

세라는 모든 면에서 평범한 중산층 어머니다. 아이들을 돌보며 남편과 마찬가지로 가족을 부양하기 위해 일을 한다. 정치적 입장은 〈약간 중도 좌파〉라고 말한다. 4년 전에 열세 살이던 딸이 자신은 트랜스이며 실제로는 남자라고 선언했다. 아이는 이미 가벼운 자폐 진단을 받은 바 있었고 일부 또래와 어울릴 때 어려움을 겪었다. 특히 대화 중에 쓰는 신호를 알아차리는 데 문제가 있었다. 친구들의 말에 호응하지 않았고 패션 감각도 또래 친구들이 볼 때는 이상했다. 얼마 지나지 않아 아이는 학교에서 여자아이들보다 남자아이들을 대하기가 조금 더 편하다는 것을 깨달았다. 하지만 그때에도 자기가 원하는 만큼 사회적으로 받아들여지지 못했다. 아이는 이따금 엄마에게 물었다. 「왜 아무도 나를 좋아하지 않아요?」 특히 〈여자아이들하고 어울리지 못하는〉 이유를 알아내려고 애쓰면서, 아이는 또한 자신이 왜 모든 또래와 어울리지 못하는지를 알고 싶어 했다.

그러던 어느 날 아이는 엄마에게 자기가 사실은 남자이고 그렇기 때문에 문제가 생긴 것이라고 선언했다. 세라는 아이에게 트랜스라는 생각이 어떻게 들게 되었는지 물었다. 어쨌든 가족 입장에서는 너무도 갑작스러운 일처럼 보였다. 아이는 학교에서 어떤 발표를 들은 다음에 그런 생각을 했다고 대답했다. 당시 학교에는 자신이 트랜스젠더라고 생각하는 학생이 5퍼센트 정도 있었다. 그중에는 자폐증 진단을 받고 또래들에게 인기가 없거나 잘 어울리지 못한 전력이 있는 아이들을 포함해서 상당히 비슷한 부류의 아이들이 포함되어 있었다. 세라는 더 많은 것을 알고 싶었다. 만약 그 학교에 자신이 트랜스라고 생각하는 다른 아이들이 없었더라도, 자기 아이가 스스로 남자아이라는 결정을 했을까? 세라의 딸은 그렇지 않다고 대답했다. 자기는 〈그런 선택지가 있다는 것을 알지 못했을〉 것이기 때문에 그런 결정을 내리지 않았을 것이라는 말이었다. 아이는 자기가 남자라고 생각하는 것이 아니라 그냥 남자라고 했다. 설상가상으로 엄마는 〈시스〉이기 때문에 이해하지 못한다고 여겼다. 세라는 〈시스〉가 무슨 뜻인지 알기는커녕 그 단어를 들어 본 적도 없었다. 아이는 세라에게 거듭 〈트랜스는 어린이라도 자기가 어떤 사람인지 안다〉고 설명했다.

세라는 딸을 지지했다. 딸이 원하는 대로 남자 이름으로 부르는 데 동의하고 남성 대명사로 지칭하기 시작했다. 친구들에게 자신의 아이를 아들이라고 소개하기도 했다. 〈트랜스 프라이드〉 행진에 함께 참여해 가가의 「본 디스 웨이Born this way」에 맞추어 춤을 추기도 했다. 세라는 아이를 지지했기 때문에 커지는 가슴을 감추는 데 필요한 가슴 바인더를 사줄 정도였다. 어떤 엄마가 그 정도까지 해줄 수 있을까?

동시에 온라인을 샅샅이 뒤져서 트랜스 문제에 관한 자료를 읽기 시작했다. 자기 가족의 삶에서는 새로운 일이었고, 세라는 자신의 문제를 이해하기 위해 폭넓은 견해를 살펴보고 싶었다. 세라가 인정하는 것처럼 온라인 토론을 보고 난 첫인상은 좋지 않았다. 온라인에 나와 있는 많은 비판적인 자료에는 일종의 〈반LGBT〉 정서가 뚜렷했다. 트랜스 문제에 관해 글을 쓰는 사람들은 대개 〈꼴통이나 독실한 신자〉처럼 보였다. 세라는 전에 트랜스 문제를 깊숙이 살펴본 적이 없었다. 〈그냥 딸아이가 걱정되었을〉 뿐이다. 그리하여 몇몇 전문가를 찾아가서 이야기를 나누었다. 젠더 전문의들부터 만났다.

그중 처음 만난 의사는 세라 같은 상황에 있는 다른 사람들이 들어 본 내용과 비슷한 이야기를 해주었다. 의사는 〈부모가 받아들이는 것이 자살을 예방하는 첫 번째 단계〉라고 말했다. 부모라면 대개 그렇겠지만, 이런 위협은 상상할 수 있는 최악의 악몽이었다. 의사는 또한 아이가 〈일관되고 지속적으로 그런 주장을 고집하기〉 때문에 실제로 남자아이라고 보아야 한다고 설명했다.

세라는 전문가들이 하는 말뿐만 아니라 딸아이가 하는 몇 마디 말에도 걱정이 되었다. 딸이 성불편증의 느낌을 설명할 때마다 세라는 딸이 마치 〈대본을 읽는 것 같다〉는 사실을 눈치 챘다. 그 대본이 조작되었다는 것은 절제된 표현이다. 어느 순간 딸아이는 여러 요구를 말하면서 요구를 들어주지 않으면 안 좋은 일이 생길 것이라고 위협까지 했다.

세라의 딸은 열세 살 반이던 때에 자신이 트랜스라고 선언했고 열네 살 반에 심리 치료 전문가를 찾아갔다. 그리고 열다섯 살에 사춘기 억제제인 루프론을 복용하기 시작해야 한다는 말을 들었다. 각 단계마다 엄마가 딸에게 어떤 기분인지 물어보는 일은 〈모욕〉이며, 트랜스도 자폐인과 마찬가지라는 말이 강조되었다. 〈자폐인들도 자기가 어떤 사람인지 안다〉는 것이었다. 여기에 의문을 표하기만 해도 〈장애 차별주의자able-ist〉가 되었다. 여러 심리 치료 전문가를 찾아다닌 끝에 세라와 아이는 결국 첫 번째 전문가를 다시 찾았다. 세라가 전문가들이 딸아이에게 제시한 선택지들, 특히 사춘기 억제제를 복용하는 일이 조금 걱정이 된다고 말하자 전문가는 이렇게 대답했다. 「사춘기 억제제가 싫으면 병원으로 가면 됩니다.」 그리하여 열일곱 살 반에 세라의 딸은 성전환을 하고 싶다고 말했다.

물론 세라는 딸아이에게 정말로 성전환을 하고 싶은 것인지 물었다. 성전환을 시작하면 다시는 돌이킬 수 없다는 점을 강조했다. 성전환은 호르몬보다 훨씬 더 돌이키기 어려웠다. 세라는 물었다. 「성전환을 선택했다가 취소하고 싶으면 어떻게 될까? 성을 바꾸었다가 마음에 들지 않으면?」 아이는 대답했다. 「그럼 자살할 거예요.」 어떤 부모도 그런 위협을 가볍게 여기진 않겠지만, 그리어가 한참 전에 주장한 것처럼 이런 양상이 존재하는 듯하다. 청소년들만이 아니라 그들의 입장을 밀어붙이는 일부 의료 전문가도 마찬가지다.

2015년에 브라운 의과 대학의 교수이자 로드아일랜드주 프로비던스에 있는 라이프스팬 피지션 그룹Lifespan Physician Group의 젠더 및 성 건강 서비스 소장인 미셸 포시어Michelle Forcier 박사가 NBC와 인터뷰를 했다. 서너 살짜리 아이들이 자기가 무엇을 원하는지 알 수 있느냐는 질문을 받자 포시어는 이렇게 말했다. 「서너 살짜리가 성별을 이해하지 못한다고 말하는 건 아이들을 인정하지 않는 셈이죠.」 성전환 수술을 하기 전에 일정한 시간을 두고 기다리면 어떤 피해가 생길 수 있느냐는 질문에 이렇게 설명했다. 「가장 큰 피해가 아무것도 하지 않는 겁니다.」 하지만 시간을 두고 기다리면 어떤 위험이 있느냐고 묻자 이렇게 말했다. 「시간을 유예하는 경우의 위험은 자살입니다. 가출하는 것도 위험이고요. 약물 남용도 위험입니다. 친구들의 괴롭힘과 폭력도 위험이죠. 시간을 유예하는 경우의 위험은 우울과 불안입니다.」[50] 젠더 스펙트럼Gender Spectrum의 사무총장인 조엘 바움Joel Baum은 훨씬 더 노골적으로 이 점을 강조한 바 있다. 자녀의 호르몬 치료에 동의하는 것을 두고 걱정하는 부모들에게 그는 이렇게 말했다. 「당신들은 손자를 얻지 못하고 더 이상 아이를 갖지도 못할 겁니다. 자녀가 당신들과 관계를 끊거나 어떤 경우에는 스스로 더욱 위험한 길을 선택할 테니까요.」[51]

이런 식으로 — 가장 파국적인 방식으로 — 선택을 강요하는 데 따르는 문제는 토론이나 반대의 여지를 허용하지 않는다는 점이다. 그 대신 아이가 자신은 반대의 성을 갖고 있다고 말하는 순간 오직 환영하며 받아들여야 하고 그때부터 계속 삶을 바꾸는 단계를 밟아 나가야 한다. 점점 더 많은 전문가가 반발을 최소화하면서 이 단계를 장려하고 싶어 하는 듯하다.

하지만 제임스나 세라의 딸이 들려주는 이야기는 의미심장한 방향 전환들로 가득하다. 제임스가 자신이 드랙과 트랜스가 흔한 환경에 속하지 않았더라면 여자가 되려고 생각하지 않았을 것이라고 말하는 것처럼, 세라의 딸도 학교에 자신이 반대 성이라고 주장하는 다른 학생들이 없었더라면 자기가 남자일 가능성을 생각해 보지 않았을 것이라고 인정한다. 이 모든 점을 따지다 보면 문제의 핵심에 다다른다. 실제로 성불편증을 겪는 사람이 일부 존재한다 할지라도, 그리고 그중 일부는 삶을 바꾸는 수술이 최선의 선택지라 할지라도, 그런 생각이 들었다가 나중에 자신이 잘못된 결정을 했다는 것이 드러나는 사람들과 어떻게 구별할 수 있을까?

오늘날 쇄도하는 트랜스의 물결이 결국 그 속도가 느려질 것이라는 논거 중에는 법적 소송이 눈사태처럼 일어날 가능성이 커지고 있다는 사실이 있다. 냉철하면서도 현실적인 논거다. 국민 의료 서비스를 포함해서 영국은 만일의 사태를 대비하고 있다. 하지만 영국에서 향후에 법적 소송이 성공을 거둘 가능성은 미국에 비하면 아무것도 아니다. 영국의 의료 서비스는 늘어나는 성전환 수술의 수요를 충족시키느라 분투하고 있는 반면, 미국에서는 이 수술을 밀어붙이려는 운동만이 아니라 사업적 유인도 존재하기 때문이다. 트랜스가 바야흐로 사회적 요구가 사업 기회를 끌어당기기 시작하는 영역이라는 신호 가운데 하나는 현재 삶을 바꾸는 수술에 관해 이야기하는 트랜스 활동가들 — 의사를 포함해 — 이 유난히 경박하다는 데 있다. 이런 이야기를 끝까지 들으려면 비위가 강해야 한다.

전문가들

가령 요해나 올슨케네디Johanna Olson-Kennedy 박사의 사례를 보자. 자기 분야에서 지도자로 여겨지는 요해나는 현재 로스앤젤레스 아동 병원 산하에 있는 트랜스 청소년 건강 발달 센터의 의료과장이다. 이곳은 미국에서 가장 규모가 큰 트랜스젠더 청소년 클리닉이자 세금으로 운영되는 국립 보건원National Institutes of Health이 사춘기 억제제와 호르몬이 아동에게 미치는 영향에 관한 5년짜리 연구에 지원금을 지급하는 네 곳의 기관 중 하나다. 공교롭게도 이 연구에는 통제 집단이 전혀 없다.

요해나 박사도 인정하듯이 의사로서 열두 살의 어린이에게도 정기적으로 호르몬을 처방한 적이 있었다. 『미국 의사 협회 저널Journal of the American Medical Association』에 기고한 「트랜스 남성 미성년자와 청년의 가슴 재건과 가슴 불편증: 비수술, 수술 후 집단 비교Chest Reconstruction and Chest Dysphoria in Transmasculine Minors and Young Adults: Comparisons of Nonsurgical and Postsurgical Cohorts」[52]에서 박사는 13세 여자아이들을 비롯한 많은 여자아이에게 최대 6개월 동안 반대의 성 호르몬을 주입한 뒤 수술을 했다고 말한다. 다시 말해 12세 여자아이들에게 삶을 바꾸는 약을 주었다는 것이다. 게다가 경과 보고서들을 보면 2017년 당시 무려 8세 아이들이 이런 치료의 대상이 되었다는 사실도 알 수 있다.

요해나 박사의 공개 발언은 고집과 확신, 그리고 교조주의가 두드러진다. 요해나는 성별을 바꾸고 싶다고 말하는 어린이들의 정신 건강을 평가해야 한다는 사고를 공개적으로 비판하고 있다. 성별을 바꾸고 싶다고 말하는 아이들과 당뇨병을 앓는 아이들을 비교하면서 과거에 이렇게 말했다. 「인슐린 치료를 시작하면서 환자를 심리 치료 전문가에게 보내지 않죠.」[53] 요해나는 어린아이가 내린 결정에 이의를 제기하면 전문가와 환자의 관계가 위험에 빠질 수 있다는 사고의 주창자로 손꼽힌다. 〈심리 치료 관계를 확립하려면 정직성과 안전감이 필요한데, 어린이들이 심리 치료 전문가에게 제공한 정보에 따라 자신들이 필요로 하고 또 받을 자격이 있다고 믿는 것 — 억제제나 호르몬, 수술 — 을 거부당할 수 있다고 생각하면 정직성과 안전감이 훼손된다.〉[54] 요해나는 12~13세 어린이가 모든 정보를 파악하고 돌이킬 수 없는 결정을 내릴 입장이 아닐 수 있다는 사고에 회의적이다. 심지어 이렇게 말한 바도 있다. 「나는 억제제를 복용하고 나서 나중에 성호르몬 전환 요법으로 나아가기를 원하지 않은 사람을 한 명도 보지 못했다.」또 자신의 주장을 밝히면서 다음과 같은 내용을 강조했다.

> 사춘기 억제제나 반대의 성호르몬 주입 등 의료적 개입
> 을 진행하기로 결정할 때, 우리가 가장 중요하게 고려하는
> 사람은 어린이 당사자다. 어린이의 정신 발달 부문에서 다양
> 한 요인을 살펴보는 훨씬 더 기술적인 심리 측정 테스트를 사
> 용하는 센터들도 있다. 우리 병원에서는 그런 모델을 실행하
> 지 않는다.[55]

요해나는 다른 곳에서 치료를 중단하거나 전환을 후회하게
된 소수의 환자를 본 적이 있다고 말했지만, 이런 사례가 성전환
을 바라는 다른 사람들에게 영향을 미쳐서는 안 된다고 덧붙였다.
한 가지 문제는 — 박사가 보기에 — 이런 중요한 결정이 이따금
〈미성년자들이 준비가 되었는지를 판단하는 전문가 — 대부분 시
스젠더 — 에 의해 내려진다〉는 것이다. 요해나는 이것이 〈고장
난 모델〉이라고 생각한다.[56]
내분비학회(내분비학 분야와 대사 연구에서 세계에서 가장
오래된 주요 단체)의 지침에서 〈13.5~14세 이하〉의 호르몬 치
료에 관한 〈공개된 경험이 최소한〉에 그친다고 언급한 사실이 있
다.[57] 하지만 요해나와 다른 동료들은 자신들이 하고 있는 일에 대
해 대단히 자신만만해 보인다. 반대론자들의 주장을 거리낌 없
이 무시할 뿐만 아니라 자신이 아이들에게 부추기는 행동이 돌이
킬 수 없다는 사실도 가볍게 처리한다. 발표회에 참석한 요해나가
〈꼭 말하고 싶다〉고 생각하는 부분에 대해 욕설을 퍼붓는 모습이

348

비밀리에 촬영되었다. 어린이는 근본적이고 삶을 바꾸는 선택을 할 능력이 없다고 생각하는 비판자들에게 전하는 답변이다. 요해나는 비타협적인 관점에 화를 내며 사람들은 스무 살 이전에 결혼을 하고 어느 대학에 갈지 선택하는데, 이 모든 것 역시 사춘기에 결정한 〈삶을 바꾸는 선택〉이며 대부분 그 결과가 잘 풀린다고 지적한다. 또 우리가 좋지 않은 일에 초점을 맞추면서 너무 많은 시간을 보낸다고도 말한다. 「우리가 아는 건 청소년들이 실제로 합리적으로 논리적 결정을 내릴 능력이 있다는 사실입니다.」 거기까지는 좋다고 치자. 하지만 조금 충격적인 것은 태평스럽게 이어지는 결론이다. 「여기 가슴 수술 문제가 있습니다. 살다가 나중에 유방이 갖고 싶으면 병원에 가서 수술을 받으면 됩니다.」[58]

정말 그럴까? 어디서? 어떻게? 사람이 마음대로 새로운 조각을 붙였다가 떼고 다시 다른 조각으로 바꾸어 끼는 레고 블록인가? 요즘 수술이 고통도 없고 피도 안 나고 봉합 자국이나 상처도 없어서 아무나 어느 때든 유방을 붙인 다음에 새로 생긴 부위를 누리면서 행복하게 살면 될까? 아주 전형적인 MTF 성전환은 생식기와 가슴을 바꾸는 수술이 필요할 뿐만 아니라 턱과 코, 이마의 뼈를 깎는 수술도 받아야 한다. 후자의 수술에서는 안면 피부를 벗겨 내는 과정도 필요하다. 그다음 머리카락 이식, 언어 치료 등등 훨씬 많은 일이 남아 있다.[59] 남성이 되려고 하는 여성은 다른 신체 부위의 피부를 가지고 남자 성기와 비슷한 모양을 만들어야 한다. 보통 팔뚝의 피부를 벗겨 내서 남자 성기를 만드는데 이 수술이 성공한다는 보장은 없다. 그리고 수만 — 종종 수십만 — 달러의 비용이 든다. 이 모든 과정을 아주 특출한 일이라고 설명하려면 특별한 수준의 뻔뻔함이 필요하다.

상황은 더욱 나빠진다. 2017년 2월에 WPATH라는 단체가 로스앤젤레스에서 창립총회를 열었다. WPATH는 〈트랜스젠더 건강을 위한 세계 전문가 협회World Professional Association for Transgender Health〉의 약자다. 하지만 그 창립총회는 〈트랜스젠더 건강을 위한 미국 전문가 협회 창립 과학 총회〉였다.[60] 〈이분법 바깥에서: 논바이너리non-binary 청소년과 젊은 성인을 위한 돌봄〉이라는 제목의 심포지엄이 열렸다. 요해나는 이곳에서 이미 그와 같은 생각을 가진 것이 분명한 사람들을 상대로 발언을 했다. 청중이 분명히 동의하는 몇 가지 가정 말고도 제목에 담긴 〈청소년과 젊은 성인〉이 실제로 얼마나 젊은지도 분명해졌다.

가령 요해나는 ─ 틀림없이 본인에게는 우습겠지만 ─ 〈태어날 때 여자아이로 판정을 받은〉 8세 아이를 어떻게 다루어야 했는지를 설명했다. 요해나가 설명하는 말을 빌리자면 〈그래서 이 아이가 내 병원으로 왔는데〉 부모는 혼란스러워하고 있었다. 부부의 딸은 〈완전히 남자의 모습을 보였다〉. 〈짧은 머리에 사내아이 옷차림〉이었다. 요해나는 혼란스러운 부모가 받은 인상과 주변 사람들의 말도 안 되는 태도에 대해서 유쾌한 일화를 들려주듯이 이야기를 늘어놓는다. 「공교롭게도 이 아이가 아주 독실한 학교에 다니고 있었습니다. 아이가 여자 화장실에 가면 사람들이 수군거렸죠. 〈왜 남자아이가 여자 화장실에 오는 거지? 정말 문제가 많네.〉 아이는 이런 생각이 들었죠. 〈이건 나한테 통하지 않잖아. 남학생으로 학교에 입학하고 싶어. 그 방법을 알아내야겠군.〉」 부모나 주변 사람들은 의사인 자신과 이 자리에 모인 청중은 아주 분명하게 간파하는 것을 이해하지 못한다.

요해나를 찾아오는 일부 〈아이〉는 자신의 성별에 관해 대단히 〈분명하게 인식하고 조리 있게 설명〉하며 그냥 〈그 사실을 인정한다〉. 이 〈아이〉는 〈모든 다른 가능성을 실제로 정리하거나 생각해 보지 않은〉 것이 분명했다. 요해나는 세 살짜리 여자아이가 엄마에게 자기는 남자인 것 같다고 분명히 말한 이야기를 들려주지만(지금은 그 아이가 그런 말을 하지 않았다고 한다), 청중은 다 안다는 듯이 일제히 웃음을 터뜨린다. 요해나는 그 아이(앞에서 사례로 든 그 아이)에게 남자인지 여자인지 물었을 때 아이가 〈혼란스러운〉 표정을 지으면서 〈몸이 이러니까 여자예요〉라고 답했다고 말한다. 요해나는 여기에 한마디 덧붙인다. 「바로 이게 이 아이가 자기 성별에 관해 말하는 법을 배운 방식이에요. 몸을 근거로 이야기하는 거죠.」 그리하고는 〈즉석에서 떠올랐다〉면서 멋진 아이디어를 설명한다. 요해나는 아이에게 팝 타르트*를 좋아하느냐고 묻는다. 여덟 살짜리가 좋아한다고 말한다. 요해나는 〈시나몬 맛 팝 타르트〉가 들어 있는 상자에서 딸기 맛 팝 타르트가 나오면 어떻게 하겠느냐고 묻는다. 〈그건 딸기 팝 타르트일까, 시나몬 팝 타르트일까?〉「아이는 이렇게 말합니다. 〈아이고, 그건 딸기 팝 타르트죠.〉 그래서 저는, 그러니까…….」 그 순간 청중이 다 안다는 듯이 웃음을 터뜨리며 박수를 치기 시작한다. 요해나가 말을 이어간다. 「그러자 아이는 엄마한테 고개를 돌려서 말했습니다. 〈난 남자인데 여자 껍데기를 쓴 거 같아요.〉」 청중은 전부 그 뜻을 음미하며 〈탄성〉을 내뱉는다. 요해나가 결론을 내린다. 「가

* 페이스트리 사이에 잼을 넣은 과자. 아이들이 아침 식사 메뉴로 좋아한다.

장 좋은 건 엄마가 〈오오〉 하면서 그냥 일어나서 아이를 힘껏 안아 준 일이죠. 정말 놀라운 경험이었습니다.」청중이 일어나서 자신이 겪은 흐뭇한 이야기를 풀어놓기 전에 요해나가 말을 계속한다. 「우리가 〈나는 누구이다〉와 〈나는 누구였으면 좋겠다〉가 대립된다고 말하는 게 걱정스럽습니다. 사람들이 성별을 이해하고 말하는 방식에는 여러 가지가 있다고 생각하기 때문입니다. 그래서 저는 제가 이 아이를 남자아이로 만들었다고 생각하지 않습니다.」그 순간 청중이 그런 생각을 한 것 자체에 감탄하며 웃음을 터뜨렸다. 「저는 이 아이에게 자신의 성별에 관해 말할 수 있는 언어를 주는 게 정말 중요하다고 봅니다.」[61]

청중의 반응에서부터 트랜스젠더 건강을 위한 세계 전문가 협회의 총회에 이르기까지 모든 이야기에서 이상한 점이 있다. 요해나가 〈전문가들〉로 이루어진 회의가 아니라 청중에게 발언을 하고 있다는 사실이다. 정해진 일련의 사고가 논의되는 중이다. 정해진 일련의 미덕이 축하를 받는다. 그리고 정해진 일련의 제안이 만들어지고 웃어넘기거나 기각된다. 청중은 학술회의나 전문가 회의와 달리 발표를 듣고 질문을 던지지 않는다. 다른 어느 것보다 기독교 부흥회와 비슷한 방식으로 환호하고 웃음을 터뜨리고 코를 씩씩거리고 박수갈채를 보낸다.

또는 일종의 코미디 클럽 같다. 마이크 쪽으로 다가온 다음 사람은 요해나에게 질문을 받는다. 「의료 전문가인가요?」그가 대답한다. 「네.」요해나는 마이크를 내주기 싫은 표정으로 말한다. 「좋아요. 제가 정신 의학자하고 결혼해서 배운 점이 하나 있습니다.」의료 전문가가 허스키한 목소리로 대답한다. 「그 이야기

좀 해주시죠.」유쾌하게 빈정거리는 듯한 모습에 거센 박수갈채
와 고함, 감탄하는 웃음이 터져 나온다. 떠들썩한 소리가 마침내
잦아들자 의료 전문가(아이오와주 출신이다)가 말한다.「누군가
와 처음 만나서 그런 이야기를 할 때 의료 전문가로서 건네는 질
문을 공유하고자 합니다. 마법의 지팡이나 스타 트렉에 나오는 만
능 기기가 있으면 어떤 일을 하고 싶습니까? 제가 무엇을 할 수 있
을까요? 그런 식으로 그 사람들이 어디로 가고 싶은지, 무슨 도구
를 얻고 싶은지 알게 되죠.」보통은 어린아이가 마법의 지팡이를
휘둘러서 무언가를 바꾸고 싶다고 말하더라도, 어떤 주문을 외든
그 지팡이가 아무 효력도 발휘하지 못하는 사실을 깨닫고 눈이 휘
둥그레진다. 어른이 아이에게 마법의 지팡이를 휘두르면 소원을
이룰 수 있고 또 소원을 간절히 바라기만 하면 어른들이 마법을
부릴 수 있다고 말하는 것은 오직 트랜스 이데올로기의 세계에서
만 가능하다.

결국 드러나는 것처럼 그들의 농담은 회의 참석자들이 생각
하는 것만큼 재미있지 않다. 요해나의 배우자인 〈정신 의학자〉는
아주 특별한 일을 하기 때문이다.

에이딘 올슨케네디Aydin Olson-Kennedy는 로스앤젤레스 젠더
센터에서 일한다. 그곳에서 소개하는 약력을 보면, 그는 〈면허증
이 있는 임상 사회 복지사〉이자 〈정신 의학 전문가〉, 〈트랜스 지지
활동〉에 관여하는 인물일 뿐만 아니라 그 자신이 성전환자다. 센
터에서 말하는 것처럼 그는 〈한때 비슷한 정신 의학과 의료 서비
스를 필요로 했던 트랜스젠더 남성으로서 독특한 관점을 갖고 일
한다〉. 이런 상황에서 의료, 돌봄, 사회 복지, 지지 활동이 어느 지

점에서 교차하는지에 대한 문제는 아주 적절한 질문이다.

에이딘은 〈남성〉으로 전환하는 과정의 일환으로 양쪽 유방
절제술을 받았다. 아주 드물게 흉터가 전혀 남지 않는 수술이다.
이 수술을 받기로 한 선택은 다른 사람들에게 기꺼이 이 수술을
추천하는 한 가지 이유이기도 하다. 정신적 문제를 겪은 전력이
있는 14세 여자아이에게도 그런 적이 있다. 더욱 충격적인 사례
로서 다운 증후군을 앓는 미국 아동에게도 그런 적이 있다. 이 아
이 — 멜리사Melissa — 는 광범위한 신체적, 정신적 문제로 고통받
았다. 백혈병도 있었다고 한다. 복잡한 이유로 아이 어머니는 딸
에게 다른 진단을 내려 줄 의사를 찾아다닌 것 같다. 어머니가 —
도움을 받아 — 다다른 결론은 딸이 실은 트랜스라는 것이었다.
그 결론으로 아이에게 성전환을 해달라는 요청을 지지한 사람들
가운데 에이딘도 있었다. 실제로 그는 다른 트랜스들에게 이 다운
증후군 환자가 양쪽 유방 절제술을 받을 수 있도록 기부를 해달라
고 요청했다.[62] 이런 사업 자체가 얼마나 복잡한지를 보여 주기라
도 하듯, 올슨케네디 부부는 둘 다 엔도 제약에 등록된 상담역이
다. 이 회사는 — 무엇보다도 — 테스토스테론 제조사다.

어디로 향하는 것일까?

〈L, G, B〉가 LGBT 약어에서 불확실한 요소라면, 약어의 마지막
대문자는 그중에서도 가장 불확실하고 불안정하다. 게이, 레즈비
언, 바이가 뚜렷하지 않다면, 트랜스는 여전히 수수께끼에 가깝고
그러면서도 가장 극단적인 결과를 낳는다. 이때 동등한 권리를 위
한 요구가 존재하는 것이 아니다. 누군가에게 동등한 권리를 주어

선 안 된다고 생각하는 사람은 거의 없다. 그보다는 선입견과 가정 때문에 문제가 발생한다. 모든 사람이 새로운 성별 대명사를 사용하는 데 동의하고 반대 성의 사람들과 같은 화장실을 사용하는 데 익숙해져야 한다는 요구는 광범위한 요구의 스펙트럼에서 비교적 하찮은 쪽에 속한다. 믿을 수 없을 정도로 분명하지 않은 문제에 대해 어린이에게 의료 개입을 장려해야 한다는 요구가 훨씬 더 심각하다. 이런 식으로 의료 개입을 장려하는 연령이 계속 낮아진다. 2018년 말에 웨일스의 한 개인 성전환 전문 병원 의사는 불법적으로 의료 서비스를 제공한 혐의에 대해 유죄 판결을 받았다. 무려 12세 어린이에게 성전환 호르몬을 제공한 것이다.[63]

그토록 많은 위협적 언어와 협박, 파국주의가 이런 주장을 뒷받침하는 지금 그 연령대가 계속 낮아지지 않을 이유가 무엇인가? 성전환의 결점이나 우려를 언급하는 사람은 혐오주의자이거나 트랜스를 겨냥한 폭력을 부추기거나 트랜스에게 자해를 부추긴다고 여겨진다. 결국 트랜스가 아닌 사람이 할 수 있는 일은 침묵을 지키거나, 지지하지 않으려면 아무 말도 하지 않는 것뿐이다. 이런 입장은 결국 페미니즘과 트랜스 운동의 일각에서 흘러나오는 새로운 개념들의 발명으로 이어지고 있다. 어떤 사람들은 〈논바이너리〉이고 〈젠더플루이드〉라는 사고 등이 대표적이다. BBC 영화 「논바이너리에게 말하면 안 되는 것Things Not to Say to a Non-Binary Person」에는 남성과 여성이라는 사고가 얼마나 〈제한적〉인지 — 그리고 단순한지 — 에 관해 이야기하는 젊은이들이 등장한다. 그중 한 명은 이렇게 말한다. 「그러니까 남자는 뭐고, 여자는 뭐야?」[64] 영화에 나오는 젊은이들이나 그들과 같은 주장을 펼치는 다른 사람들을 보면서 드는 압도적인 느낌은 그들이 실제로 하는 말은 〈날 좀 봐!〉라는 것이다.

자신이 트랜스라고 말하는 일부 젊은이의 경우도 그럴까? 거의 확실하다. 하지만 누구에게 이런 규정이 적용되고 누구에게 적용되지 않는지 — 또는 누구에게 의료 개입으로 나아가라고 장려하고 누구에게 그것을 피하라고 강하게 촉구해야 하는지 — 확실히 알 도리는 없다. 요해나조차 트랜스젠더라고 자처하는 대다수의 사람이 성 발달 장애를 전혀 겪지 않는다고 인정한 바 있다.

극단적으로 단순하게 호르몬과 수술이라는 답을 제시하려는 움직임은 분명 수많은 사람에게 근본적인 오해 한 가지를 다루는 방식으로 그들이 삶에서 겪는 문제를 쉽게 해결할 수 있다고 설득할 것이다. 지금까지 제닝스에게는 효과가 있었을 테고 제너에게도 통한 것 같다. 하지만 예상과 달리 페르헬스트의 고통은 치유되지 않았다. 당면한 문제는 차이가 아니라 확실성이다. 대단히 불분명한 문제를 마치 가장 뚜렷하고 더없이 잘 파악된 것처럼 보여 주는 가짜 확실성 말이다.

결론

사회 정의, 정체성 정치, 교차성 옹호론자들은 우리가 사는 사회가 인종과 성을 차별하고, 동성애와 트랜스를 혐오한다고 말한다. 그들은 이런 억압이 뒤얽혀 있고, 만약 우리가 그물망을 꿰뚫어 보고 풀어 헤치는 법을 배울 수 있다면 마침내 우리 시대의 뒤얽힌 억압들을 벗겨 낼 수 있다고 말한다. 그 후에는 어떤 일이 벌어질 것이다. 그 일이 정확히 무엇인지는 아직 분명하지 않다. 어쩌면 사회 정의는 일단 도달해서 여전히 그 자리에 있는 상태일 것이다. 어쩌면 지속적인 관심이 필요하리라. 우리가 그것을 알아낼 수 있을지는 모르겠다.

우선적으로 뒤얽힌 억압들이 모두 깔끔하게 맞물려 있지 않고 서로 부딪히며, 그리고 각각의 내부에서도 섬뜩하고 시끄럽게 삐걱거리기 때문이다. 억압들은 마찰을 줄이기는커녕 야기하며, 정신의 평화를 만들어 내기보다는 긴장과 군중의 광기를 증폭시킨다. 나는 우리 사회에서 가장 일관되게 제기되는 네 가지 쟁점에 초점을 맞추었다. 매일같이 주요 뉴스로 다루어질 뿐만 아니라 완전히 새로운 사회 윤리의 토대가 된 쟁점들이다. 여성, 동성애자, 인종, 트랜스 등이 직면하는 곤경을 제기하는 것은 공감을 보여 주는 방편일 뿐만 아니라 일정한 윤리의 증거가 되었다. 새로운 종교를 실천하는 법인 셈이다. 이 쟁점들을 위해 〈싸우고〉 그 대의를 칭찬하는 것은 당신이 좋은 사람이라는 점을 보여 주는 방편이 되었다.

물론 여기에는 무언가가 있다. 사람들로 하여금 자기가 바라는 대로 살도록 하는 것은 우리 사회가 달성한 가장 소중한 성취 ─여전히 세계 각지에서는 드문 성취─의 일부를 드러내는 인식이다. 세계에는 지금도 동성애를 불법으로 규정한 나라가 73개국이 있고, 동성애자를 사형으로 처벌하는 나라도 8개국이 있다.[1] 중동과 아프리카 곳곳의 나라들에서는 여성이 가장 기본적인 몇몇 권리도 누리지 못한다. 여러 나라에서 인종 간 폭력 사태가 분출한다. 2008년에 남아공 내 흑인 거주 구역에 사는 모잠비크인들을 겨냥한 폭동이 벌어져서 수십 명이 사망하고 수천 명이 집을 잃은 뒤 2만 명의 사람들이 모잠비크로 도망쳤다. 트랜스들이 자기가 바라는 방식대로 살려고 할 때 그들의 권리가 가장 보호받는 곳은 서구 선진국들이다. 법률 체계와 권리 문화 덕분에 이루어진 성취로 찬양할 수 있다. 하지만 여기에 역설이 존재한다. 이 모든 성취에서 가장 발전한 나라들이 현재 최악의 나라들로 나타나는 것이다. 이런 현상은 대니얼 패트릭 모이니핸Daniel Patrick Moynihan 이 인권에 관해 말한 경구의 한 버전일 뿐이다. 인권 침해 주장은 한 나라에서 벌어지는 인권 침해 숫자에 정확히 반비례한다는 경구 말이다. 자유가 없는 나라에서는 인권 침해에 관한 이야기가 들리지 않는다. 아주 자유로운 사회만 부당한 대우에 관해 그렇게 끝없는 주장을 허용한다. 심지어 장려하기도 한다. 마찬가지로 실제로 파시즘에서 멀리 떨어져 있는 곳에서나 미국의 교양 대학이나 포틀랜드의 식사 경험이 파시즘에 가깝다고 불만을 표출할 수 있다.

하지만 이런 비난과 주장, 원한의 정신이 눈에 띄게 빠른 속도로 퍼져 나가고 있다. 스마트폰과 트위터의 시대가 시작된 지 이제 겨우 10년이라 할지라도 이것은 신기술의 도래만으로 나타난 현상은 아니다. 그 전에도 인권의 언어와 자유주의의 실천에서 무언가 잘못되고 있었다. 캐묻기를 좋아하는 자유주의 측면이 어느 단계에 이르러 자유주의의 교조로 대체된 형국이다. 해결되지 않은 질문들을 해결되었다고 주장하고, 아직 알지 못하는 문제들을 다 안다고 말하며, 제대로 논증되지 않은 노선을 따라 사회 구조를 만드는 법을 아주 잘 알고 있다고 주장하는 교조주의다. 그리하여 이제 권리의 산물이 권리의 토대라고 제시된다. 이 토대가 불안정하기 짝이 없는 실체를 이룬다는 사실은 안중에도 없다. 자유주의가 확실성이 우세한 곳에 일정량의 겸손을 주입할 수만 있으면 얼마나 좋을까? 왜냐하면 교조적이고 복수심에 불타는 자유주의는 무엇보다도 어느 단계에서 자유주의의 시대 전체를 훼손시키고 심지어 무너뜨릴 위험이 있기 때문이다. 어쨌든 다수의 사람에게 강요되는 주장을 계속 수용하고, 그것을 받아들이지 않으면 혐오자라는 딱지를 붙이겠다는 위협에 계속 굴할 것인지는 분명하지 않다.

이 새로운 존재의 이론과 그 정당화에는 결함이 있기 때문에 확인이 필요하다. 교차성 열차가 계속 달리는 경우에 계속해서 야기될 고통을 측정하기가 불가능하기 때문이다. 새로운 세대가 흡수하고 있고 모든 사람이 강제로 주입을 받는 형이상학에는 불안정한 지점이 많다. 이 형이상학은 우리가 알지 못하는 것들에 관해 확신을 표명하려는 욕망, 우리가 실제로 아는 사실들을 간단히 무시하고 상대주의적으로 치부하려는 욕망에 근거를 둔다. 그 토대는 누구나 동성애자가 될 수 있고, 여성이 남성보다 우월하며, 사람은 백인이 될 수 있지만 흑인은 될 수 없고, 모두가 성별을 바꿀 수 있다는 것이다. 여기에 들어맞지 않는 사람은 억압자다. 그리고 모든 것이 정치의 문제가 되어야 한다.

여기에는 일생 동안 지속될 모순과 혼란이 가득하다. 단지 어떤 시점에서가 아니라 절대적인 기초에 존재하는 모순과 혼란이다. 동성애자나 이성애자 남녀는 출생 시에 부여받은 성이 아닌 다른 성을 아이에게 주려는 사람들에 대해 어떤 주장을 펼칠까? 톰보이 같은 특징을 드러내는 젊은 여자가 왜 수술 전의 FTM 트랜스 섹슈얼로 여겨져야 하는가? 공주 옷을 좋아하는 사내아이가 왜 MTF 트랜스 섹슈얼 대기자로 여겨져야 하는가? 포장이 바뀐 팝 타르트인 사람들에 관해 성별 전문가들이 내놓는 주장은 그 자체가 포장을 읽는 능력이 완전히 잘못된 사람의 주장일지 모른다. 오늘날 이른바 성불편증 진단을 받은 어린이 가운데 80퍼센트 정도는 사춘기가 되면 저절로 문제가 해결될 것으로 추정된 바 있다. 즉 출생 시에 확인된 생물학적 성을 편안하게 받아들이게 된다. 그중 소수는 성인이 되어 게이나 레즈비언이 된다.[2] 레즈비언과 게이는 자신들이 존재 그대로를 인정받게 된 지 수십 년 뒤에 게이나 레즈비언으로 자라는 새로운 세대의 아이들이 여성적인 특성을 갖고 있다고 여자가 아니고 남성적인 특성을 갖고 있다고 남자가 아니라는 말을 듣는다는 사실에 대해 어떻게 생각할까? 그리고 여성들은 이 사실을 어떻게 이해할까? 여성으로서 권리를 확보하고 오랜 시간이 지난 끝에 남성으로 태어난 사람들에게 — 발언할 권리를 포함한 — 그 권리가 무엇인지에 관한 이야기를 들어야 하는 사실을 도대체 어떻게 이해해야 할까?

정신 착란을 일으키는 주장들

사회 정의 주창자들이 내놓는 주장과 정반대로, 실제로 범주들은 서로 순조롭게 상호 작용을 하지 않는다. 억압의 모체는 사회 과학자들이 모든 면을 짜맞추기를 기다리는 거대한 루빅큐브가 아니다. 그것은 함께 작동하지 않으며 확실히 이런 정도로는 작동하지 않는 일련의 요구로 이루어진다.

    2008년에 『애드버킷』은 캘리포니아주에서 동성 결혼 가능성을 무효화하게 될 주민 발의 8호 Proposition 8에 반대하는 캠페인을 벌였다. 미국 최대 동성애 잡지의 2008년 11월호 표지 기사는 동성 결혼 캠페인을 지속하려는 시도 속에서 다음과 같은 제목을 내걸었다. 「동성애자는 새로운 흑인이다.」이 주장은 미국 흑인들 사이에서 환영을 받지 못했다. 부제로 내세운 〈최후의 거대한 시민권 투쟁〉도 마찬가지였다. 옛날 저널리즘의 책임 회피식의 추가 문구, 즉 사후에 덧붙인 물음표도 비판을 약화시키지는 못했다.[3] 한 비판자가 말한 것처럼 〈동성애자는 새로운 흑인〉이라는 주장은 모욕적으로 들렸다. 그가 나열한 여러 이유 중에서 특히 〈동성 결혼과 타 인종 간 혼인 금지법이 완전히 분리되었기〉 때문이다.[4] 이런 논쟁과 비교가 다른 것으로 대체되고 모든 권리 요구와 성취가 조화롭게 존재하는 것처럼 보일 때면 언제나 비슷한 논란이 터져 나온다.

때로는 누군가 잘못된 질문을 던지기 때문에 이런 일이 벌어진다. 돌레잘 사건 직후에 페미니즘 철학 저널 『히파티아*Hypatia*』는 레베카 터벨Rebecca Tuvel이라는 비정년 교수가 쓴 논문을 게재했다. 터벨은 흥미롭기 짝이 없는 질문을 던졌다. 돌레잘과 제너가 받은 대접을 비교하면서 만약 우리가 〈트랜스젠더 개인들이 성을 바꾸는 결정을 받아들인다면, 트랜스레이셜transracial 개인들이 인종을 바꾸는 결정도 받아들여야 하는지〉 의문을 던진 것이다. 이 주장은 호응을 얻지 못했다. 논리적 일관성을 놓고 보면 터벨은 좋은 지적을 한 셈이었다. 만약 누구나 자기 정체성을 스스로 정할 수 있다면 그 권리가 왜 성별 경계선에서는 멈추지 않고 인종 경계선에서는 멈추어야 하는가? 하지만 현재 통용되는 관습을 놓고 보면 터벨은 최악의 자리에 선 셈이었다. 흑인 활동가들이 논문에 반기를 들면서 결집했다. 터벨에 반대하는 청원이 조직되었고 공개서한이 작성되었으며, 『히파티아』의 부편집인 중 한 명도 터벨을 비난하는 대열에 가세했다. 이 저널은 〈백인 시스젠더 학자〉가 〈트랜스 혐오와 인종주의〉를 악화시키는 주장에 가세하도록 용인했다는 비난을 받았다.[5]

일반인은 거의 모르는 페미니즘 저널의 세계에서 생겨난 낙진이 워낙 컸던 나머지 『히파티아』는 빠른 시간 안에 사과를 했다. 또 편집인이 사임하고 이사진이 모두 교체되었다. 터벨 본인은 자신은 〈비규범적인 정체성을 가진 사람들을 지지하고, 그런 사람들이 너무도 자주 비난을 받고 외모 때문에 헐뜯기고 침묵을 강요당하는 모습에 좌절하는 입장〉에서 논문을 쓴 것이라고 사정을 설명했다.[6] 하지만 터벨이 말한 논문의 유일한 목적인 〈사고의 확장〉은 분명 환영받지 못했다. 만약 터벨이 2015년 「더 리얼 The Real」에 출연한 돌레잘을 보았더라면 그의 질문에 대한 답변을 얻었을 것이다. 그 프로그램에 나온 유색인 여성들은 돌레잘에게 트랜스레이셜리즘을 받아들일 수 없다고 분명히 밝혔다. 백인으로 자란 사람은 흑인으로 자란 사람이 느낄 수 있는 것을 이해하지 못하기 때문이었다. 양쪽은 같은 경험을 공유할 수 없었다.[7] 제2물결 페미니스트들이 동시에 트랜스 섹슈얼에 관해 펼친 주장도 바로 이런 것이었다. 하지만 인종에는 통한 주장이 여성에게는 통하지 않았다.

때로는 누군가 잘못된 질문이나 불편한 질문을 던지기 때문에 문제가 커진다. 그리고 때로는 상황을 깔끔하게 정리하기 위해 준비된 사람이 알고 보니 지저분하고 복잡한 인간이기 때문에 문제가 커지기도 한다.

2017년 10월에 영국 잡지 『게이 타임스Gay Times』는 조시 리버스Josh Rivers가 최초로 BME(그때만 해도 〈Black and Minority Ethnic〉의 약칭인 BME가 요즘 흔히 쓰이는 〈Black Asian and Minority Ethnic〉의 약칭인 BAME로 대체되기 전이었다) 편집인으로 뽑혔다고 발표했다. 그런데 리버스는 3주 만에 교체되었다. 채용 발표 직후에 『버즈피드』가 리버스의 트위터 기록을 샅샅이 훑어서 빌미가 될 만한 온라인 발자국을 숱하게 발견했기 때문이다. 2010년부터 2015년까지 리버스는 2천 명의 폴로어에게 『버즈피드』가 〈많은 독자를 충격에 빠뜨릴 만하다〉고 여러 차례 발언했다.

리버스는 대단한 반인종주의자가 아니었다. 사실 그는 유대인과 관련해 특별한 문제가 있어 보였고 아시아인을 별로 좋아하지 않았다. 다른 이들—아프리카인, 그리고 특히 이집트인—은 더 나쁜 대접을 받았다. 그는 이집트 남자를 〈뚱뚱하고 냄새를 풍기고 털이 덥수룩하고 음흉하게 생긴 후진국 강간범들〉이라고 지칭했다. 뚱뚱한 사람, 노동 계급, 그리고 〈저능아〉라고 지칭하는 사람들을 혐오했다. 레즈비언 역시 상당한 분노를 불러일으키는 존재였다. 트랜스 섹슈얼에 관한 견해는 특히 미개했다. 2010년에 그는 한 사람에게 이렇게 말했다. 〈이봐 트래니. 1 당신은 크랙 중독자처럼 보여. 2 당신 트래니지. 3 당신이 쓴 가발은 언급할 가치도 없어. 눈 돌려, 자기야.〉[8] 불쾌한 어조로 사건 전반을 다루는 기사를 쓴 다른 동성애 언론은 이 트윗에 〈특히 끔찍하다〉는 유해성 경고를 붙이며 독자들에게 경고했다.[9]

『게이 타임스』는 자체적으로 신속하게 〈조사〉를 벌였다. 24시간도 되지 않아 첫 번째 BME 편집인의 고용 계약이 즉시 종료되었으며 웹사이트에서 그가 쓴 기사는 전부 삭제되었다. 또 이 매체는 〈이런 견해를 용인하지 않으며 포용을 존중하고 장려하기 위해 계속 노력하겠다〉고 약속했다.[10] 몇 주 뒤 리버스는 인터뷰를 통해 예전에 쓴 트윗의 내용에 대해 사과했고 자기 나름의 해석을 설명했다. 그는 자기 트윗에 대한 피드백이 〈인종화되었다〉고 말했다. 「백인들의 피드백은 이런 식이었죠. 〈하하! 하! 아하!〉 사실 틀에 박힌 반응이었어요. 말하자면 흑인하고 백인이 갈린 거죠!」[11] 그가 보기에 자신의 인종주의적 트윗에 대한 비판은 그 자체가 인종주의였다.

사방에서 비슷한 실망의 목소리가 높아졌다. MTF 트랜스 섹슈얼이 여성 스포츠에 참여할 수 있게 되자 그 결과는 종종 양성 평등이라는 사고에 대한 극렬한 반대로 나타났다. 2018년 10월 캘리포니아에서 열린 국제 사이클 연맹Union Cycliste Internationale 마스터스 트랙 세계 선수권의 여성부 우승은 MTF 트랜스 섹슈얼인 레이철 매키넌Rachel McKinnon에게 돌아갔다. 매키넌에 밀려 3위로 들어온 젠 와그너아살리Jen Wagner-Assali는 매키넌의 승리가 〈불공정〉하다고 주장하면서 국제 사이클 연맹에 규정을 변경할 것을 요구했다. 하지만 매키넌은 MTF 트랜스 섹슈얼이 어쨌든 여성의 스포츠 참여를 위협한다는 사고를 〈트랜스 혐오〉라고 일축했다.[12]

시끄러운 논란은 계속 이어진다. 오스트레일리아 여자 핸드볼 팀에 지명되는 데 곤란을 겪은 해나 마운시Hannah Mouncey는 이런 과정이 여성과 소녀들에게 여성의 몸에 관한 끔찍한 메시지를 보내는 것이라고 말했다. 마운시에 따르면 이 일화에 담긴 함의는 〈몸집이 너무 크면 플레이를 할 수 없다〉는 것이다. 정말 위험하고 후진적인 생각이다. 마운시는 핸드볼 팀에서 유일한 트랜스젠더 여성이었고 몸집의 차이는 작지 않았다. 마운시가 포함된 오스트레일리아 여자 핸드볼 팀의 사진을 보면, 핸드볼 팀에 거대한 남자 럭비 선수가 한 명 끼어 있는 것 같다. 이것이 몸집이 큰 사람에 대한 차별인가? 그런 차이를 눈치 채는 것이 후진적인 시각인가? 남자로 태어난 사람 — 가령 로럴 허버드Laurel Hubbard (태어날 때 이름은 개빈Gavin) — 이 90킬로그램 이상 체급의 여자 역도 경기에서 유리하다고 언급하는 것도 마찬가지인가?

2018년에 당시 열여덟 살의 맥 베그스Mack Beggs가 텍사스주 여자 6A 등급 110파운드급 디비전 레슬링 선수권에서 2년 연속 우승했다. 베그스는 여성에서 남성으로 성전환 중이며 테스토스테론을 복용하고 있다. 베그스의 우승을 다룬 언론 기사는 다른 여자 선수가 밀리는 가운데 관중석 일부에서 야유가 들린 사실에 초점을 맞추면서 편견과 편협이 진짜 문제인 양 말한다. 하지만 놀라운 자기기만이 계속되고 있다. 어쨌든 스포츠의 세계에서 테스토스테론을 복용하다가 발각되면 보통 출전이 금지된다. 그런데 성전환을 위해 테스토스테론을 복용하는 경우는 예외가 되는 것이다. 이때에는 민감함이 과학보다 중요하다. 언제나 그렇듯 상황은 계속 악화된다.

페미니즘만이 아니라 제대로 문명화된 사회에서 중요한 행동 수칙은 남자가 여자를 치거나 때려눕혀서는 안 된다는 것이다. 그런데 신체 접촉이 있는 여러 스포츠에서 남자로 태어난 사람이 걸핏하면 여자를 때려눕히는 장면을 보고서는 고개를 돌려 버린다. 종합 격투기 종목에서 이런 논쟁이 몇 년째 계속되고 있다. 펠런 폭스Fallon Fox의 사례가 가장 유명하다. 남자로 태어나 결혼을 하고 아이 아버지가 되고 해군에 입대한 폭스는 2013년에 트랜스로 커밍아웃을 했다. 그리고 곧바로 여자 선수로 나섰다. 내분비 전문의 — 러모나 크루치크Ramona Krutzik 박사 — 는 폭스가 가진 이점 중에는 남자로 살면서 축적한 골밀도와 그 시절에 쌓은 근육량, 그리고 안드로겐 투약이나 수술로도 사라지지 않고 뇌 속에 남아 있는 테스토스테론 각인 등이 있다고 설명했다. 이 모든

이점 덕분에 폭스는 신체적으로는 물론 잠재적 공격성에서도 유리할 수 있었다.[13]

종합 격투기 전문가이자 팟캐스트 진행자인 조 로건Joe Rogan이 지적한 것처럼 〈남자와 여자가 발휘할 수 있는 힘의 양에는 엄청난 차이가 있다. (……) 엉덩이 모양과 어깨 넓이, 골밀도, 주먹 크기가 차이가 난다〉. 그리고 로건이 말하는 것처럼 종합 격투기는 목표가 아주 분명한 스포츠다. 〈자기 앞에 있는 사람을 때려눕혀야 하는 것〉이다. 하지만 남자로 태어나 신체적 이점을 누린 사람이 관중 앞에서 여자를 두들겨 패도록 허용해야 하는지에 관해 의문을 던지는 것조차 엄청난 반대에 부딪힌다. 로건이 나중에 〈내 평생 그렇게 호되게 비난을 받은 적이 없었다〉고 말했다. 정말 살면서 이런 말까지 하게 되는 상황이 올 줄은 꿈에도 몰랐던 것이다. 〈이봐요, 나는 남자가 페니스를 제거하고 여자를 때려눕힐 수 있다고 생각하지 않는다고.〉 그러면 이런 답이 돌아온다. 〈당신이 틀렸어.〉 말 그대로 바로 이런 일이 벌어졌다.[14]

사람 사이의 차이에 대한 인식이 높아지면서 어떤 거대한 정의의 체계가 열리거나 서로 맞물린 편견이 모든 사람을 자유롭게 만들어 준다고 할지라도, 이렇게 공정한 초기 단계에서도 이 과정은 문제를 해결하기보다는 더 많이 만들어 냈고 치유보다는 악화를 낳았다. 캐스팅 전쟁은 계속해서 피부색을 보지 않는 것을 거꾸로 뒤집으며 모든 사람을 피부색에 강박하게 만드는 한편, 다른 모든 특징은 무시하는 것이 문제의 일부가 되고 있다. 어디서나 누군가를 실제와 다른 존재로 묘사할 권리가 사라지는 관습이 확산된다. 2017년에 「공각 기동대: 고스트 인 더 쉘」에서 백인 안드로이드 안에 들어간 아시아 여성의 의식을 맡았다는 이유로 쏟아진 공격을 견디고 살아남은 조핸슨은 또다시 이듬해에 「럽 앤 터그Rub & Tug」에서 1970년대의 범죄 조직 두목으로 캐스팅되는 불운을 겪었다. 조핸슨이 연기해야 하는 실제 인물은 트랜스였고 여배우인 조핸슨이 연기하면 트랜스 여성을 흉내 내는 것일 뿐이었다. 비판이 일자 조핸슨은 그 역할을 맡지 않기로 했다. 이런 흐름에 의문을 던지는 집단조차 집중포화를 당했다. 경제 뉴스를 다루는 『비즈니스 인사이더Business Insider』는 처음에 조핸슨이 〈자기 일을 한다는 이유로 부당하게 비판을 받는다〉고 옹호하는 칼럼을 실었지만, 조핸슨에 대한 반발이 거세지자 재빨리 칼럼을 내렸다.[15] 같은 해에 게이 배우 맷 보머Matt Bomer가 주연을 맡은 영화에 대한 불매 운동 요구가 있었다. 극단적 교회 세력이 불매 운동을 호소한 것이 아니라 〈시스젠더 백인 남배우〉— 보머 같은 게이라 할지라도 — 가 트랜스 여성을 연기하는 것은 〈트랜스 여성의 존엄〉에 대한 〈모욕〉이라고 불만을 표출하는 사람들이었다.[16]

어떤 경우에는 모욕이라고 주장하는 반면 다른 경우에는 목소리를 높일 만한 일인데도 아무 소리도 없었다. 2018년 2월에 쥐스탱 트뤼도Justin Trudeau 총리가 에드먼턴에 있는 맥이완 대학교에서 연설을 하고 학생들의 질문에 답을 한 적이 있다. 그때 한 젊은 여성이 정중하게 질문하면서 지나가는 말로 〈인류mankind〉를 언급했다. 캐나다 총리는 여자의 말을 끊으면서 오만하게 손을 흔들었다. 「맨카인드가 아니라 피플카인드people-kind라고 말하는 게 좋습니다. 그게 더 포용적이니까요.」 청중석에서 박수갈채가 터져 나왔다. 하지만 유력한 백인 남성이 젊은 여자를 당황스럽게 만드는 것이 왜 〈맨스플레인〉이 아닌지 지적하는 사람은 아무도 없었다.

일부 사람이 형성하는 정체성 그룹은 그 자체 안에서도 작동하지 않는다. 2017년에 코넬 대학교의 〈흑인 학생 연합Black Students United〉이 대학 당국에 6쪽짜리 요구안을 제시하기로 결정했다. 여기에는 모든 교직원에게 〈권력과 특권의 체계〉를 교육시켜야 하고 〈미국에서 벌어진 아프리카인 홀로코스트와 미국 파시즘에 직접 영향을 받은〉 흑인들에게 더 많은 투자를 해야 한다는 분명한 요구도 포함되었다. 또 다른 요구는 대학이 〈이 나라에서 여러 세대 — 두 세대 이상 — 를 낳은 미국 흑인들〉에 더 많은 관심을 기울여야 한다는 것이었다. 아프리카나 카리브해 출신의 1세대 학생들과 구별 짓기 위한 것이었다.[17] 흑인 학생 연합 그룹은 나중에 압박을 받자 이런 요구를 한 행위에 대해 사과했다. 하지만 여기에는 분명한 메시지가 담겨 있다. 각각의 정체성 그룹 안에서도 억압과 피해의 위계가 존재한다는 것이다. 규칙이 분명하지 않을 뿐만 아니라 그 밑바탕에 깔린 편견도 항상 뚜렷하지 않으며, 특별한 장소에서 이례적인 방식으로 분출할 수 있다.

불가능성 문제

하나의 문화로서 우리는 불가능성 문제가 지뢰로 깔려 있는 영역에 들어서고 있다. 예를 들어 지구에서 가장 유명한 몇몇 여성으로부터 여성이 성적 대상이 되지 않으면서 섹시할 권리가 있다는 요구를 듣고 있다. 세계에서 가장 유명한 몇몇 문화계 인사는 인종주의에 반대하기 위해 어느 정도 인종주의자가 되어야 한다는 것을 보여 주었다. 바야흐로 한 무리의 비슷한 불가능성이 똑같이 화해 불가능한 방식으로 요구되는 중이다.

2017년 10월에 BBC의 「디스 위크This Week」에 〈스코티 Scottee〉라는 이름으로 통하는 화가이자 작가가 출연해서 자신이 만든 단편 정치 영화에 대해 이야기했다. 자칭 〈덩치 크고 뚱뚱한 퀴어 펨*〉인 스코티는 자신이 〈매일같이 공격을 견디어야 하기 때문에 어느 정도는 남성성의 피해자〉라고 불만을 토로했다. 이 문제에 대해 답을 내놓지는 못했지만, 그는 〈퀴어, 트랜스, 논바이너리〉가 〈유독한 남성성〉을 무력화해야 하는 주체가 될 필요는 없다고 주장했다. 내부에서부터 해답이 나와야 한다는 것이 그의 주장이었다. 「남자들은 자신이 가진 특권을 인정해야 하고, 나는 그들이 권력을 내놓기를 바랍니다. 나는 또한 그들에게 일정한 연단을 제공하고 싶어요. 나는 정말로 가모장제를 시도하고 싶습니다. 가부장제는 이미 오랫동안 해왔는데 실제로 성과는 없었습니다.」[18] 〈실제로 성과가 없었다〉는 핵심적인 추정을 한동안 피한다 해도 훨씬 더 커다란 사실이 시청자의 얼굴을 빤히 쳐다보고 있었다. 현란하게 차려입은 자칭 〈덩치 크고 뚱뚱한 퀴어 펨〉이 자기가 사는 사회에 관해 늘어놓는 주요한 불만이 자신이 걸핏하면 비웃음을 받는다는 것이었다. 바로 여기에 또 다른 역설적이고 불가능한 요구가 있다. 비웃음을 당하지 않으면서 우스꽝스럽고 싶은 것이다.

어디에서나 이런 불가능한 요구를 발견할 수 있다. 에버그린 주립 대학과 예일 대학교에서 드러난 광경이나 럿거스 대학교에

---

* 동성애에서 여자 역을 하는 남자.

서 토론 패널로 나온 릴라 교수가 부각시킨 모습이 그것이다(당시 청중 한 명은 포스터에게 〈사실 따위는 필요 없다〉고 소리쳤다). 그 자리에서 릴라는 우리 시대의 다른 핵심적인 문제 하나에 대한 통찰을 제시했다. 「사람들한테 〈당신들은 나를 이해해야 한다〉고 말하는 동시에 〈당신들은 나를 이해할 수 없다〉고 말해서는 안 됩니다.」 분명 많은 사람이 이런 요구를 동시에 할 수 있다. 하지만 그래서는 안 되며, 그런 요구를 할 때는 자신의 모순된 요구가 인정받지 못한다는 것을 깨달아야 한다.

다음으로 억압의 위계를 어떻게 정리하고, 어떻게 우선순위를 정한 다음 가려내야 하는지에 대한 문제가 있다. 레이스 애슐리Laith Ashley는 현재 세계에서 가장 유명한 트랜스젠더 모델로 손꼽힌다. FTM 트랜스 섹슈얼인 애슐리는 유명 브랜드와 잡지에 대서특필되고 유명한 패션 사진을 찍었다. 2016년에 채널 4의 방송 인터뷰에서 캐시 뉴먼Cathy Newman은 여자에서 남자로 전환하는 2년 동안 차별을 받은 적이 있느냐고 물었다. 애슐리는 사실 차별을 받은 적은 없다고 말하면서도 혹시 인터뷰어가 실망할까 봐 트랜스젠더 권리 운동에서 알게 된 트랜스젠더 활동가들을 비롯한 사람들이 그가 실은 남성의 특권을 얻은 셈이라고 〈말해 주었다〉는 이야기를 덧붙였다. 그가 시청자를 위해 자세하게 설명했다. 「나는 어느 정도 남성의 특권을 얻었습니다. 그리고 비록 나는 유색인이지만 피부가 흰 편이고 어떤 면에서 사회의 미적 기준을 고수하죠. 그런 이유로 많은 차별에 맞닥뜨리지 않았습니다.」[19] 따라서 그는 남자가 됨으로써 위계에서 두어 단계 올라갔고 유색인이기 때문에 두어 단계 내려왔지만 피부가 밝은 유색인이기 때문에 다시 한 단계 올라갔다. 그리고 매력적인 사람이라는 부정적인 측면에 부닥쳤다. 자기 삶에서 그렇게 많은 특권이 상충하는데, 억압자와 피억압자의 구분에서 자신이 어디에 자리해야 하는지를 어떻게 알 수 있겠는가? 애슐리가 이 목록을 살펴보면서 걱정하고 자기를 내세우지 않는 것도 놀랄 일은 아니다. 끊임없이 자기 분석을 하다 보면 누구든 자신감이 무너지게 마련이다. 하지만 오늘날 수많은 사람이 불가능한 자기 분석을 제안받고 있다. 자기 자신은 말할 것도 없고 다른 사람에게도 이런 과제를 공정하게 수행하는 방법을 알 도리가 없는데도 말이다. 실행할 수 없는 과제를 도대체 왜 강요하는 것일까?

그리고 그다음은 무엇일까? 최근에 흥미로운 일은 자신이 훌륭하고 자유로운 경계선 지킴이라고 생각하는 사람들이 인계 철선에 발을 베이는 모습을 발견하는 것이다. 2018년 어느 토요일 저녁에 『복스』의 데이비드 로버츠David Roberts는 트위터에서 공중도덕 위원회 심사를 보며 즐겁게 시간을 보내고 있었다. 그는 트윗에 이렇게 썼다. 〈가끔 미국에서 주로 앉아서 생활하고, 심장병을 앓으며, 패스트푸드를 꾸역꾸역 먹고, 자동차에 중독된 교외 주민들이 교외에 있는 으리으리한 집에 앉아서 텔레비전을 보면서, 억압에서 벗어나기 위해 수천 마일을 걸어 온 난민들에 대해 별 생각 없이 심판하는 걸 보면 (……) 미칠 지경이다.〉 이 글을 올리면서 그는 분명 이렇게 생각했을 것이다. 〈딱 좋아. 미국인을 공격하고 이민자를 옹호하는데, 뭐 잘못될 일이 있겠어?〉 좀 더 신중한 뉴 미디어 종사자라면 교외에 사는 사람들을 그렇게 경멸하는 말을 늘어놓는 것이 과연 현명한 일인지 궁금해했을 것이다.

하지만 실제로 로버츠가 나머지 토요일 저녁 시간 내내 자신의 커리어를 지키기 위해 수십 건의 변명 트윗을 미친 듯이 날린 이유는 그의 교외 혐오 때문이 아니었다. 그가 감동을 주기를 기대했던 바로 그 군중에게서 곧바로 반발이 일게 만든 것은 〈비만인을 놀렸기〉 때문이고 바로 이것이 〈문제가 되었다〉.

자신이 저지른 죄를 씻어 내기 위해 열일곱 번째로 쓴 트윗에서 로버츠는 싹싹 빌었다. 〈비만인을 놀리는 것은 현실이며, 어디에서나 벌어지지만, 부당하고 불쾌한 짓입니다. 저는 그런 일에 가담하고 싶지 않습니다.〉 그는 곧바로 〈제대로 깬시민이 되지 못한〉 점을 진심으로 사과하면서, 어린 시절의 가정 교육 탓으로 돌렸다.[20] 불쾌한 언어라는 주장, 낙인을 찍는 단정, 그리고 끊임없이 진화하는 기준에 바탕을 둔 불만의 위계에서 새로운 지위의 잠재력은 무한정 계속될 수 있다. 이것들을 어떻게 정리해야 할까? 뚱보 백인은 빼빼 마른 유색인과 동등한가? 합리적인 사람들이 아니라 우르르 몰려다니는 떼거리가 규칙을 정하기 때문에, 아무도 그 규칙을 설명하지 못할지라도 모두가 알아야 하는 서로 다른 억압의 척도가 있는 것일까?

도저히 풀 도리가 없는 수수께끼를 해결하느라 정신 착란에 빠지는 대신 이 미로에서 빠져나가는 길을 찾으려고 노력해야 할지 모른다.

억압받지 않는다면 어떻게 될까?

어쩌면 억압을 찾아내고 모든 곳에서 억압을 발견하는 대신 억압받지 않거나 심지어 이익을 얻는 다양한 〈피해자 집단〉에 주목함으로써 미로에서 빠져나가는 길을 찾을 수 있다. 가령 여러 연구에 따르면 게이와 레즈비언이 이성애자보다 평균적으로 소득이 더 많다는 사실이 밝혀졌다.[21] 여러 가지 이유가 있을 텐데 특히 동성애자의 대부분이 자녀가 없고 사무실에서 더 많은 시간 동안 일할 수 있기 때문에 자신과 고용주에게 더 이득이 된다는 점을 꼽을 수 있을 것이다. 이것은 동성애자의 이점인가? 어떤 단계에서 이성애자는 자신이 일터에서 불공정하게 불이익을 당한다고 주장할 수 있을까? 동성애자가 〈한발 물러나서〉 이성애자가 노동 기회를 충분히 활용할 수 있도록 양보해야 할까?

최근 들어 인종 집단 간 소득 불균형이 줄곧 무기화되고 있다. 미국 히스패닉의 중간 소득이 흑인에 미치지 않고 흑인의 소득은 백인보다 낮다는 사실이 자주 인용되지만, 모든 사람보다 소득이 많은 집단에 그만큼 초점이 맞추어지는 일은 절대 없다.[22] 미국 아시아계 남성의 중간 소득은 언제나 백인을 비롯한 다른 어떤 집단보다도 높다. 아시아계 남성의 소득의 백분위수를 약간 떨어뜨려서 수치를 고르게 만들려고 시도해야 할까? 어쩌면 모든 회사와 기관에 공평한 쿼터를 강요하려 하는 대신 각자 능력에 따라 개인을 대우하는 식으로 광기에서 빠져나올 수 있을까?

가장 극단적인 주장이 계속 제기되기 때문에 사람들이 그런 주장과 거기서 제시하는 최악의 시나리오를 믿는 경향이 있다. 가령 2018년 스카이 방송에서 의뢰한 여론 조사에 따르면, 대다수 영국인(열 명 중 일곱 명)은 여성이 똑같은 업무를 수행하고도 남성보다 급여를 적게 받는다고 믿었다. 실제로 존재하는 〈성별 임금 격차〉는 일생 동안 평균 소득의 차이이다. 이것은 남성과 여성이 선택한 경력과 육아, 생활 방식의 차이를 고려한 것이다. 하지만 〈임금 격차〉가 뉴스와 소셜 미디어에서 압도적으로 많이 논의된 탓에, 대다수 사람은 실제로 존재하지 않는 격차를 증거로 해석하고 있다. 그런 격차가 존재한다고 믿도록 유도되었기 때문이다. 1970년 이래 영국에서, 그리고 1963년 이래 미국에서 남성과 동일한 업무를 수행하는 여성에게 더 낮은 임금을 지불하는 것은 불법이다. 여론 조사에서 열 명 중 일곱 명이 여성이 똑같은 업무를 수행하면서도 남성보다 임금을 적게 받는다고 생각했지만, 정확히 같은 비율의 사람들(67퍼센트)이 페미니즘이 너무 멀리 나갔거나 한계에 다다랐다고 생각했다.[23] 이것은 우리 시대의 혼동을 압축적으로 보여 주는 결과이다. 우리는 존재하지 않는 억압을 보며 그것에 어떻게 대응할지를 알지 못한다.

중요하지만 우리가 회피하는 토론

이처럼 억압받는 지위를 놓고 경쟁하는 상이한 집단들 사이의 끝없는 제로섬 경쟁으로 삶을 묘사하는 것의 부정적인 측면 가운데 하나만 꼽자면, 그런 시각이 우리가 해야 하는 대화와 사유를 위한 시간과 에너지를 앗아 간다는 점이다. 예를 들어 수십 년이 지난 지금 도대체 왜 페미니스트를 비롯한 사람들은 페미니즘에서 모성의 역할을 충분히 다루지 못했는가? 페미니스트 저술가 커밀 팔리아Camille Paglia가 대체로 솔직하게 인정하는 것처럼 모성은 여전히 페미니스트들이 가장 해결하지 못한 문제로 남아 있다. 그런데 가볍게 보거나 둘러댈 만한 사소한 주제가 아니다. 팔리아 본인이 쓴 것처럼 〈페미니즘 이데올로기는 인간의 삶에서 어머니의 역할을 솔직하게 다룬 적이 없다. 페미니즘이 남성의 억압과 여성의 피해로 묘사하는 역사는 사실을 완전히 왜곡한 것이다〉.[24]

팔리아는 만약 자신에게 20세기 여성 가운데 위대한 영웅을 세 명만 꼽아 달라고 한다면, 어멜리아 에어하트Amelia Earhart, 캐서린 헵번Katharine Hepburn, 그리어를 고르겠다고 대답한다. 팔리아가 〈20세기의 새로운 여성을 상징한다〉고 말하는 세 여성이다. 하지만 팔리아가 지적하는 것처럼 〈이 여자들은 전부 아이가 없었다. 바로 여기에 세기말에 여성들이 직면한 거대한 딜레마가 있다. 제2물결 페미니즘의 언어는 여성의 조건을 오로지 남성 탓으로, 또는 특히 《가부장제》 탓으로 돌렸다. (……) 페미니즘이 배타적으로 초점을 맞춘 것은 외부의 사회적 구조였고, 이 구조는 분쇄하거나 개혁해야 했다. 페미니즘은 여성과 자연 — 즉 출산 — 의 복잡한 연계를 고려하지 못했다〉. 또는 〈오늘날과 같은 커리어 우먼의 시대에 왜 어머니 역할이 폄하되거나 낮게 평가되는지〉를 살피지 못했다.[25]

이 점에 관해 계속 솔직하게 인정하지 않으니까 결국 부정직위에 억측이 쌓이고, 추악하고 인간 혐오적인 여성의 목적에 대한 관념이 문화 속에 주입된다. 2019년 1월에 CNBC는 「자녀가 없으면 50만 달러를 저축할 수 있다」라는 제목으로 기사를 내보냈다.[26] 〈당신 친구들은 아이가 생겨서 더 행복해졌다고 말할지 모른다. 아마 거짓말일 것이다.〉 기사는 계속해서 〈추가적으로 생기는 책임, 가사 노동, 그리고 물론 비용〉 등 묵직한 문제들을 줄줄이 늘어놓았다.[27] 최근에 『이코노미스트』는 이른바 〈성별 임금 격차의 근원〉에 관해 이런 식으로 기사를 쓰기로 작정했다. 기사의 주장에 따르면 그 근원은 아동기에 있었다. 직장 생활을 하는 동안 여성이 평균적으로 남성보다 소득이 적은 주요한 요인 가운데 하나는 여성이 아이를 낳는다는 사실이다. 『이코노미스트』에 따르면 〈아이를 낳으면 여성의 생애 소득이 줄어드는데, 이런 결과는《아이로 인한 불이익child penalty》이라고 알려져 있다〉.[28] 이 구절을 쓸 때는 말할 것도 없고 읽으면서 전율을 느끼지 않는 사람을 상상하기는 어렵다. 인생의 으뜸가는 목적이 최대한 돈을 많이 버는 것이라고 가정하면 실제로 아이를 낳는 것이 여성에게 〈불이익〉으로 작용해서 죽게 되었을 때 은행 계좌에 더 많은 돈을 모아 놓지 못할 수 있다. 다른 한편 만약 여성이 그 〈불이익〉을 감당하기로 선택한다면 인간이 누릴 수 있는 가장 중요하고 성취감 있는 역할을 수행하는 행운을 누린다.

　『이코노미스트』의 관점에는 널리 공유되고 수십 년간 확산된 무언가가 존재한다. 한편으로 여성은 — 대체로 — 자신이 원하지 않는다면 굳이 아이를 낳지 않아도 되었고, 삶에서 다른 형태의 의미와 목적을 추구할 수 있게 되었다. 하지만 이런 삶의 목적의 방향 전환이 인간을 인간으로 규정하는 원래의 삶의 목적을 대체하기는 쉽지 않다. 미국의 농민 작가 웬델 베리Wendell Berry는 그의 말마따나 이미 〈어머니가 되기에는 좋지 않은 시대〉였던 거의 40년 전에 이 점을 콕 집어 말했다. 이미 어머니라는 개념 자체가 부정적인 시선을 받는 시기에 이른 상태였다. 〈어떤 이들은 일종의 생물학적 허드렛일을 하느라 더 나은 일을 할 수 있는 여성이 고갈된다고 말한다.〉 하지만 뒤이어 베리는 핵심적인 진실을 간파한다.

우리 모두는 무언가에 의해 고갈되어야 한다. 그리고 비록 나는 결코 어머니가 되지 못할 테지만 — 대체로 — 기꺼이 내 아내와 아이들, 소와 양과 말 몇 마리의 소유물이 되고 싶은 것처럼 어머니 노릇을 하면서 기꺼이 고갈되고 싶다. 달리 어떻게 더 고갈될 수 있겠는가?[29]

어머니가 되는 것과 삶에 관해 이렇게 생각하는 편이 더 낫지 않은가? 원한과 탐욕을 끝없이 쌓기보다는 사랑과 용서의 정신으로 사는 편이 더 낫지 않은가?

정말로 벌어지고 있는 일

만약 진지한 토론이 부재하고 내적인 모순이 존재한다는 사실만으로 사회 정의라는 새로운 종교를 충분히 막을 수 있다면 애당초 그 종교가 생기지도 않았을 것이다. 사회 정의 운동이 고유한 모순 때문에 잦아들기를 기대하는 사람들은 오랫동안 기다려야 할 것이다. 우선 사회 정의 운동의 많은 부분을 이루는 마르크스주의의 하부 구조를 무시하고 있기 때문이고, 또한 악몽 같은 모든 충돌을 눈치 채고 자신이 선택한 여정이 잘못된 것이 아닐지를 의아해하는 대신 모순을 향해 기꺼이 돌진하는 본능을 무시하고 있는 셈이기 때문이다.

하지만 모순이 충분하지 않은 다른 이유는 교차성 사회 정의 운동은 자신이 실제로 관심이 있다고 주장하는 문제 가운데 어느 하나도 해결하는 데 관심이 있다는 것을 보여 주지 않기 때문이다. 첫 번째 단서는 이 운동이 우리가 사는 사회를 부분적이고 편향적이며 대표성이 없고 불공정하게 묘사한다는 데 있다. 나라가 개선될 수 없다고 생각하는 사람은 거의 없지만 나라가 편견과 혐오, 억압으로 가득 차 있다고 말하는 것은 기껏해야 편파적이고, 최악의 경우에는 노골적으로 적대적인 프리즘을 통해 사회를 바라보는 시각이다. 이것은 개선을 기대하는 비판자의 태도로 표현된 분석이 아니라 파괴를 바라는 적의 분석이다. 어디에서나 이런 의도의 징후가 눈에 들어온다.

트랜스의 사례를 살펴보자. 인터섹스로 태어난 사람들의 곤란하고 제대로 논의되지 않은 문제를 놓고 미적거릴 이유가 충분히 있었다. 그것은 성욕을 위해서가 아니라 주장의 정당성을 밝히기 위해서였다. 에릭이 말한 것처럼 잘못된 몸을 가진 사람들이 느끼는 낙인과 불행을 바로잡는 데 정말로 관심이 있는 사람이라면 우선 인터섹스 문제를 다루었어야 했다. 그렇다면 인터섹스에서 가장 분명하지만 끔찍할 정도로 잘 드러나지 않은 하드웨어 문제를 보았을 것이다. 여기에 관심을 기울였다면 이런 사람들이 처한 상황에 대한 인식이 높아지고, 그들을 제대로 인정할 뿐만 아니라 의료적 지원 및 심리적 지원을 필요로 하는 문제를 다루는 법에 대한 이해도 높아졌을 것이다. 사회 정의 활동가들은 이런 일을 할 수 있었을 것이다.

하지만 그들은 그 일을 하지 않은 대신에 트랜스 문제를 강경하게 밀어붙이기로 결정했다. 문제 전체에서 가장 어려운 부분 —〈내가 누구인지 말하는 것은 바로 나이며 당신은 나의 정체를 증명할 수 없다〉— 을 골라잡아 행동에 나서기로 한 것이다. 〈트랜스의 생명도 소중하다〉 또는 〈어떤 사람들은 트랜스다. 그 사실을 극복하라〉라고 했다. 비록 예측 가능성은 줄었지만, 가부장적이고 패권적이며, 시스젠더 우월주의적이고, 동성애를 혐오하며, 제도적으로 인종주의적이고 성차별적인 국가의 모든 측면에 대해 항상 불만을 늘어놓는 사람들이 모든 곳에서 트랜스 문제를 붙잡고 행동에 나서기로 결정했다. 그들은 특히 만약 어떤 남자가 자신이 여자라고 말하면서 아무 행동을 하지 않더라도 그 사람은 여자이며 이와 다르게 말하는 것은 트랜스 혐오라고 주장했다. 패턴은 분명하다. 알렉산드리아 오카시오코르테스Alexandria Ocasio-Cortez는 의회에 입성한 지 몇 주 만에 왜 아동에게 호르몬 치료를 도입하는 것을 옹호하는 영국의 트랜스 인권 단체 〈머메이드스〉를 위한 기금 모금 행사를 열었을까?[30] 그들은 왜 가장 어려운 부분을 옹호하고 조직하고 주장하고 나서는 것일까?

2018년에 영국 하원에서 트랜스 문제에 관해 논쟁이 벌어졌다. 그 과정에서 캐런 화이트Karen White의 사례가 나왔다. 강간으로 유죄 판결을 받은 남자인 화이트는 이제 자신이 여자라고 주장했다. 그는 성전환 수술을 받은 적이 없는데도 여자 교도소에 수감해 달라고 요청했고 — 남자의 몸을 가지고 — 여자 수감자 네 명을 성폭행했다. 논쟁 중에 자유 민주당 하원 의원 레일라 모런Layla Moran이 극단적인 트랜스 사고를 압축적으로 보여 주었다. 남자의 몸을 가진 사람과 탈의실을 같이 쓰면 좋겠느냐는 질문을 받은 모런은 이렇게 대답했다. 「그 사람이 트랜스 여성이라면 당연히 같이 쓰죠. 내가 볼 때 이건 문제가 아니에요. 턱수염이 있는지 없는지(이 또한 제기된 문제였다)에 관해서라면 감히 말하건대 턱수염이 나는 여자도 있습니다. 우리 몸이 호르몬에 각자 다르게 반응하는 데는 온갖 이유가 있어요. 인간의 몸은 여러 형태라고요. 나는 사람을 볼 때 정신을 보고 인간으로 봅니다. 남자 몸을 가졌는지는 사실 신경 쓰지 않아요.」[31]

트랜스를 옹호하기 위해 생명력 있는 권리 운동을 만드는 연합이 형성되기를 기대한다면 절대 그런 주장을 할 리가 없다. 제정신인 사람이라면 걸핏하면 트랜스는 그냥 자기가 그렇다고 말하면 트랜스라고 주장하지 않는다. 〈감히 말하건대 턱수염이 나는 여자도 있〉기 때문에 턱수염이 난 남자가 여자 탈의실에 있어도 아무 상관이 없다고 말하지도 않는다. 그리고 다른 사람의 정신을 들여다보면서 그 사람이 남자인지 여자인지 알 수 있다고 주장하지 않는다. 이것은 정신 나간 주장이며 — 트랜스 논쟁에서 나오는 숱한 주장들과 마찬가지로 — 그 말을 들어야 하는 사람을 미치게 만든다. 그런 주장에 동조하거나 사실이라고 가정하도록 강요받는 사람은 말할 것도 없다.

트랜스의 주장을 발전시키려는 운동은 인터섹스에서 출발해서 아주 정성스럽게 트랜스들이 말하는 내용의 스펙트럼을 따라 나아가면서 과학적으로 그 과정을 엄밀하게 분석해야 한다. 가장 어려운 부분으로 곧바로 나아가서 그것이 사실이고 다른 모든 사람도 그렇게 믿어야 한다고 고집하지 않아야 한다. 하나의 연합이나 운동을 세우고자 할 때 누구도 그렇게 하지 않아야 한다. 합의를 창출하고 싶지 않을 때나 그렇게 한다. 분열을 일으키려면 그렇게 해도 된다.

일단 이렇게 직관에 거스르는 행동을 눈치 채게 되면, 각각의 쟁점에 대해서도 이런 태도가 계속되는 것을 알 수 있다. 가령 수많은 임금 격차가 존재한다. 예를 들어 피터슨이 지적한 것처럼 유쾌한 사람과 무뚝뚝한 사람 사이에 임금 격차가 존재한다. 하지만 이 격차는 남성과 여성을 가로질러 존재한다. 무뚝뚝한 여성은 유쾌한 남성에 비해 임금에서 불이익을 당한다. 그 역도 마찬가지다. 따라서 만약 누군가 임금 격차에 관해 걱정한다면 왜 그것은 시간을 두고 고민해야 할 문제가 아닌 것일까? 왜 유쾌한 사람에게 임금을 더 많이 주고 무뚝뚝한 사람은 뒤로 물러나라고 요구하는 보복적인 캠페인이 끝없이 벌어지지 않을까? 그것은 여성의 권리나 여성의 임금 상황을 증진시키는 것이 아니라 여성을 구실로 활용해서 다른 활동을 추구한다는 목적에 맞지 않기 때문이다.

이 책에서 집중적으로 살펴본 각각의 쟁점을 가지고 사회 정의 활동가들이 추구하는 목적은 권리와 관련된 불만을 내세우고 최대한 선동적으로 주장을 펼 수 있는 쟁점 — 동성애자, 여성, 인종, 트랜스 — 으로 각각을 활용하는 것이다. 그들이 바라는 것은 치유가 아니라 분열이고, 진정시키는 것이 아니라 흥분시키는 것이며, 물을 뿌리는 것이 아니라 불을 지르는 것이다. 여기서 다시 마르크스주의 하부 구조의 마지막 부분을 엿볼 수 있다. 사회를 지배할 — 또는 지배하는 척하거나 지배하려고 시도하면서 모든 것을 붕괴시킬 — 수 없다면 다른 일을 할 수 있다. 자신의 결함을 의식하며 또한 비록 완전하지는 않더라도 다른 어떤 대안보다도 나은 선택지인 사회에서 그들은 의심과 분열, 적개심과 공포의 씨를 뿌린다. 그들은 가장 효과적으로 사람들로 하여금 모든 것을 의심하게 만들 수 있다. 사람들이 살아가는 사회가 과연 좋은 것인지 의심하게 만들라. 남성이나 여성이라는 분류가 과연 존재하는지 의심하게 만들라. 거의 모든 것을 의심하게 하라. 그리고 자신이 답을 갖고 있는 것처럼 행세하라. 원대하고 포괄적이며 맞물린 일련의 해답으로 모든 사람을 완벽한 자리로 인도하겠다고 약속하라. 자세한 내용은 곧 알려 주겠다고 하면 된다.

어쩌면 그들은 마음대로 할 수 있을 것이다. 어쩌면 새로운 종교의 주창자들은 동성애자와 여성, 피부색이 다른 사람과 트랜스를 공성 망치로 활용해서 사람들이 자기들을 길러 낸 사회와 돌아서게 만들 것이다. 어쩌면 그들은 모든 사람이 〈시스젠더 백인 남성 가부장제〉에 등을 돌리게 만들고, 서로 맞물린 〈억압받는 피해자 집단〉 모두가 서로를 분열시키기 전에 성공을 거둘 것이다. 그런 악몽의 시나리오를 저지하는 데 관심이 있는 사람이라면 해결책을 찾아야 한다.

해결책

많은 사람이 이미 시대의 흐름에 대처하는 법을 찾아내서 어느 정도 현명하게 그 흐름을 헤쳐 나가는 방법을 개발해 냈다. 사람들에게는 여러 선택지가 열려 있다. 이 책을 쓰는 동안 나는 자신의 의도를 숨겨서 이미 복잡한 짝짓기를 훨씬 더 복잡하게 만드는 갑오징어의 행동을 알게 되었다. 갑오징어는 성 의태sexual mimicry를 가장 능숙하게 하는 동물로 손꼽힌다. 오스트레일리아 참갑오징어는 수컷과 암컷의 유효 성비*가 치우쳐 있어, 암컷 한 마리당 수컷이 무려 열한 마리에 이르기도 한다. 암컷은 구애하는 수컷의 70퍼센트를 거부하기 때문에 수컷 사이의 경쟁이 무척 심한데,

* 일정 시점에서 생식이 가능한 암컷과 수컷의 비율.

우두머리 짝 수컷이 암컷을 보호하려는 경향 때문에 경쟁은 더욱 심해진다. 우두머리 짝 수컷이 짝짓기의 64퍼센트 정도를 차지한다. 이런 이유로 다른 수컷 갑오징어들은 암컷을 수정시킬 기회를 얻기 위해 여러 가지 전략을 구사한다. 그중 하나는 암컷 갑오징어의 행동을 흉내 내는 것이다. 덩치가 작은 수컷 갑오징어는 암수 모양이 다른 네 번째 다리를 숨기고, 목표로 삼은 암컷의 피부색을 모방하며, 심지어 암컷이 산란할 때의 몸짓을 따라 하는 모습을 보이기도 한다. 이 전략은 대단히 효과가 좋은 것으로 밝혀졌다. 관찰된 한 사례에서 이런 방법을 사용한 수컷 갑오징어 다섯 마리 가운데 한 마리만 거절을 당했다. 다른 한 마리는 우두머리 짝 수컷에게 발각되었고 나머지 세 마리는 짝짓기에 성공했다.[32]

갑오징어를 보면서 머릿속에서 어떤 인식, 특히 비슷한 방법을 택하는 많은 남성에 관한 인식이 번개처럼 스쳤다. 2017년 1월 트럼프 대통령 취임식 다음 날에 워싱턴을 비롯한 여러 도시에서 대규모 시위가 벌어졌다. 〈여성 행진〉 시위는 과거에 대통령이 여성에 관해 발언한 내용에 초점을 맞추었으며, 시위대 중에는 분홍색 〈고양이 모자〉*를 쓴 사람이 많았다. 플래카드에는 〈내 푸시한테 좆령하지 마Don't DICKtate to my pussy〉 같은 문구가 담겨 있었다. 워싱턴에서 행진이 끝나고 열린 파티에서 어느 언론인 동료는 그 자리에 참석한 일부 남자의 행동에 주목했다. 사람들이 무리를 지어 맥주와 일회용 컵을 놓고 선 가운데 여자들은 〈여성 행

* pussy hat. 고양이 머리를 닮은 분홍색 모자. 여기서 〈푸시pussy〉는 여성의 성기를 지칭하는 속어로 트럼프가 자주 입에 올린 말이기도 하다.

진〉과 자신들이 한 일에 관해 흥분하며 이야기하고 있었다. 젊은 남자들은 하나같이 행진을 전폭적으로 지지한다고 힘주어 말하면서 자기들도 페미니스트라고 설명했다. 한 젊은 남자는 어느 매력적인 젊은 여자가 현대 페미니스트의 올바른 신념을 줄줄이 읊는 동안 〈진지한 표정으로 고개를 끄덕였다〉. 여자가 잠깐 자리를 뜨자 그는 친구에게 고개를 돌려 속삭였다. 「야, 이거 죽이지 않냐! 도시에 술과 감정에 취한 여자가 이렇게 많다니!」[33] 이 남자가 구사한 방법이 통했는지는 모르겠다. 하지만 그가 자신이 속한 시대를 통과하기 위해 갑오징어 전략을 구사하는 유일한 젊은 남자일 리는 없다. 무엇보다도 갑오징어 전략은 끔찍한 자연환경에서 살아남기 위한 방법이다. 더 욕심을 부린다면 그 환경을 바꾸려고 해야 할 것이다.

무엇과 비교해서?

더 꾸준히 지속적으로 〈무엇과 비교해서?〉라는 질문을 던지는 일이 한 가지 출발점이 될 수 있다. 사람들이 오늘날 우리 사회를 극악무도하고 인종주의적이고 성차별적이며 동성애와 트랜스를 혐오하는 가부장제라고 단정하려고 할 때, 이런 질문을 던질 필요가 있다. 〈이 체제가 작동하지 않았거나 현재 작동하지 않는다면, 어떤 체제가 제대로 작동했거나 작동하는가?〉 이런 질문을 던진다고 해서 우리 사회를 이루는 구성 요소들을 개선할 수 없다거나 부정의와 불공정이 빤히 보이는데도 시정해서는 안 된다고 말하는 것은 아니다. 하지만 판사나 배심원, 사형 집행인의 냉담한 어조로 우리 사회에 관해 이야기하려면 우선 그렇게 비난을 하는 사람에게 몇 가지 질문을 던져야 한다.

우리 사회가 타락하고 있다는 분석은 흔히 인류가 타락하기 이전 시대를 가정한다. 기계나 증기, 시장이 발명되기 전의 시대다. 아주 깊숙이 자리한 이런 가정은 우리가 덕을 가진 상태로 태어났는데, 세계가 부당하게 덕을 빼앗아 갔다는 사고에서 출발한다. 장자크 루소Jean-Jacques Rousseau는 『에밀Emile』(1763년 영어로 출간) 2권에 이와 비슷한 구절을 남기면서, 이런 사고를 구체화한 것으로 유명하다. 〈인간 본성의 첫 번째 움직임은 언제나 옳다. 인간의 마음에 원래부터 비뚤어진 것은 없다. 인간의 마음에는 악덕이 하나도 없으며, 언제 어떻게 악덕이 들어오게 되었는지 말할 수 없다. 타인과의 관계에서 인간은 오로지 본성이 요구하는 바에 부응해야 하며, 그렇게 하면 오직 선만을 행하게 된다.〉[34] 이런 계통의 사고를 믿는 사람들은 자신과 주변에 있는 다른 모든 사람의 결점에 대해 범인을 찾아야 한다. 자기들은 그렇게 우아한 상태로 태어났기 때문이다. 이런 사고는 필연적으로 단순하고 오래된 과거의 사회는 어쨌든 거슬러 올라가서 살펴볼 만한 사례를 제공한다는 믿음으로 넘어간다.

따라서 역사적 죄를 범했다는 이유를 제쳐 두고라도, 오늘날의 많은 서구인은 〈원시〉 사회에는 현재 우리에게 없는 특별히 우아한 상태가 존재했다는 관념을 스스로 불어넣고 있다. 소박한 시대에는 여성 지배와 평화가 더 많았고, 동성애 혐오, 인종주의, 트랜스 혐오가 더 적었다는 것이다. 이런 믿음 가운데는 아무 증거가 없는 가정이 숱하다. 물론 여러 부족에서 동성애 혐오나 인종주의가 얼마나 많이 드러났는지를 수량화하기는 쉽지 않다. 어쩌면 우리가 생각하는 것보다 화합과 트랜스의 권리 측면에서 나았을지 모른다. 하지만 역사적 사실을 살펴보면 정반대다. L. H. 킬리L. H. Keeley는 『문명 이전의 전쟁: 평화로운 미개인이라는 신화 *War Before Civilisation: The Myth of the Peaceful Savage*』에서 남아메리카와 뉴기니의 여러 부족 사이에서 벌어진 충돌로 야기된 남성 사망자의 비율을 검토한다. 폭력적 충돌에서 발생한 사망자 수는 전체 남성의 10~60퍼센트에 육박한다. 이와 대조적으로 20세기 미국과 유럽에서 벌어진 폭력적 충돌에서 살해당한 남성의 비율은 한 자리 숫자다.[35] 과거의 사회가 21세기 서구의 우리보다 성적 및 생물학적 차이에 훨씬 더 관용적이었다는 증거가 있다면, 이런 주장을 하는 사람들이 그 증거를 내놓아야 한다.

물론 역사 속의 사회가 아니라 오늘날 세계의 다른 사회와 비교를 해야 한다. 테헤란 혁명 정권의 변호자 노릇을 하면서 그 나라의 트랜스 섹슈얼리즘 수준을 그 정권의 진보성을 보여 주는 증거로 즐겨 거론하는 사람들이 있다. 이 말을 듣는 사람들이라면 이 나라가 바로 얼마 전인 2019년까지도 동성애 행위로 유죄 판결을 받은 남자를 공개 교수형(크레인에 매달아서 최대한 많은 사람이 그 처형 장면을 보도록 했다)에 처했다는 사실을 무시해야 한다. 오늘날 다른 어떤 나라가 영국이나 미국보다 인권이 향상되어 있는가? 만약 그런 나라가 존재한다면 그 소식을 듣는 것이 아무 해가 되지 않는다. 오히려 우리 모두에게 이득이 될 뿐이다. 어쩌면 사람들 — 특히 네오마르크스주의자들 — 이 정확히 어떤 비교를 하는지 속 시원하게 밝히지 않는 한 가지 이유는 그들이 거론하는 비교 대상 — 베네수엘라, 쿠바, 러시아 — 이 그들이 신봉하는 이데올로기의 심각한 허점과 서구를 부정적으로 설명하는 진짜 이유를 낱낱이 밝히기 때문이다.

하지만 〈무엇과 비교해서?〉라는 질문을 계속 던지면 우리 사회가 비교 대상으로 삼는 유토피아가 아직 도래하지 않았다는 사실이 드러난다. 현실이 이러하다면, 그리고 우리 사회에 관한 극악한 주장이 아직 생겨나지도 않은 사회와 비교해서 제기되는 것이라면, 우리는 어느 정도 겸손한 태도로 한층 많은 질문을 던져야 한다. 우리 사회가 보수적 편견에 사로잡혀 있다고 주장하면서 모든 사회적 병폐를 바로잡는 법을 안다고 믿는 사람들은 자신들이 만든 경로 지도가 완벽하다는 것을 확인시켜 주어야 한다. 만약 그 지도가 완벽하지 않다면 다른 사람들은 마법을 옹호하는 것에 가까운데도 엄밀한 과학인 것처럼 내세우는 기획을 의심하는 것이 당연하다.

피해자가 언제나 옳거나 좋은 것은 아니다

2000년에 나온 프랭클린 D. 루스벨트Franklin D. Roosevelt의 전기에서 H. W. 브랜드스H. W. Brands는 32대 대통령의 소아마비에 관해 가벼운 주장을 편다. 루스벨트 세대의 남자들은 〈불굴의 정신으로 불행에 맞서야 한다는 기대를 받았다. 그때는 운명이 한결 변덕스러웠다. 모든 사람이 어느 시점에서 피해자가 될 수밖에 없었을 때 누구도 피해자라는 것을 훈장으로 내세워 공감을 받지 못했다〉[36]는 것이다. 이런 고찰은 최근에 이례적으로 많이 등장하는 피해자라는 주장이 실제로는 교차성주의자들과 사회 정의 주창자들의 생각과는 정반대의 사실을 가리킬 가능성을 보여 준다. 그런 주장이 넘쳐 나는 것은 우리 사회에 억압이 만연해 있다는 사실을 입증하기보다는 오히려 억압을 찾아보기 힘들다는 사실을 입증하는 증거일지 모른다. 사람들이 그렇게 억압받고 있다면, 소설가가 문학 페스티벌에서 발언한 것 때문에 분노하거나 라틴계도 아니면서 부리토를 판매하는 일은 용납할 수 없다고 떠들어 대는 사람들의 말에 일일이 귀를 기울일 시간이나 의지가 있을까?

극기나 영웅적 행위가 아닌 피해자가 되는 것이 열렬히 홍보되고 심지어 많은 사람이 열망하는 목표가 되고 있다. 피해자가 된다는 것은 어떤 면에서 인생의 거대한 억압 경쟁에서 승리하거나 최소한 유리한 지점을 차지하는 길이다. 이런 흥미로운 상황의 근원에는 사회 정의 운동이 내린 가장 중요한 오판이 도사리고 있다. 억압받는 사람들 — 또는 억압받는다고 주장할 수 있는 사람들 — 은 어떤 면에서 다른 사람들보다 나으며, 이런 집단의 일원이 되면 자연스럽게 품위와 순수와 선량함이 생겨 난다는 오판이 그것이다. 실제로 고통 그 자체가 저절로 사람을 더 낫게 만들어 주지는 않는다. 동성애자, 여성, 흑인, 트랜스도 다른 이들과 마찬가지로 부정직하고 기만적이고 무례할 수 있다.

사회 정의 운동에서는 교차성이 효과를 발휘하고 경쟁하는 위계의 모체를 마침내 거부하면 보편적 형제애의 시대가 이어질 것이라고 말한다. 하지만 인간의 동기에 관한 가장 그럴듯한 설명은 사람들이 지난 역사에서 항상 그랬던 것처럼 계속 행동할 것이며, 지금까지 인간종을 움직이게 만든 것과 똑같은 충동과 취약성, 정념과 시기심을 드러낼 것이라는 사실이다. 설령 사회적 불의가 모두 없어지고 모든 고용주가 마침내 자기 회사에서 다양성

— 성별, 성적 지향, 인종 — 을 정확하게 보장한다 할지라도 최고 인사 책임자가 전부 직책에서 내려올 것이라고 가정할 이유는 하나도 없다. 최소한 그런 행복한 날이 와도 지금처럼 수십만 달러의 연봉은 쉽게 받지 못할 것이고, 지금까지 사회를 적대적으로 해석하면서 그런 연봉을 받은 사람들은 자신들의 일이 끝난다 할지라도 자진해서 자신의 연봉을 게워 내는 일은 없을 것이다. 오히려 그런 연봉을 받는 계층은 이 수수께끼를 해결하는 것이 불가능하고 자신들이 평생 일자리를 확보했다는 것을 알 가능성이 높다. 그들은 사회의 병폐에 대한 자신들의 해결책이 어떤 해결책도 제시하지 않는 대신, 단지 개인과 사회 전체에 거대하고 값비싼 규모로 광기를 권유하는 것임이 들통나는 순간까지 최대한 자리를 지킬 것이다.

관용으로 나아갈 수 있을까?

클라인은 〈남자를 모조리 죽이자〉라는 해시태그와 〈백인〉을 경멸적인 방식으로 사용하는 것을 설명하면서, 이런 표현을 읽을 때면 〈관용으로 나아가고 싶은 (……) 마음〉이 들었다고 말했다. 그리하여 그는 〈남자를 모조리 죽이자〉라는 문구는 〈세상이 여자들에게 그나마 나아진다면 좋을 것〉이라고 해석할 수 있다고 보았고 〈백인을 삭제하자CancelWhitePeople〉는 〈지배적인 권력 구조와 문화〉에 대한 비판으로 해석했다.[37] 왜 이런 사례에서 관용으로 나아가고 싶은 마음이 들었을까? 앞서 〈발언이 아니라 발언자〉 문제에서 살펴본 것처럼 정치에 지나치게 몰두하는 사람들은 자기가 속한 정치 부족에서는 아무리 극단적인 발언이 나와도 관대하고 용서하는 마음으로 해석하는 반면, 반대 진영에서 나오는 발언은 최대한 부정적이고 적대적인 시각으로 읽는다.

관용의 정신을 더 넓게 확대할 수 있을까? 만약 다른 사람, 심지어 반대편에 있는 사람의 발언을 조금 더 관대하게 해석할 수만 있다면 참호 파기 경향이 어느 정도 완화될 수 있다. 문제는 소셜 미디어가 이런 태도를 장려하지 않는다는 것이다. 오히려 정반대의 태도를 장려한다. 직접 만날 수 없고 만날 필요도 없기 때문에 사람들은 기존의 입장과 태도에 몰두하고 분노를 키운다. 다른 사람과 얼굴을 맞대고 앉으면, 상대방을 그가 말한 한 가지로 환원하거나 모든 특징을 하나로 축소하는 것이 훨씬 어려워진다.

알렉시 드 토크빌Alexis de Tocqueville은 1830년대에 미국을 여행하면서 집회의 중요성을 간파했다. 특히 시민들이 얼굴을 맞대고 회합하는 덕분에 다른 어떤 당국을 필요로 하기 전에 이미 문제를 해결할 수 있었다. 『미국의 민주주의Democracy in America』에서 토크빌은 회합 능력에 커다란 힘을 부여하면서 얼굴을 맞대고 진행하는 논쟁이 해법에 다다르기 위한 최선의 길이며, 이런 상호작용에서는 〈글로 쓴 사고는 결코 달성할 수 없는 힘과 열의로 의견이 실행된다〉고 말한다.[38] 뉴 미디어의 발전에서 나타나는 모든 것이 사람들을 대면적 만남으로부터 멀어지게 하지만, 뉴 미디어는 여전히 타인에 대한 신뢰를 구축하는 최고의 장이다. 관용으로 나아가기 위해서는 관용을 베푼다고 오히려 손해 보지 않고, 그 사실을 이해하는 — 유일하지는 않더라도 — 가장 좋은 방법은 개인적 상호 작용이라는 사실을 기본적으로 가정해야 한다. 관용이 없으면 우리의 삶이 쉽게 검색할 수 있고 언제든 부활할 수 있는 역사적 원한의 목록과 점점 비슷해질 것이다. 따라서 같은 편만이 아니라 표면상 적수에게까지 관용을 베푸는 태도는 광기에서 벗어나는 첫걸음이 된다. 나는 특히 동성애자에 대한 데이비드슨 박사의 견해를 좋아하지 않지만, 만약 그와 그가 만든 영화 「침묵당한 이들의 목소리」를 최대한 부정적인 시각으로만 보아야 한다고 마음먹으면 그의 말에 귀를 기울일 필요가 없을 뿐만 아니라 그와 같은 사회 안에서 함께 살고 싶은 마음도 들지 않을 것이다. 하지만 우리는 같은 사회에서 살고 있으며, 함께 잘 지낼 수 있는 방법을 찾아야 한다. 우리에게는 이런 선택지밖에 없다. 상대를 존중하는 마음으로 이야기를 주고받는 것이 아무 소용이 없다는 결론에 이르게 되면 우리에게 남은 유일한 도구는 폭력뿐이기 때문이다.

우리가 어디로 가고 있는지 인식하자

킹 박사가 세상을 떠나기 전해인 1967년에 조지아주 애틀랜타에서 가장 위대한 연설로 손꼽히는 연설을 했다. 〈우리는 여기서 어디로 가고 있습니까?〉라는 연설에는 간절한 호소가 담겨 있었다. 「어느 누구도 〈백인 권력!〉이라고 외치지 않고 그 누구도 〈흑인 권력!〉이라고 외치지 않으며, 모두가 하느님의 권력과 인간의 권력에 관해 이야기하는 날이 올 때까지, 우리 만족하지 맙시다.」 [39] 최근 나타나는 수많은 우울한 현상 가운데 아마 가장 걱정스러운 것은 인종이 너무도 쉽게 하나의 쟁점으로 부활한 사실일 것이다. 자신들이 벌이는 게임이 얼마나 위험한지 미처 깨닫지 못하거나 그 게임이 정확히 무엇인지 알지 못하는 이들이 인종을 들먹이는 것은 용납하지 못할 일이다. 불가피한 종점이 이미 보이고 있다. 이것은 가장 분명한 경고 신호이다.

한 세대 전만 해도 누가 자유주의 잡지가 〈유대인은 백인인가?〉라는 질문을 제기하는 것을 수용할 수 있다고 예상했을까? 한 세기 전의 『내셔널 지오그래픽』이 아니라 2016년의 『애틀랜틱』이 그 주인공이다.[40] 유대인이 현재 만들어지고 있는 억압의 위계에서 어느 자리를 차지하는지에 대한 문제를 둘러싸고 논쟁이 벌어졌기 때문에 나온 질문이었다. 유대인은 억압의 사다리에서 높은 자리에 있다고 보아야 하나? 또는 나름대로 어느 정도 특권을 누리고 있다고 볼 수 있을까? 유대인은 과연 백인의 특권을 누리는가? 이런 질문이 나오기 시작하면 어떤 사람들이 추잡한 답변을 내놓는 것이 놀랄 일일까? 어배너의 일리노이 대학교 캠퍼스에서 2017년에 등장한 전단은 나름의 답변을 내놓았다. 전단에 실린 억압의 피라미드에는 이른바 상위 1퍼센트에 의해 억압받는 〈99퍼센트〉가 밑바닥을 차지하고 있었다. 하지만 전단은 다른 모든 사람을 억압하는 상위 1퍼센트가 〈이성애자 백인 남성〉인지 아니면 〈1퍼센트의 유대인〉인지 질문했다. 전단을 작성한 사람들은 그 답을 알고 있는 듯 유대인이 주요한 〈특권〉 보유자라고 주장하면서 〈백인 특권의 종식은 유대인 특권의 종식으로 시작된다〉고 결론지었다.[41] 〈특권〉에 관해 끊임없이 주장을 내세우는 사람들은 자신들의 운동과 분석이 이와 같은 방향으로 우르르 몰려가지 않는다고 절대적으로 확신하는 것일까? 그들은 원한을 분출할 뿐만 아니라 부추기기도 한 뒤에 그런 기본적인 인간 정서가 미쳐 날뛰지 않으리라고 확신하는 것일까? 이런 사태를 방지하기 위해 완충 장치를 만들어 놓았는가? 그들에게 이런 계획이 전혀 없다면, 어쩌면 우리는 킹 박사가 꿈꾼 미래상으로 돌아갈 수 있으리라. 어쩌면 우리는 모든 논쟁과 토론에서 인종을 배제하고 점점 피부색에 집착하는 강박을 다시 피부색을 보지 않으려는 열망으로 되돌릴 수 있으리라.

삶을 탈정치화하자

정체성 정치의 목표는 모든 것을 정치화하려는 것으로 보인다. 인간 상호 작용의 모든 측면을 정치의 문제로 돌리는 것, 우리 삶의 모든 행동과 관계를 정치적 행동에 의해 그어졌다고 여겨지는 구분 선을 따라 해석하는 것이다. 억압의 위계에서 우리 자신과 다른 사람들이 차지하는 자리를 파악하기 위해 노력을 기울이자는 호소는 자기 응시의 시대를 권장할 뿐만 아니라 모든 인간관계를 정치적 권력 측정으로 환원할 것을 부추긴다. 새로운 형이상학에는 이 게임에서 의미를 찾자는 호소도 포함된다. 약속의 땅에 다다르기 위해 싸우고 투쟁하고 캠페인을 벌이고 사람들과 〈동맹〉을 이루자는 것이다. 목적 없는 시대에 뚜렷한 의미가 없는 세계에서 모든 것을 정치화하고 그것을 위해 싸우자는 호소는 분명 매력이 있다. 삶에 일정한 의미를 채워 주기 때문이다.

하지만 사람들이 삶에서 의미를 찾을 수 있는 온갖 방법 가운데 정치는 — 그런 규모의 정치는 말할 것도 없고 — 가장 불행한 것이다. 정치는 우리 삶의 중요한 한 측면일지 모르지만 개인적 의미의 원천으로서는 재앙만 가져온다. 정치가 추구하는 야심은 거의 언제나 달성되지 않을 뿐만 아니라, 정치에서 삶의 목적을 찾다 보면 정치에 정념 — 분노를 포함해 — 이 가미되어 기획 자체가 왜곡된다. 두 사람이 중요한 문제에 관해 의견이 갈리는 경우에 진리에 도달하는 방법이나 가장 수용할 수 있는 선택지 같은 것이 쟁점이라면 마음껏 유쾌하게 의견을 다툴 수 있다. 하지만 한쪽이 인생의 모든 목적이 그런 불일치의 한 측면에 있다고 생각하면 서로를 유쾌하게 대할 가능성은 순식간에 사라지고 어떤 진리에 다다를 확률은 줄어든다.

우리 시대의 광기로부터 거리를 두는 한 가지 방법은 정치에 계속 관심을 가지면서도 삶의 의미의 원천으로 정치에 의지하지 않는 것이다. 사람들에게 자기 삶을 단순하게 만들라고, 그리고 어떤 질문에도 답을 주지 않고 미래를 예측하지도 못하며 쉽게 오류인 것이 들통나는 이론에 삶을 바치면서 잘못된 길로 가지 말라고 호소해야 한다. 삶의 의미는 온갖 장소에서 찾을 수 있다. 대다수 사람은 자기 주변의 사람과 장소들에 대한 사랑에서 그 의미를 찾는다. 친구와 가족, 사랑하는 사람, 문화, 장소, 놀라운 경험에서 말이다. 목적의식은 우리 삶에서 무엇이 의미 있는지를 알아내고 그런 의미의 중심에 최대한 가깝게 다가가는 것에서 발견된다. 정체성 정치와 사회 정의(오늘날 나타나는 모습의 사회 정의), 교차성을 위해 우리 자신을 소진하는 것은 인생을 낭비하는 짓이다.

우리는 우연히 주어진 개인적 특징 때문에 할 수 있는 일을 제지당하는 경우가 없는 사회에 사는 것을 목표로 삼을 수 있다. 만약 누군가 어떤 일을 할 수 있는 능력과 열망이 있다면, 인종이나 성별, 성적 지향 때문에 가로막혀서는 안 된다. 하지만 차이를 최소화하는 것은 차이가 존재하지 않는 척하는 것과 같지 않다.

성별과 섹슈얼리티, 피부색이 아무것도 의미하지 않는다고 가정한다면 우스꽝스러운 일일 것이다. 하지만 그것들이 모든 것을 의미한다고 가정한다면 치명적인 결과를 낳을 것이다.

후기

모든 전쟁이 그렇겠지만, 문화 전쟁은 한 시대 동안 잦아들고 불타오르기를 반복한다. 2019년 9월 『군중의 광기』가 출간되었을 때 나는 그나마 남아 있는 상류 사회에서 곧바로 파문을 당할 것으로 예상했다. 하지만 비난은 나오지 않았다. 나는 바로 전에 낸 책인 『유럽의 죽음 *The Strange Death of Europe*』[1]에 이어 우리 시대에 가장 거대한 지뢰밭을 가로질렀지만 아직까지 유일하게 남아 있다.

그냥 살아남은 정도가 아니다. 이 책은 전작과 마찬가지로 곧바로 베스트셀러에 올랐고 대체로 공정한 평을 받았다. 물론 어느 정도 그럴듯한 부인을 하는 것이 여전히 필요하기라도 한 듯 경고의 목소리가 나왔다. 하지만 대체로 애정 어린 반응이었고 책에서 주장한 내용이 진지하게 다루어졌다.

이 모든 사실을 보면 극단적인 〈깬시민〉 이데올로기에 대한 반발이 이미 진행 중이라는 것을 알 수 있다. 또한 당신이 이 이데올로기를 비판하면서 발을 집어넣는 물이 생각한 것만큼 그렇게 차갑지 않다는 것도 알 수 있다. 물론 차가운 물이기는 하지만 이따금 온도 저하가 과장되는 것은 아닐까? 오늘날 사람들은 〈폴로 취소〉에 관해 이야기하느라 너무 많은 시간을 쓰는 나머지 〈일어

날 수 있는 최악의 상황은 무엇인가?〉 또는 더 간단하게 〈그렇다
면 답은 무엇인가?〉라는 질문을 거의 던지지 않는다.

하지만 경솔하기는 쉽다. 어떤 사람들에게 이런 질문에 대한
답은 여전히 〈많다〉. 진실을 말하고 살아남을 수 있는 능력은 ─
무엇보다도 ─ 당신의 직업에 달려 있다. 〈캔슬 컬처cancel culture〉
는 확실히 존재한다. 이제 폴로 취소 문화가 어떻게 작동하는지
분명해졌다. 불안정하고 소심하고 군중의 압력에 취약한 개인 위
에 지배의 위계를 둘 수 있을 때 가장 효과적으로 작동하는 것이
다. 대학은 이 모든 것에서 증거물 1호가 되고 있다. 2019년에 케
임브리지 대학교가 노아 칼Noah Carl* 교수와 피터슨 초빙 교수를
해임한 결정은 잘 알지도 못하는 활동가 무리가 어떻게 유서 깊은
기관에 압력을 가해 그 존재를 정당화하는 유일한 원칙을 거스르
게 할 수 있는지를 여실히 보여 준다. 어쨌든 대학이 비전문가들
이 전문가를 판정하는 것을 장려하고 어떤 것을 읽을 줄 아는 사
람보다 읽지 못하는 사람에게 특권을 준다면, 대학의 존재 이유가
무엇이란 말인가?

물론 문제는 더 광범위하다. 영국에서 우리는 ASDA 마트 노

* 영국의 사회학자이자 지능 연구자. 2018년에 케임브리지 세인트 에드먼드 칼
리지의 토비 잭슨 뉴턴 트러스트 연구 교수로 임명되자, 5백 명이 넘는 교수가 그의 연구
와 인종과 지능에 관한 공적 입장을 반박하는 서한에 서명했다. 서명자들은 그의 연구가
〈윤리적으로 의심스럽고 방법론상으로도 결함이 있〉다면서 〈인종주의적 유사 과학이
케임브리지 대학교와 관련되어 정당화되는〉 데 우려를 표명했다. 조사에 나선 대학 당국
은 그의 연구가 학문적 충실성 기준을 위반한 〈허술한 내용〉이며 극우파와 협력한 전력
이 있다고 결론짓고 직위에서 해임했다. 지은이를 비롯한 일부 칼럼니스트는 칼의 해임
이 학문의 자유에 대한 공격이라고 비판한 반면, 다른 이들은 애당초 채용 심사가 부실했
다고 지적한다.

동자 브라이언 리치Brian Leach의 사례를 본 바 있다. 그는 빌리 코널리Billy Connolly의 동영상을 공유했다는 이유로 해고되었다(다만 부정적인 여론이 일어난 뒤에 복직되었다). 코널리는 상스러운 개그를 하면서 국민 코미디언 지위를 굳힌다. 하지만 마트 노동자가 똑같은 농담을 소셜 미디어에 공유하면 갑자기 실업자가 될 수 있다. 도대체 여기서 어떤 규칙이 작용하는지를 정확히 파악하려고 노력하다 보면 많은 사람이 배제를 당한다고 느껴도 놀랄 일은 아니다.

해리 밀러Harry Miller의 사례에서도 동일한 효과를 발견할 수 있다. 전직 경찰관인 밀러는 직장으로 찾아온 지구대로부터 그가 트랜스에 관해 온라인에 올린 글과 리트윗한 내용이 〈비범죄 혐오 사건〉에 해당한다는 말을 들은 뒤 1년 동안 법원을 들락거려야 했다. 밀러가 경찰을 상대로 법적 조치를 취하는 데 성공한 뒤, 지난 몇 년간 경찰이 12만 건의 〈비범죄 혐오 사건〉을 기록했으며 이런 〈비범죄〉가 구직을 하는 개인의 신원에 남아서 취직 과정에서 방해물이 될 수 있다는 것이 밝혀졌다. 또한 경찰 대학이 개인의 종교나 인종, 정체성에 반감을 품고 어떤 행동을 하는 경우에 〈혐오 요소를 확인할 수 있는 증거가 있는지 여부와 무관하게〉 기록으로 남겨야 한다고 권고한 것으로 밝혀졌다.

〈깬시민〉 이데올로기가 영향을 미치는 범위가 과장되었다고 주장하는 사람들이 있지만, 경찰이 말 그대로 사상경찰이 되고 증거가 부재한 것이 범죄 기록에는 상관없는 일로 간주되는 사회가 맞닥뜨릴 고난을 과장하기는 쉽지 않다. 지난해에 나는 행사가 끝날 때마다 공공 부문, 국민 의료 서비스, 민간 기업과 공기업에서 일하는 사람들에게 메시지와 연락을 받았다. 직장 인사과에서 어떤 식으로 현재의 정통 교리를 강제하는지, 우리 시대의 이데올로기가 옆을 지나갈 때 어떻게 효과적으로 자신의 견해를 물밑으로 숨기는지 이야기하는 내용이었다. 하지만 희망은 사라지지 않았다. 어쩌면 밀러 사건 같은 일들은 과민 반응을 시급히 바로잡아야 한다는 점을 드러내 준다.

이 책이 양장본으로 출간된 이래 생긴 새로운 사태 중에 가장 흥미로운 것을 꼽자면, 내가 마지막 부분에서 다룬 교조적 믿음이다. 〈트랜스〉에 관한 부분에서 나는 페미니즘의 인계 철선을 언급했다. 많은 용감한 여성이 알든 모르든 간에 트랜스 문제에 관해 덤벼든 바로 그 지점이다. 이런 여성의 수는 지난해에 크게 늘었다. J. K. 롤링J. K. Rowling이 여성은 존재하고 지워지지 않으며 ― 어느 헤드라인 작성자가 말한 것처럼 ― 단순히 〈생리하는 사람〉으로 지칭되지 않는다고 정중하면서도 확고하게 말하자 그 대열은 더욱 커지고 있다. 오늘날 상당히 많은 사람이 점차 조직적인 집단을 이루어 생물학적 성을 무시하거나 대수롭지 않게 다루어서는 안 된다고 역설한다. 이런 점에서 그리고 다른 면에서도 극단적인 트랜스 이데올로기에 대한 주류의 반발이 분명 시작되었다. 잠깐 나 자신이 지닌 〈특권〉을 언급해도 된다면, 바로 지난해에 불쾌하기 짝이 없는 트랜스 활동가들이 벌이는 활동에 일정한 양상이 존재한다는 점을 분명히 깨닫게 된 것이었다. 현재 터무니없게도 가장 많은 항의를 받고 발언권을 빼앗기거나 모욕을 당하는 것이 다름 아니라 트랜스 이데올로기의 모든 주장에 동조하지 않는 페미니스트들이기 때문이다.

올해 초에『가디언』직원 중에 5분의 1 정도가 자사 신문에 칼럼을 쓸 권리를 무어에게 주어서는 안 된다고 편집장에게 청원하는 문서에 서명했다. 무어가 저지른 범죄는 놀랍게도 여기서 설명한 트랜스 소동으로 다시 돌아갔다. 앞서 언급한 다른 페미니스트 영웅들과 마찬가지로 순순히 생물학을 포기하지 않았다는 이유였다. 마찬가지로 롤링이 논란의 여지가 없는 발언을 한 죄로 표적이 된 일은 너무도 균형이 맞지 않았다. 무언가 준비되어 있는 것이 분명했다. 롤링의 경우에는 통상적인 활동가들이 캠페인을 벌였을 뿐만 아니라 전통 있는 동성애 언론이 벌 떼같이 공격에 나섰다. 또한 롤링이 수백만 달러를 벌게 도와준 배우들이 번갈아 가며 비난을 했으며 롤링의 책을 내는 아셰트 출판사의 직원들도 파업을 벌이겠다고 을러대었다.

이 일에 관해 생각할수록 트랜스에 비판적인 페미니스트들이 나와 달리 문제를 겪는 데 몇 가지 이유가 있다는 점을 더욱 깨닫는다. 첫째, 내가 트랜스가 내세우는 대의를 결코 전부는 아닐지라도 일부 공감한다는 것을 조심스럽게 밝혔을 가능성이 있다. 둘째, 내가 쓴 내용과 상관없이 극단주의자들은 내가 어떤 항의를 받더라도 조금도 개의치 않는다는 것을 — 공교롭게도 당연히 — 직관적으로 안다. 하지만 내 생각에는 세 번째 가능성이 실제로 벌어지고 있는 것 같다. 이 책이 출간되고 몇 달 뒤에『스펙테이터』에서 연 대규모 행사에서 작가 슈라이버에게 말한 것처럼, 나는 여성들이 이야기하고 있는 행사장 밖에서 항의하려는 트랜스 활동가들의 욕망 이면에는 매우 추하고 아마 여성 혐오적인 — 그렇다 — 일련의 믿음이 도사리고 있다고 생각한다. 여기에는 여성은 남성보다 위협이 쉽게 통한다는 사고도 포함된다(이 경우에는 이 여성들의 성격과 용기에 지나치게 관심을 기울이지 않았다). 또는 트랜스 활동가들은 여성 트랜스 비판자들이 자신들의 대의에 특히 위험하다고 인식하는 것 같다(맥락이 다르긴 하지만, 이슬람주의자들이 아얀 히르시 알리Ayaan Hirsi Ali 같은 여성 이슬람 비판자에 대해 보이는 견해도 비슷하다). 아니면 트랜스 활동가들은 여성을 표적으로 삼으면서 실은 질투(질투에만 국한되지는 않는다)가 포함된 감정의 칵테일을 만드는 것일지도 모른다.

〈트랜스 어린이〉라는 사고를 옹호하면서 의학과 수술의 개입을 촉구하는 사람들을 겨냥한 법적 소송 건수가 이미 늘어나기 시작했다. 영국에서는 유명한 타비스톡 클리닉에서 성전환을 받은 한 젊은이가 그곳을 상대로 소송을 제기할 수 있다고 승인을 받았다. 특히 일부 병원 직원이 우려를 표명했다는 이야기는 이 책이 지적한 진실 가운데 하나를 상기시킨다. 우리 시대는 우리가 스스로 생각의 끈을 놓지 않았더라면 절대 하지 않았을 수많은 일을 하고 있다는 사실 말이다.

이 책이 처음 출간된 이래 옮겨 간 트랜스 교차로의 다른 측면 하나는 〈LGBT〉, 또는 데이비드 셔펠Dave Chappelle이 넷플릭스 코미디 스페셜에서 지칭한 말을 빌리자면 〈알파벳 사람들〉 내부에서 벌어지는 불화다. 셔펠은 〈LGB〉가 타고 다니던 자동차에 〈T〉가 올라타면서 속도가 느려지거나 방향이 바뀐 사실을 알아챘다. 세간의 이목을 끄는 개입을 통해 나는 트랜스들이 분명 다른 모든 사람과 똑같이 존엄과 이해를 누릴 자격이 있지만, T는 L이나 G, B와 거의 관계가 없다는 사실이 점차 인식되고 있음을 간파했다.

여기서 내가 지적한 것처럼 권리의 싸움이 다 같지는 않으며 지금쯤 T 논쟁이 LGB 논쟁을 매끄럽게 뒤따르지 않는다는 점이 분명해졌을 것이다. LGB와 T의 차이를 압축하면 이런 결론이 나온다. 동성애자 권리 운동은 결코 다음과 같이 말하지 않았다. 〈우리가 여기 있다. 우리는 퀴어이며 따라서 생물학적 성 같은 것은 존재하지 않는다.〉〈우리가 여기 있다. 우리는 퀴어이며 따라서 우리는 페니스와 버자이너를 강요된 사회적 구성물로 간주한다.〉 동성애자 권리 운동은 권리에 관해 주장했지만, 사회 전체가 이를테면 그런 권리를 수용하기 위해 생물학에 대한 이해를 근본적으로 바꾸어야 한다고 요구하지는 않았다. 오늘날 트랜스 극단주의자들은 실제로 그런 주장을 한다. 설상가상으로 그들은 정신적으로 잘 휘둘리는 일부 사람을 설득하는 데 성공해서 자신들의 주장에 동의하게 만들었다. 최근까지만 해도 〈섹스〉 대신 〈태어날 때 지정된 젠더〉 같은 문구를 써야 한다는 요구는 없었다. 하지만 이제 흔히 사용되는 이 문구 속에서 어떤 일이 벌어지고 있는지를 주목하자. 즉 편견에 사로잡힌 이성애 규범적인 분만실 의사만 아니었더라면, 아이가 자신이 원하는 성별로 행복하게 태어났을 것이라는 함의가 담겨 있다.

이런 정신 착란적 사고가 이제 더는 캄캄한 이데올로기적 모퉁이에 국한되어 있지 않다. 주류 정치권도 이런 사고를 받아들이고 있다. 2019년 10월에 미국 민주당 대통령 후보들은 〈LGBT 타운홀LGBT townhall〉 모임에 참가했다. 어쨌든 내가 보기에는 정신 병원에서 탈주한 사람들의 모임과 가장 닮은 행사였다. 흑인 트랜스 활동가는 정체성에 대한 불만을 호소하는 게임에서 자신이 승리했다는 이유로 사회자인 돈 레먼Don Lemon(흑인이자 동성애자다)이 발언을 못 하게 막았을 뿐만 아니라 엘리자베스 워런Elizabeth Warren은 — 다른 이들과 나란히 — 부모가 〈트랜스 아이〉와 함께 등장할 때마다 〈예에〉라고 외치며 박수를 쳤을 뿐이다. 영국의 사정도 마찬가지였다. 2020년 2월에 노동당 하원 의원이자 예비 내각의 여성 평등부 장관인 버틀러는 방송 토론에서 〈아이는 성별 없이 태어난다〉고 주장했다. 인터뷰어가 해부학을 언급했다는 이유로 질책하기에 앞서 버틀러는 진력이 난다는 듯 말했다. 「페니스와 버자이너에 관해 이야기하는 건 대화에 도움이 되지 않습니다.」 지난 세기의 유물이라도 된다는 듯한 발언이었다.

나는 이 책이 나온 주에 광기의 기미를 경험했다. 우연의 일치로 바로 그 주에 팝 가수 샘 스미스Sam Smith가 〈논바이너리〉라고 커밍아웃을 했다. 2014년에는 게이라고, 2017년에는 〈젠더퀴어〉라고 커밍아웃을 한 뒤의 일이었다. 지금까지 나는 배타적으로 남성이나 여성으로 동일시하지 않는 사람이라는 주장 말고는 〈논바이너리〉가 무슨 뜻인지에 대한 설명을 들어 본 적이 없다. 〈젠더퀴어〉와 〈논바이너리〉가 어떻게 다른지에 관한 설명을 들어 본 적도 없다. 〈논바이너리〉라고 커밍아웃을 하는 것과 간단히 〈나 좀 봐주세요〉라고 말하는 것이 어떤 차이가 있는지 속 시원하게 설명해 주는 사람에게 상금을 주겠다는 나의 제안은 지금도 유효하다. 다시 말하지만 흥미로운 것은 스미스의 행동이 아니라 일부 언론을 비롯해 책임 있는 사람들이 보이는 반응이다. 가령 BBC 웹사이트는 이제부터 자신을 3인칭 복수 대명사(복수형으로 커밍아웃을 한 셈이다)로 지칭해 달라는 스미스의 요구를 곧바로 받아들여 그를 〈그들them〉로 지칭함으로써 언어를 훼손하기 시작했다. 나는 BBC 프로그램 「투데이Today」에 출연했을 때 이런 양보는 바람직하지 않다고 언급했다. 동료 게스트는 스미스가 요구한 언어를 사용하지 않는다고 나를 질책했지만, 그 자신이 스미스를 계속 〈그he〉라고 지칭하며 이것이 얼마나 복잡한 문제인지 여실히 보여 주었을 뿐이다.

이 일화는 개인적으로 관심이 있는 또 다른 지점을 두드러지게 만들었다. 미국과 영국에 남아 있는 전통적인 동성애 간행물들은 내가 BBC 프로그램에 출연한 것을 기사로 내보내면서 각각 나를 〈영국의 우파 작가〉와 〈보수 언론인〉으로 소개했다. 둘 다 내가 〈방대한 교육을 받았〉고 〈성별 호칭을 실수하는〉 죄를 범했으며 〈전문가의 말에 입을 다물었다〉고 주장했다. 나는 이 낚시성 기사들에 조금도 관심이 없었다. 그보다 두 간행물 모두 공교롭게도 내가 게이라는 사실을 독자들에게 알려 주지 않았다는 점이 흥미롭다. 나는 내가 이 책에서 거론한 〈잘못된〉 정치적 견해를 가졌다는 이유로 특성이 삭제된 사람들의 목록에 포함되어 기쁘다.

이제 트랜스 문제를 둘러싸고 열기가 고조되는 이유가 매우 분명해졌다. 일부 전문가가 새로운 대의를 필요로 한다는 점 말고도 우리 사회가 한때 인종주의와 성차별주의, 동성애 혐오를 너무 늦게 인정했던 것과 같은 방식으로 트랜스 권리를 오해할지 모른다는 두려움이 작용한 것이다. 이것은 내가 〈과잉 교정〉이라고 지칭하는 폭넓은 주장의 측면에 들어맞다. 현재 우리가 겪는 광기는 과거에 사람들에 대한 편견이 존재했고 이를 시정하는 최선의 길은 우리가 더 빠르게 평등에 도달하기 위해 한동안 과잉 보상을 하는 것이라는 사실에 대한 과잉 반응이다. 이런 과잉 반응이 실제로 하는 일은 단지 사회의 몇몇 집단에게 그들은 다른 집단보다 중요하지 않다고 말하는 것이다. 남성은 여성만큼 똑똑하지 않고, 백인은 흑인보다 폄하되어야 하며, 이성애는 그저 약간 따분하고 당혹스러울 뿐이라고 말이다.

이 책을 펴낸 뒤 나는 온갖 성향의 사람들과 책에 관해 토론을 했다. 나는 전문가들이 정치적으로 분열하는 시대에 어떤 주장 때문에 사람들이 한층 더 분열하는 것을 발견하는 데 특별히 관심이 없다. 하지만 어떤 노력과 원칙에 우리가 동의한다고 말할 수 있는지에 대해서는 무척 관심이 많아졌다. 정말로 압도적인 다수의 사람이 하나의 공통된 열망에 동의하는 듯 보인다. 어떤 일을 수행할 능력이 있는 사람이 자신이 할 말이 없는 어떤 특징 때문에 이룰 수 있는 것을 이루지 못하게 막아서는 안 된다는 것이다. 어떤 젊은 여성이나 유색인, 이성애자가 아닌 사람도 단지 그 사람의 성별이나 인종, 섹슈얼리티 때문에 어떤 직업에 진출하거나 최고의 자리에 오르는 것을 막아서는 안 된다. 이 열망은 정치적 구분 선을 가로질러 다수가 동의할 수 있다. 어떤 사람들은 단기적인 정치적 편리함 때문에 다른 모습을 보일 수도 있다. 이제 남아 있는 유일한 질문은 〈실제로 이런 열망이 현실이 되도록, 또는 여전히 현실로 남도록 보장하는 최선의 방법은 무엇인가〉 하는 것이다.

무엇보다도 일부 정치적 좌파에게 그 답은 할당제, 새로운 정통 교리에 동의하지 않는 이들을 겨냥한 복수심에 불타는 사냥, 십중팔구 오류인 인간 본성에 관한 주장 등이다. 우리가 보기에 이런 방법으로는 공통의 열망을 이루지 못할 가능성이 높을 뿐만 아니라 오히려 더 많은 분열을 낳고 결국 심각한 반발을 초래할 뿐이다. 하지만 정치적 우파는 이 열망을 어떻게 달성하고 ─ 일단 달성한다면 ─ 유지할 수 있는지에 관해 나름의 설명을 내놓아야 한다. 다른 많은 문제에서도 마찬가지로 보수의 서사는 그 답이 개인에게 있다는 식이다. 이런 서사를 지지하는 사람은 ─ 가령 ─ 미국 대통령(트럼프)이 과거 공화당이나 민주당의 어떤 대통령보다도 공공연한 동성애자를 고위직에 더 많이 임명했다는 사실을 지적할지 모른다. 그들은 영국 내각이 현재 영국 역사상 가장 인종적으로 다양한 내각이라는 점을 보여 줄 수도 있다. 하지만 이 모든 것은 나름의 문제를 야기한다. 특히 이런 사람들이 남겨 놓기를 희망하는, 피부색과 성별과 섹슈얼리티에 집착하는 바로 그 사회에 관심을 집중시키거나 그런 사회를 영속화하기 때문이다. 개인의 잠재력을 가로막는 ─ 남아 있는 ─ 방해물을 어떻게 처리할지에 관한 보수주의의 제안이 무엇인지는 아직 어느 정도 불분명하며 앞으로도 분명하지 않을 것이다. 하지만 지난해에 정체성 정치가 우리 사회에 야기한 극단적인 분열에 대한 해법을 시급히 마련해야 한다는 사실은 분명해졌다. 코로나 바이러스가 터졌을 때 ─ 나 자신을 포함해서 ─ 많은 사람이 정체성 정치가 자연스럽게 중단되는 것인지 궁금해했다. 어쨌든 세계 전체가 진정한 재앙의 벼랑 끝에 서 있고 모든 사람이 진짜 불만을 제기하고 있었기 때문에 연극 조의 불만이나 완전히 날조한 불만을 가진 사람들에게 귀를 기울이려는 욕망은 줄어들 것으로 예상했다. 팬데믹 위기 초기에 스미스는 소셜 미디어에 자택에 봉쇄된 채 울고 있는 자신의 사진을 몇 장 올렸다. 분명 그가 기대한 것보다 그를 지지하는 반응이 많지 않았다. 어떤 재치 있는 사람은 적어도 〈그들〉에게는 대화 상대인 〈그들 자신〉이 있다고 꼬집었다. 하지만 대체로 지구 차원의 팬데믹 앞에서 사소한 문제를 계속 제기하려는 이런저런 시도는 한발 뒤로 물러섰다.

하지만 오래가지 않았다. 무엇보다도 코로나 바이러스를 인종화하려는 일관된 시도가 있었다. 영국과 미국의 언론인과 정치인들은 소수 종족의 사망률이 더 높다는 점을 계속해서 지적했다. 물론 이런 사실에는 기본적 — 또는 유전적 — 건강 상태를 비롯한 여러 가지 이유가 있을 수 있었다. 하지만 마치 이것이 각 사회의 인종주의를 보여 주는 또 다른 증거라도 되는 양 거의 획일적인 통계가 제시되었다. 중국 바이러스나 우한 바이러스라는 명칭이 반(半)공식적으로 금지된 것과 동시에, 서구 민주주의 사회는 인종주의에 푹 빠져 있어서 바이러스를 인종주의적 바이러스로 왜곡하지 않고서는 그것을 수입할 수도 없는 것처럼 몰아가는 일사불란한 시도가 벌어졌다. 다른 곳에서는 바이러스가 압도적으로 여성을 표적으로 삼는다는 사고를 밀어붙이려는 시도가 있었다. 통계를 통해 남성 사망자의 비율이 더 높다는 사실이 드러나자 바로 그 전문가들은 방향을 바꾸어서 남성 사망자가 더 많을지 모르지만 여성이 어쨌든 더 많은 고통을 겪고 있다고 말했다. 이런 사례들에서 우리는 자유 사회의 밑바탕에 깔린 병적 징후를 탐지할 수 있다. 이제는 익숙한 분열의 색안경을 끼지 않고서는 팬데믹조차 직시하지 못하는 것이다.

나는 오로지 하나의 렌즈를 통해서만 세상을 보는 활동가와 광신자들이 자신들의 믿음을 더욱 완강하게 밀어붙이는 반면 그들을 바라보는 일반 대중의 인내심은 줄어들 것이라고 판단한다. 어느 누구도 어떤 폭력 사태와 방어 태세가 실제로 일어날지 예상하지 못했을 것이다.

세계 곳곳에서 봉쇄가 이루어진 지 석 달이 될 무렵에 미네소타주의 한 경찰이 조지 플로이드 George Floyd라는 비무장 흑인 남자를 붙잡아 살해하는 영상이 공개되었다. 미네소타주가 폭발했고 미국의 여러 도시와 세계 곳곳에서도 폭력 사태가 일어났다. 사람들이 모이는 것이 여전히 불법인 나라들에서 갑자기 수천 명이 항의 시위 — 그리고 많은 경우에 폭동과 약탈, 경찰 공격 — 를 벌이는 것을 허용했다. 모두 인종적 정의라는 이름으로 벌어진 일이었다. 여기서 배워야 할 교훈은 숱하다. 한 나라에서 어떤 쟁점 — 이 경우에는 미국 경찰의 치안 활동 — 이 얼마나 순식간에 퍼져 나가고, 다른 모든 정치와 사회적 상황과 겹쳐질 수 있는지가 드러났다. 〈흑인의 생명도 소중하다〉고 외치는 시위자들은 자신들의 주장을 평화롭게 내세웠지만 그들이 벌인 시위는 언제나 폭력으로 이어졌다. 스톡홀름과 브뤼셀 같은 머나먼 곳에서 벌어진 시위도 결국 폭동과 약탈로 전락했다.

주목할 만한 또 다른 교훈이 있다. 정당한 대의 — 미네소타주 경찰관이 저지른 행동에 대한 반대 — 가 얼마나 쉽게 — 〈인종〉에 관한 부분에서 설명한 것처럼 — 〈분열적 프리즘을 통해 제시되고 전체 사회에 효과적으로 강제될 수 있는가〉 하는 것이다.

플로이드가 살해된 뒤 며칠 동안 영국 각지에서 동상과 기념물이 습격을 당했다. 브리스틀에서는 군중이 노예 소유주이자 박애적인 사업가였던 에드워드 콜스턴Edward Colston의 동상을 넘어뜨리고는 위로 올라가 짓밟았다. 런던에서는 양차 세계 대전 전사자 기념비가 훼손되었고, 처칠 동상도 훼손되어 결국 보호를 위해 일시적으로 상자를 씌우게 되었다. 미국에서는 건국의 아버지들의 동상이 여러 차례 공격을 당했다. 하룻밤 사이에 디앤젤로—『백인의 취약성』저자—를 비롯한 사람들의 저작이 주류로 올라섰을 뿐만 아니라 필독서로 권장되기도 했다. 미국 학계의 주변부에서부터 문화 전반에 이르기까지 〈백인의 유죄〉 같은 문구가 대대적으로 선전되었다. 서구 전반의 정치인을 비롯한 공인들이 돌연 〈무릎을 꿇고 사죄하라〉는 요구를 받았다. 대기업들은 앞다투어 〈흑인의 생명도 소중하다〉 운동에 충성을 맹세하고 〈평등〉과 〈다양성〉 의제에 몰두하겠다고 강조하거나 다시 다짐했다. 패트리온부터 벤앤제리스에 이르기까지 기업들이 갑자기 자신들의 주요한 인생 목표가 인종주의에 맞서 싸우는 것이라고 말하기 시작했다. 이런 싸움이 워낙 시급하고 심각한 공공 건강의 위험으로 제시되어 심지어 코로나 바이러스 확산의 공포까지 압도할 정도였다. 이로써 무엇이 우리 사회에서 정말로 신성한 대의가 되었는지가 분명해졌다. 얼마 지나지 않아 고전적인, 때로는 아주 최근에 나온 영화와 코미디 프로그램이 스트리밍 서비스에서 사라지기 시작했고, 런던 시장 같은 정부 인사들이 모든 공공 조각상을 심사한다고 발표했으며, 영국을 비롯한 서구 나라들이 과거에 저지른 식민지 지배를 속죄해야 한다는 요구가 완전히 주류가 되었다.

이 모든 것이 낳은 결과는 아직 끝나지 않았다. 〈흑인의 생명도 소중하다〉 운동과 도를 넘어선 운동 방식에 대한 반응은 나를 비롯한 사람들이 경고한 것과 똑같은 유형의 백인 정체성 정치의 귀환이 될지 모른다. 플로이드의 죽음은 미국 경찰의 행동을 개혁하기 위한 요구만이 아니라 이른바 〈백인 문화〉 전반에 대한 공격의 근거로도 활용되고 있다는 것이 드러났다.

이런 결과는 대단히 불길한 사태 전환으로 볼 수 있다. 한때 우리는 모든 사람이 보편적 문화를 향유할 뿐만 아니라 이런 문화를 찬미할 수 있다는 사고에 희망을 걸었다. 만약 다수가 자기들 문화와 역사의 거의 모든 것에 대해 비판을 받고 더 나아가 공격을 받는다고 느끼게 되면 앞으로 인종의 정치가 줄기는커녕 유례없이 증폭될 가능성이 있다. 지금 나는 다른 어떤 것보다도 이런 사실이 걱정된다. 정의에 대한 요구가 역사적 복수에 대한 요구로 뒤바뀌는 방식, 이제 인종을 쟁점으로 여기지 말아야 한다는 요구가 〈반인종주의자〉들에 의해 인종이 사회를 이해하기 위한 핵심 쟁점이 되어야 한다는 것으로 뒤집어지는 방식, 그리고 — 이 책에서 내가 말한 것처럼 — 어떤 사람의 발언 내용이 발언자의 정체성 문제와 비교해서 부차적인 것이 되고 결국은 전혀 중요하지 않게 되는 방식 말이다.

우리 세대는 피부색을 보지 않도록 길러졌다. 그런데 지금은 계속 인종에 초점을 맞추지 않으면 인종주의자가 된다는 말을 듣는다. 이것은 진보가 아니다. 하지만 두고 볼 일이다. 나는 올해를 시작하면서 정체성 정치와 〈사회 정의〉, 교차성주의 등등이 자기 모순의 무게와 도를 넘은 확장을 견디지 못하고 약화되기 시작할 것이라고 기대했다. 헛된 기대였을지 모른다. 이런 사상 학파가 아무리 실패하고 부적절해도, 이 의제는 서구 세계 전반에서 — 믿기지 않을 정도의 세력과 에너지, 결단으로 무장한 채 — 펼쳐지고 있다. 게다가 모두 굉장한 복수를 가하는 정신이 있다. 이 책이 그 움직임을 막기에는 역부족이겠지만, 적어도 나는 우리가 지금 저돌적으로 달려들고 있는 세계의 기원을 충분히 설명했다고 자부하고 싶다.

2020년 7월
더글러스 머리

감사의 말

이 책은 내가 블룸즈버리 출판사에서 두 번째로 내는 책이다. 다시 한번 출판사의 모든 사람과 함께 일할 수 있어서 참으로 즐거웠다. 특히 로빈 베어드스미스Robin Baird-Smith, 그리고 런던 사무실의 여러 사람 가운데서도 제이미 버킷Jamie Birkett이 베푼 지지와 조언, 편집자의 인도에 도움을 받았다.

이 책의 제목은 스코틀랜드의 언론인인 찰스 맥케이Charles Mackay가 쓴 『대중의 망상과 군중의 광기*Extraordinary Popular Delusions and the Madness of Crowds*』[1]에서 빌려 왔다. 180년 전에 맥케이가 묘사한 현상이 실망스럽게도 계속 유행하는 상황에서 이렇게 무단으로 빌려 오는 것을 너그럽게 보아주리라고 기대한다.

앞서 몇 권의 책을 내면서 나는 내 저작에 조금이라도 기여한 사람들의 이름을 일부 밝히고 감사의 뜻을 표하는 것이 조심스러워졌다. 그 사람들에게 감사하는 마음이 없기 때문이 아니라 이후 가해자 측에 가담했다고 비난을 받는 사람들의 명단을 작성하는 셈이라 꺼려졌기 때문이다. 이 책의 경우가 특히 그렇다. 하지만 이 책을 위해 조사하고 집필하는 동안 네 대륙 곳곳에서 많은 사람을 만나 대화를 하면서 그들이 준 도움에 참으로 감사한 마음이다. 그리고 멋진 나의 가족과 친구 모두에게 진심으로 고맙다는 말을 하고 싶다.

　한 사람의 이름은 밝히고자 한다. 이 책에 그가 여러 차례 등장할 뿐만 아니라, 여기에서 크게 다루어지는 많은 아이디어가 그의 비상한 정신으로 시험을 거치면서 가장 잘 다듬어졌기 때문이다. 내가 이 주제들을 논의하면서 번번이 내 사고의 지평을 열어준 사람을 한 명만 꼽자면 바로 에릭 와인스타인이다. 이 책에서 그나마 좋게 볼 만한 아이디어와 관찰은 모두 와인스타인 덕분이며 최악의 내용이 있다면 전부 오롯이 나의 몫이다.

주

머리말

1 Jean-Francois Lyotard(trans. Geoff Bennington and Brian Massumi), *The Postmodern Condition: A Report on Knowledge*, Manchester University Press, 1984, xxiv면과 37면을 보라.

2 Jaron Lanier, *Ten Arguments for Deleting your Social Media Accounts Right Now*, Henry Holt, 2018, 26면; 재런 러니어, 『지금 당장 당신의 SNS 계정을 삭제해야 할 10가지 이유』, 신동숙 옮김(파주: 글항아리, 2019).

3 Coleman Hughes in conversation with Dave Rubin, The Rubin Report, YouTube, 12 October 2018.

4 "Hunger strikers died for gay rights, claims Sinn Fein senator Fintan Warfield", *Belfast Telegraph*, 15 August 2016.

5 https://twitter.com/EricRWeinstein/status/1066934424804057088에 있는 도표를 보라.

6 Greg Lukianoff and Jonathan Haidt, *The Coddling of the American Mind: How Good Intentions and Bad Ideas are Setting up a Generation for Failure*, Allen Lane, 2018, 5~7면 이하를 보라; 조너선 하이트 · 그레그 루키아노프, 『나쁜 교육』, 왕수민 옮김(파주: 프시케의숲, 2019).

7 청소년과 성인 남자를 위한 미국 심리 학회 심리 상담 치료 가이드라인, 2018년 8월: https://www.apa.org/about/policy/boys-men-practice-guidelines.pdf.

8 "Views of racism as a major problem increase sharply, especially among Democrats", Samantha Neal, Pew Research Center, 29 August 2017을 보라.

9 Ekow N. Yankah, *The New York Times*, 11 November 2017.

10 Helen Pidd, "Women shun cycling because of safety, not helmet hair", *The Guardian*, 13 June 2018.

11 Tim Hunt interview by Robin McKie, "I've been hung out to dry", *The Observer*, 13 June 2015. 팀 헌트가 곤경에 처하게 된 발언은 다음과 같다: 〈여자들하고 곤란을 겪은 일을 이야기해 보죠. 여자가 연구실에 발을 들여놓으면 세 가지 일이 벌어집니다. 당신이 여자하고 사랑에 빠지고, 여자가 당신하고 사랑에 빠지고, 당신이 여자를 비판하면 여자가 울음을 터뜨리죠.〉

12 2016년 2월 11일 오스트레일리아 상원에서 케이티 갤러거Katy Gallagher 의원과 미치 피필드Mitch Fifield의원이 나눈 설전을 보라.

13 예를 들어 이 글타래를 보라: https://twitter.com/HarryTheOwl/status/1088144870991114241.

14 CNN interview with Rep Debbie Dingell, 17 November 2017.

15 Kenneth Minogue, *The Liberal Mind*, Liberty Fund, Indianapolis edn, 2000, 1면.

동성애자

1 *Good Morning Britain*, ITV, 5 September 2017.

2 John Stuart Mill, *On Liberty*, Penguin, 2006, 60~61면.

3 "Nicky Morgan says homophobia may be sign of extremism", BBC News, 30 June 2015.

4 Robert Samuels, *Washington Post*, 29 August 2016.

5 "Desert Island Discs: Tom Daley felt 'inferior' over sexuality", BBC News website, 30 September 2018.

6 "Made in Chelsea's Ollie Locke to become Ollie Locke-Locke", BBC News website, 1 October 2018.

7 *The New York Times* (International Edition), 16 October 2017, 15~17면.

8 예를 들어 Russell T. Davies, "A Rose by any other name", *The Observer*, 2 September 2001을 보라.

9 "Generation Z - beyond binary: new insights into the next generation", Ipsos Mori, 6 July 2018을 보라.

10 출처는 다음과 같다: B. S. Mustanski, M. G. Dupree, C. M. Nievergelt et al., "A genome-wide scan of male sexual orientation", *Human Genetics*, 116 (2005), 272~278면; R. Blanchard, J. M. Cantor, A. F. Bogaert et al., "Interaction of fraternal birth order and handedness in the development of male homosexuality", *Hormones and Behavior*, 49 (2006), 405~414면; J. M. Bailey, M. P. Dunne and N. G. Martin, "Genetic and environmental influences on sexual

orientation and its correlates in an Australian twin sample", *Journal of Personality and Social Psychology*, 78 (2000), 524~536면.

11 성적 지향에 관한 왕립 정신 의학회 성명, Position Statement PS02/2014, April 2014 (https://www.rcpsych.ac.uk/pdf/PS02_2014.pdf).

12 Ibid.

13 미국 심리 학회 웹사이트, "Sexual Orientation & Homosexuality" (http://www.apa.org/topics/lgbt/orientation.aspx), 2018년 8월 접속.

14 앨프리드 킨지 외 3명, 『인간 여성에 있어서의 성 행동』, 전광문 옮김(서울: 신조사, 1959).

15 Bruce Bawer, *A Place at the Table: The Gay Individual in American Society*, Touchstone, 1994, 82면.

16 Seth Stephens-Davidowitz, *Everybody Lies: What the Internet Can Tell Us About Who We Really Are*, Bloomsbury, 2017, 112~116면.

17 "This is why straight men watch porn", *Pink News*, 19 March 2018.

18 "Majority in U.S. Now Say Gays and Lesbians Born, Not Made", *Gallup*, 20 May 2015.

19 이 일화에 관한 논의로는 Alice Dreger, *Galileo's Middle Finger: Heretics, Activists, and One Scholar's Search for Justice*, Penguin, 2016, 182~183면을 보라.

20 "Attitudes towards homosexuals and evolutionary theory", in *Ethology and Sociobiology*. 갤럽과 아처의 의견 교환에 관한 유용한 요약은 Jesse Bering, *Scientific American*, 9 March 2011에 있다.

21 Aristotle, *Nicomachean Ethics*, 7권, 5~6장. 공교롭게도 최근 번역본 가운데 케임브리지 대학교 출판부판(2014)은 〈sodomy〉를 사용하는 반면 옥스퍼드 대학교 출판부판(2009)은 〈paederasty〉를 사용한다.

22 예를 들어 "What are the most cited publications in the social sciences (according to Google Scholar)?", Elliott Green, LSE blogs, 12 May 2016을 보라.

23 Michael Foucault, *The History of Sexuality*, Volume 1 - *The Will to Knowledge*, trans. Robert Hurley, Penguin, 1998, 43면; 미셸 푸코, 『성의 역사 1』, 이규현 옮김(파주: 나남출판, 2020).

24 David Halperin, "Historicising the sexual body: sexual preferences and erotic identities in the pseudo-Lucianic Erotes", in Domna C. Stanton (ed.), *Discourses of Sexuality: From Aristotle to AIDS*, University of Michigan Press, 1992, 261면. Andrew Sullivan, *Virtually Normal: An Argument about Homosexuality*, Picador, 1996도 보라.

25 Foucault, *The History of Sexuality*, 156면.

26 Hunter Madsen and Marshall Kirk, *After the Ball: How America Will Conquer its Fear and Hatred of Gays in the '90s*, Doubleday, 1989.

27 Paul Berman, *A Tale of Two Utopias: The Political Journey of the Generation of 1968*, W. W. Norton & Company Ltd, 1996, 154~155면을 보라.

28 Bawer, *A Place at the Table*, 191면.

29 Ibid, p. 193.

30 Ibid, pp. 220~221.

31 Andrew Sullivan, *Virtually Normal: An Argument about Homosexuality*, Picador, 1996, 204면.

32 Berman, *A Tale of Two Utopias*, 160~161면.

33 @TheEllenShow, Twitter, 25 October 2017, 5.53 p.m.

34 *Daily Telegraph*, 14 February 2018.

35 Stop Funding Hate, Twitter, 16 February 2018.

36 "Children of same-sex couples happier and healthier than peers, research shows", *Washington Post*, 7 July 2014.

37 *Sunday Morning Live*, BBC1, 27 October 2010.

38 "Study identifies predictors of relationship dissolution among same-sex and heterosexual couples", The Williams Institute, UCLA School of Law, 1 March 2018.

39 *Pink News*, 25 March 2018.

40 Bawer, *A Place at the Table*, 188면.

41 "Sir Ian McKellen: Brexit makes no sense if you're gay", *Daily Telegraph*, 10 June 2016.

42 Jim Downs, "Peter Thiel shows us there's a difference between gay sex and gay", *Advocate*, 14 October 2016.

43 "Bret Easton Ellis goes on Twitter rampage after GLAAD media awards ban", *Entertainment Weekly*, 22 April 2013.

44 "How straight people should behave in gay bars", *Pink News*, 30 November 2018.

45 "In the reign of the magical gay elves", Bret Easton Ellis, *Out*, 13 May 2013.

46 Ovid, *Metamorphoses*, trans. A. D. Melville, Oxford University Press, 1998, 60~61면.

47 Daniel Mendelsohn, *The Elusive Embrace: Desire and the Riddle of Identity*, Alfred A. Knopf, 1999, 73~75면.

간주곡: 마르크스주의적 토대

1 "The social and political views of American professors", a working paper by Neil Gross (Harvard) and Solon Simmons (George Mason), 24 September 2007.

2 주디스 버틀러, 『젠더 트러블』, 조현준 옮김(파주: 문학동네, 2008).

3 https://www.racialequitytools.org/resourcefiles/mcintosh.pdf를 보라.

4 Ernesto Laclau and Chantal Mouffe, "Socialist strategy: Where next?", *Marxism Today*, January 1981.

5 Ernesto Laclau and Chantal Mouffe, *Hegemony and Socialist Strategy* (second edition), Verso, 2001, 133면; 샹탈 무페, 에르네스토 라클라우, 『헤게모니와 사회주의 전략』, 이승원 옮김, (서울: 후마니타스, 2012).

6 Ibid, p. 141.

7 Ibid.

8 Ibid, pp. 159~160.

9 Laclau and Mouffe, "Socialist strategy: Where next?"

10 Laclau and Mouffe, *Hegemony and Socialist Strategy*, 1면.

11 "What happens to #MeToo when a feminist is the accused?", *The New York Times*, 13 August 2018.

12 Steven Pinker, *The Blank Slate: The Modern Denial of Human Nature*, Penguin, 2003, x면; 스티븐 핑커, 『빈 서판』, 김한영 옮김(서울: 사이언스북스, 2004).

13 Judith Butler, "Further reflections on conversations of our time", *Diacritics*, vol. 27, no. 1, Spring 1997.

14 가령 Sheldon Lee Glashow, "The standard mode", *Inference: International Review of Science*, vol. 4, no. 1, Spring 2018을 읽어 보라.

15 https://www.skeptic.com/reading_room/conceptual-penis-social-contruct-sokal-style-hoax-on-gender-studies.

16 "Hoaxers slip breastaurants and dog-park sex into journals", *The New York Times*, 4 October 2018.

17 "American Psychological Association guidelines for psychological practice with boys and men", APA, August 2018, 10면.

여성

1 Steven Pinker, *The Blank Slate: The Modern Denial of Human Nature*, Penguin, 2003, 346~350면.

2 Ibid, p. 350.

3 AccessOnline.com video, "Rosario Dawson talks grabbing Paul Rudd's 'package' onstage at the 2011 Independent Spirit Awards", 27 February 2011.

4 *The Late Show* with Stephen Colbert, CBS, 20 March 2018.

5 *Huffington Post*, 11 May 2007.

6 RSA Conference, 28 February 2014.

7 Mayim Bialik, "Being a feminist in Harvey Weinstein's world", *The New York Times*, 13 October 2017.

8 *The Late Late Show* with James Corden, CBS, 8 February 2016.

9 "Loud and proud! Brand releases sets of $9.99 plastic stick-on NIPPLES that are sold in two sizes – 'cold' and 'freezing'", *Mail Online (FeMail)*, 4 April 2017.

10 "The hottest new trend is camel toe underwear and we're all over it", *Metro*, 24 February 2017.

11 *VICE News* interview with Dr Jordan Peterson, 7 February 2018.

12 Christine Lagarde, "Ten years after Lehman – lessons learned and challenges ahead", IMF blog, 5 September 2018.

13 BBC *Question Time*, 19 March 2009.

14 "When women thrive" report, Mercer, October 2016.

15 "Wall Street rule for the MeToo era: avoid women at all costs", Bloomberg, 3 December 2018.

16 United States Office of Personnel Management, "Government-wide Inclusive Diversity Strategic Plan", July 2016.

17 https://implicit.harvard.edu/implicit를 보라.

18 "Can we really measure implicit bias? Maybe not", *Chronicle of Higher Education*, 5 January 2017; "Unconscious bias: what is it and can it be eliminated?", *The Guardian*, 2 December 2018.

19 예를 들어 Odette Chalaby, "Your company's plan to close the gender pay gap probably won't work", *Apolitical*, 22 May 2018을 보라.

20 "Smaller firms should publish gender pay gap, say MPs", *BBC News*, 2 August 2018.

21 Susan Faludi, *Backlash: The Undeclared War Against Women*, Vintage, 1992, 16~17면; 수전 팔루디, 『백래시』, 황성원 옮김(파주: 아르테, 2017).

22 Marilyn French, *The War Against Women*, Hamish Hamilton, 1992, 1~2면.

23 Ibid, pp. 5~6.

24 Ibid, p. 7.

25 Ibid, p. 9.

26 Ibid, p. 14.

27 Ibid, pp. 121~155.

28 Ibid, pp. 159 ff.

29 Ibid, pp. 210~211. 〈평화의 구현체인 여성〉이라는 주제는 의미심장한 계보가 있다. 예를 들어 Olive Schreiner, *Woman and Labour* (1911)을 보라.

30 나오미 울프, 『무엇이 아름다움을 강요하는가』, 윤길순 옮김(파주: 김영사, 2016).

31 예를 들어 Christina Hoff Sommers, *Who Stole Feminism? How Women Have Betrayed Women*, Simon & Schuster, 1995, 11~12면을 보라.

32 Laurie Penny (@PennyRed) on Twitter, 6 February 2018: https://twitter.com/PennyRed/status/960777342275768320.

33 Salma El-Wardany, "What women mean when we say 'men are trash'", *Huffington Post*, 2 May 2018.

34 Ezra Klein, "The problem with Twitter, as shown by the Sarah Jeong fracas", *Vox*, 8 August 2018.

35 Georgia Aspinall, "Here are the countries where it's still really difficult for women to vote", *Grazia*, 6 February 2018.

36 *GQ* magazine foreword by Dylan Jones, December 2018.

37 "APA issues first ever guidelines for practice with men and boys", *American Psychological Association*, January 2019.

38 "We are a nation of hidden feminists", Fawcett Society press release, 15 January 2016.

39 "Only 7 percent of Britons consider themselves feminists", *The Telegraph*, 15 January 2016.

40 *YouGov/Huffington Post*, Omnibus Poll, conducted 11-12 April 2013.

41 "Men with muscles and money are more attractive to straight women and gay men—showing gender roles aren't progressing", *Newsweek*, 20 November 2017.

간주곡: 기술의 영향

1 James Thurber, *My Life and Hard Times* (1933), reprinted Prion Books Ltd, 2000, 33~44면.

2 2019년 1월 코빙턴 가톨릭 고등학교 학생들의 사례를 보라.

3 Jon Ronson, *So You've Been Publicly Shamed*, Riverhead Books, 2015.

4 Barrett Wilson(가명), "I was the mob until the mob came for me", *Quillette*, 14 July 2018.

5 Tess Townsend, "Google is still mostly white and male", *Recode*, 29 June 2017.

6 2019년 2월 5일 브뤼셀에서 주요 테크 기업이 참여한 개인 계정 토론.

7 "Twitter 'bans women against trans ideology' say feminists", BBC News, 30 May 2018을 보라.

8 Meghan Murphy, "Twitter's trans-activist decree", *Quillette*, 28 November 2018.

9 "Twitter has banned misgendering or 'deadnaming' transgender people", *The Verge*, 27 November 2018.

10 Jack Conte interviewed by Dave Rubin on "The Rubin Report", YouTube, 31 July 2017.

11 구글 동영상 https://developers.google.com/machine-learning/fairness-overview.

인종

1 Anne Helen Petersen, "Ten long years of trying to make Armie Hammer happen", *Buzzfeed*, 26 November 2017.

2 "*Call Me By Your Name* star Armie Hammer leaves Twitter after 'bitter' Buzzfeed article", *Pink News*, 28 November 2017.

3 Ashley Lee, "Why Luca Guadagnino didn't include gay actors or explicit sex scenes in 'Call Me By Your Name' (Q&A)", *The Hollywood Reporter*, 8 February 2017.

4 "'White privilege' lessons for lecturers", *The Sunday Times*, 11 March 2018.

5 유튜브에 올라 있는 영상을 보라. https://www.youtube.com/watch?v=LTnDpoQLNaY.

6 "Campus argument goes viral as Evergreen State is caught in racial turmoil", *Vice News*, 16 June 2017; https://www.youtube.com/watch?v=2cMYfxOFBBM

등을 보라.

7 유튜브에 올라 있는 영상을 보라. https://www.youtube.com/watch?v=BzrPMetGtJQ.

8 유튜브에 올라 있는 영상을 보라. https://www.youtube.com/watch?v=RZtuDqbfO5w.

9 유튜브에 올라 있는 영상을 보라. https://www.youtube.com/watch?v=Pf5fAiXYr08&t=1941s.

10 Evergreen State College, Board of Trustees meeting, 12 July 2017, 유튜브 주소 https://www.youtube.com/watch?v=yL54iN8dxuo.

11 *Vice News*, 16 June 2017.

12 유튜브에 올라 있는 전체 영상을 보라. https://www.youtube.com/watch?v=hiMVx2C5_Wg.

13 유튜브에 올라 있는 영상을 보라. https://www.youtube.com/watch?v=V6ZVEVufWFI.

14 Nicholas A. Christakis, "Teaching inclusion in a divided world", *The New York Times*, 22 June 2016.

15 "Identity politics: the new radicalism on campus?", panel at Rutgers University, 2017년 10월 13일 유튜브에 게시된 영상: https://www.youtube.com/watch?v=2ijFQFiCgoE.

16 Michael Harriot, "'Diversity of thought' is just a euphemism for 'white supremacy'", *The Root*, 12 April 2018.

17 2017년 4월 17일 자 편지는 다음 주소에서 볼 수 있다: http://archive.is/Dm2DN.

18 Andrew Sullivan, "We all live on campus now", *New York magazine*, 9 February 2018.

19 *National Geographic*, April 2018.

20 David Olusoga, "National Geographic's righting of its racist wrongs is well meant but slow in coming", *The Guardian*, 1 April 2018.

21 Emily Lakdawalla, 트위터, 13 February 2018.

22 *The Root*, 트위터 게시 글, 22 November 2018.

23 *Vice*, 트위터, 6 December 2018.

24 Mathieu Murphy-Perron, "Let Nora Loreto have her say", *National Observer*, 11 April 2018.

25 *Vice* review of *Dumbo*, 13 June 2018. 그건 그렇고 온라인판 글은 온라인에서

널리 조롱을 당한 뒤 내용이 바뀌었다.

26 리처드 K. 모건, 『얼터드 카본』 1·2, 유소영 옮김(서울: 황금가지, 2008).

27 Eliana Dockterman, "Altered Carbon takes place in the future. But it's far from progressive", *Time*, 2 February 2018.

28 "Sierra Boggess pulls out of BBC West Side Story Prom over 'whitewashing'", BBC News website, 25 April 2018.

29 Ritu Prasad, "Serena Williams and the trope of the 'angry black woman'", *BBC News* online, 11 September 2018.

30 Carys Afoko, "Serena Williams's treatment shows how hard it is to be a black woman at work", *The Guardian*, 10 September 2018.

31 소이히트Soyheat에서 제작한 이 동영상(시리즈 가운데 한 편이다)은 유튜브에서 볼 수 있다(2016년 9월 23일 게시).

32 Andy Ngo, "Would you like some strife with your meal?", *Wall Street Journal*, 31 May 2018을 보라.

33 Robby Soave, "White-owned restaurants shamed for serving ethnic food: it's cultural appropriation", *Reason*, 23 May 2017.

34 Dawn Butler, 트위터, 18 August 2018.

35 "Teenager's prom dress sparks cultural appropriation debate", *Independent*, 30 April 2018.

36 Lovia Gyarke, "Lionel Shriver shouldn't write about minorities", *New Republic* blog, September 2016.

37 Yassmin Abdel-Magied, "As Lionel Shriver made light of identity, I had no choice but to walk out", *The Guardian*, 10 September 2016.

38 *The Atlantic*, 7 May 2018.

39 토머스 소얼, 『지식인의 역할은 무엇인가』, 정명진 옮김(서울: 부글북스, 2017).

40 서평 원문이 온라인에 캡처되어 있다: http://eprints.lse.ac.uk/44655/1/ _Libfile_repository_Content_LSE%20Review%20of%20Books_May%20 2012_week%Intellectuals_versus_society_ignorance_and_wisdom.pdf.

41 Aidan Byrne, "Book Review: Intellectuals and Society by Thomas Sowell", LSE Review of Books, 26 May 2012.

42 *The View*, ABC, 15 June 2015.

43 MSNBC, 17 June 2015.

44 "Benedict Cumberbatch apologises after calling black actors 'coloured'",

The Guardian, 26 January 2015.

45 세라 정 트윗: 2014년 12월 23일; 2015년 11월 25일; 2014년 12월 31일; 2014년 11월 18일; 2014년 4월 1일.

46 세라 정 트윗: 2014년 11월 28일.

47 세라 정 트윗: 2014년 7월 24일.

48 Statement from *The New York Times*, 2 August 2018.

49 Zack Beauchamp, "In defence of Sarah Jeong", *Vox*, 3 August 2018에서 재인용.

50 Ezra Klein, "The problem with Twitter, as shown by the Sarah Jeong fracas", *Vox*, 8 August 2018.

51 Ta-Nehisi Coates, *The Beautiful Struggle: A Memoir*, Spiegel & Grau, 2008, 6면.

52 Ibid, p. 70.

53 Ibid, pp. 74~75.

54 Ibid, p. 168.

55 Ibid, p. 177.

56 Ta-Nehisi Coates, *Between the World and Me*, The Text Publishing Company, 2015, 86~87면; 타네하시 코츠, 『세상과 나 사이』, 오숙은 옮김(파주: 열린책들, 2016).

57 코넬 웨스트 박사의 페이스북 글 캡처: https://www.alternet.org/2017/12/cornel-west-ta-nehisi-coates-spat-last-thing-we-need-right-now/.

58 이런 사실을 보여 주는 몇몇 장과 구절의 사례에 관해서는 Kyle Smith, "The hard untruths of Ta-Nehisi Coates", *Commentary*, October 2015를 보라.

59 "Leak: The Atlantic had a meeting about Kevin Williamson. It was a liberal self-reckoning", *Huffington Post*, 5 July 2018.

60 Reni Eddo-Lodge, *Why I'm no Longer Talking to White People about Race*, Bloomsbury, 2017, 14~15면.

61 2018년 1월 21일 마틴 도브니Martin Daubney가 트위터에 올린 사진.

62 이 기사는 나중에 제목이 바뀌었다. "How white women use strategic tears to silence women of colour", *The Guardian*, 7 May 2018.

63 *The Tab*, 날짜 없음, 2016을 보라.

64 "Asian Americans suing Harvard say admissions files show discrimination", *The New York Times*, 4 April 2018을 보라.

65 Malcolm W. Browne, "What is intelligence, and who has it", *The New*

Times, 16 October 1994를 보라.

66 Steven J. Rosenthal review of *The Bell Curve* at https://msuweb.montclair.edu/~furrg/steverbc.html.

67 Douglas Murray in conversation with Jordan Peterson, UnHerd, YouTube, 4 September 2018.

68 David Reich, "How genetics is changing our understanding of race", *The New York Times*, 23 March 2018.

69 Pete Shanks, "Race and IQ yet again", Center for Genetics and Society, 13 April 2018.

70 Sam Harris, "Waking up" podcast, with Charles Murray, 23 April 2017.

71 Ezra Klein, "Sam Harris, Charles Murray and the allure of race science", *Vox*, 27 March 2018.

72 로빈 디앤젤로, 『백인의 취약성』, 이재만 옮김(서울: 책과함께, 2020).

73 Diana Soriano, "White privilege lecture tells students white people are 'dangerous' if they don't see race", *The College Fix*, 6 March 2019.

간주곡: 용서에 관하여

1 Quinn Norton on Twitter, 27 July 2013.

2 Ibid, 4 September 2009.

3 Quinn Norton, "The New York Times fired my Doppelganger", *The Atlantic*, 27 February 2018.

4 "Labour, Work, Action", in *The Portable Hannah Arendt*, Penguin, 2000, 180~181면.

5 W. H. Auden. "In Memory of W. B. Yeats", in T*he English Auden: Poems, Essays and Dramatic Writings 1927.1939*, ed. Edward Mendelson, Faber, 1986, 242~243면.

6 "Manchester University students paint over Rudyard Kipling mural", *The Guardian*, 19 July 2018.

7 "Toby Young quotes on breasts, eugenics, and working-class people", *The Guardian*, 3 January 2018을 보라.

8 Toby Young, "Confessions of a porn addict", *The Spectator*, 10 November 2001.

9 *The Times*, 6 January 2018.

10 *The Evening Standard*, 5 January 2018.

11 Toby Young, 'The public humiliation diet', *Quillette*, 23 July 2018을 보라.

12 "Conor Daly loses Lilly Diabetes sponsorship over remark his father made over 30 years ago", Associated Press, 25 August 2018.

13 마태복음 18장 21~2절.

14 'Lewis Hamilton apologises for "boys don't wear dresses" remark', BBC News, 26 December 2017.

15 *GQ*, August 2018.

트랜스

1 "Moeder van Nathan spreekt: 'Zijn dood doet me niks'", *Het Laatste Nieuws*, 2 October 2013.

2 "Mother of sex change Belgian: 'I don't care about his euthanasia death'", *Daily Telegraph*, 2 October 2013.

3 예를 들어 *The Sunday Times*, 25 November 2018, 23면을 보라.

4 성별 인정법Gender Recognition Act(2018)의 공공 협의와 관련된 활동이다.

5 "Schools tell pupils boys can have periods too in new guidelines on transgender issues", *Daily Mirror*, 18 December 2018을 보라.

6 https://www.congress.gov/bill/115th-congress/senate-bill/1006.

7 Alice Dreger, *Galileo's Middle Finger: Heretics, Activists, and One Scholar's Search for Justice*, Penguin, 2016, 21면.

8 Ibid, p. 20.

9 Ibid, p. 6.

10 "Masculine Women, Feminine Men", lyrics by Edgar Leslie, music by James V. Monaco, 1926.

11 Jan Morris, *Conundrum*, Faber and Faber, 2002, 1면.

12 Ibid, p. 42.

13 Ibid, p. 119.

14 Ibid, p. 122.

15 Ibid, p. 123.

16 Ibid, p. 127.

17 Ibid, p. 134.

18 Ibid, p. 138.

19 Ibid, p. 128.

20 Ibid, p. 143.

21 Dreger, *Galileo's Middle Finger*, 63면.

22 "Criticism of a gender theory, and a scientist under siege", *The New York Times*, 21 August 2007.

23 Dreger, *Galileo's Middle Finger*, 69면.

24 Andrea Long Chu, "My new vagina won't make me happy", *The New York Times*, 24 November 2018.

25 Anne A. Lawrence, *Men Trapped in Men's Bodies: Narratives of Autogynephilic Transsexualism*, Springer, 2013을 보라.

26 *Time* 표지, 9 June 2014.

27 "Stonewall to start campaigning for trans equality", *The Guardian*, 16 February 2015.

28 *New York Post*, 16 July 2015.

29 "When women become men at Wellesley", *The New York Times*, 15 October 2014.

30 Julie Bindel, "Gender benders, beware", *The Guardian*, 31 January 2004.

31 Suzanne Moore, "Seeing red: the power of female anger", *The New Statesman*, 8 January 2013.

32 Suzanne Moore, "I don't care if you were born a woman or became one", *The Guardian*, 9 January 2013을 보라.

33 Julie Burchill, "The lost joy of swearing", *The Spectator*, 3 November 2018.

34 저메인 그리어, 『여성 거세당하다』, 이미선 옮김(제주: 텍스트, 2012).

35 Germaine Greer, *The Whole Woman*, Doubleday, 1999, 66면; 저메인 그리어, 『완전한 여성』, 박여진 옮김(제주: 텍스트, 2017).

36 Ibid., p. 74.

37 "Germaine Greer defends views on transgender issues amid calls for cancellation of feminism lecture", ABC News, 25 October 2015.

38 Ibid.

39 Eve Hodgson, "Germaine Greer can no longer be called a feminist", *Varsity*, 26 October 2017.

40 "Woman billboard removed after transphobia row", BBC News website, 26 September 2018.

41 Debate between Kellie-Jay Keen-Minshull and Adrian Harrop, *Sky News*, 26 September 2018.

42 "Blogger accused of transphobia for erecting a billboard defining 'woman'

as 'adult human female' is branded 'disgraceful' by This Morning viewers – as she insists trans women do not fit the criteria", *Mail Online*, 28 September 2018.

43 Julie Bindel, "Why woke keyboard warriors should respect their elders", *UnHerd*, 24 October 2018.

44 "April Ashley at 80", Homotopia festival을 보라. 유튜브 주소: https://www.youtube.com/watch?v=wXNhWb47sc.

45 동영상 2분부터 보라: https://vimeo.com/185149379.

46 다음 기사를 비롯해 여러 곳에서 〈락타시아Lactatia〉* 네미스 퀸 멜랑송 골든의 사례를 다룬다. "Nine-year-old drag queen horrifically abused after modelling for LBGT fashion company", *Pink News*, 9 January 2018.

47 "The school was already calling her 'him'", *The Sunday Times*, 25 November 2018.

48 "Trans groups under fire for 700% rise in child referrals", *The Sunday Times*, 25 November 2018.

49 Ibid.

50 Michelle Forcier interview on NBC, 21 April 2015: https://www.nbcnews.com/nightly-news/video/one-doctor-explains-the-journey-for-kids-who-are-transitioning-431478851632?v=railb&.

51 https://vimeo.com/185183788.

52 May 2018.

53 Jesse Singal, "When children say they're Trans", *The Atlantic*, July/August 2018.

54 Johanna Olson-Kennedy, MD, "Mental health disparities among transgender youth: rethinking the role of professionals", *JAMA*, May 2016.

55 "Deciding when to treat a youth for gender re-assignment", Kids in the House (날짜 없음).

56 Singal, "When children say they're Trans."

57 Wylie C. Hembree, Peggy T. Cohen-Kettenis, Louis Gooren, Sabine E. Hannema, Walter J. Meyer, M. Hassan Murad, Stephen M. Rosenthal, Joshua D. Safer, Vin Tangpricha, Guy G. T'Sjoen, "Endocrine treatment of gender-dysphoric/gender-incongruent persons: An Endocrine Society clinical practice guideline", *The Journal of Clinical Endocrinology & Metabolism*, vol. 102, no. 11, 1

* 〈lacta〉, 〈lacto〉는 〈젖〉을 의미하는 어근이다.

November 2017.

58 동영상 주소: https://archive.org/details/olson-kennedy-breasts-go-and-get-them.

59 한 가지 설명의 사례로는 Susan Faludi, *In the Darkroom*, Metropolitan Books, 2016, 131면을 보라; 수전 팔루디, 『다크룸』, 손희정 옮김(파주: 아르테, 2020).

60 http://uspath2017.conferencespot.org/를 보라.

61 오디오 주소: https://vimeo.com/226658454.

62 이 사례에 관한 화면 캡처를 비롯한 여러 자료는 다음 인터넷 주소에서 볼 수 있다: http://dirtywhiteboi67.blogspot.com/2015/08/ftm-top-surgery-for-sky-tragic-story-in.html.

63 "GP convicted of running transgender clinic for children without licence", *The Telegraph*, 3 December 2018.

64 "Things not to say to a non-binary person", BBC Three, 27 June 2017.

결론

1 수치 출처: World Economic Forum, June 2018.

2 "Do trans kids stay trans when they grow up?", *Sexology Today* (www.sexologytoday.org), 11 January 2016을 보라.

3 *Advocate*, 16 November 2008.

4 Voddie Baucham, "Gay is not the new black", The Gospel Coalition, 19 July 2012.

5 Open letter to *Hypatia*: https://archive.is/lUeR4#selection-131.725-131.731.

6 "Philosopher's article on transracialism sparks controversy (Updated with response from author)", *Daily Nous*, 1 May 2017.

7 *The Real*, KPLR, 2 November 2015.

8 Patrick Strudwick, "The newly appointed editor of *Gay Times* has been fired for posting dozens of offensive tweets", *Buzzfeed*, 16 November 2017.

9 "*Gay Times* fires 'Jews are gross' editor who sent vile tweets", *Pink News*, 16 November 2017.

10 Statement from *Gay Times* on Twitter, 16 November 2017.

11 Josh Rivers interview with Lee Gray, "The Gray Area", YouTube, 8 June 2018.

12 "Transgender women in sport: Are they really a 'threat' to female sport?",
BBC Sport, 18 December 2018.

13 Stephie Haynes, "Dr. Ramona Krutzik, M.D. discusses possible advantages
Fallon Fox may have", *Bloody Elbow*, 20 March 2013.

14 Joe Rogan conversation with Maajid Nawaz and Sam Harris, *Joe Rogan
Experience* 1107, YouTube, 18 April 2018.

15 "Business Insider deletes opinion piece defending Scarlett Johansson's role
as trans man in new film", *Pink News*, 9 July 2018.

16 "Trans activists call for boycott of film starring Matt Bomer as transgender
sex worker", *Pink News*, 15 April 2018.

17 William A. Jacobson, "Cornell Black Students group issues a 6-page list of
demands", *Legal Insurrection* blog, 27 September 2017.

18 The BBC's *This Week*, 26 October 2017.

19 Laith Ashley interviewed on Channel 4 News, 13 April 2016.

20 "Vox writer navel-gazes his way into a hole over fat-shaming", *The Daily
Caller*, 5 November 2018.

21 예를 들어 Marieka Klawitter, "Meta-analysis of the effects of sexual
orientation on earnings", 19 December 2014 (https://onlinelibrary.wiley.com/
doi/abs/10.1111/irel.12075)를 보라.

22 United States Department of Labor, Bureau of Labor Statistics: https://
www.bls.gov/opub/ted/2017/median-weekly-earnings-767-for-women-937-
for-men-in-third-quarter-2017.htm을 보라.

23 2018년 2월 14~16일에 실시된 스카이 방송 여론 조사. 조사 결과는 여기에
있다: https://interactive.news.sky.com/100Women_Tabs_Feb2018.pdf.

24 Camille Paglia, *Free Women, Free Men: Sex, Gender, Feminism*, Canongate,
2018, 133면.

25 Ibid, pp. 131~132.

26 CNBC, 트위터 게시 글, 24 January 2019.

27 "Here's how much you save when you don't have kids", CNBC, 17 August
2017.

28 *The Economist*, 트위터 게시 글, 17 November 2018.

29 Wendell Berry, "A Few Words for Motherhood" (1980), *The World-Ending
Fire*, Penguin, 2018, 174~175면.

30 Madeleine Kearns, "The successful, dangerous child sex-change charity",

National Review online, 23 January 2019를 보라.

31 House of Commons, Hansard, 21 November 2018.

32 "Transient sexual mimicry leads to fertilization", *Nature*, 20 January 2005를 보라.

33 Freddy Gray, "Nigel Farage's groupies party in DC", *The Spectator*, 28 January 2017.

34 Jean-Jacques Rousseau, *Emile, or On Education*, trans. Allan Bloom, Basic Books, 1979(한국어판 다수), 92~93면.

35 L. H. Keeley, *War Before Civilisation: The Myth of the Peaceful Savage*, Oxford University Press, 1996, 90면; 로렌스 H. 킬리, 『원시전쟁』, 김성남 옮김(파주: 수막새, 2014). Steven Pinker, *The Blank Slate: The Modern Denial of Human Nature*, Penguin, 2003, 57면에서 이 수치를 바탕으로 제시한 그래프도 보라.

36 H. W. Brands, *Traitor to His Class: The Privileged Life and Radical Presidency of Franklin Delano Roosevelt*, Doubleday Books, 2008, 152면.

37 Ezra Klein, "The problem with Twitter, as shown by the Sarah Jeong fracas", *Vox*, 8 August 2018.

38 Alexis de Tocqueville, *Democracy in America*, trans. Harvey C. Mansfield and Delba Winthrop, University of Chicago Press, 2000, 181면.

39 Martin Luther King Jr, "Where do we go from here?", delivered at the 11th Annual SCLC Convention, Atlanta, Georgia, 16 August 1967.

40 Emma Green, "Are Jews white?", *The Atlantic*, 5 December 2016.

41 "Anti-Semitic flyers attacking 'Jewish privilege' appear to UIC", Campus Reform, 17 March 2017.

후기

1 더글러스 머리, 『유럽의 죽음』, 유강은 옮김(파주: 열린책들, 2020).

감사의 말

1 찰스 맥케이, 『대중의 미망과 광기』, 이윤섭 옮김(고양: 필맥, 2018).

찾아보기

옮긴이 **유강은** 국제 문제 전문 번역가. 옮긴 책으로 『팔레스타인 100년 전쟁』, 『우리는 독점 기업 시대에 살고 있다』, 『불안한 승리』, 『유럽의 죽음』, 『가짜 민주주의가 온다』, 『불평등의 이유』, 『신이 된 시장』, 『자기 땅의 이방인들』 등이 있다. 『미국의 반지성주의』로 제58회 한국출판문화상(번역 부문)을 수상했다.

군중의 광기 젠더, 인종, 정체성 그 뜨거운 논쟁의 중심에서

발행일 **2024년 4월 10일 초판 1쇄**

지은이 **더글러스 머리**
옮긴이 **유강은**
발행인 **홍예빈 · 홍유진**
발행처 **주식회사 열린책들**

경기도 파주시 문발로 253 파주출판도시
전화 **031-955-4000** 팩스 **031-955-4004**
홈페이지 **www.openbooks.co.kr** 이메일 **humanity@openbooks.co.kr**